AF860942

DROIT EUROPÉEN

mémentosdalloz

série droit public
sous la direction de Yves Jégouzo
professeur à l'Université Paris 1 Panthéon-Sorbonne

DROIT EUROPÉEN

Jean-Claude Gautron

Professeur émérite de l'Université Montesquieu-Bordeaux IV

14e édition – 2012

DALLOZ

DALLOZ

31-35 rue Froidevaux, 75685 Paris cedex 14

ISBN 978-2-247-11370-5

SOMMAIRE

AVANT-PROPOS

1. Le droit communautaire issu des traités instituant les Communautés européennes occupe une place essentielle, compte tenu de son développement historique et de la nature particulière de ce droit qui emprunte à la fois aux techniques du droit international public et aux mécanismes en vigueur dans les systèmes juridiques internes, tant du point de vue institutionnel (élaboration et valeur des normes du droit communautaire) que du point de vue matériel (contenu de ces normes). Cette distinction classique sera reprise dans le cadre de cet ouvrage.

2. Le droit de l'Union européenne, à la suite de la création de l'Union européenne, a fait apparaître une problématique nouvelle : la communautarisation, par transferts ou emprunts, des secteurs de coopération intergouvernementale placés en dehors du champ de la Communauté.

Le projet non abouti de Constitution européenne et à sa suite le traité de Lisbonne comportent un effet paradoxal : la Communauté s'efface du fait de son irradiation dans l'ensemble du champ de l'Union européenne ; le droit communautaire est dès lors remplacé par le droit de l'Union européenne. Le mot « Communauté » disparaît au moment où son essence l'emporte.

Le droit institutionnel de l'Union est développé dans l'ouvrage de Laurent Coutron, *Droit de l'Union européenne*, Mémento Dalloz, 2011.

3. La référence au droit européen impose de traiter, au moins sommairement, **des organisations et des ordres juridiques multiples** qui forment le théâtre juridique de l'Europe contemporaine. Chaque fois qu'il sera nécessaire, le lien entre l'Union (et à l'origine les Communautés européennes) et leur environnement institutionnel et juridique fera l'objet de développements distincts (première partie).

Notons que l'expression « droit européen » au sens strict renvoie aux conventions internationales de droit régional conclues par les États européens et surtout à la Convention européenne des droits de l'homme dont il sera question dans la première partie.

Avertissement au lecteur

À la date de la mise en vigueur du traité de Lisbonne (1er décembre 2009), le droit de l'Union européenne est substitué au droit communautaire. Les références à la Communauté européenne et au droit communautaire sont cependant présentes dans cet ouvrage pour des raisons d'ordre historique (histoire des institutions, jurisprudence de la Cour de Justice des Communautés, rappel d'articles importants du traité sur la Communauté) et d'ordre technique (le terme « européen » ne peut dans certains cas être aisément substitué au terme « communautaire »). Et surtout le droit de l'Union étant un droit de l'intégration on ne peut faire l'impasse sur la perspective historique puisqu'il a été établi de manière progressive.

T.C.E : traité instituant la Communauté européenne, articles CE

T.U.E : traité sur l'Union européenne (traité de Lisbonne), articles UE

T.F.U.E : traité sur le fonctionnement de l'Union européenne (traité de Lisbonne), articles FUE

Titre préliminaire

QUELLE EUROPE ?

L'Europe fut à ses origines un continent de migrations jusque vers 1500 avant J.-C. Schématiquement, les historiens s'accordent pour marquer les sources géographiques, politiques et culturelles de l'Europe autour de quelques points forts.

1. De l'Antiquité gréco-romaine, qui donna à l'Europe son caractère méditerranéen, ils retiennent :

- que la Grèce, qui se constitua en un système international sur la base des relations de conflit-coopération entre les diverses cités, est à l'origine des valeurs culturelles européennes : sens de l'histoire, relativisme méthodique, idéal civique, émergence de l'anthropocentrisme, aspiration à l'individualisme et à l'universalisme surtout avec le déclin des cités et l'essor de la pensée hellénistique ;
- que Rome a innové dans les domaines de l'administration et de l'organisation et légué à ses successeurs les traditions juridiques du droit privé, laïcisé et processualiste, et celles du droit public fondées sur l'État, la hiérarchie et la loi, qui ressurgiront avec la découverte du droit romain et la création des grands États-nation à la fin du Moyen Âge.

2. La géopolitique de l'Europe est un produit de l'histoire et des mutations économiques. Si au sud, l'Europe a été coupée de l'Afrique par l'expansion musulmane et les croisades (prise de Constantinople par les Turcs en 1453), elle a gagné vers le nord avec la conversion au christianisme des envahisseurs. Ultérieurement les régions du nord se sont développées (manufactures, banques, industries) avec les progrès de la navigation atlantique. On connaît le lien établi par Max Weber entre protestantisme et capitalisme. Les frontières orientales de l'Europe sont plus fluides ; la coupure entre les deux Empires romains a engendré la séparation des catholiques et des orthodoxes. La Russie, puissance européenne mais aussi puissance asiatique, a formé un ensemble politique qui fut longtemps à l'écart des courants européens venus de l'ouest.

3. Sur le tissu féodal (anarchie organisée), la **chrétienté** universaliste a greffé une communauté de valeurs mystiques et morales et tenté d'unifier, par des instruments intellectuels et religieux, l'espace politique européen. L'échec de l'Église et la récession féodale accompagnent la naissance des grands États européens.

Section 1 › L'EUROPE DES ÉTATS

Les États-nation sont constitués à compter des XIVe et XVe siècles sur des bases nouvelles. Ce sont des unités politiques fondées sur la notion de souveraineté : frontières précises, armées nationales (sauf en Angleterre), langues nationales, universités nationales,

développement des techniques relationnelles de droit international. Des unités politico-religieuses, par application du principe « *cujus regio ejus religio* » ; la Réforme est aussi une affaire politique : luthéranisme en Allemagne et Scandinavie, calvinisme en Suisse, anglicanisme ; la Contre-Réforme s'applique en Italie, en Espagne et au Portugal. Des unités économiques : les douanes et les politiques économiques favorisent l'émergence de marchés économiques nationaux plus ou moins cloisonnés.
Sur ces bases, jusqu'à une époque récente, on note la rémanence d'un système de « droit public » qui a subi de nombreuses atteintes du fait des bouleversements politiques et économiques intervenus en Europe et hors d'Europe et qui a provoqué réflexions et projets sur le thème de l'organisation européenne.

§ 1 - L'ancien « droit public » européen

Les États de l'Europe se sont constitués en un système international doté de caractères structurels stables, jusqu'à son effacement au cours de la première moitié du xxe siècle.

A. Le système européen classique

Il présente deux caractères principaux : multipolarité et homogénéité.

1. Il est multipolaire

Les États qui le constituent forment une constellation de pouvoirs indépendants les uns par rapport aux autres, sans alliances stables ni opposition de type binaire durable.

a) Le thème de l'équilibre européen

Machiavel esquisse une doctrine de l'équilibre entre les villes italiennes. L'Angleterre vise à l'appliquer sur le continent. Les alliances sont formées contre l'État dominant. La recherche de l'équilibre entraîne un développement du droit international et de la diplomatie.

b) Les transformations de l'équilibre européen

Si avant la Révolution française l'équilibre se fait au détriment de l'Allemagne divisée en États et principautés, on assiste ensuite à une application du principe des nationalités : unité allemande par la Prusse, favorisée par le *Zollverein* (union douanière) et parachevée par la guerre ; unité italienne par le Piémont (contre l'Autriche et la papauté) ; effacement des empires multinationaux traditionnels (ottoman, austro-hongrois).

2. Il est homogène

Les facteurs d'unité l'emportent sur les caractéristiques de chaque État et les risques de dissociation.

a) Aux facteurs intellectuels en ce sens :

- laïcisation de la pensée (Renaissance) et de la politique (Machiavel) ;
- cosmopolitisme des philosophes et de l'Encyclopédie, universalisme de la théorie des droits naturels individuels ;
- caractère transnational du romantisme, du pacifisme (v. Hugo et la revue *Les États-Unis d'Europe*) et du socialisme ;

b) s'ajoutent des données socio-politiques :

• la révolution scientifique et technique, puis industrielle, accompagne le développement du capitalisme ;

• lequel entraîne l'émergence d'une classe bourgeoise et du libéralisme (sauf en Europe de l'Est qui reste dominée par l'aristocratie traditionnelle et, dans une certaine mesure, dans les pays ibériques) ;

• la généralisation des échanges économiques : mercantilisme puis libre-échange (sauf la Russie) ; une unité monétaire : l'or.

B. Les limites du système

1. La suprématie alternée des grandes puissances

L'Espagne jusqu'en 1648, la France de Louis XIV, l'Angleterre, l'Allemagne à compter de 1867.

2. Bipolarisation et hétérogénéisation

• l'opposition **catholiques/protestants** (guerres de religion sur le plan interne, guerre de trente ans à l'extérieur) sera surmontée par l'autonomie de la politique à l'égard des idéologies religieuses (alliance de la France avec Constantinople, les princes protestants et la Suède) ;

• l'opposition **pays absolutistes/pays libéraux** se cristallise après la Révolution française dans l'ordre international et conduit à des conflits internes de légitimité ;

• les **doctrines socialistes** conduisent en 1864 à la première Internationale.

3. Le système américain

L'émancipation des colonies d'Amérique du Sud survient alors que les États-Unis pratiquent au XIXe siècle une politique isolationniste (doctrine de Monroe) et protectionniste.

C. L'effacement du système

1. Il est matérialisé par la première guerre mondiale qui affaiblit le continent européen. En outre, la révolution soviétique de 1917 provoque une coupure durable entre deux systèmes antagonistes.

2. L'équilibre européen est impraticable entre démocraties et régimes totalitaires. Le nouveau système de sécurité, la Société des Nations, échoue : absence d'universalisme, liens avec le traité de Versailles, impuissance de ses organes.

§ 2 - Les premiers projets d'organisation européenne

1. L'histoire des doctrines politiques a légué certaines constructions idéelles, parfois utopistes : le projet de Paix perpétuelle, les projets fédéralistes. Saint-Simon, l'un des fondateurs du positivisme, envisageait une société industrialiste européenne.

J.-B. Proudhon, chantre d'un fédéralisme européen par l'union des régions (et non des États), a eu des successeurs lointains.

2. Hormis le Concert européen, qui n'a pas résisté aux antagonismes entre grandes puissances, les projets paneuropéens (Briand, Herriot) dans l'entre-deux-guerres sont restés flous. Plus intéressantes ont été les initiatives privées de Coudenhove-Kalergi (union parlementaire européenne) et de Loucheur (ententes entre producteurs français et allemands).

3. L'idée européenne rebondit pendant le second conflit mondial : c'est un thème allemand dans la lutte antisoviétique, un thème antiallemand pour les mouvements de résistance.

Section 2 › L'EUROPE CONTEMPORAINE

Elle reflète jusqu'en 1990 les nouvelles données du système politique international (universel, bipolaire et hétérogène). La coupure Est/Ouest de 1945 à 1990 n'exclut pas des clivages secondaires, variables dans le temps et dans l'espace. On citera brièvement :
• un clivage Nord/Sud qui découle des retards dans le développement de certains pays (Grèce, Portugal, Espagne, Italie du Sud, Irlande) ou de certaines régions ;

• des approches nationales différentes de la double appartenance, européenne et atlantique, et singulièrement de la relation avec les États-Unis ; ces différences plus ou moins sensibles dans les domaines du commerce international et de la défense, sont aujourd'hui encore présentes comme l'a montré la seconde guerre d'Irak (2003).

§ 1 - Le clivage Est-Ouest (1945-1990)

1. Sur le plan structurel, il découle du bipolarisme, l'Europe constituant un enjeu pour les deux grandes puissances, sur la base des accords de Yalta (févr. 1945), et surtout à compter de l'instauration des régimes communistes en Europe de l'Est et du déclenchement de la « guerre froide » (1947). Le glissement vers la « coexistence pacifique » (milieu des années 1960) a provoqué deux effets distincts :
• les deux grandes puissances, en compétition en Europe, peuvent à l'occasion s'accorder, implicitement ou explicitement, sur le statut politique de l'Europe ;

• les États de l'Europe occidentale (voire ceux de l'Europe de l'Est) prennent conscience de l'autonomie de leurs intérêts nationaux et régionaux par rapport à ceux du leader naturel ; c'est l'origine du **contentieux euro-américain** dans les domaines agricole, commercial, monétaire, politique et stratégique.

2. Les premières organisations européennes sont d'inspiration américaine (OECE, pacte atlantique) ou soviétique (Conseil d'assistance économique mutuelle, pacte de Varsovie).

3. La persistance du clivage découle de plusieurs facteurs :
L'équilibre tendanciel de la terreur et l'absence d'une défense régionale autonome en Europe occidentale ont fait de l'Europe **un objet de négociations dans les relations soviéto-américaines :**

• les négociations bilatérales SALT (rebaptisées ultérieurement START) sur les armes nucléaires stratégiques ;

• les négociations multilatérales sur la réduction des forces conventionnelles au centre de l'Europe (MBFR, FCE) ;

• les négociations soviéto-américaines (1981 à 1987) sur la limitation des armes nucléaires de portée intermédiaire (dites « eurostratégiques »).

Il existait en Europe **un arc de neutralité ou de non-alignement** qui a contribué au *statu quo* : Finlande (pacte soviéto-finlandais de 1948), Suède (neutralité volontaire), Suisse, Autriche (traité de 1955), Yougoslavie.

Les relations de conflit ou de coopération entre les deux grandes puissances connaissaient une limite objective : la nécessité pour chacune d'entre elles d'assurer la cohésion de son propre camp, selon des modalités très différentes à l'Est et à l'Ouest.

4. Les changements qui ont conduit à l'**effacement du clivage** sont venus de l'Est : Solidarnosc en Pologne, les réformes hongroises, la perestroïka et la glasnost, initiées par Gorbatchev en URSS, qui, sur la base d'un programme de réformes économiques appuyé – espérait-il – sur un réajustement limité du système politique, ont provoqué des chocs en retour en Europe centrale et orientale et un rejet de l'État communiste par les sociétés civiles. Le tableau des relations internationales est profondément modifié par :

• l'unification allemande (*cf.* p. 7) ;

• la fin du communisme d'État et la disparition de l'URSS en 1991 (*cf.* p. 63 et s.) ;

• l'effondrement, sans contrepartie, du multilatéralisme en Europe de l'Est (*cf.* p. 63) ;

• les aspirations à l'économie de marché en Europe de l'Est et le dilemme récurrent de l'Union européenne : intégration politique plus poussée ou dilution dans un grand marché ?

§ 2 - La situation de l'Allemagne

Elle a connu trois phases successives : la division en deux États, des arrangements transitoires, l'unification intervenue en 1990.

A. La division en deux États

1. Le désaccord initial entre l'Est et l'Ouest sur les modalités de la réunification ne fut pas surmonté : les occidentaux souhaitaient un plébiscite international et l'URSS la formation d'une confédération germanique qui aurait impliqué la neutralité de l'ensemble allemand.

2. À partir de 1949, la République fédérale allemande retrouve des **droits de souveraineté :** participation aux organisations européennes, fin du régime d'occupation. Mais la RFA prétend représenter l'ensemble de l'Allemagne : c'est la doctrine « Hallstein » progressivement assouplie (vis-à-vis de l'URSS et des pays extra-européens).

3. La question de Berlin, enclavé dans le territoire de la RDA (Rép. démocratique d'Allemagne) fut la cause de tensions : 1948 (le blocus), 1961 (construction du

« mur »). Alors que Berlin-Est est intégré à la RDA, Berlin-Ouest est soumis à un régime d'occupation libéral par les occidentaux. S'il ne possède pas les attributions d'un *Land* de la RFA, il accroît ses compétences avec l'accord des autorités occidentales et les transfère à la RFA.

4. Un protocole sur le **commerce interallemand** est annexé au traité CEE en 1957 : il autorise le libre commerce entre les deux États allemands par dérogation aux règles communautaires sur l'union douanière.

B. Des arrangements intermédiaires

Ils accompagnent la détente et de l'ouverture vers l'Est *(Ostpolitik)* à compter de 1969.

1. Sur les plans politique et territorial

a) La RFA reconnaît par voie d'accords le tracé actuel des frontières (Oder-Neisse) vis-à-vis de l'URSS, de la Pologne et de la Tchécoslovaquie.

b) « Le traité fondamental » de 1972 sur les relations interallemandes équivaut à la reconnaissance mutuelle des deux États. L'interprétation ouest-allemande (deux États mais une seule nation) est confirmée par une décision de la Cour constitutionnelle fédérale en 1973 : les frontières ont un caractère interne, les droits fondamentaux s'appliquent à tous les ressortissants allemands.

c) Un accord quadripartite du 3 septembre 1971, conclu par les quatre puissances occupantes, consolide le *statu quo* à Berlin :
• libre circulation entre Berlin-Ouest et la RFA ;
• maintien des droits d'occupation des quatre puissances dans la zone de Berlin ;
• liens entre Berlin-Ouest et la RFA, sans intégration formelle de Berlin-Ouest dans celle-ci.

2. Sur le plan militaire

Si dès 1954 la RFA adhère au traité UEO et au Pacte atlantique, tout en renonçant aux armes nucléaires, cette position est confirmée *erga omnes* par son adhésion au traité de non-prolifération nucléaire de 1968.

C. L'unification allemande (1990)

Les mutations en Europe de l'Est, la pression migratoire, le démantèlement du mur et les élections en RDA conduisent à l'unification le 3 octobre 1990.

1. L'unification en droit constitutionnel allemand

Elle est intervenue sur la base d'une adhésion à la RFA des cinq Länder rétablis par le Parlement de la RDA (art. 23 ancien de la Loi fondamentale de Bonn) et non par l'élaboration d'une nouvelle constitution (art. 146).

2. L'unification en droit international

Si un traité a été signé le 12 septembre 1990 à la conférence « 4 + 2 » (les quatre puissances de la seconde guerre et les deux États allemands), par lequel les Quatre renoncent aux prérogatives issues de la guerre, l'Allemagne confirmant son acceptation des frontières actuelles (Oder-Neisse) et son renoncement aux armes ABC, c'est à la suite d'une négociation germano-soviétique : l'URSS accepte le **maintien de l'Allemagne dans l'OTAN** sous certaines conditions. Le **traité germano-polonais** du 14 novembre 1990 comporte une renonciation de la RFA aux territoires englobés dans la Pologne. Donc unification et non réunification.

3. L'unification en droit communautaire

L'insertion de l'ex-RDA ne s'est pas faite sur la base d'un traité d'adhésion mais d'une inclusion dans la Communauté européenne en deux phases :

a) une phase d'adaptation sous la forme d'une union douanière *de facto*, de mesures d'accompagnement (accès aux prêts et programme d'assistance) et de mesures de contrôle ;

b) une phase de transition comportant des mesures dérogatoires (agriculture, concurrence, environnement…). Question : la RFA reconstituée, confirmera-t-elle ou freinera-t-elle ses engagements communautaires ? La réponse allemande a été exprimée par ses engagements dans le cadre de l'Union européenne.

§ 3 - Quelle « architecture » européenne ?

1. À compter des années 1990, l'Europe est caractérisée par :

• **la multiplication du nombre des États à l'Est** : éclatement de l'URSS, de la Yougoslavie, de la Tchécoslovaquie, à laquelle s'ajoutent des menaces d'irrédentisme et des conflits locaux en Russie (Tchétchénie) et dans certains des autres États issus de l'URSS (Arménie, Azerbaïdjan, Tadjikistan, Moldavie, Géorgie…) ; les transitions vers l'État de droit et l'économie de marché suivent des rythmes inégaux ;

• cette désintégration politique entraîne des incertitudes dans l'ordre du droit international : succession d'États (frontières, traités, dettes, dévolution des armements, sécurité nucléaire, éclatement des zones monétaires), protection internationale des droits individuels et des minorités ;

• **la recherche de nouveaux rapports entre les organisations européennes ou atlantiques et les pays de l'Est :** élargissement du Conseil de l'Europe (*cf.* p. 27) et de l'OSCE (*cf.* p. 16), remodelage de l'OTAN voire de la défense européenne (*cf.* p. 19 et 23), et surtout élargissement de l'Union européenne (*cf.* p. 78 et 96).

2. Les projets *a priori* d'organisation européenne globale (« Maison commune de l'Europe », Confédération européenne) n'ont pas eu de suite concrète. De la période antérieure subsiste une différenciation majeure :

• une prolifération institutionnelle à l'Ouest ;

• un désert institutionnel à l'Est aggravé par les instabilités inhérentes à certains États. Dans ce nouveau contexte, les dirigeants de la Communauté ont choisi de renforcer leur intégration par le traité de Maastricht sur l'Union européenne signé en février 1992 (*cf. infra* p. 11 et p. 83 et s.). Ils sont désormais tenus d'adapter l'Union européenne à un nombre croissant d'États membres.

Section 3 › THÉORIES, DOCTRINES ET POLITIQUES DE L'INTÉGRATION EUROPÉENNE

Les organisations **de coopération** visent à coordonner les comportements ou les politiques des États membres ; sauf exceptions, les organes de direction ont un caractère intergouvernemental et les décisions doivent être acceptées par les États. Les organisations dites « **d'intégration** » comportent des organes indépendants des États ou des organes intergouvernementaux qui délibèrent à la majorité ; leurs décisions s'imposent aux États membres, voire aux particuliers. Appliquée aux organisations européennes, cette distinction comporte des limites : certaines organisations de coopération ont tendu vers l'intégration (OTAN, protection européenne des droits de l'homme) et les organisations d'intégration recourent aux mécanismes de la coopération (Communauté européenne et Union européenne).
La construction européenne a été influencée par plusieurs courants théoriques et doctrinaux.

§ 1 - Le fédéralisme d'inspiration classique

1. Les approches fédéralistes sont fondées sur la **primauté du politique** ; elles s'appuient sur l'expérience historique (fédéralisme allemand ou américain) et sur des constructions intellectuelles et politiques (congrès de La Haye en mai 1948). Elles tendent à transférer le traitement des problèmes du plan étatique (les États) au plan régional (les organisations européennes) et parvenir à terme à l'instauration d'une constitution fédérale. Dans les années 1950, les facteurs de fédéralisation semblaient réunis en Europe occidentale : menaces extérieures, contiguïté géographique, communauté culturelle, interdépendance économique, maturité des appareils bureaucratiques. La création du Conseil de l'Europe par le traité du 5 mai 1949 pouvait passer pour un début de fédéralisation.

2. L'approche fédéraliste a marqué le pas face à la **résistance des États**. Le mythe d'une fédération des États-Unis d'Europe s'est effondré. Cependant, on trouve des éléments de fédéralisme dans l'Union européenne comme nous le verrons plus loin : partage de compétences entre l'Union et les États, interaction des politiques, rôles et jurisprudence de la Cour de justice, portée des actes juridiques de l'Union, incidences politiques et constitutionnelles des traités dans l'ordre interne des États. On en trouve aussi dans le traitement européen des droits et libertés par les organes de la Convention européenne des droits de l'homme (*cf. infra*, p. 28 et s.).

§ 2 - Les doctrines fonctionnalistes

1. Elles partent *a contrario* de la **primauté des facteurs techniques** et économiques dans des sociétés pluralistes, « désidéologisées » et dominées par la rationalité de gestion. Conduite par des institutions centrales, l'intégration techno-économique, conséquence inéluctable de la faiblesse des États agissant seuls, doit mener à une intégration politique progressive sous la forme d'une communauté politique européenne où sont concentrées l'allégeance des groupes et des peuples, la légitimité politique, les capacités de distribution et de régulation. La doctrine originelle de

Haas, qui a été corrigée par les écoles dites néofonctionnalistes, a influencé les fondateurs des traités communautaires et l'idéologie de la Commission européenne.

2. L'épreuve des faits et l'affinement corrélatif des théories originelles ont conduit à une **révision du schéma fonctionnaliste** : persistance des communautés politiques nationales, renforcement technique de chaque État dans les processus de négociation et de décision, jeu des puissances ou groupes d'États extérieurs, effets pervers de l'intégration économique. Toutefois, l'analyse fonctionnaliste éclaire de nombreux développements : la politique agricole commune, la contagion des politiques communes, les liens entre politiques internes et politiques externes, les techniques de la Commission et de la Cour de justice.

§ 3 - La théorie des réseaux

Comme le fonctionnalisme elle trouve ses origines chez les auteurs de science politique américains. L'intégration ne résulte pas seulement d'une structure européenne plus ou moins détachée des États mais surtout d'une imbrication des organes européens et des organes nationaux dans l'élaboration et la mise en œuvre des politiques, à tel point qu'il devient très difficile de discerner dans une décision la part de l'Union et celle des États. Les réseaux ont fait l'objet de multiples applications : groupes de travail mixtes, agences européennes de coordination des organismes nationaux, autorités en matière de concurrence…

§ 4 - Les controverses sur la supranationalité

1. La supranationalité était une innovation contenue dans le traité de Paris (18 avr. 1951) créant la **Communauté européenne du charbon et de l'acier** : c'est la première application d'un fédéralisme sectoriel ou « fonctionnel ». À partir d'un marché commun du charbon et de l'acier, elle vise à atteindre une union politique approfondie. La CECA est dirigée par la Haute Autorité (aujourd'hui la Commission), indépendante des gouvernements des États membres et dotée d'un pouvoir de décision qui s'impose aux États et aux particuliers. Ultérieurement, d'autres communautés sectorielles auraient pu être créées : agriculture, santé, transports, etc.

2. La querelle sur la supranationalité s'est développée, surtout en France, à l'occasion du projet de **Communauté européenne de défense**. Le traité CED fut signé le 27 mai 1952 : il instituait une défense commune sous la forme d'une force conventionnelle européenne placée sous le contrôle d'un conseil des ministres. L'Assemblée de la CECA proposa une communauté politique de superposition : un parlement européen et un conseil exécutif responsable devant lui, coiffant la CECA et la CED. Le projet de ratification fut ajourné *sine die* le 30 août 1954 par l'Assemblée nationale française au terme d'une campagne intense autour du maintien de la souveraineté de l'État et d'une défense autonome.

3. L'épisode de la CED a marqué la construction européenne. La supranationalité, entendue extensivement, a été combattue par plusieurs gouvernements et familles politiques en France et en Europe. Les controverses ont resurgi en plusieurs circonstances : les pouvoirs de la Commission par rapport au Conseil des ministres (1965), les compétences et l'élection de l'Assemblée au suffrage universel (1976), certaines décisions de la Cour de justice des Communautés. Le terme « supranational » a été progressivement évacué du vocabulaire politique.

§ 5 - Les traités sur la Communauté et l'Union européennes

1. Les deux traités de Rome du 25 mars 1957 créant la **Communauté économique européenne et la Communauté européenne de l'énergie atomique**, en assurant la relance de la construction européenne, marquaient un recul de la supranationalité tant sur le plan idéologique que sur le plan des techniques institutionnelles : l'organe de décision était le Conseil, composé des représentants des gouvernements, et non la Commission comme dans la CECA Cependant, les traités de Rome n'excluaient pas une intégration institutionnelle par l'extension des compétences de l'Assemblée et son élection au suffrage universel direct, par le passage du vote à l'unanimité au vote à la majorité au sein du Conseil. Cette hypothèse inscrite dans les traités, a été retardée du fait de la crise franco-communautaire de 1965 et 1966. Elle a cependant été reprise et élargie avec l'adoption, en février 1986, de l'Acte unique européen (*cf. infra,* p. 80 et s.) puis du traité sur l'Union européenne et des traités de révision.

2. Le premier traité *sur l'Union européenne* (1992) s'appuie pour l'essentiel sur la méthode communautaire, désormais élargie quant à ses objets et ses modes de fonctionnement, mais combinée avec la méthode de la coopération intergouvernementale en matière de politique étrangère et de coopération judiciaire et policière. Si les rédacteurs ont écarté la référence textuelle à la « vocation fédérale » de l'Union, initialement envisagée, ses bases théoriques sont complexes, syncrétiques… et donc controversées (comme l'ont montré les difficultés pour le ratifier).

Le traité de Maastricht traduit un niveau d'intégration plus élevé dans la ligne du **fonctionnalisme** :

- définition de nouvelles politiques communautaires et articulation accrue de l'ensemble des politiques communautaires ;
- institutionnalisation et renforcement des pratiques intergouvernementales acquises en marge des traités initiaux (ex. : coopération judiciaire et policière, coopération en matière de politique étrangère) et possibilité de les inscrire ultérieurement dans le cadre de la Communauté ; ce qui fut réalisé pour partie par le traité d'Amsterdam (1997) ;
- émergence d'une communauté politique sur le fondement de la citoyenneté européenne, d'une extension de la cohésion économique et sociale et de l'affirmation de valeurs politiques communes.

Certains de ces éléments, vu leur ambivalence analytique, s'apparentent aussi au **fédéralisme**, tels la création d'une monnaie unique (fin de la souveraineté monétaire) et l'inclusion du principe de subsidiarité, principe régulateur de l'exercice des compétences partagées entre États et Union (fédéralisme coopératif).

§ 6 - Fédéralisme d'États et Constitution européenne

Le projet de Constitution européenne élaboré par la Convention sur l'avenir de l'Europe devait être substitué aux traités précédents. La Constitution met à jour des tendances lourdes préexistantes issues des traités successifs, des pratiques institutionnelles et de la jurisprudence de la Cour. D'ailleurs à l'article 1 il était précisé que l'Union exerce ses compétences « sur le mode communautaire ». C'est que les **objets constitutionnels de l'Union** étaient déjà identifiés : valeurs politiques et droits fondamentaux, répartition des compétences entre les États et l'Union sur le plan vertical, et des pouvoirs entre les institutions de l'Union sur le plan horizontal. La Constitution comportait des innovations sur ces points et procédait à une réunification de l'Union (dans certaines limites) du fait de la suppression de la différenciation entre la Communauté et les ensembles relevant de la coopération intergouvernementale.

Deux remarques sur le fond. Le projet entérinait un fédéralisme d'États en rupture avec les modèles classiques : il s'agit d'une **association fédérale d'États et non d'un État fédéral** en formation, même si certaines techniques du fédéralisme interne demeurent très prégnantes.

En outre, il s'agit toujours d'un traité, donc un acte de droit international, établissant une constitution. Le syncrétisme de l'Union européenne demeure intact. Si le projet de Constitution a été rejeté en mai et juin 2005 par référendum en France et aux Pays-Bas, l'essentiel de ses dispositions, à l'exclusion des référents symboliques les plus ouvertement constitutionnels, a été repris dans le traité de Lisbonne.

POUR ALLER PLUS LOIN

BIBLIOGRAPHIE :

› G. Soulier G., *L'Europe*, Colin, 1994.

› J-C. Gautron, « Un commentaire sur les approches américaines de l'intégration européenne », *Cahiers du CEDE*, Montréal, 1977, p. 78-94.

Première partie

L'ENVIRONNEMENT INSTITUTIONNEL ET JURIDIQUE DES COMMUNAUTÉS ET DE L'UNION EUROPÉENNES

Les Communautés et l'Union européennes ont des relations avec les organisations universelles à caractère économique (GATT, Organisation mondiale du commerce) et avec les organisations à vocation totalement ou partiellement européenne. En ce qui concerne celles-ci, ces relations varient selon l'objet de l'organisation et selon la nature et l'étendue des compétences de l'Union. Il convient d'exposer le contenu de ces ordres juridiques ou juridico-politiques partiels au titre du droit européen, et marquer, pour chacun d'entre eux, leurs rapports avec les Communautés et l'Union européennes : superposition, substitution, coexistence, complémentarité, coopération ou concurrence.

Titre 1

LES ORGANISATIONS CHARGÉES DE LA SÉCURITÉ

Si la Communauté européenne ne disposait d'aucune compétence en matière de défense, son développement n'était pas entièrement séparable des solutions apportées aux problèmes de la sécurité du monde atlantique et, spécialement, de l'Europe occidentale. L'Union européenne originelle comportait un pilier de coopération intergouvernementale, la politique étrangère et de sécurité commune (PESC) qui devait conduire vers une politique de défense commune (PESD). Avec le traité de Lisbonne, la politique étrangère et de sécurité commune, y compris son volet « défense », est intégrée dans le cadre de la nouvelle Union tout en conservant certaines spécificités héritées de la coopération intergouvernementale.

Chapitre 1 › L'ORGANISATION POUR LA SÉCURITÉ ET LA COOPÉRATION EN EUROPE (OSCE)

> **› L'essentiel**
>
> *La Conférence sur la sécurité et la coopération en Europe (CSCE) fut l'aboutissement du processus de détente et du règlement partiel de la question allemande. Après deux ans de négociations, presque tous les pays européens de l'Ouest et de l'Est, l'URSS, le Canada et les États-Unis signaient l'acte final d'Helsinki le 1er août 1975. La CSCE a été transformée en OSCE.*

Section 1 › L'ACTE FINAL D'HELSINKI ET LA CSCE

§ 1 - Nature juridique de l'acte final d'Helsinki

1. L'Acte final, élaboré par voie de consensus, n'a pas été **considéré** comme un **véritable traité international**, bien qu'il réponde à la définition objective des traités au sens de la convention de Vienne sur le droit des traités. Ceci pour des raisons politiques : la RFA ne souhaitait pas conclure un traité consacrant la division de l'Allemagne, l'URSS ne voulait pas un traité comportant des clauses relatives aux droits individuels…

2. C'est une **déclaration**, qui reprend plusieurs principes de droit international ou même de relations internationales, et un programme pour la poursuite de la détente. À ce titre, elle n'a pas donné naissance à une nouvelle organisation régionale (ou interrégionale) mais appelait des suites.

§ 2 - Le contenu de l'acte final d'Helsinki

1. Le **décalogue** formait un ensemble de dix principes placés sur un pied d'égalité, ce qui permettait aux États d'invoquer tel ou tel de ces principes en fonction de leurs stratégies et intérêts : égalité, non intervention, intangibilité des frontières, respect des droits fondamentaux…

2. L'Acte final comportait aussi des dispositions :

• dans le domaine économique (coopération Est-Ouest) ;

• dans le domaine de la détente : ce sont les « mesures de confiance » tels la notification de certaines manœuvres militaires ou l'échange d'observateurs ;

• dans le domaine humanitaire (dispositions sur la libre circulation des personnes et des informations et la coopération culturelle).

Section 2 › LA TRANSFORMATION DE LA CSCE EN ORGANISATION POUR LA SÉCURITÉ ET LA COOPÉRATION EN EUROPE (OSCE)

Le maintien et la réorientation de la CSCE, à la suite des changements politiques à l'Est, découlent du rôle stabilisateur qu'elle pouvait jouer, des « architectures » de l'Europe qu'elle pouvait recouvrir, de la présence des États-Unis et du lien qu'elle entretient avec les questions du désarmement. Cette mutation fut annoncée à la conférence de Paris en novembre 1990, précisée à Helsinki en juillet 1992. En décembre 1994, la CSCE est transformée en organisation désormais dénommée OSCE.

§ 1 - Objectifs

Prévention des conflits et gestion des crises, règlement des différends entre États, respect des minorités nationales, contrôle des élections, analyse des migrations, contrôle des transferts d'armes, relance du désarmement conventionnel, participation à des opérations de maintien de la paix, développement de l'économie de marché, environnement…

En matière de droits de l'homme, l'OSCE procède par voie de demandes d'information, de missions d'experts ou de rapporteurs, d'opérations de vérification ou de contrôle humanitaire. Le Pacte de stabilité a été élaboré sous son égide (minorités en Europe centrale) sur une initiative de l'Union européenne. La « dimension humaine » de la CSCE/OSCE repose sur des mécanismes politiques strictement interétatiques. En situation d'urgence, l'OSCE instaure des mécanismes de consultation et de coopération (« mécanisme de Berlin »).

§ 2 - Organes

L'OSCE, « accord régional » au sens du chapitre VIII de la charte des Nations unies est dotée d'organes nouveaux : sommet des chefs d'État ou de gouvernement, conseil permanent, assemblée parlementaire, comité des ministres des affaires étrangères, secrétariat, bureau des institutions démocratiques et des droits de l'homme, haut commissariat pour les minorités nationales.

§ 3 - Le champ géopolitique : de la zone atlantique à l'Asie

L'OSCE comprend 56 États avec les États baltes et la plupart des États issus de l'URSS, les États de l'ex-Yougoslavie.

Les faiblesses de l'OSCE illustrent l'état actuel du continent européen : elle n'est pas adaptée aux conflits internes ; elle est concurrencée par le Conseil de l'Europe (droits de l'homme), l'OTAN (à laquelle il a été proposé d'avoir recours pour le maintien de la paix), l'Union européenne et, bien sûr, l'ONU (l'affaire yougoslave a été significative) ; son fonctionnement demeure en principe fondé sur le consensus.

Chapitre 2 › L'ALLIANCE ATLANTIQUE

> **› L'essentiel**
> *L'Alliance a très rapidement tendu vers une intégration poussée de ses membres. À partir de la fin de l'URSS, ses dirigeants s'interrogent sur ses nouvelles finalités et ses structures optimales dans un contexte international nouveau.*

Section 1 › DU TRAITÉ À L'ORGANISATION MILITAIRE INTÉGRÉE

§ 1 - L'alliance originelle : le traité de l'Atlantique Nord

Le traité de Bruxelles du 17 mars 1948 (Grande-Bretagne, France, Benelux) avait créé un mécanisme d'assistance en cas d'agression armée en Europe. Le traité de l'Atlantique Nord (4 avr. 1949) élargit ce cadre : aux cinq de Bruxelles se joignent États-Unis et Canada, Italie, Danemark, Islande, Norvège puis Portugal, Grèce et Turquie, RFA, Espagne.

Le traité institue une **alliance classique,** fondée sur l'article 51 de la Charte des Nations unies (« légitime défense... collective ») qui justifie une garantie collective contre l'agression et une coopération en matière de défense.

En temps de paix, les parties doivent « maintenir » et accroître leur capacité individuelle et collective de « résistance » (d'où coopération permanente) et se consulter au cas de menace contre l'intégrité, l'indépendance, la sécurité de l'une d'elles.

En cas d'attaque armée et à condition qu'elle ait lieu contre un territoire métropolitain, contre les forces d'un membre stationnées sur le territoire d'un autre ou établies dans une zone géographique spécifiée par le traité, les parties prennent « individuellement et d'accord avec les autres parties » des mesures d'assistance, y compris militaire (art. 5 du traité). Donc les modalités de la riposte à l'agression sont arrêtées par les États membres à ce moment ; elles ne sont pas déterminées *a priori.*

§ 2 - L'alliance institutionnalisée : l'Organisation du Traité de l'Atlantique Nord (OTAN)

Elle comporte deux principaux volets : un volet politico-militaire et une structure de commandement intégré.

1. Le conseil de l'Atlantique Nord, composé d'ambassadeurs ou de représentants permanents, se prononce sur la stratégie de l'alliance ; le comité militaire est composé des chefs d'état-major des armées.

2. L'alliance dispose d'états-majors internationaux hiérarchisés mais composés d'officiers qui restent sous statut national : les commandements stratégiques (SACLANT pour l'Atlantique, SACEUR pour l'Europe) sont eux-mêmes subdivisés géographiquement et forment une chaîne de commandement.

3. Il existe un triple statut des forces combattantes nationales. Certaines restent en dehors de l'OTAN ; d'autres forces lui sont « assignées » en temps de guerre par chaque État ; d'autres encore lui sont « assignées » dès le temps de paix et l'État ne peut donc en disposer librement.

§ 3 - Les limites de l'intégration

Le partage des charges de la défense entre les Américains et les Européens fut une source de tension.

A. Les facteurs structurels

Le passage de la guerre froide à la coexistence et l'évolution des techniques de l'arme nucléaire ont conduit vers une entente limitée entre les deux Grands à travers des accords multilatéraux et bilatéraux :

- traités multilatéraux sur l'arrêt de certaines expériences nucléaires (1963), sur la non-prolifération et la non-dissémination (1968), qui visaient à consolider le duopole nucléaire ;
- traités multilatéraux portant dénucléarisation de certains milieux (espace, fonds des mers) et zones géographiques qui visaient à stabiliser le risque nucléaire et limiter les coûts ;
- accords soviéto-américains dits SALT puis START qui visent à équilibrer les forces des systèmes centraux ;
- déploiement puis élimination des forces nucléaires intermédiaires (les « euromissiles ») avec le traité de Washington (1987) ;
- traité bilatéral de désarmement nucléaire (2002) ;
- traité de 1996 sur l'interdiction complète des essais nucléaires.

B. Les doctrines américaines de la dissuasion nucléaire

Elles ont évolué au rythme des changements politiques et techniques. Or, en vertu de l'article 5 du Pacte atlantique, les modalités de la riposte ne sont pas déterminées à l'avance.

1. La doctrine des **représailles massives** (stratégie « anti-cités ») accompagne le monopole nucléaire des États-Unis. Elle procurait une forte garantie aux européens.

2. La doctrine des **représailles graduées**, énoncée à partir de 1960, indique que la riposte américaine à l'agression sera fixée en fonction de l'importance de l'enjeu. La garantie nucléaire américaine en cas d'agression en Europe fut donc perçue comme hypothétique. En outre, la destruction mutuelle des deux Grands étant assurée en cas de conflit généralisé, l'hypothèse d'un conflit limité au territoire européen n'était plus exclue (doctrine Schlessinger 1974).

§ 4 - La place de la France dans l'Alliance atlantique

En 1966, le gouvernement français se retire de l'organisation militaire intégrée. En 1996, puis à partir de l'élection de N. Sarkozy, la France est revenue dans l'organisation militaire.

1. Le retrait français repose sur la doctrine de la dissuasion « proportionnelle » : une puissance nucléaire moyenne peut décourager toute tentative d'agression par sa maîtrise des armements stratégiques. Les critiques françaises portaient sur :

• la caducité du traité en application de la clause dite *rebus* sic *stantibus* : le contexte de 1949 (guerre froide) a changé (coexistence pacifique) ;

• l'illégalité de l'organisation issue du traité sur la base de décisions du conseil de l'Atlantique Nord qui contredisaient la notion originelle d'alliance.

2. Si la France reste membre de l'Alliance et participe au traitement des problèmes politiques généraux, elle quitte l'organisation militaire intégrée et dénonce les accords sur le stationnement des forces américaines. Le Pacte atlantique est ainsi dédoublé.

Mais elle conclut des accords en forme simplifiée avec l'OTAN à des fins de coopération logistique ou technique. En outre, elle participe à diverses opérations sous le commandement de l'OTAN (ex : Bosnie, Kosovo, Afghanistan, Libye).

3. En 1996, la France a repris sa place au sein du comité militaire mais le comité des plans de défense se réunit sans elle. Ce nouveau fonctionnement s'appuie sur un constat : les États européens ne parviennent pas à élaborer une défense européenne autonome. Pour un retour plus complet, Jacques Chirac a posé des conditions : une européanisation de l'OTAN à travers certains postes de commandement (sinon les commandements stratégiques, au moins les commandements régionaux dont le commandement Sud Europe basé à Naples), la possibilité de conduire des missions européennes (sans participation des États-Unis), l'instrumentalisation des groupes de forces interarmées multinationales (GFIM). À partir de 2007, Nicolas Sarkozy décide le retour de la France dans l'organisation militaire afin de favoriser l'adhésion des partenaires à une politique européenne commune de sécurité et défense (*cf.* chap. 3). Ce retour est intervenu en 2009.

Section 2 › L'ALLIANCE ATLANTIQUE DANS LE CONTEXTE INTERNATIONAL ACTUEL

L'effondrement du pacte de Varsovie et l'éclatement de l'URSS ont posé plusieurs questions majeures à l'Alliance atlantique : quelles structures ? Quelle stratégie ? Quelle place pour l'Europe ? Que faire avec les pays de l'Est ? Autant de questions sur fond de réduction des armements stratégiques et des forces conventionnelles.

§ 1 - L'Alliance atlantique en quête de stratégies et de structures nouvelles

1. Ayant perdu son adversaire principal, l'Alliance a été amenée à rénover son **dispositif stratégique** autour de trois types de forces : forces de défense principale, forces de réaction rapide, forces d'appoint. Sa structure militaire a été révisée en conséquence et dotée de Groupes de forces interarmées multinationales (GIFM) composées, pour chaque mission, d'unités relevant de plusieurs pays, ainsi que d'une Force de réaction rapide (RFO) dont le principe a été arrêté en 2002. L'Alliance endosse ses nouvelles fonctions : contribuer à la stabilité et à la sécurité en Europe, participer à des opérations de maintien de la paix (IFOR en Bosnie, KFOR au Kosovo), répondre au terrorisme international. La 2nde guerre d'Irak (2003) avait provoqué un clivage fort au sein de l'Alliance.

Un nouveau *concept stratégique* a été défini en avril 1999 du fait de l'opération « Force alliée » en Yougoslavie (dite « guerre du Kosovo ») : outre la défense de ses membres face à une agression (art. 5 du traité) ou face au terrorisme international, l'OTAN s'autorise à intervenir dans la gestion des crises touchant à la sécurité (ou stabilité) en dehors de la zone OTAN. À Prague (2002) et Istanbul (2004) est consacrée cette extension de la vocation initiale de l'organisation. En conséquence, la structure de commandement est remaniée : elle comporte désormais un secteur opérationnel et un secteur pour la transformation.

En novembre 2010 le sommet de Lisbonne prend acte du projet américain de bouclier anti-missile (en principe tourné contre l'Iran) et réaffirme le concept stratégique de 1999.

2. L'européanisation de l'OTAN soulève plusieurs questions :

• l'attribution à des Européens des postes de commandement régionaux en Europe (difficultés en ce qui concerne l'Europe Sud, donc la Méditerranée) ; la question a perdu de son actualité avec la réforme du commandement ;

• l'usage par les Européens des « groupes de forces interarmées multinationales » pour conduire d'éventuelles missions de paix sans les États-Unis mais avec les moyens de l'Alliance ; c'est la théorie dite du « double usage » qui pose le problème du contrôle des commandements stratégiques détenus par les États-Unis ; cet usage consacre une décentralisation de l'OTAN et la reconnaissance d'une autonomie du « pilier européen » de l'Alliance. En ce sens, l'accord dit « Berlin plus » (déc. 2002).

§ 2 - L'Alliance atlantique et l'Europe de l'Est

1. Faute d'accepter l'adhésion demandée par les pays du groupe de Visegrad (Pologne, Hongrie, République tchèque, Slovaquie) l'Alliance avait créé le **Conseil de coopération de l'Atlantique Nord** (COCONA) dans lequel entraient, avec les 16 pays de l'Alliance, les pays de l'Europe centrale et orientale, les pays baltes et les républiques issues de l'URSS (à l'exception de la Russie). Une nouvelle demande d'adhésion ayant soulevé l'opposition de la Russie – qui veut garder le contrôle de son espace « proche » – en décembre 1994 est mis en place le « **Partenariat pour la paix** » qui implique un rapprochement sans adhésion et des consultations avec l'Alliance pour une dizaine de pays.

L'adhésion à l'OTAN de certains États postcommunistes intervenue en mars 1999 fut limitée à trois (Hongrie, Pologne, République tchèque). En 2002 sept nouveaux États ont été admis : Bulgarie, Roumanie, Slovaquie, Slovénie et les États baltes. Pour les États post-communistes l'admission à l'OTAN précède donc l'adhésion à l'Union européenne, en fonction de critères politiques (1999) ou stratégiques (2002). En 2009 ont adhéré la Croatie et l'Albanie.

2. Ces élargissements vers l'Est ont été rendus possibles grâce à la signature d'un **acte fondateur dans les relations OTAN-Russie** le 27 mai 1997. Si les principes généraux sont inspirés de l'OSCE, l'acte fondateur institue un conseil conjoint dans lequel siègent les membres actuels de l'Alliance et la Russie. Les mécanismes de consultation peuvent conduire à des initiatives conjointes, voire à des décisions conjointes pour des actions communes telles des opérations de maintien de la paix sous l'autorité du Conseil de sécurité ou sous la responsabilité de l'OSCE. Mais il est précisé que ni l'OTAN ni la Russie ne disposent d'un droit de veto sur les actions de l'un ou de l'autre. On notera que l'acte fondateur n'est pas considéré comme un traité international.

Ces relations ne sont pas stabilisées pour autant compte tenu des tensions avec certains voisins de la Russie (Géorgie, Ukraine) et de leur volonté de se tourner vers l'OTAN. L'affrontement russo-géorgien de l'été 2008 a conduit à un gel de l'élargissement de l'OTAN. La Russie entend affirmer sa puissance après l'éclatement de l'Union soviétique.

Chapitre 3 › LA DÉFENSE EUROPÉENNE

> **› L'essentiel**
>
> *Les États européens ne disposent pas d'un système régional intégré de défense et les Communautés européennes n'étaient pas compétentes en matière de défense. Le traité de Maastricht sur l'Union européenne visait à une relance de l'UEO en liaison avec un possible affaiblissement de l'OTAN. Le traité de Nice puis le traité de Lisbonne s'orientent vers une défense conduite par l'Union européenne sans référence à l'UEO.*

Section 1 › DE LA CED À L'UEO

§ 1 - L'échec du projet de Communauté européenne de défense (CED)

Le traité CED, signé le 27 mai 1952 par les six États de la Communauté, fut rejeté par l'Assemblée nationale française en août 1954. La nécessité persistante du réarmement de la République fédérale allemande conduisit à un réaménagement de l'accord de Bruxelles du 17 mars 1948 créant l'Union européenne occidentale par les accords de Paris du 23 octobre 1954.

§ 2 - L'aménagement initial de l'Union de l'Europe Occidentale (UEO)

L'UEO était un pacte européen par ses membres, par ses finalités qui consistaient à autoriser un réarmement allemand limité et contrôlé, associer la Grande-Bretagne à la défense du continent, établir un équilibre (effectifs, armements) entre les puissances militaires européennes ; la RFA renonçait aux armes ABC (atomiques, biologiques ou chimiques).
À ces fins l'UEO devait exercer un contrôle des armements, notamment allemands.

§ 3 - La subordination de l'UEO à l'OTAN

Une contradiction : l'OTAN visait au réarmement, l'UEO à limiter le réarmement. La solution a donc consisté à hiérarchiser les deux organisations.

1. La RFA entre dans l'OTAN, ses troupes lui sont « assignées ». En cas d'agression, l'action est déclenchée au niveau de l'OTAN.

2. Pour les effectifs et armements « assignés » à l'OTAN, le contrôle des niveaux est exercé par l'OTAN et toute modification des niveaux est décidée par le Conseil UEO agissant sur proposition de l'OTAN. En 1984, les dernières limites posées aux armements conventionnels allemands furent levées.

Section 2 › DE L'UEO À L'UNION EUROPÉENNE

L'absence d'une défense européenne autonome avait suscité diverses tentatives de « réactivation » de l'UEO. Dans la ligne de la coopération militaire franco-allemande (Eurocorps), la question d'une éventuelle défense commune fut posée lors des négociations du traité de Maastricht (1992). Des dispositions ont donc été inscrites dans le cadre de la « Politique étrangère et de sécurité commune », puis reprises dans le traité d'Amsterdam (1997).

§ 1 - L'UEO dans l'Union européenne ?

1. Le titre V du traité sur l'Union européenne instituant une « politique étrangère et de sécurité commune » (*cf.* p. 99 et s.) « inclut l'ensemble des questions relatives à la sécurité de l'Union européenne, y compris la définition progressive d'une politique de défense commune, qui pourrait conduire, le moment venu, à une défense commune ». L'article 17 TUE initial indiquait que **« l'UEO fait partie intégrante du développement de l'Union européenne, lui donne l'accès à une capacité opérationnelle, et l'assiste dans les aspects de la PESC ayant trait à la défense »**.
Dans une déclaration annexe au traité de Maastricht, les États membres de l'UEO avaient indiqué que l'intégration de l'UEO à l'Union européenne devrait se faire par étapes sous la forme d'une association des institutions de l'Union européenne aux activités de l'UEO. Une autre déclaration incitait les États de l'Union européenne non membres de l'UEO à y adhérer (ce que fit la Grèce) et les autres États européens membres de l'OTAN à devenir membres associés. À ces fins ont été créés un statut **d'associé** (Turquie, Norvège, Islande et les nouveaux membres de l'OTAN), un statut **d'observateur** pour certains États de l'Union européenne de tradition neutraliste et un statut **de partenaire** associé pour les pays d'Europe centrale et orientale non membres de l'OTAN.

2. Les dispositions précitées constituaient un **compromis entre États** :
– selon certains (Pays-Bas), l'UEO est le pilier européen de l'OTAN ;
– selon la position franco-allemande, l'UEO devrait avoir un lien privilégié avec l'Union européenne ;
– selon le Royaume-Uni, l'UEO se situe à la charnière des deux ensembles.
Pour cette raison il avait été indiqué que l'UEO devra agir en conformité avec les positions adoptées au sein de l'Alliance. Dans le même sens l'article 17 issu du traité d'Amsterdam et révisé par le traité de Nice rappelle que l'Union européenne respecte les obligations de l'OTAN et ajoute que « pour certains États membres » la défense commune est déjà réalisée dans le cadre de l'OTAN. Cette adjonction est le produit d'une exigence anglaise.
La perspective d'une intégration de l'UEO dans l'Union européenne n'a pas abouti pour la raison essentielle que beaucoup d'États restent attachés soit à la protection par l'Alliance atlantique, soit à leur neutralité.

§ 2 - L'Union européenne sans l'UEO

1. La conférence franco-anglaise de Saint-Malo (1998) avait avancé l'idée que la gestion des crises et l'encadrement des forces nationales pourraient relever soit de l'OTAN, soit de structures nationales ou plurinationales (Eurocorps) à la disposition de l'Union européenne. Les conseils européens de Cologne et d'Helsinki (1999) ont posé les bases d'un système de sécurité propre à l'Union européenne et notamment un corps militaire européen.

Ces orientations tirent les leçons de l'expérience du Kosovo (faiblesses de l'Union européenne), de l'inopérance de l'UEO et de l'acceptation prudente par l'Alliance atlantique de l'affirmation d'une **identité européenne de sécurité et de défense.**

Elles ont été confirmées par :

- l'effacement à peu près total de l'UEO ;

- l'institutionnalisation de la politique de défense par le traité de Nice (déc. 2000) qui remet à un nouvel organe, le Comité politique et de sécurité, le contrôle et la direction stratégique des opérations de gestion des crises et crée un Comité militaire et une Agence européenne de défense.

2. L'Union européenne, qui entend se doter d'un corps de réaction rapide (60 000 hommes opérationnels), devrait permettre aux États européens membres de l'OTAN et non membres de l'Union, de contribuer à la gestion militaire des crises même dans les cas où ne seraient pas utilisés les moyens de l'OTAN. Pour ce qui est de ces moyens, un accord dit « Berlin plus » entre l'Alliance et l'Union semble permettre à celle-ci d'accéder aux moyens militaires de l'Union. Les États-Unis considèrent toutefois que la constitution d'un quartier général européen serait contraire aux intérêts de l'Alliance. L'Union est intervenue en Macédoine et en Bosnie (avec les moyens de l'OTAN) et au Congo ; elle a pris la relève de l'OTAN au Kosovo. Elle conduit une opération navale au large de la Somalie.

3. Le **traité de Lisbonne**, dans la ligne du projet de Constitution, comporte un volet sur la politique de sécurité et de défense commune (PESDC : articles 42 à 46 UE) qui se situe comme auparavant dans le cadre de la politique étrangère et de sécurité commune (*cf. supra* p. 114 et p. 301).

- La présentation des missions de Petersberg (déclaration de l'Union en 2002) est améliorée : actions de désarmement, missions humanitaires, prévention des conflits, forces de combat pour la gestion des crises… toutes missions pouvant contribuer à la lutte contre le terrorisme.

- La **clause de défense mutuelle** se substitue à celle de l'UEO ; elle signe l'acte de décès de l'UEO dont le traité constitutif a été dénoncé par les membres de l'Union européenne.

- La *clause de solidarité* (art. 222 FUE) prévoit une action conjointe dans les hypothèses d'attaque terroriste ou de catastrophe naturelle.

- La **coopération structurée permanente** est ouverte aux États qui répondent à des critères opérationnels performants et souhaitant assumer des engagements plus contraignants. Elle pallie l'exclusion de toute coopération renforcée en matière de défense tout en s'en inspirant sur le plan procédural.

POUR ALLER PLUS LOIN

BIBLIOGRAPHIE :

› Sur l'Alliance atlantique : lire les articles qui lui sont consacrés dans la revue *Commentaire*.

› Sur l'Europe de la défense : B. Irondelle, notice 21 in *Les notices, l'Union européenne*, Édition Traité de Lisbonne (dir. J. Ziller), La documentation française, Paris, 2008.

› E. Nefrani, *L'action extérieure de l'Union européenne*, LGDJ, 2010.

Titre 2

LE SYSTÈME EUROPÉEN DE PROTECTION DES DROITS DE L'HOMME

Le système européen des droits de l'homme a d'abord découlé de la Convention européenne de sauvegarde des droits de l'homme et des libertés fondamentales, dite CEDH, œuvre majeure du Conseil de l'Europe. Il connaît désormais des développements issus de l'Union européenne. De ce foisonnement ressortent des relations complexes entre les deux droits européens en présence.

Chapitre 1 › LE CONSEIL DE L'EUROPE

> **› L'essentiel**
> *Organisation politique créée par le traité de Londres du 5 mai 1949 portant « Statut du Conseil de l'Europe », le Conseil est le produit des mouvements paneuropéens de l'après-guerre réunis dans le congrès de La Haye (mai 1948). Le préambule du traité indique « l'attachement (de ses membres) aux valeurs spirituelles et morales qui sont le patrimoine commun de leurs peuples et à l'origine des principes de liberté individuelle, liberté politique, prééminence du droit, sur lesquels se fonde toute démocratie véritable ».*

Section 1 › LES STRUCTURES DU CONSEIL DE L'EUROPE

§ 1 - La composition du Conseil de l'Europe

Le Conseil de l'Europe regroupe aujourd'hui un nombre croissant d'États européens (47) dès lors qu'ils respectent les droits et libertés fondamentaux, la démocratie pluraliste, l'État de droit.

Les nouveaux adhérents s'engagent à *ratifier la Convention européenne des droits de l'homme* et respecter les droits des minorités nationales. Les organes principaux du Conseil de l'Europe procèdent distinctement à l'examen des qualités des candidats à l'adhésion. Des engagements particuliers peuvent être imposés (ex. : moratoire sur l'application de la peine de mort pour la Russie, respect des accords de Dayton par la Croatie, refonte de la constitution en Ukraine). L'Assemblée donne un avis et le Comité se prononce en pratique à l'unanimité.

L'adhésion implique une mise en conformité du droit constitutionnel national avec les exigences de la Convention et appelle des adaptations législatives ou réglementaires et la mise en place d'un système adéquat pour la mise en œuvre de la jurisprudence de la Cour européenne.

Le statut prévoit une procédure d'exclusion (art. 8) et une procédure de suspension du droit de représentation. Les États-Unis ont obtenu le statut d'observateur ainsi que le Canada, le Japon…

§ 2 - Les organes du Conseil de l'Europe

Le traité de Londres a institué deux organes principaux, l'un de type parlementaire, l'autre de type intergouvernemental. Le rôle du Secrétaire général a été renforcé du fait de son élection par l'Assemblée.

A. L'Assemblée parlementaire

1. Structure

À défaut d'une élection au suffrage universel, les « représentants » sont élus par les Parlements nationaux, ou désignés selon une procédure fixée par eux. Cette représentation indirecte est pondérée et varie de deux (micro-États) à dix-huit sièges. Il existe un statut « d'invité spécial » pour les États du continent européen susceptibles de devenir membres du Conseil de l'Europe.

2. Organisation

Le style parlementaire a marqué l'Assemblée dont le siège est à Strasbourg :

a) sur le plan technique
sessions ordinaires et extraordinaires, débats publics, fixation de l'ordre du jour, bureau, immunités parlementaires, commissions générales et commission permanente ;
b) sur le plan politique
groupes politiques transnationaux (parti populaire européen, socialiste, libéraux, démocrates européens…).

3. Compétences

Elles sont peu étendues, l'Assemblée demeure consultative ; elle délibère sur des « questions relevant de sa compétence » sans prendre de décisions obligatoires pour les États membres. Il s'agit de recommandations (au Comité des ministres) ou de résolutions (aux gouvernements nationaux).
L'Assemblée a renforcé ses compétences consultatives à travers la procédure d'adhésion des nouveaux membres.

B. Le Comité des ministres

Organe intergouvernemental, le Comité comprend les ministres des affaires étrangères des États membres (ou leurs délégués). C'est « l'organe compétent pour agir au nom du Conseil de l'Europe » (art. 13). Il prend :

- des recommandations, sans effet obligatoire, à l'adresse des États, à la majorité des 2/3 en principe, à l'unanimité en pratique (l'abstention n'est pas un veto) ;
- des décisions d'ordre interne ou d'ordre externe (accords internationaux) ;
- il se prononce sur les demandes d'adhésion.

Note : depuis 1999 un commissaire aux droits de l'homme est élu par l'Assemblée, chargé de promouvoir les droits de l'homme par le jeu de rapports assortis, s'il y a lieu, de recommandations.

Section 2 › LES FONCTIONS DU CONSEIL DE L'EUROPE

§ 1 - Le rôle politique

1. Le Conseil de l'Europe n'a pu conduire vers une **constitution fédérale européenne**, objectif de certains de ses initiateurs, car l'Assemblée n'avait pas une compétence constituante et les gouvernements n'y étaient pas enclins. C'est le premier échec du mythe de l'intégration européenne par la voie parlementaire. Cependant, le Conseil entend contribuer à l'unification européenne par le « dialogue politique » entre les États membres.

2. Lors de la création des Communautés, le gouvernement anglais qui n'y participait pas proposa, sans succès, de faire du Conseil de l'Europe un organisme de contrôle de toutes les organisations européennes existantes.

3. Le Conseil de l'Europe est une **tribune de la politique internationale**, il entretient des relations avec de nombreuses organisations universelles et régionales. Il a créé le Congrès des pouvoirs locaux et régionaux en Europe ; la convention de 1980 sur la coopération transfrontalière a été ratifiée par la France, en application de sa propre décentralisation.

4. Le Conseil de l'Europe qui vise depuis 1990 à reconstituer une **« Grande Europe »** des droits de l'homme se heurte à trois difficultés :

– l'appréciation du caractère démocratique des nouveaux États et de leur capacité à respecter les droits individuels ;

– la question politique des minorités (et de leurs droits civiques) et les tensions qu'elles provoquent (pays baltes, Europe centrale, Caucase, Russie) ; le Conseil de l'Europe a mis en place la charte européenne des langues régionales ou minoritaires et la convention-cadre pour la protection des minorités nationales qui ne concerne que les personnes appartenant à des minorités nationales et qui laisse aux États une marge étendue pour son application ;

– fixer les limites géographiques de l'Europe face à l'Asie.

Le Conseil de l'Europe a cherché à favoriser les transitions par le statut d'« invité spécial » auprès de l'Assemblée, par des programmes de coopération (surtout dans le domaine du droit), par des missions et expertises. En toile de fond : quelle répartition des fonctions entre le Conseil de l'Europe, l'OSCE, l'Union européenne ?

§ 2 - Une contribution au droit international régional

A. Du point de vue procédural

Le Conseil de l'Europe contribue à l'élaboration des conventions et traités par le jeu des groupes d'experts agissant au titre du Comité des ministres, l'Assemblée disposant d'un pouvoir consultatif. Il exerce un certain contrôle sur leur application ; ce contrôle peut parfois être exercé par un organe juridictionnel institué dans une convention.

B. Du point de vue matériel

L'œuvre législative du Conseil de l'Europe est importante. Plus de 200 conventions ont été conclues dans des domaines divers : accords de coopération judiciaire ou culturelle, convention de 1972 sur l'immunité de juridiction des États, protection de l'environnement, traités de droit humanitaire, brevets et droit d'établissement, matières du droit civil des personnes ou de la responsabilité, convention sur la prévention du terrorisme (2005), conventions sur la lutte contre la corruption, la traite des êtres humains, la cybercriminalité. Le Conseil de l'Europe a fait adopter une convention européenne sur la reconnaissance de la personnalité juridique des organisations non gouvernementales sur le modèle de l'ONU. Citons la charte sociale européenne et ses protocoles additionnels ou la convention pour la prévention de la torture (1987). L'ensemble de ces textes, parfois inégalement ratifiés, forme un

corpus du droit régional européen. Certains accords ne lient que certains États, dès lors que les autres n'y font pas objection.

§ 3 - Les relations avec l'Union européenne

La Communauté avait adhéré à certaines conventions européennes et le Conseil de l'Europe peut adopter, sous forme de conventions, le contenu de certaines directives communautaires. Deux questions fondamentales seront évoquées plus loin : l'insertion des droits fondamentaux dans l'ordre juridique de l'Union européenne et l'adhésion de l'Union à la Convention européenne des droits de l'homme.

Chapitre 2 › LA CONVENTION EUROPÉENNE DES DROITS DE L'HOMME

> **› L'essentiel**
>
> *Œuvre conforme au Statut du Conseil de l'Europe (art. 1 et 3), la Convention européenne de sauvegarde des droits de l'homme et des libertés fondamentales a été signée à Rome le 4 novembre 1950 et mise en vigueur en septembre 1953. Elle a été complétée par plusieurs protocoles additionnels. Codification européenne du droit des libertés publiques au sens classique, elle visait à pallier les insuffisances normatives et procédurales du droit universel et à instituer des organes de contrôle, de type juridictionnel, ouverts aux individus à l'encontre de leur propre État d'allégeance.*

Section 1 › LES DROITS RECONNUS

Ils découlent du texte de la Convention et des protocoles mais surtout de l'interprétation progressive et extensive qu'en donnent les organes investis du contrôle. Ils bénéficient à **toute personne physique et morale quelle que soit sa nationalité** (nationalité d'un pays partie à la Convention ou nationalité d'un pays tiers) sous les conditions indiquées plus loin. L'article 13 de la Convention pose l'exigence d'un **recours effectif dans l'ordre interne de chaque État** qui permet d'invoquer les dispositions de la Convention et donne une base à la règle de l'épuisement des recours internes posée à l'article 35 (*cf. infra* p. 40). Comme nous le verrons plus loin, le système obéit à une règle générale de subsidiarité : la satisfaction pour le requérant doit d'abord être recherchée sur le plan interne par l'invocation directe de la CEDH (*Cardot c/France*, 19 mars 1991) ou de dispositions internes strictement équivalentes.

§ 1 - Classification des droits

1. Ce sont des droits de type classique ; les droits économiques et sociaux, sauf quelques exceptions, ne sont pas directement couverts par ces textes. L'article 14 de la Convention interdit toute **discrimination** selon les critères matériels qui y sont énoncés ; la jurisprudence a instrumentalisé la portée de l'article 14 en procédant à sa combinaison avec d'autres articles de la Convention. La *combinaison* de l'article 14 avec l'article 8 sur le droit au respect de la vie privée et familiale a ainsi provoqué une jurisprudence audacieuse sur la filiation. De manière tendancielle l'interdiction de discrimination a vu aussi son *autonomie* renforcée selon plusieurs modalités :

– l'article 14 permet à la Cour de censurer les discriminations instituées dans l'ordre interne des États sans rapport avec les exigences de la Convention ; cette jurisprudence a été codifiée par le Protocole n° 12 : l'article 1er reprend les critères de discrimination (sexe, race, langue, religion, opinions, origines, minorité nationale, fortune ou naissance) énumérés dans l'article 14 ;

– la Cour, si elle exige un traitement semblable pour des situations semblables, appelle à un traitement différent pour des situations différentes (*Thlimmenos c/Grèce*, 6 avr. 2000).

2. L'interprétation de la Convention par les organes de Strasbourg a un aspect évolutif ; elle a conduit à créer à la charge des États des obligations de ne pas faire et même des charges positives (prestations au profit des particuliers ou protections à l'encontre des particuliers), 9 oct. 1979, *Airey c/Irlande* ; la Convention a acquis dans certains cas un effet horizontal dans les relations interindividuelles, notamment dans des matières relevant du droit privé. La jurisprudence développe des obligations positives à la charge des États d'assurer une *protection effective* des droits reconnus par la Convention.

3. La Cour met en œuvre des **notions autonomes** au regard des définitions ou qualifications des droits nationaux.

A. Les droits politiques et sociaux

Le protocole n° 1 (art. 3) oblige les États à organiser des *élections législatives libres*, périodiques, au scrutin secret et, selon la Cour, au suffrage universel. La Cour a fait application de ces exigences à propos du vote pour le Parlement européen à Gibraltar à l'encontre du Royaume Uni (18 févr. 1999, *Matthews*).

Les **libertés de réunion et d'association** sont reconnues par l'article 11 de la Convention sous réserve des restrictions strictement nécessaires « dans une société démocratique » au maintien de l'ordre public (proportionnalité). La liberté syndicale a été rattachée à la liberté d'association : sa portée est limitée au libre choix syndical et l'affiliation ne peut être une condition d'emploi (Cour EDH, *Young, James et Webster*, 12 août 1981). Dans un arrêt *Sigurjonsson*, 30 juin 1993, la Cour considère que l'article 11 donne le droit de ne pas faire partie d'une association ou d'un syndicat. La dissolution du parti turc *Refah Partisi* (Cour EDH, 13 févr. 2003) n'est pas contraire à la Convention, compte tenu de ses objectifs. La Cour a condamné l'adhésion d'office aux associations (de chasse) créées en France par la loi Verdeille, 29 avril 1999, *Chassagnou*. L'article 11 ne garantit pas le droit à ne pas souscrire une convention collective (25 avr. 1996, *Gustafsson*).

B. Les droits de la personne

1. Les droits intangibles

Le droit à la vie est posé dans l'article 2 § 1 de la Convention sauf « recours à la force absolument nécessaire ». La Cour a condamné le Royaume-Uni, dans un arrêt *Mc Cann*, 27 sept. 1995, sa police ayant abattu trois terroristes de l'IRA à Gibraltar alors qu'il suffisait de les empêcher d'entrer. Le protocole n° 6 abolit la peine de mort. L'extradition ou le déplacement forcé vers un pays qui applique la peine de mort sont proscrits.

La Cour ne s'est pas prononcée directement sur l'interruption volontaire de grossesse. On rappellera que dans l'arrêt *Open Door* (29 oct. 1992) elle a jugé que l'interdiction irlandaise de diffuser des informations sur l'IVG était contraire à l'article 10 de la Convention sur la liberté de communication. Elle n'a pas reconnu le droit à l'euthanasie (29 avr. 2002, *Pretty*).

La protection contre la *torture et les peines ou traitements inhumains ou dégradants* (art. 3 de la Convention) a provoqué une jurisprudence abondante : interdiction des châtiments corporels (*Tyrer*, 25 avr. 1978), condamnation des techniques de désorientation sensorielle utilisées dans les prisons anglaises (*Irlande c/RU*, 18 janv. 1978), sévices subis pendant une garde à vue en France (*Selmouni*, 28 juill. 1999).

2. Le droit à la liberté et à la sûreté

Inscrit à l'article 5 de la Convention, il a provoqué des prises de position très restrictives de la Cour européenne en ce qui concerne l'interprétation des six cas autorisant la privation de liberté. Il est complété par des garanties procédurales accordées aux individus arrêtés ou incarcérés (*cf. infra* C). La Cour veille à l'individualisation des situations de privation de liberté et applique un contrôle de proportionnalité.

3. Le respect de la vie privée et familiale (art. 8)

Il implique le respect du *domicile* (y compris des locaux professionnels), lequel peut être troublé par une pollution de voisinage (*Lopez-Ostra*, 9 déc. 1994), le *secret de la correspondance* (la Cour a condamné la pratique britannique des écoutes téléphoniques, 2 août 1984, *Malone*). Les **minorités sexuelles** sont aussi protégées (*Dudgeon*, 22 oct. 1981). Si l'adoption par un couple homosexuel peut être prohibée par le droit interne (*Fretté c/France*), les homosexuels peuvent à titre individuel procéder à une adoption (*E.B. c/France*, 22 janv. 2008). Les transsexuels ont obtenu le droit à un changement d'état civil, puis celui de se marier avec une personne de leur sexe d'origine (11 juill. 2002, *Goodwin*).

Le respect de la vie familiale implique la continuation de liens affectifs entre parents et enfants dans tous les cas. La jurisprudence a affirmé les *droits de l'enfant naturel* ou adultérin (*Marckx*, 13 juin 1979 et *Johnston*, 13 déc. 1986). C'est à l'État qu'il revient dans sa législation de permettre une telle continuation (lien de filiation, droit de visite, etc.). Ces dispositions ouvrent la voie à une rénovation du droit civil dans chaque État puisque la discrimination entre enfants naturels et enfants légitimes ne s'impose plus aujourd'hui comme auparavant. Le regroupement familial a été validé par la Cour au bénéfice des étrangers (21 déc. 2001, *Sen*).

Le protocole n° 7 instaure l'égalité des droits des époux.

4. Les libertés de la pensée (liberté d'opinion, de conscience ou de religion)

Elles ont leur corollaire naturel dans la **liberté d'expression et d'information**.

La *liberté de religion* instituée à l'article 9 a fait l'objet d'un arrêt du 25 mai 1993 *Kokkinakis* en faveur de la pluralité des formes de la religion. Par ailleurs sur la base du protocole n° 1 les parents ont le droit de choisir le système éducatif de leurs enfants (établissements publics ou privés) ; ils ne peuvent exiger le financement par l'État des établissements privés, ni une langue déterminée (la Cour a validé le régime belge de la territorialité linguistique le 23 juillet 1968), ni la suppression de l'éducation sexuelle obligatoire (affaire danoise, *Kjeldsen* 17 déc. 1976). L'interdiction du foulard islamique dans les établissements d'enseignement supérieur en Turquie ne contredit pas le droit de s'instruire (10 nov. 2005, *Leyla Sahin*).

Si l'article 10 de la Convention permet aux États de soumettre les entreprises de radio, télévision ou cinéma à un régime d'autorisation, voire à un monopole d'État,

la liberté de l'information a provoqué une jurisprudence abondante quant aux limites qu'elle peut connaître (pour la liberté de la presse, Cour, 26 avr. 1979, *Sunday Times* une décision très libérale). Dans l'ensemble la jurisprudence considère que la liberté d'opinion est à la base de la démocratie (7 déc. 1976, *Handyside*) ; elle a élargi le droit de communiquer des informations, quelle que soit la forme (ou le support) du message et protège les sources journalistiques (*Ernst c/Belgique*, 15 juill. 2003). La Cour affirme cette protection des journalistes de manière large en réduisant d'autant la marge d'appréciation des États sauf à rappeler aux journalistes leurs devoirs déontologiques (6 avr. 2010, *Ruokanen*).
Pour une condamnation du contrôle préalable de la presse étrangère en France : *Association Ekin*, 17 juillet 2001.

C. Les garanties procédurales

Tout l'édifice des garanties procédurales repose sur le **droit à un recours effectif** devant une instance nationale (art. 13 de la Convention) pour toute personne alléguant une violation des droits et libertés reconnus par la Convention.

1. Le droit à un procès équitable

Il a donné lieu à une jurisprudence systématique et extensive (art. 6 § 1 de la Convention).

a) Jurisprudence systématique

Il comporte le droit d'accès à un tribunal (Cour EDH, 21 févr. 1975, *Golder*), ce qui suppose l'existence et la clarté des voies de recours ; ce qui peut sous-entendre le droit à l'assistance judiciaire gratuite. Le tribunal doit être indépendant et impartial ; ces qualités s'entendent non seulement de l'attitude de ses membres mais également de leur position statutaire ou de leur rapport avec l'administration ou le pouvoir exécutif. Exemple : le 28 sept. 1995 dans l'arrêt *Procola*, la Cour condamne l'exercice cumulé des fonctions de conseil et de juge par les membres du Conseil d'État luxembourgeois ; et le 7 juin 2001, (*Kress*), la Cour condamne la participation du commissaire du gouvernement français au délibéré (*cf. infra* p. 45). La Cour prohibe le cumul des fonctions de poursuite et de jugement ou d'instruction et de jugement (*Piersack*, 1er oct. 1982 ; *De Cubber c/Belgique*, 26 oct. 1984).
L'équilibre entre les parties (principe dit de **« l'égalité des armes »**) a permis à la Cour de censurer certaines prérogatives du ministère public comme juge et partie à la fois. Contradictoires, les débats doivent avoir un caractère public (sauf limitations justifiées). La durée de la procédure ne doit pas excéder un « délai raisonnable » dont la détermination relève d'appréciations *in concreto* en fonction de la nature du litige, de sa complexité, du comportement des parties, des recours mis en œuvre.
L'exécution d'une décision de justice est un aspect du droit au procès équitable (*Hornsby*, 19 mars 1997).

b) Jurisprudence extensive

L'article 6 § 1 s'applique aux **contestations sur des « droits et obligations de caractère civil »** et aux « accusations en matière pénale ». Les organes de Strasbourg ont élargi ces domaines d'application en se fondant sur des notions autonomes c'est-à-dire indépendantes des qualifications nationales. Ainsi les contestations sur les droits de « caractère civil » recouvrent les litiges administratifs, sociaux, professionnels ou disciplinaires, dès lors qu'ils ont une incidence patrimoniale ou économique.

Affaire classique : *Le Compte, Van Leuven et De Meyere*, 23 juin 1981, sur la publicité des débats disciplinaires devant les juridictions professionnelles. De même la notion « d'accusation en matière pénale » a été appliquée aux sanctions administratives (circulation routière), disciplinaires, fiscales, douanières ou économiques (par exemple en matière de concurrence).

Dans une affaire récente, la Cour retient la définition communautaire des agents de fonction publique afin de déterminer l'applicabilité de l'article 6 § 1 (fonctionnaires ne participant pas à l'exercice de la puissance publique) 8 déc. 1999, *Pellegrin c/France*.

Le **procès pénal** est soumis en outre à des exigences particulières fixées dans l'article 6 § 2 et § 3 de la Convention. La présomption d'innocence a justifié le droit du prévenu de se taire et de ne pas contribuer à sa propre incrimination (Cour EDH, *Funke*, 25 févr. 1993). Les droits de la défense impliquent l'information de l'inculpé (langue et interprète gratuit), la liberté d'une assistance par un avocat (choisi ou commis d'office) et le caractère confidentiel de leurs échanges, la possibilité de citer des témoins.

La Convention pose en son article 7 le principe de la légalité des délits et des peines, « *Nullum crimen, nulla pena sine lege* » donc la non-rétroactivité en matière pénale. La Cour tend à étendre sensiblement ce principe en dehors du seul domaine considéré comme pénal. Le protocole n° 7 instaure des garanties supplémentaires en matière pénale : le double degré de juridiction, le droit à réparation en cas d'erreur judiciaire, la règle « *non bis in idem* ».

2. Les situations d'arrestation ou de détention

Elles ont été abordées très tôt sur le fondement de l'article 5 de la Convention. Toute personne a le droit de connaître les raisons de son arrestation ou de sa détention et elle peut introduire un recours juridictionnel sans entrave dès lors que son placement en détention n'émane pas d'un tribunal ou émane d'un tribunal dont l'organisation et le fonctionnement n'obéissent pas aux règles précitées posées par la Convention. Toute personne privée de liberté pour avoir commis ou être susceptible de commettre une infraction a le droit d'être traduite devant un juge qui ne doit pas être un simple représentant du ministère public et qui doit disposer du pouvoir de le remettre en liberté (Cour EDH, 18 janv. 1978, *Irlande c/RU*). Cet aménagement pèse sur la durée de la garde à vue. Par ailleurs toute personne privée de liberté a le droit d'être jugée dans un délai raisonnable, ce qui limite la durée de la détention préventive (*Wemhoff et Neumeister*, 27 juin 1968, *Ringeisen*, 16 juill. 1971). Les autorités doivent donc justifier des raisons du maintien en détention et démontrer leur souci de ne pas allonger la période qui précède le procès, sauf à démontrer la complexité de l'affaire. La Cour a posé le droit à l'assistance d'un avocat dès le début de la garde à vue en France, sur la base de l'article 6 § 3, 14 oct. 2010, *Brusco c/France*.

D. Le droit de propriété

Il occupe une place particulière dans la classification des droits puisqu'il est d'une nature économique. Il est inscrit dans l'article 1 du protocole n° 1. Celui-ci rappelle que la privation de propriété ne peut intervenir que pour cause d'utilité publique et dans les conditions prévues par la loi et les principes généraux du droit international (ces principes ne sont pas invocables par des ressortissants nationaux) ; que, en outre, les États peuvent réglementer l'usage des biens dans l'intérêt général ou pour assurer le paiement des impôts ou amendes.

La jurisprudence européenne a *élargi la notion de privation de propriété* aux expropriations de fait. Elle a appliqué le contrôle de proportionnalité pour vérifier si les atteintes au droit de propriété sont justifiées par l'intérêt général (*Sporrong*, 23 sept. 1982) ; elle l'applique également aux dispositifs d'indemnisation prévus par les lois internes. Elle a élargi aussi la notion de biens à des éléments incorporels. Dans un arrêt *Chassagnou*, 29 avril 1999, la Cour a censuré la loi française – « loi Verdeille » – qui oblige les petits propriétaires à ouvrir leurs terres aux chasseurs de la commune.

E. Les droits des étrangers

Si les ressortissants des États tiers peuvent se prévaloir de la Convention, aucune disposition ne concerne directement leur droit d'entrer ou de s'établir. L'expulsion collective des étrangers est interdite (protocole n° 4).

Le protocole n° 7 du 22 novembre 1984 a comblé partiellement une lacune originelle de la Convention en donnant des garanties procédurales en cas d'expulsion mais il a été tardivement ratifié. Conscients de cette lacune, les organes européens ont donc reconnu aux étrangers le droit à un *recours suspensif*. L'expulsion ou l'extradition vers un État tiers ne doivent pas exposer l'individu à des traitements inhumains (art. 3) ni porter gravement atteinte et de manière disproportionnée à sa vie familiale (art. 8). Cette jurisprudence a influencé les droits internes des États.

Quelques applications par la Cour :

• *Soering c/RU*, 7 juillet 1989 : l'extradition vers les États-Unis fait courir au prévenu le risque d'attendre longuement la peine de mort (État de Virginie), c'est-à-dire un traitement inhumain ou dégradant *Idem, Chahal c/Royaume-Uni*, 15 nov. 1996 : un Sikh expulsé en Inde encourt le risque de ne pas bénéficier d'un procès impartial.

• *Moustaquim c/Belgique*, 18 février 1991 : une mesure d'expulsion d'un individu qui n'a plus de lien réel avec son pays d'origine constitue une atteinte disproportionnée au regard des exigences de l'article 8 sur le respect de la vie familiale. Dans le même sens, *Beldjoudi c/France*, 26 mars 1992. Toutefois cette jurisprudence très libérale n'a pas empêché d'autres décisions de sens contraire (*Baghli*, 30 nov. 1999). Si l'article 8 ne peut être invoqué pour entrer sur le territoire d'un État, il peut l'être afin d'éviter une expulsion.

§ 2 - Les limites des droits

1. Certains droits de caractère humanitaire sont **intangibles** : le droit à la vie, l'interdiction de la torture et des traitements cruels, inhumains et dégradants (il existe un contrôle non judiciaire découlant de la convention pour la prévention de la torture), l'interdiction de la servitude et du travail forcé obligatoire, la légalité des délits et des peines.

2. L'article 15 autorise les États, en cas de guerre ou de circonstances exceptionnelles, à adopter des **mesures dérogatoires** à condition d'en tenir informé le

Secrétaire général du Conseil de l'Europe, et sous réserve d'un contrôle de nécessité et de proportionnalité.

L'article 17 qui visait initialement à priver des groupes hostiles aux libertés de se référer à la Convention peut aujourd'hui être opposé à des personnes ou des groupes qui diffusent des idées racistes et invoquent l'article 10 de la convention relatif à la liberté d'expression.

3. La plupart des droits reconnus ont un caractère conditionnel, c'est dire qu'ils peuvent subir des **limitations** du fait des législations nationales afin d'assurer la sécurité, la santé et l'ordre publics ou la protection des droits d'autrui. C'est ce que la Convention définit sous le terme « ingérence » : art. 8, 9, 10, 11 de la Convention. Les États disposent à cette fin d'une « **marge nationale d'appréciation** », conformément à l'économie de la subsidiarité, marge qui peut varier dans le temps, selon les domaines considérés, les progrès acquis ou le niveau de la conscience juridique européenne. Les organes européens veillent à ce que ces *limitations* soient *nécessaires dans une « société démocratique »* (*Handsyde*, 7 sept. 1976) et « *proportionnelles au but poursuivi* » (Cour EDH, *Gillow*, 24 nov. 1986) ; elles sont interprétées d'autant plus restrictivement qu'elles touchent à l'intimité des individus. Il est clair que le principe de proportionnalité permet d'évaluer et d'encadrer l'usage par les États de leur marge d'appréciation. Il s'agit d'un instrument classique au service du juge en matière de police et de libertés individuelles.

Section 2 › LES MÉCANISMES DE PROTECTION

Les organes initialement investis du pouvoir de contrôle, la Commission européenne et la Cour européenne des droits de l'homme (et le Comité des ministres du Conseil de l'Europe) ne l'exerçaient que sous certaines conditions. Ces mécanismes ont été modifiés par la mise en place d'une nouvelle Cour, produit de la fusion de la Commission et de la Cour.

§ 1 - Les mécanismes initiaux de la protection par les organes européens

A. Les conditions préalables

1. Le droit de recours individuel devant la Commission devait être reconnu par l'État mis en cause par une déclaration faite pour une durée déterminée (et renouvelable) ou indéterminée. Dans ce cas, une personne privée, quelle que soit sa nationalité, pouvait saisir la Commission d'un cas de violation, sous réserve que la condition d'épuisement des recours internes ait été remplie. Par la suite la déclaration prévue est devenue inhérente à l'adhésion à la Convention.

2. La juridiction de la Cour devait préalablement avoir été acceptée par l'État mis en cause ; cette déclaration pouvait être émise pour une durée déterminée, le cas échéant sous condition de réciprocité vis-à-vis des autres États, ce qui conditionnait la capacité de ceux-ci à saisir la Cour. Si la déclaration fut d'abord assimilée à une clause facultative de juridiction obligatoire, ultérieurement tous les États parties à la Convention ont été liés à la juridiction de la Cour.

B. La Commission européenne des droits de l'homme

Elle comprenait autant de membres que de « parties contractantes » désignés par le Comité des ministres sur une liste dressée par l'Assemblée à partir de propositions faites par chaque groupe national. Les membres avaient un mandat de six ans, renouvelable, ils étaient indépendants des gouvernements et jouissaient de privilèges et immunités étendus.

La Commission procédait comme un *organe juridictionnel* lorsqu'elle examinait la recevabilité des requêtes, comme un *organe politique* lorsqu'elle se prononçait sur le fond des affaires. Cette dualité visait à permettre l'accès de l'individu à la Commission, tout en ménageant la susceptibilité des États

Après avoir décidé sur la recevabilité, une sous-commission instruisait l'affaire et proposait un règlement à l'amiable.

Le rapport final de la Commission comportait un **avis motivé** sur la violation ou non-violation de la Convention ; cet avis n'avait pas force obligatoire à l'égard des parties puisqu'il n'avait pas autorité de chose jugée.

C. La Cour européenne des droits de l'homme

1. La Cour comprenait un nombre de membres égal à celui des États du Conseil de l'Europe, désignés pour neuf ans dans les mêmes conditions que les membres de la Commission.

2. La saisine de la Cour était effectuée par un État ou par la Commission dans le délai de trois mois suivant le rapport de la Commission. Ce pouvait être l'État qui avait déjà saisi la Commission, celui qui avait été mis en cause devant elle, ou l'État dont la victime est le ressortissant.

La Commission a saisi régulièrement la Cour afin d'obtenir une décision juridictionnelle et pour mieux garantir les personnes privées qui n'avaient pas le droit de saisine bien qu'elles aient acquis un statut de quasi-requérant (accord de 1969 et règlement intérieur).

Le protocole n° 9 du 6 novembre 1990, mis en vigueur le 1er octobre 1994 avait ouvert à **l'individu**, à l'encontre des États qui l'avaient ratifié, le droit de saisir la Cour, sous réserve d'un filtrage opéré par un Comité de trois juges.

3. La Cour rendait des arrêts définitifs et obligatoires pour l'État. La « jurisprudence » des organes de Strasbourg s'entendait des arrêts de la Cour européenne mais aussi, par extension, des décisions de la Commission.

D. Le Comité des ministres

Si la Cour n'était pas saisie dans un délai de trois mois, compte tenu du caractère non obligatoire des rapports de la Commission, le Comité des ministres pouvait examiner le litige. Il se prononçait à la majorité des deux tiers sur la violation de la Convention. En cas de non-exécution par l'État, il décidait à la même majorité la publication du rapport. Il s'agissait d'un règlement politique : l'individu disparaissait à ce stade et l'État auteur de la violation participait à la solution de l'affaire.

§ 2 - Les mécanismes actuels de la protection par la Cour unique

Le Protocole n° 11 en date du 11 mai 1994 avait institué une Cour unique, substituée à la Commission, à la Cour et au Comité des ministres en tant qu'organes de règlement. Les causes de cette réforme étaient les suivantes : réduire la durée des procédures, accompagner l'extension du nombre des États parties à la Convention, opérer une concentration du travail judiciaire et donc rompre avec le compromis initial qui faisait une place trop large à la Commission (organe non juridictionnel) et au Comité des ministres. La Cour européenne unique est entrée en fonctionnement le 1er novembre 1998.

Le Protocole n° 14 en date du 13 mai 2004 vise à accélérer le travail judiciaire (plus de 130 000 requêtes sont en attente) et à resserrer les conditions de recevabilité des requêtes individuelles. Du fait de l'opposition de la Russie, il n'est entré en vigueur que le 1er juin 2010.

A. Organisation de la Cour

1. La Cour comprend **47 juges**, soit un par État partie à la Convention : ils sont élus pour neuf ans par l'Assemblée parlementaire à partir d'une liste de trois noms présentés par chaque État. Ils ne sont pas rééligibles.

2. La Cour est organisée en **cinq sections** dont la composition reflète la diversité géographique et celle des systèmes juridiques.

Les formations de jugement sont :

– **les comités** (3 juges par section) qui opèrent un filtrage des requêtes et peuvent à l'unanimité les déclarer irrecevables ; depuis la réforme du Protocole n° 14, ils peuvent rendre un arrêt sur le fond dans des affaires considérées comme classiques ;

– **les Chambres** (7 juges) constituées pour chaque affaire à partir des sections : elles comprennent le juge élu au titre de l'État partie au litige et le président de section ; pour accélérer le travail judiciaire, des chambres de 5 juges peuvent être constituées ;

– **la Grande Chambre** (17 juges) dont la composition peut varier d'une affaire à l'autre. Une chambre peut se dessaisir au profit de la Grande Chambre si les parties en sont d'accord. De plus, elle peut être saisie par une partie dans un délai de trois mois après l'arrêt d'une Chambre lorsqu'une question relative à l'interprétation de la Convention apparaît grave ou d'intérêt général. Ce deuxième degré de juridiction implique un « filtrage » par un collège de 5 juges ;

– le Protocole n° 14 institue des **juges uniques** qui, après avoir déclaré la requête recevable, la transmettent à un comité ou à une Chambre pour examen au fond.

B. La saisine de la Cour

1. Les requêtes étatiques permettent à l'État requérant de faire respecter la Convention par un autre État ; elles ont donc un caractère objectif. Le principe de réciprocité est aujourd'hui exclu en ce sens que les réserves du demandeur ne peuvent être invoquées par l'État défendeur. Le nombre des requêtes étatiques pourrait s'accroître en cas de tension entre les nouveaux adhérents.

2. Les requêtes individuelles sont présentées de plein droit directement devant la Cour ; il n'existe plus de déclaration d'acceptation du recours individuel.

NB : La Cour peut prendre des mesures provisoires.

C. L'examen de la recevabilité de la requête

1. Le juge rapporteur, désigné par le président de section, décide si la requête doit être examinée par un comité ou par une Chambre. Le comité peut déclarer la requête irrecevable ou la rayer du rôle à l'unanimité. Il peut aujourd'hui (Protocole n° 14) rendre un arrêt sur le fond. Après examen par la Chambre, la Cour peut :
– radier l'affaire (après désistement) ;
– déclarer la requête irrecevable ;
– déclarer la requête recevable ; dans ce cas elle peut faciliter un règlement amiable entre les parties, comme le faisait la Commission européenne des droits de l'homme.
Désormais le juge unique dispose de la même compétence que le comité.

2. Il existe plusieurs **conditions de recevabilité des requêtes**.
En ce qui concerne l'État défendeur, il faut que le manquement à la Convention lui soit imputable et qu'il se soit produit après l'entrée en vigueur de celle-ci (sauf le cas d'une « situation continue », affaire *de Becker*, 27 mars 1962).
En ce qui concerne le demandeur, différentes conditions sont exigées selon que le requérant est un État ou un particulier.

a) Conditions communes aux requêtes étatiques et individuelles :
• exigence de **l'épuisement des voies de recours internes** : il faut que les recours aient été intentés utilement sur la base des mêmes griefs jusqu'au dernier recours interne. Cette exigence tombe lorsque les recours internes sont insuffisants ou inopérants (*Lawless*, 14 nov. 1960, *affaire des vagabondages*, 1971), lorsqu'ils sont d'une lenteur exceptionnelle (*de Becker*, 27 mars 1962), lorsque la requête étatique intervient en dehors de toute violation concrète d'un droit individuel (il n'en est pas de même pour le recours individuel) ; la règle traduit le principe de subsidiarité du contrôle européen par rapport au contrôle juridictionnel national ;

• exigence d'un **délai de six mois** à compter de la décision interne définitive.

b) Conditions propres aux requêtes individuelles :
• l'individu (personne physique, quelle que soit sa nationalité, ou morale) doit avoir subi une violation et conserver un **intérêt actuel à agir**, donc pas *d'actio popularis* ; cependant la Cour a admis, dans une affaire relative aux écoutes téléphoniques qu'un particulier pouvait alléguer une violation sans en rapporter la preuve formelle (*Klass*, 6 sept. 1978) ; elle a admis la notion de victime indirecte (une épouse à propos du droit au nom de son mari, 22 févr. 1994, *Burghartz c/Suisse*) ou de victime éventuelle (ex. : information sur l'avortement, *Open Door*, 29 oct. 1992) ou encore de victime potentielle (à propos d'une extradition, 7 juill. 1989, *Soering*) ; un requérant ayant obtenu satisfaction en fait dispose d'un intérêt à agir si l'incompatibilité avec la CEDH n'a pas été reconnue (*Assoc. Ekin*, 17 juill. 2001).

• pas de requêtes anonymes ou renouvelées, abusives ou « manifestement » mal fondées ; donc pas d'action fantaisiste.

• le Protocole n° 14 a ajouté que la Cour déclare irrecevable toute requête dans les cas où le requérant n'a subi « **aucun préjudice important** ». Le texte pose deux exceptions :
– lorsque le respect des droits de l'homme exige un examen au fond ;
– lorsque l'affaire n'a pas été examinée par une juridiction nationale.

La condition de « préjudice important », assez inquiétante par son caractère flou en son principe, devra être précisée dans la jurisprudence de la Cour. La définition du préjudice important sera-t-elle conditionnée ou non par le flux quantitatif des requêtes ? C'est l'enjeu central de la réforme.

D. L'examen de l'affaire au fond

À l'issue d'une procédure contradictoire, la Cour se prononce sur la violation (ou non) de la Convention par un jugement « au principal » qui a un **caractère déclaratoire**. Ses arrêts ont l'autorité relative de la chose jugée (*cf.* sect. suiv.). Mais c'est à l'État de prendre les mesures qui s'imposent pour leur exécution. Cependant le Comité des ministres peut exercer un contrôle (et une pression) sur les États à cette fin. La Cour peut également accorder au requérant individuel une satisfaction équitable lorsque le droit interne ne permet pas d'effacer les effets de la violation, généralement une réparation pécuniaire.

Section 3 > INFLUENCE ET PORTÉE DE LA CONVENTION

1. Si les requêtes étatiques ont été peu nombreuses elles sont toujours liées à un contentieux politique (affaire de Chypre, pratiques du gouvernement militaire grec, affaires turques, traitement des minorités), les **requêtes individuelles** ont été abondantes dont 10 % environ ont été déclarées recevables.

2. La Convention et les protocoles additionnels (sauf le protocole 6 sur la peine de mort) peuvent faire l'objet de réserves particulières ou de déclarations interprétatives de la part des États mais non de réserves « de caractère général ». La Commission n'a pas retenu certaines réserves turques (11 janv. 1991, *Chrysostomos c/Turquie*).

3. La portée de la Convention doit être appréciée à deux niveaux : la place des normes conventionnelles dans le droit interne des États et l'autorité qui s'attache aux arrêts de la Cour européenne des droits de l'homme.

a) La place des normes dans le droit interne des États

Les réponses varient selon les traditions constitutionnelles et judiciaires des États. La Cour cependant s'est efforcée, sinon de les encadrer, du moins de les orienter.

Dans un arrêt *Loizidou c/Turquie*, 23 mars 1995, elle dit que la Convention est *« un instrument constitutionnel de l'ordre public européen »* et invalide la déclaration turque qui soustrait le nord de Chypre à la juridiction de la Turquie (limitation *ratione loci*). Par ailleurs la combinaison de l'article 13 (droit à un recours effectif devant les juridictions nationales) et de l'article 1 (« *Les Hautes Parties Contractantes reconnaissent à toutes personnes… les droits et libertés définis au titre I de la Convention.* ») induisent l'invocabilité en justice et **l'effet direct** des dispositions de la Convention dès lors qu'elles sont suffisamment claires et précises, ce qu'elles sont de plus en plus du fait de l'interprétation qu'en donne la Cour (*cf.* b *infra*). La **primauté** de la Convention sur les normes législatives internes relève de chaque État ; dans certains pays la Convention a une valeur supraconstitutionnelle (Pays-Bas) ou constitutionnelle (Autriche) ; dans la plupart des pays elle a une valeur infraconstitutionnelle mais supralégislative. En Allemagne et en Italie, cette solution découle largement de la jurisprudence constitutionnelle.

La Cour, dans certains cas, a écarté des objections d'ordre constitutionnel (Irlande à propos de l'interruption volontaire de grossesse). La Cour a censuré l'atteinte au principe de l'égalité des armes dans une procédure préjudicielle devant la Cour constitutionnelle espagnole, 23 juin 1993, *Ruiz Mateos*. Mieux encore, elle a censuré une loi française de validation qui avait été déclarée conforme à la Constitution par le Conseil constitutionnel français (28 oct. 1999, *Zielinski*).

b) L'autorité des arrêts de la Cour fait l'objet de controverses

Si **l'autorité relative de chose jugée** n'est pas contestable, elle peut cependant se heurter à l'autorité de la décision judiciaire nationale rendue préalablement en vertu de la règle de l'épuisement des voies de recours interne. Ainsi la chambre criminelle de la Cour de cassation a jugé qu'un arrêt de la Cour européenne constatant une violation ouvrait droit à réparation mais n'avait pas d'effet sur la validité des procédures relevant du droit français (*Kemmache*, 3 févr. 1993). Mais surtout si l'État est tenu de se conformer à la décision dans le cas d'espèce, il n'est pas tenu de modifier la règle générale à l'origine de la violation. Dans ce cas il est susceptible d'être sanctionné par un nouvel arrêt. La loi française du 15 juin 2000 a instauré une procédure de réexamen des décisions à caractère pénal.

La Cour a par ailleurs développé une *théorie de l'effet objectif de ses arrêts*, inspirée de l'**autorité de la chose interprétée** que connaît le droit de l'Union européenne, bien que le renvoi préjudiciel en interprétation n'existe pas dans l'ordre juridique de la Convention. À la suite de l'arrêt *Marckx*, 13 juin 1979 sur le droit successoral de l'enfant naturel, la Cour dans une affaire *Vermeire*, 28 novembre 1991, a jugé qu'il revenait au juge national, sans attendre l'aboutissement d'une réforme, de tirer les conséquences de l'arrêt rendu dans des affaires similaires. *Idem* : l'arrêt *Modinos* du 22 avril 1993 (traitement répressif des homosexuels à Chypre) renvoie à une affaire anglaise déjà jugée (22 oct. 1981, *Dudgeon*).

4. Dans de nombreuses hypothèses les États ont été conduits à modifier leur ordonnancement juridique à la suite des arrêts de la Cour. La Convention contribue efficacement à la formation d'un *droit commun européen des libertés publiques*, notamment dans des domaines marqués par une certaine timidité des législateurs ou des juges nationaux. Par ailleurs les juridictions constitutionnelles et la Cour européenne des droits de l'homme s'influencent mutuellement.

5. Le Protocole n° 14 permet au Comité des ministres du Conseil de l'Europe de saisir la Cour au cas où un État refuserait de se conformer à un arrêt définitif.

Section 4 › LA FRANCE ET LA CONVENTION EUROPÉENNE DES DROITS DE L'HOMME

§ 1 - L'adhésion française à la Convention

A. Les objections originelles

Sous la IVe République, le refus de l'adhésion découlait de la conception dominante de la laïcité (crainte que l'État ne soit obligé de subventionner l'école privée) et surtout de l'engagement de la France dans des conflits coloniaux.

Sous la Ve République, les objections d'ordre politique ou technique (art. 16 de la Constitution, délai de la garde à vue, monopole de l'ORTF) s'inscrivaient dans une défiance à l'égard d'un contrôle international des libertés publiques.

B. Une adhésion tardive et progressive

1. La ratification française est intervenue **le 3 mai 1974**. La France accepte la juridiction de la Cour mais non le droit de recours individuel. *Ratione loci,* la Convention s'applique aux territoires d'outre mer sous réserve des nécessités locales. *Ratione materiae*, la ratification est assortie de réserves et déclarations interprétatives relatives à l'article 15 de la Convention (de façon à laisser libre le recours à l'art. 16 de la Constitution), au régime disciplinaire militaire, au monopole de la radio-télévision. Ces réserves ont perdu de leur importance avec la suppression du monopole de la radiotélévision et des tribunaux militaires, à l'exception de l'article 16 de la Constitution.

2. Le 3 octobre 1981, la France reconnaît le **droit de recours individuel**, il s'applique en principe aux manquements intervenus depuis 1974. Cependant, la Commission dans une décision *X c/France*, 3 décembre 1982, a maintenu l'exigence d'un délai de six mois, à compter de la décision interne définitive ; cette position restrictive a été implicitement condamnée par la Cour dans l'arrêt *Bozano c/France*, 18 décembre 1986 : elle a admis que le point de départ du délai est le moment de la déclaration d'acceptation du recours individuel.

§ 2 - La portée de la Convention dans l'ordre juridique français

Dès 1974, les normes de la Convention sont partie intégrante de l'ordre juridique français. La décision du Conseil constitutionnel du 15 janvier 1975, refusant d'examiner la conformité du projet de la loi IVG à la Convention, a libéré les tribunaux français (judiciaires en premier lieu) et favorisé une meilleure insertion du droit conventionnel dans l'ordre interne. Or, l'article 13 de la Convention ouvre aux individus un droit à un recours effectif devant une juridiction nationale.

A. L'effet direct et la primauté du droit de la Convention

1. Les dispositions normatives de la Convention peuvent être invoquées directement devant le juge judiciaire sans attendre la production d'actes nationaux complémentaires en vue de leur application (Crim., *Francesco Respino*, 3 juin 1975). Sans refuser **l'applicabilité directe**, le Conseil d'État a d'abord recherché un fondement interne à la solution des litiges. Le 11 juillet 1984 dans l'arrêt *Subrini*, il refuse d'appliquer l'article 6 § 1 aux poursuites disciplinaires contre les médecins (*contra* : Cour de cassation, 10 janv. 1984, *Rennemann*, à propos des poursuites contre les avocats). Le Conseil d'État a admis l'effet direct de la Convention (19 avr. 1991, *Belgacem* et *Babas*) en ce qui concerne l'article 8 (respect de la vie familiale) dans le contentieux des arrêtés d'expulsion. En 1996, il accepte la publicité des débats devant les juridictions disciplinaires (30 déc., *l'Hermite*) après que la France a été condamnée par la Cour dans une affaire *Diennet* (26 sept. 1995).

2. Si la Convention l'emporte sur les actes administratifs internes qui lui sont contraires, et si la **Cour de cassation** avait admis le 24 mai 1975 (*Jacques Vabre*) la **primauté de la norme conventionnelle** sur toute loi contraire, même postérieure, il a fallu attendre le revirement jurisprudentiel du **Conseil d'État** dans l'affaire *Nicolo* en 1989 (*cf. infra,* Les juridictions françaises et le droit de l'Union). Juge électoral, le **Conseil constitutionnel** a accepté de confronter un article du protocole n° 1 (aujourd'hui abrogé) à loi électorale française le 21 octobre 1988.

B. La fonction juridictionnelle interne

1. Contrairement à une idée reçue, la Convention européenne *consolide le pouvoir judiciaire dans chaque État* (Cour EDH, 26 avr. 1979, *Sunday Times c/Royaume-Uni*) en faisant jouer extensivement les prescriptions de l'article 6 de la Convention sur l'indépendance et l'impartialité des tribunaux et le caractère équitable du procès : « un tribunal… est indépendant lorsque les magistrats… jouissent, en vertu de la Constitution et des lois, de larges garanties destinées à les prévenir contre les pressions extérieures » (Cour EDH, *Piersack précité*). Les juridictions françaises en ont tiré certaines conséquences au plan de la procédure (notamment la chambre criminelle de la Cour de cassation). Il a été dit que la loi française du 15 juin 2000 a instauré une procédure de réexamen des décisions à caractère pénal.
Dans des affaires récentes (29 mars 2010, *Medvedyev* et surtout 23 novembre 2010 *France Moulin*) la Cour a jugé que le procureur n'est pas une autorité judiciaire indépendante du fait de sa dépendance hiérarchique vis-à-vis de l'exécutif. Cette jurisprudence pèse sur la réforme judiciaire en cours en France.

2. Les juridictions judiciaires – et surtout la Cour de cassation – interprètent le droit interne à la lumière de la Convention et, s'il y a lieu, font application de celle-ci à l'encontre de la loi (pénalités forfaitaires pour non paiement de la vignette automobile, droit d'une société étrangère de se constituer partie civile…). La Cour de cassation a tiré les conséquences des arrêts de la Cour européenne sans attendre une modification législative : droit des écoutes téléphoniques, rectification de l'état civil des transsexuels à la suite de l'arrêt *B c/France*, 25 mars 1992.
Dans certaines affaires, elle a refusé de suivre la Cour européenne : elle a maintenu l'irrecevabilité du recours en cassation émanant d'un condamné en fuite (CEDH, *Omar* et *Guérin c/France*, 29 juill. 1998) position condamnée par la Cour (4 juill. 2002, *Papon*) ; elle a combattu la jurisprudence *Reinhardt* (31 mars 1998) sur le rôle des avocats généraux (*idem* le Conseil d'État quant au rôle des commissaires du gouvernement) ; le 10 juillet 2002, la Cour a jugé que le fait que le justiciable ne puisse connaître et répondre aux conclusions de l'avocat général constituait une violation du principe de l'égalité des armes (*Meftah c/France*) ; elle a refusé l'arrêt *Bellet c/France*, 4 déc. 1995 qui censurait le régime légal français d'indemnisation des hémophiles contaminés par le sida pour non-accès à un tribunal au-delà de la répartition prévue par la loi.

3. Le Conseil d'État dans le contentieux des expulsions a tiré les conséquences de la jurisprudence européenne concernant l'examen du pays d'accueil et le respect dû à la vie familiale. Après une longue résistance, il a rejoint la position de la Cour de cassation et tiré les conséquences de l'arrêt *Le Compte, Van Leuven* et *De Meyere* (précité) en ce qui concerne la publicité des débats disciplinaires. On citera le revi-

rement jurisprudentiel du Conseil d'État qui, s'il continue de consulter le ministre des affaires étrangères quant à l'interprétation d'un traité international, entend se réserver un pouvoir autonome d'interprétation du traité (CE, 29 juin 1989, *GISTI*), revirement fondé sur l'article 6 de la Convention européenne ; le 13 février 2003, la Cour européenne considère que la consultation du ministre des affaires étrangères ne doit pas annihiler la compétence interprétative du Conseil d'État (*Chevrol c/France*).
À la suite de l'arrêt *Bozano*, 12 déc. 1986 (extradition déguisée en expulsion), et de l'arrêt *Beldjoui* (1992) le Conseil d'État a modifié sa jurisprudence en matière d'expulsion et pris en compte le droit au respect de la vie familiale.
Dans un arrêt *Gardedieu* en date du 8 février 2007, le Conseil d'État considère qu'une loi de validation incompatible avec l'article 6 de la CEDH engage la responsabilité de l'État et donc entraîne de sa part une obligation de réparation : il s'agit d'un régime de responsabilité spécifique du fait de la violation de ses obligations internationales.
Les juridictions administratives ont du revoir le système des commissaires du gouvernement : ce sont désormais des rapporteurs publics.

4. Le **Conseil constitutionnel** dans sa décision du 19 novembre 2004 relative à la compatibilité avec la constitution française du projet de traité constitutionnel européen a cité dans ses visas à propos de la laïcité un jugement de la Cour européenne des droits de l'homme, *Leyla Sahin c/Turquie*, 29 juin 2004. La rareté du fait doit être soulignée… et encouragée.

Note : dans une affaire *Procola c/Luxembourg*, 28 septembre 1995, la Cour européenne a censuré le cumul des fonctions consultative et contentieuse par le Conseil d'État luxembourgeois sur la base de l'indépendance du tribunal et donc suscité des interrogations relatives à la juridiction administrative française.
En ce qui concerne le Conseil d'État français, la Cour avait validé la fonction de commissaire du gouvernement – l'impossibilité de répondre aux conclusions ne viole pas le principe du contradictoire – mais « il y a violation de l'article 6 § 1 du fait de [sa] participation au délibéré » (*Kress c/France*, 7 juin 2001). Le Conseil d'État en a tiré les conséquences.

C. Sur quelques affaires françaises

Les organes européens ont fait le constat d'environ 650 violations la plupart relatives au procès équitable. On citera par exemple :
– la protection de la vie privée contre les écoutes téléphoniques : CEDH, 24 avril 1990, *Krüslin et Huvig* à l'origine de la loi française du 10 juillet 1991 ;
– les conditions de la garde à vue (CEDH, 27 juill. 1992, *Tomasi, Selmouni* précit.) ;
– la nécessaire présence d'un avocat dès le début de la garde à vue (*Brusco* precit.) ;
– le délai pour statuer sur leur demande de mise en liberté ou durée de la détention provisoire ; droit d'interroger un témoin à décharge ; Comm. EDH, *Dobbertin c/France*, 4 déc. 1985 ;
– les prérogatives de l'administration d'effectuer des visites domiciliaires en matière de concurrence, douanière et fiscale (CEDH, 8 oct. 1991, *Funke, Cremieux* et *Miailhe* : il s'agit de trois décisions) ;
– *la durée excessive d'une procédure administrative* (CEDH, *Éditions Périscope*, 26 mars 1992) ;

– la publicité des procédures disciplinaires (*Diennet* précit.) qui a suscité un décret français du 5 février 1993 ;
– l'applicabilité à la juridiction administrative des exigences du procès équitable lorsqu'il s'agit de contestations sur « des droits et obligations de caractère civil », comme le prévoit l'article 6 de la Convention ;
– l'expulsion de la Polynésie d'un membre allemand du Parlement européen, *Piermont c/France*, 27 avril 1995 ;
– la liberté d'expression de la presse (*Fressoz et Lehideux*, 21 janv. 1999 et 23 sept. 1998, *Assoc. Ekin*, 17 juill. 2001, à propos du contrôle préalable de la presse étrangère) ;
– le recours en cassation d'un condamné en fuite *(Poitrimol c/France, 23 nov. 1993, Omar* et *Guérin*, précit.) ;
– le délai excessif accordé au procureur général pour faire appel (*Ben Naceur*, 3 oct. 2006) ;
– la non appartenance du parquet au « pouvoir judiciaire » au sens européen (*France Moulin*, precit.).

Chapitre 3 › L'UNION EUROPÉENNE ET LA CONVENTION EUROPÉENNE DES DROITS DE L'HOMME

› L'essentiel

Les traités européens (Communautés, Union) ont créé un ordre juridique autonome par rapport à l'ordre interne de chaque État membre et par rapport à l'ordre conventionnel créé par la Convention européenne des droits de l'homme. Une fois acquise l'adhésion de la France à la Convention, le problème des rapports entre celle-ci et la Communauté a été posé.

Section 1 › LA CONVENTION, SOURCE DE DROITS FONDAMENTAUX INDIVIDUELS DANS L'ORDRE JURIDIQUE DE L'UNION

La Commission européenne des droits de l'homme a rejeté un recours direct contre la Communauté européenne (*CFDT,* 10 juill. 1978) qui n'est pas partie à la Convention.

§1 - Les droits fondamentaux individuels

La Cour de justice des Communautés, afin d'écarter les réticences de certaines juridictions (surtout allemandes) face à l'application des règles communautaires qui contredisaient les droits fondamentaux individuels reconnus par leur constitution interne, avait jugé que « le respect des droits fondamentaux individuels fait partie intégrante des principes généraux du droit communautaire » et que ceux-ci devaient s'inspirer des **traditions constitutionnelles communes aux États membres**. La Cour de justice des Communautés doit veiller à leur respect. C'était dire que les institutions communautaires, dans leurs décisions, et les États membres, lorsqu'ils procèdent à l'application du droit communautaire dans le champ fonctionnel des traités communautaires, sont tenus de respecter les droits fondamentaux tels que formulés par la Cour. *Cf. infra*, p. 89, 172 et s.

§2 - L'extension à la Convention

1. À compter de 1974 (*Nold*, 14 mai 1974 ; *Rutili*, 28 nov. 1975 ; *Hauer*, 13 déc. 1979), la Cour de justice des Communautés a jugé que les instruments internationaux concernant la protection des droits de l'homme peuvent fournir des indications sur l'étendue des droits fondamentaux individuels et que la Convention européenne des droits de l'homme constitue une source d'inspiration bien que la Communauté ne soit pas directement liée par la Convention. La Cour de justice a par la suite préféré recourir à la **Convention plutôt qu'aux traditions constitutionnelles communes aux États membres**, vu la difficulté d'apprécier la généralité et le caractère commun de ces dernières. Dans certaines affaires, elle se réfère cumulativement aux deux sources.

2. Les rapports entre la Communauté et la Convention européenne des droits de l'homme reposent sur une **construction prétorienne** :

a) La Cour de justice en opérant une **sélection des droits fondamentaux** veille à assurer leur compatibilité avec l'ordre juridique de l'Union. Mais la Cour n'est pas liée par l'interprétation des articles de la Convention donnée par les organes de Strasbourg… d'où risques de divergence d'interprétation. Exemples :

• *divergence réelle* : la Cour de justice a jugé que le droit au respect du domicile ne s'appliquait pas aux locaux professionnels (21 sept. 1989, *Hoeschst*), contrairement à la Cour européenne des droits de l'homme (*Chappell*, 30 mars 1989) ; cette divergence a été corrigée le 22 octobre 2002 par l'arrêt *Roquette* ;

• *divergence virtuelle :* dans une affaire concernant l'interdiction de publicité en faveur de l'avortement en Irlande, la Cour de justice a jugé que l'interdiction se situait en dehors du champ d'application du traité (CJCE, 4 oct. 1991, *The Society for the Protection of Unbord Children*) alors que la Cour de Strasbourg y a vu une atteinte à la liberté d'information contraire à l'article 10 de la Convention (*Open Door*, 29 oct. 1992).

Les hypothèses de divergence, réelle ou virtuelle, sont rares et dans de très nombreux cas, la Cour de justice s'appuie sur la jurisprudence de la Cour européenne des droits de l'homme. Ainsi en matière de liberté d'expression ou de droit au mariage (refus du mariage des homosexuels, CJCE, 17 févr. 1998, *Lisa Jacqueline Grant c/South-West Trains Ltd*). Il est clair que le principe de sélection qu'elle pratique lui laisse une marge d'appréciation et s'inscrit dans la perspective de l'autonomie de l'ordre juridique de l'Union au regard de l'ordre de la Convention.

b) La Cour de justice veille au **respect par les États** des droits fondamentaux issus de la Convention européenne lorsqu'ils procèdent à **l'application du droit de l'Union** ; à cette occasion elle peut faire connaître au juge interne (question préjudicielle) les éléments utiles pour apprécier la conformité d'un acte national avec la Convention européenne dès lors que cet acte se rattache à cette application (CJCE, *The Society…* précité).

Délicate est la question de savoir si l'acte étatique contrôlé se situe ou non dans le **cadre de l'application (ou exécution) du droit de l'Union** (CJCE, *Demirel*, 30 sept. 1987). Après avoir donné une définition restrictive de ces actes d'application, la Cour de justice l'a étendue aux dérogations nationales autorisées par le droit communautaire : s'écarter de la règle c'est faire application de la règle et dès lors, les droits fondamentaux, tels que révélés par la Convention européenne doivent être respectés (CJCE, *ERT*, 18 juin 1991). Si cette extension est favorable aux droits fondamentaux, elle peut entraîner un double contrôle, voire des conflits de jurisprudence.

3. Deux voies s'ouvraient pour mieux assujettir la Communauté puis l'Union au respect des droits fondamentaux :

a) soit la révision des traités qui aurait permis d'y inclure un catalogue des droits fondamentaux.

Le traité initial sur l'Union européenne ne comportait pas un catalogue des droits fondamentaux (comme le souhaitait le Parlement européen au titre de la citoyenneté) mais un article 6 a été placé dans les dispositions communes : « *Les droits fondamentaux, tels qu'ils sont garantis par la Convention européenne des droits de l'homme et des libertés fondamentales et tels qu'ils résultent des traditions constitu-*

tionnelles communes aux États membres font partie du droit de l'Union en tant que principes généraux. »

Ces dispositions constituent une codification de la pratique juridictionnelle communautaire. Leur placement en dehors des dispositions sur la citoyenneté est justifié par le fait que le bénéfice des droits fondamentaux issus de la Convention européenne n'est pas réservé aux seuls citoyens européens.

b) soit l'adhésion à la Convention européenne des droits de l'homme.

Section 2 › LA QUESTION DE L'ADHÉSION DE L'UNION À LA CONVENTION EUROPÉENNE DES DROITS DE L'HOMME

§ 1 - Le principe de l'adhésion

Le principe fut adopté en 1979 et 1980 par tous les organes relevant des Communautés et du Conseil de l'Europe, en se fondant sur des arguments :

a) d'ordre politique : améliorer l'image de la Communauté et imposer à ses organes, comme aux États membres, le respect des libertés fondamentales comme un critère des démocraties européennes ;

b) d'ordre juridique et technique : étendre, sans recourir à un catalogue, la protection des individus ; tirer les conséquences du fait que les Communautés sont pour partie substituées aux États membres et que ceux-ci doivent mettre en application les décisions communautaires ; réduire les contradictions éventuelles entre les normes de la Convention européenne (telles qu'elles sont interprétées par les organes de la Convention) et les droits fondamentaux individuels (tels qu'ils sont formulés par la Cour de justice des Communautés).

Mais l'adhésion impliquait des adaptations indispensables d'ordre technique et procédural.

L'exigence du recours interne préalable *(cf. supra)* aurait dû être assouplie sauf à ouvrir aux particuliers un droit illimité de saisir la Cour de justice des Communautés. La Communauté aurait dû être représentée dans les organes de contrôle institués par la Convention en tant que Haute partie contractante. En outre ces derniers ne devaient pas trancher un litige entre la Communauté et un État membre.

§ 2 - Le rejet de l'adhésion par la Cour de Justice

La voie de l'adhésion a été refermée par la Cour de justice dans son *avis 2/94* du 28 mars 1996. En l'absence d'un projet concret d'adhésion, la Cour a déclaré **l'incompétence de la Communauté pour adhérer**, aucune disposition des traités ne lui conférant une compétence pour arrêter des règles en matière de droits de l'homme ou conclure une convention internationale en ce domaine. Les non-dits, juridiques ou politiques, de l'avis sont importants : préserver l'autonomie du droit communautaire et notamment celle de la Cour de justice (expressément soulignée dans *l'avis 1/91* relatif à la création d'une Cour de l'Espace économique européen), donc éviter le risque de hiérarchisation entre les Cours de Strasbourg et de Luxembourg.

L'adhésion de la Communauté devrait donc passer par une révision préalable du traité communautaire.

Cette position a soulevé des critiques doctrinales.

§ 3 - Les solutions transitoires du traité d'Amsterdam

Les auteurs du traité d'Amsterdam, ayant écarté la solution de l'adhésion, ont choisi d'élargir la compétence de la Cour en matière de droits fondamentaux sans modifier explicitement la nature du lien entre l'ordre juridique communautaire et l'ordre de la Convention européenne.

A. En premier lieu

L'article 6 § 2 du TUE rappelait le principe déjà indiqué et le traité donnait expressément compétence à la Cour de justice à son sujet :

« … *L'Union respecte les droits fondamentaux tels que garantis par la Convention européenne des droits de l'homme en tant que principes généraux du droit communautaire.* »

En outre le protocole sur le droit d'asile pour les ressortissants de l'Union indique que le droit est restreint notamment dans le cas où l'État dont relève le demandeur invoque l'article 15 de la Convention. Question : la Cour de justice pourrait-elle examiner le bien fondé du recours au dit article 15 ?

B. En second lieu

La compétence de la CJCE était étendue sous certaines conditions et dans certaines limites à des **domaines sensibles en matière de droits individuels**, à savoir :

– le titre sur l'asile, les visas et la libre circulation des personnes (dispositions qui relevaient auparavant du 3e pilier, donc n'étaient pas justiciables),

– le nouveau 3e pilier recentré sur la coopération policière et judiciaire pénale, alors que le pilier originel sur la coopération en matière de justice et affaires intérieures n'était pas justiciable. *Cf.* p. 102 et p. 104.

Or il s'agit de questions susceptibles de donner lieu à des recours devant la Cour européenne des droits de l'homme. Le traité d'Amsterdam introduisait une clause ainsi libellée :

« La Cour de justice n'est pas compétente pour vérifier la validité ou la proportionnalité d'opérations menées par la police ou d'autres services répressifs dans un État membre, ni pour statuer sur l'exercice des responsabilités qui incombent aux États membres pour le maintien de l'ordre public et la sauvegarde de la sécurité intérieure. »

Cette disposition restrictive visait à limiter les hypothèses de concurrence entre les deux Cours et à réduire le volume des flux contentieux.

Sur la structure « en piliers », *cf. infra*, p. 84 et s.

§ 4 - Une solution alternative : la Charte des droits fondamentaux de l'Union européenne

1. Elle a été élaborée comme une réponse à *l'avis 2/94* de la Cour, dans la ligne des revendications allemandes et dans la perspective d'une Constitution européenne, par une première « convention » composée de représentants des États, des Parlements (nationaux et européen), et de la Commission. La convention a procédé à l'audition de représentants de la société civile. Ce mode opératoire sera repris pour élaborer le projet de Constitution européenne.

2. La Charte recouvre un certain nombre de **droits reconnus par la CEDH** ainsi que des **droits nouveaux** autour de six thèmes structurants : la dignité, les libertés, l'égalité, la solidarité, la citoyenneté et la justice. Si certains droits sont directement repris de la CEDH ou de la citoyenneté (déjà incluse dans le traité sur la Communauté européenne), les droits sociaux, parfois balisés par certaines directives communautaires, y ont été inscrits en qualité de droits invocables ou de principes susceptibles d'entraîner une législation communautaire ou nationale. Des droits nouveaux découlant des changements sociétaux y figurent également : droits relatifs à la bioéthique, protection des données personnelles, droit d'accéder aux « services d'intérêt économique général ».

3. La Charte s'impose aux institutions de l'Union et aux États lorsqu'ils mettent en œuvre le droit de l'Union.

§ 5 - Une solution cumulative : la Charte des droits fondamentaux de l'Union et l'adhésion à la CEDH

La Charte n'ayant qu'une valeur déclarative, il fallait qu'elle entre dans le droit positif ; pour ce faire, la Charte devait constituer la partie II de la Constitution européenne. En même temps celle-ci contenait la base juridique pour une adhésion de l'Union à la CEDH. Le rejet de la Constitution européenne a conduit à un réaménagement de cette double visée dans le traité de Lisbonne. *Cf.* p. 111 et s.

1. Si la Charte n'est pas inscrite dans le corps du traité, l'article 6 UE indique que… « **la Charte… a la même valeur juridique que les traités** » mais qu'elle ne saurait étendre les compétences de l'Union. Par ailleurs un protocole sur l'application de la Charte au Royaume Uni et à la Pologne précise que les organes des deux États ne sont pas tenus de respecter les droits inscrits dans la Charte lorsqu'ils mettent en œuvre le droit de l'Union. C'est une clause dite « *opting-out* » assez contestable sur le plan juridique.

2. Alors que le projet constitutionnel comportait une clause d'adhésion obligatoire à la CEDH par la conclusion d'un accord d'adhésion soumis au vote à la majorité qualifiée du Conseil, le traité de Lisbonne prévoit un vote du Conseil à l'unanimité après approbation par le Parlement européen et, de surcroît, une procédure de ratification dans tous les États membres, ce qui leur ouvre un droit de veto. L'adhésion devra organiser des modalités particulières en ce qui concerne la participation de l'Union aux mécanismes de la CEDH. L'adhésion implique des choix complexes vu la spécificité de l'Union par rapport à un État. L'Union devra être représentée par un juge au sein de la Cour européenne des droits de l'homme. Le renvoi préjudiciel devrait entrer dans l'exigence d'épuisement des voies de recours internes, ce que la CEDH (Cour) avait déjà admis. Mais la Cour de Justice a adopté sur le renvoi préjudiciel une jurisprudence restrictive (9 mars 1994, *TWD*). *Cf.* p. 197.

Section 3 › DES RELATIONS CROISÉES

Il s'agit des relations existantes entre les deux Cours européennes et surtout des relations normatives entre la Convention et la Charte sans préjuger des modifications attendues exposées dans la section précédente.

§ 1 - Le droit de l'Union devant la Cour européenne des droits de l'homme

1. Tant que l'Union européenne n'aura pas adhéré à la Convention européenne, les manquements de l'Union ne pourront être sanctionnés directement par la Cour européenne (*CFDT* précit.). Toutefois le fait que les États de l'Union interviennent comme organes d'application ou d'exécution du droit de l'Union conduit, de manière médiate et dans certaines situations, la Cour européenne à exercer un **contrôle sur le droit de l'Union** (*cf. supra* sect. 1 § 2).

Or les organes de Strasbourg sont compétents pour examiner la conformité à la Convention de tous les actes étatiques : si, dans une décision *M. et Co* du 9 février 1990, la Commission avait déclaré irrecevable une requête contre un acte d'exécution d'un jugement de la Cour de justice, elle a accepté la recevabilité d'une requête contre un acte d'application en dehors de cette hypothèse (CEDH, *Procola c/Luxembourg,* 1er juill. 1993).

Le 12 mai 1993, par une décision *Divagsa* la Commission européenne des droits de l'homme a invoqué la règle du procès équitable à propos du refus – motivé en l'espèce – d'une juridiction suprême espagnole de poser une question préjudicielle à la Cour de justice des Communautés. La Cour de Strasbourg a contrôlé, en matière de médicaments, un acte national d'application qui reproduisait fidèlement une directive (15 nov. 1996, *Cantoni*). Le 18 février 1999 dans un arrêt *Matthews c/Royaume-Uni,* la Cour européenne des droits de l'homme indique que le Parlement européen est un « corps législatif » au sens du protocole n° 1 de la CEDH et que les défauts dans l'organisation des élections européennes à Gibraltar par le Royaume-Uni constituent une violation.

Dans un arrêt *Bosphorus Hava* du 30 juin 2005 la Cour européenne des droits de l'homme a confirmé le principe de sa compétence pour contrôler les actes nationaux d'application du droit communautaire et, en cette occasion, vérifier si l'acte communautaire offre une protection des droits fondamentaux « équivalente » à celle de la Convention. Elle introduit ainsi une exigence supplémentaire au regard de sa décision *M. et Co* précitée. L'idée d'un **contrôle indirect du droit de l'Union** est ainsi réaffirmée.

Les hypothèses de contrôle pourraient se développer, en l'absence d'adhésion, par le jeu de requêtes formulées contre les 15 États membres de l'Union. La Cour n'a pas admis la recevabilité d'une telle requête le 23 mai 2002 (*Segi et autres c/États de l'Union*) tout en indiquant sa préférence pour un élargissement de la recevabilité des recours individuels devant la Cour de justice dans le cadre de l'Union.

2. Dans certaines affaires, la Cour de Strasbourg a procédé à une **consolidation de l'ordre juridique de l'Union**. Exemples :

- l'inexécution par un État d'une décision de la Cour de justice des Communautés contredit la règle du procès équitable (19 mars 1997, *Hornsby c/Grèce*) ;

• le non-respect de la primauté du droit communautaire par le juge administratif (16 avr. 2002, *Dangeville c/France*) ;

• la définition des agents publics par le droit communautaire (8 déc. 1999, *Pellegrin c/France*) ;

• l'applicabilité directe du réglement communautaire (*Bosphorus Hava*, précit.).

§ 2 - La Charte des droits fondamentaux de l'Union européenne et la CEDH

1. Le Conseil européen de Nice avait proclamé la Charte sans lui conférer la valeur du droit positif. Toutefois les juridictions nationales, notamment les juridictions constitutionnelles, y ont fait référence de même que les avocats généraux (concl. Tizzano, affaire *Bectu*, 26 juin 2001 ; concl. Kokott aff. *Parlement c/Conseil*, 27 juin 2006) devant les juridictions communautaires et les juges également (TPI, *Max-Mobil*, 30 janv. 2002, CJCE, *Unibet*, 13 mars 2007). Plus novatrice encore son invocation par la Cour européenne des droits de l'homme (12 juill. 2002, *Goodwin c/Royaume-Uni*)… C'est que la Charte s'applique aux institutions de l'Union européenne et aux États lorsqu'ils mettent en œuvre le droit de l'Union. Le Conseil d'État français l'a jugée, avant le traité de Lisbonne, non invocable (5 janv. 2005, *Deprez et Baillard*).

2. L'articulation de la Charte avec la CEDH est résolue de manière assez empirique par la Charte elle-même. Dans l'hypothèse où la Charte contient des droits correspondants à ceux garantis par la CEDH, ils ont le même sens et la même portée. Cette notion de correspondance peut apparaître incertaine d'autant que c'est la jurisprudence qui donne leur portée véritable aux droits. Or la jurisprudence de la CEDH étant seulement citée dans le préambule, elle ne s'imposera durablement à l'Union que sur la base de son adhésion à la Convention. S'il est admis que la Charte accorde une protection plus étendue, ce qui paraît conforme à la théorie générale des normes en matière de droits de l'homme, le niveau de protection ne saurait être inférieur à celui découlant de la Convention.

3. Les dispositions précitées de la Charte ont été retouchées par la Convention sur l'avenir de l'Europe et par la Conférence intergouvernementale lors de l'élaboration du **traité constitutionnel** et dans la déclaration relative aux explications mises à jour de la Charte annexée à la Constitution. Le traité de Lisbonne donne à la Charte la valeur du traité lui-même. Dans l'ensemble le jeu des explications vise plutôt à réduire l'autonomie du pouvoir d'interprétation dont dispose la Cour de Justice en ce qui concerne la Charte au regard de la Convention européenne des droits de l'homme. Seule la jurisprudence ultérieure permettra de connaître tant la portée que les limites de cette autonomie. La question sous-jacente est : **unification ou dédoublement de la protection européenne des droits de l'Homme ?**

POUR ALLER PLUS LOIN

BIBLIOGRAPHIE :

Sur la CEDH :

› J.P. Marguénaud, *La Cour européenne des droits de l'homme*, Dalloz, 5e éd., 2010.

› F. Sudre, *Droit européen et international des droits de l'homme*, PUF, 9e éd., 2008.

Sur la Charte :

› L. Burgorgue-Larsen, A. Levade, F. Picod (dir), *Traité établissant une constitution pour l'Europe, commentaire article par article*, Partie II : La Charte des droits fondamentaux de l'Union européenne, Bruylant, 2005.

Sur le traité de Lisbonne :

› F. Kauff-Gazin, « Les droits fondamentaux dans le traité de Lisbonne : un bilan contrasté », *Europe* n° 7 juillet 2008, p. 37-42.

Titre 3

LA COOPÉRATION ÉCONOMIQUE, SCIENTIFIQUE ET TECHNOLOGIQUE EN EUROPE

Parmi les diverses organisations européennes de coopération dans les domaines de référence, la question majeure fut la concurrence entre la Communauté européenne et l'Association européenne de libre échange, question résolue du fait des élargissements de la Communauté.

Chapitre 1 › LA COOPÉRATION ÉCONOMIQUE

> **› L'essentiel**
> *Elle s'exerce, en dehors de l'Union européenne, dans des cercles dont le nombre d'États est variable et selon des modalités très diverses.*

Section 1 › L'ORGANISATION DE COOPÉRATION ET DE DÉVELOPPEMENT ÉCONOMIQUES (OCDE)

L'Organisation européenne de coopération économique, créée le 16 avril 1948, fut remplacée en 1960 par l'Organisation de coopération et de développement économique, changement de sigle moins important que le changement de fonctions.

§ 1 - L'aménagement institutionnel

A. Les États membres

a) L'OECE regroupait à l'origine 18 États européens et trois États associés (les États-Unis, le Canada, la Yougoslavie).

b) L'OCDE comprend aujourd'hui 31 membres dont le Japon, la Finlande, l'Australie et la Nouvelle-Zélande, le Mexique, la Corée du Sud, la Hongrie, la Pologne, République tchèque, le Chili…

B. Les organes et les actes

Le Conseil, composé des ministres ou représentants permanents des États prend divers actes :

- des recommandations dénuées de force obligatoire ;
- des accords (avec des membres, des tiers ou des organisations) ;
- des décisions adoptées par « accord mutuel de tous les membres » et mises en œuvre conformément aux procédures constitutionnelles de chacun : ce sont des actes mixtes, unilatéraux par leur forme, et conventionnels par leur régime.

C. La transformation de l'OECE en OCDE

C'est un cas de succession d'organisation internationale par voie conventionnelle : la convention OCDE a été substituée à la précédente (art. 15) et la personnalité juridique de l'OECE se poursuit dans la nouvelle organisation.

§ 2 - Les fonctions historiques de l'OECE

A. L'aide américaine

La création de l'OECE accompagnait la loi américaine d'aide à l'Europe (3 avr. 1948) ; l'OECE répartissait l'aide en fonction du déficit des balances de paiements.

B. Le développement des échanges

• La libération des échanges a porté sur les restrictions quantitatives puis sur les aides à l'exportation (interdiction ou limitation) et les mouvements de capitaux.

• La libération des échanges impliquait la libération des paiements ; l'accord du 19 septembre 1950 avait créé l'Union européenne des paiements.

C. La coordination des politiques économiques

Elle n'a pu être menée à bien. Le rôle de l'OECE s'achève avec le relèvement économique de l'Europe ; elle est devenue trop large pour réaliser l'intégration économique d'une zone qui comprend plusieurs sous ensembles (CEE, AELE, zone USA-Canada) et trop étroite pour traiter des problèmes mondiaux. L'échec du projet britannique d'une grande zone de libre-échange marque la fin de l'OECE.

§ 3 - Les fonctions actuelles de l'OCDE

La convention du 14 décembre 1960 fait de l'OCDE le centre de concertation des pays industrialisés à économie de marché.

A. Expertise et concertation économiques

L'OCDE procède à l'examen annuel des situations économiques des États qu'elle assortit de recommandations. Elle organise une concertation sur les questions économiques.

B. Les relations avec les pays en développement

L'OCDE, dont les membres fournissent 56 % de l'aide publique totale aux pays sous-développés, procède à une analyse de l'aide par le jeu du Comité d'aide au développement.
Le CAD procède à la publication de statistiques annuelles et à l'émission de recommandations à l'adresse des pays bénéficiaires et des pays dispensateurs. L'objectif de 1 % du PNB fixé en 1969 n'a pas été atteint ; le niveau moyen se situe à 0,24 % du PNB.

C. Les problèmes de l'énergie

Après la première crise pétrolière, **l'Agence internationale de l'énergie** est créée en 1974 sur proposition américaine (la France à l'origine n'y participait pas). L'AIE, « organe autonome » au sein de l'OCDE, visait à garantir l'approvisionnement des pays consommateurs de pétrole.

Section 2 › L'ASSOCIATION EUROPÉENNE DE LIBRE-ÉCHANGE (AELE)

Après l'échec du projet de grande zone de libre-échange (1958), à l'initiative de la Grande-Bretagne et des pays scandinaves, quelques États ont créé l'Association européenne de libre-échange par la convention de Stockholm du 4 janvier 1960.

§ 1 - Une zone de libre-échange

1. C'est une zone de libre-échange, limitée aux produits industriels, à l'exclusion des produits agricoles et des produits de la mer ; l'élimination des barrières douanières et des restrictions quantitatives était achevée en 1968.

2. En tant que zone de libre-échange, l'AELE ignore le tarif douanier extérieur commun : chaque membre demeure libre quant à ses relations douanières avec les tiers. Une réglementation de l'origine des produits a été donc instituée.

3. La simplicité des organes contraste avec la diversité des procédures. Le Conseil de l'AELE composé des représentants des États délibère à l'unanimité. Il existe une procédure de consultation et de plainte en cas de différend sur l'application du traité.

§ 2 - Les relations avec la Communauté européenne

À la suite de l'adhésion aux Communautés de la Grande-Bretagne et du Danemark, puis du Portugal, l'AELE fut réduite à sept États. Ces États ont conclu le 22 juillet 1972 des accords de libre-échange avec la CEE.

A. L'Espace économique européen

1. L'achèvement du marché intérieur et les perspectives d'une union européenne plus approfondie ont conduit à l'élaboration d'un accord créant un « Espace économique européen » commun aux États de la Communauté et de l'AELE, première application de la théorie des « **cercles concentriques** » (J. Delors) ou (et) **phase préparatoire d'un processus d'adhésion à la Communauté**. L'accord établit des règles communes en matière de libre circulation (marchandises, personnes, services, capitaux) et va au-delà du libre-échange.

2. La **Cour de justice** a rendu un **avis négatif** (1/91) sur la compatibilité de l'accord avec le traité sur la Communauté européenne. En effet l'accord instituait une Cour EEE, composée pour partie de juges de la Cour de justice des Communautés, chargée de l'interprétation et de l'application de l'accord et susceptible d'être saisie à titre préjudiciel par une juridiction d'un État de l'AELE. Bien que dans le texte de l'accord, la Cour EEE fut déclarée tenue par la jurisprudence antérieure de la CJCE, l'avis 1/91 relève que le système envisagé peut conduire pour l'avenir à une remise en cause de l'ordre juridique communautaire, celui-ci pouvant être affecté par des interprétations qui comporteraient des divergences au regard de la jurisprudence communautaire. De surcroît, une révision du traité ne saurait porter atteinte à la compétence de la Cour de justice des Communautés.

3. La Cour ayant estimé qu'une révision du traité sur la Communauté ne pallierait pas cet inconvénient, le projet a été modifié : une Cour AELE a été instituée dont les compétences sont limitées à l'AELE.

B. Les adhésions à la Communauté et l'effacement de l'AELE

Le passage par l'Espace économique européen n'a constitué qu'un bref passage pour les États membres puisque les adhésions à la Communauté de la Suède, Finlande et Autriche sont intervenues le 1er janvier 1995.
Membres actuels de l'AELE : Islande, Liechtenstein, Norvège, Suisse. L'accord EEE ne concerne pas la Suisse.

Section 3 › LA COOPÉRATION SUBRÉGIONALE

1. L'Union économique belgo-luxembourgeoise a été créée par la convention de 1921 et modifiée par le protocole du 29 janvier 1963 pour tenir compte de la Communauté économique européenne.

2. Le Benelux est une organisation infracommunautaire. Les objectifs étaient identiques à ceux de la Communauté et les organes proches des institutions communautaires : un Comité des ministres (vote à l'unanimité), une Cour de justice (depuis 1965) et un Conseil consultatif interparlementaire.

3. Le Conseil nordique est une organisation composée des représentants des parlements et des gouvernements scandinaves. Il dispose d'un pouvoir de recommandation.

4. Des rapprochements sont intervenus dans le contexte actuel entre l'Europe centrale et l'Europe du Nord (Conseil baltique). Citons aussi la zone de coopération économique en mer Noire (une dizaine d'États) avec la Turquie, la Russie et des républiques transcaucasiennes.

Chapitre 2 › LA COOPÉRATION SCIENTIFIQUE ET TECHNIQUE

> **› L'essentiel**
> *Les principales organisations concernent les coopérations en matière nucléaire et dans le domaine spatial.*

Section 1 › LA COOPÉRATION DANS LE DOMAINE NUCLÉAIRE

§ 1 - L'Organisation européenne pour la recherche nucléaire (CERN)

Créée par la convention du 1er juillet 1953, elle regroupe une vingtaine d'États européens et des États observateurs (Turquie, Russie, Israël, Japon, États-Unis) plus deux organisations (Unesco, Communauté européenne). La coopération scientifique revêt principalement la forme d'un laboratoire international doté d'accélérateurs de protons installé à Genève.

§ 2 - L'Agence de l'OCDE pour l'énergie nucléaire

Elle a été instituée par une décision du Conseil de l'OECE le 17 décembre 1957 en vue de développer l'énergie nucléaire. Deux types d'activités :

a) Activités d'ordre juridique : harmonisation des législations nationales, contrôle international de sécurité (convention du 20 déc. 1957 créant une Cour européenne de l'énergie nucléaire), élaboration de conventions sur la responsabilité en matière nucléaire.

b) La société Eurochimic, à capitaux publics, fut créée par la Convention du 20 décembre 1957.

Section 2 › LA COOPÉRATION DANS LE DOMAINE SPATIAL

Préparée par la conférence spatiale européenne la coopération aboutit sous deux formes.

1. La convention créant l'*Agence spatiale européenne* (ASE) fut signée en 1975 et mise en vigueur en 1979. Elle vise à promouvoir un programme européen obligatoire et des programmes facultatifs (*cf. Ariane, Hermès, Colombus*). Un accord a été conclu en 1988 pour une station spatiale internationale. Elle réunit 19 États européens et des États « coopérants ».

2. L'Organisation européenne provisoire de télécommunications par satellites (EUTELSAT), est devenue définitive à la fin de l'année 1982. Elle regroupe une cinquantaine d'États sur des programmes. En 2001 elle a été transformée en société anonyme.

Section 3 > LA COOPÉRATION EN MATIÈRE DE TRANSPORTS

1. La Conférence européenne des ministres des transports découle de l'accord de Bruxelles du 17 octobre 1953 pris à l'initiative de l'OCDE.

2. Dans le domaine des fleuves internationaux, la coopération repose sur des bases juridiques particulières.

a) Origine historique et politique du statut du **Rhin** : le texte le plus important est la convention du 20 novembre 1963. La commission centrale qui comporte une représentation égale des États a un pouvoir :
– réglementaire, partagé avec les gouvernements en certains cas ;
– juridictionnel, elle statue en appel des décisions des tribunaux nationaux en matière de contraventions et de litiges civils.
Un protocole, entré en vigueur en 1985, introduit la notion « d'appartenance à la navigation du Rhin » et l'étend aux États de la Communauté.

b) Le régime du fleuve **Moselle** découle de la convention du 27 octobre 1956 qui a donné naissance à une Commission de gestion et à la Société internationale de la Moselle, société à responsabilité limitée chargée d'assurer les travaux sur le fleuve.

3. Créée en 1954, la **Commission européenne de l'aviation civile** agit par voie de recommandations et résolutions auprès des États membres. Depuis 1990 elle vise à harmoniser les systèmes de contrôle aérien en liaison avec **Eurocontrol**.

4. Celle-ci a été créée en 1960 : elle assure la gestion de la circulation aérienne en Europe par une Agence pour la sécurité de la navigation aérienne.

Titre 4

L'EUROPE CENTRALE ET ORIENTALE

Avec la dislocation du système communiste en Europe de l'Est les pays anciennement communistes s'orientent vers les organisations euro-atlantiques et vers l'Union européenne.

Chapitre 1 › L'EFFACEMENT DES INSTITUTIONS DE L'ÈRE COMMUNISTE

> **› L'essentiel**
> *Il intervient au cours de la période 1989-1990. La nouvelle ligne de Gorbatchev (perestroïka, glasnost) a provoqué des mutations internes en Union soviétique et des réactions en chaîne (incontrôlées) dans les autres pays socialistes. L'effondrement corrélatif de l'idéologie marxiste-léniniste a libéré les pays de l'Europe centrale et orientale de la tutelle soviétique après que l'URSS ait renoncé à la « doctrine de la souveraineté limitée ».*
> *En URSS, après l'échec du coup d'État (août 1991), la dislocation interne, déjà engagée, s'accélère et les républiques qui la constituaient se déclarent indépendantes. Le 31 mai 1992 la* ***Fédération de Russie*** *est mise en place : le gouvernement fédéral russe conserve la politique extérieure, la défense, la monnaie et les finances. Problèmes de succession d'États : traités, frontières, dettes, armements nucléaire et conventionnel, organisations internationales.*

Section 1 › LE CONSEIL D'ASSISTANCE ÉCONOMIQUE MUTUELLE

§ 1 - La nature du CAEM

1. En tant qu'organisation internationale, le CAEM n'avait aucun caractère supranational : les délibérations ne s'imposaient qu'à ceux qui les avaient prises (accords ou « recommandations »). Il comportait trois membres non européens (Cuba, Mongolie, Vietnam).

2. Il n'était ni un marché commun ni une zone de libre-échange, mais une union économique de pays à économie planifiée. Il pouvait agir soit par voie de coopération (coordination des plans nationaux) soit par voie d'intégration (plan régional unique).

3. La division internationale du travail entre les pays socialistes fut prônée à compter de 1962. La spécialisation des productions nationales permit en effet l'augmentation des échanges et de la production globale. Mais elle suscita des critiques d'ordre économique de la part des États les moins développés ; le CAEM s'orienta vers un « programme complexe d'intégration », qui écartait la spécialisation globale au profit de mécanismes plus souples.

§ 2 - Les crises du CAEM

1. Il s'agit d'une crise récurrente que les aménagements successifs ne permirent pas de surmonter : les limites de l'intégration tenaient à l'absence de monnaie convertible (d'où le recours aux accords de troc), au caractère artificiel des prix, à l'absence d'autonomie des entreprises, aux contraintes des planifications étatiques.

2. Avec l'effondrement du système communiste, les pays membres (Hongrie, Tchécoslovaquie, Pologne) se tournent vers l'économie de marché et condamnent l'organisation. Le CAEM est dissous en juillet 1991.

Section 2 › LE PACTE DE VARSOVIE

§ 1 - Les fonctions du pacte

1. Le traité de 1955, fondé sur l'article 51 de la Charte des Nations unies, comportait une obligation de consultation permanente et un engagement d'assistance mutuelle en cas d'agression armée en Europe contre un ou plusieurs États membres.

2. Du point de vue fonctionnel, jusqu'en 1989, le Pacte assurait la défense de l'Europe communiste et encadrait la RDA.

Il a contribué à l'unité du camp socialiste et est intervenu, à ce titre, en Tchécoslovaquie en 1968 ; pendant longtemps, l'URSS a proposé une dissolution simultanée de l'Alliance atlantique et du Pacte de Varsovie.

§ 2 - La dissolution du Pacte de Varsovie

Au début 1989 l'URSS était tentée de transformer le pacte en une organisation strictement politique. Mais l'abandon par l'URSS de la doctrine Brejnev, la déconsolidation des régimes communistes, l'accélération et l'achèvement de l'unification allemande conduisent *ipso facto* à l'effacement du pacte de Varsovie puis à sa dissolution en 1991.

Section 3 › LA FAIBLESSE DES GROUPEMENTS RÉGIONAUX POSTCOMMUNISTES

1. L'effacement de l'URSS n'a pas été compensé par la **Communauté des États indépendants** qui regroupe autour de la Russie 11 ex-républiques de l'URSS (à l'exception des États baltes). La CEI ne dispose de la personnalité ; elle procède par voie d'accords, dont la mise en œuvre est incertaine, conclus par un nombre variable de partenaires et utilise des références symboliques au modèle communautaire. La CEI a été dominée par les tensions Russie-Ukraine (dévolution des armements et conflit sur le gaz) et Russie-Géorgie (guerre en 2008). Elle a constitué des forces d'intervention en cas de conflit. La Géorgie s'en est retirée après la guerre russo-géorgienne. Au début des années 2000 la CEI a donné naissance à deux organisations spécialisées : la communauté économique eurasiatique et l'organisation du traité de sécurité collective.

2. Le **Groupe de Visegrad** a été constitué en février 1991 par la Hongrie, la Pologne, les Républiques tchèque et slovaque dans la perspective d'aménager leurs relations et surtout leur adhésion à la Communauté européenne. La Slovénie y a adhéré.

Chapitre 2 › LES RELATIONS CONVENTIONNELLES AVEC LA COMMUNAUTÉ ET L'UNION EUROPÉENNES

> **› L'essentiel**
> *Les relations entre l'Europe socialiste et la Communauté européenne furent pratiquement bloquées jusqu'en 1988. Après l'effondrement des États communistes, la Communauté puis l'Union ont engagé des relations d'un type nouveau sur la base des « accords européens ».*

Section 1 › L'ABSENCE DE LIENS CONVENTIONNELS AVANT 1990

§ 1 - Les enjeux

1. Bien que l'Union soviétique ait exprimé son opposition à la construction communautaire, la Communauté entendait développer ses relations commerciales et politiques avec chaque pays communiste de manière bilatérale. Si le commerce Est-Ouest avait progressé de 1965 à 1975 sur la base d'échanges asymétriques, il s'est ensuite ralenti du fait de la rareté des devises et du poids de la dette.

2. Depuis 1968, la politique commerciale relevait de la compétence communautaire et non plus de celle des États membres mais l'URSS et la quasi-totalité des pays socialistes refusaient de conclure des accords avec la Communauté. Devant l'exigence soviétique d'un accord global CEE-CAEM, la Communauté objectait que le CAEM ne dispose d'aucune compétence externe.

§ 2 - Les mécanismes de substitution

Hormis le cas du protocole interallemand sur le libre commerce, citons :

• les mécanismes communautaires de la politique commerciale autonome (et non conventionnelle) : restrictions quantitatives spécifiques à l'importation, crédits à l'exportation, octroi de la clause de la nation la plus favorisée ;

• des accords de coopération d'État à État furent conclus dont le contenu était censé excéder la compétence de la Communauté ;

• l'accord de reconnaissance mutuelle CEE-CAEM du 25 juin 1988 donnait une satisfaction symbolique à l'URSS alors que les négociations avec certains pays (Hongrie) étaient déjà avancées. Il n'a pas eu le temps de produire ses effets.

Section 2 › LES RELATIONS CONVENTIONNELLES DEPUIS 1990

Elles comportent un principe de conditionnalité : les partenaires de la Communauté doivent respecter les droits de l'homme, instaurer le pluralisme politique et évoluer vers l'économie de marché.

§ 1 - Les accords de commerce et/ou de coopération

Ce sont des accords de la première génération fondés sur l'article 133 (politique commerciale) et l'article 308 du traité CE (d'où nécessité de l'unanimité au sein du Conseil). Ils comportaient les dispositions suivantes :

• au titre du commerce : reconnaissance de la clause de la nation la plus favorisée, élimination par étapes des restrictions quantitatives spécifiques aux pays de l'Est, concessions pour les produits agricoles, instauration de mesures de sauvegarde ;

• au titre de la coopération : création d'un climat favorable aux investissements et aux entreprises conjointes, désignation de certains secteurs de coopération.

§ 2 - L'aide communautaire

1. À partir de 1990, le programme **Phare** a bénéficié à plusieurs pays dans des secteurs prioritaires (agriculture, restructuration industrielle, énergie, environnement, formation à l'économie de marché). L'application du programme Phare a bouleversé le rythme des accords précités : abolition anticipée des restrictions quantitatives, octroi des préférences généralisées, élargissement des concessions agricoles et tarifaires. À partir du milieu des années 1990 il a été réorienté vers les objectifs de l'adhésion (capacité administrative des candidats, financement des investissements et rapprochement des normes).
La Communauté a créé des instruments spécifiques : Tempus, aide alimentaire, etc. Elle a fait bénéficier ses partenaires des interventions de la BEI et des prêts CECA et Euratom.

2. L'Union et ses États membres disposent d'une participation majoritaire (51 %) dans le capital de la **Banque européenne pour la reconstruction et le développement** (BERD) ; créée en 1989 elle vise à favoriser la transition vers l'économie de marché et 60 % des prêts qu'elle accorde vont au secteur privé.

3. L'aide à la Russie et aux États issus de l'URSS a été engagée un peu plus tard sur la base du programme **Tacis** aujourd'hui remplacé par l'instrument de voisinage et de partenariat. *Cf.* p. 313.

§ 3 - Les « accords européens » d'association

Ces accords concernent des États qui sont des candidats réels ou éventuels à l'adhésion.

1. Ce sont des accords de la deuxième génération, fondés sur l'article 310 du traité CE. Il s'agit d'accords mixtes, conclus à la fois par la Communauté et les États membres avec les pays d'Europe centrale et orientale.

2. Les accords comportent quatre volets essentiels :

• un *volet commercial* portant libération progressive des échanges industriels et des concessions agricoles ;

• un *volet relatif à la libre circulation des travailleurs, services et capitaux et au rapprochement des législations,* susceptible de préparer une adhésion à l'Union européenne ;

• un *volet « coopération »* dans des domaines prioritaires (environnement, énergie, formation) et le rapprochement des législations ;

• un *volet « dialogue politique »*, portant sur les questions internationales et le soutien aux réformes internes.

3. À l'instar du programme Phare (*cf. supra*) les accords d'association, en liaison avec des aides de pré-adhésion (aide agricole, aide structurelle), ont servi d'instrument de préparation à l'adhésion : programmes Ispa, Sapard.

4. Depuis 2007 l'aide à la pré-adhésion passe par un instrument spécifique, l'IAP, progressivement substitué aux programmes susmentionnés.

§ 4 - Les accords de partenariat et de coopération

Ils s'adressent aux États issus de l'URSS qui n'ont pas vocation à adhérer à l'Union européenne. L'accord avec la Russie conclu en 1994 est entré en vigueur à la fin 1997 : les concessions commerciales de l'Union demeurent limitées tant que la Russie n'aura pas adhéré à l'OMC ; par ailleurs un dialogue politique est institué. La clause « droits de l'homme » (élément essentiel de la Convention) prévoit des procédures spécifiques de négociation en cas de difficultés sérieuses.
Le problème d'une éventuelle adhésion de l'Ukraine a été posé.
Ces accords recoupent le « partenariat oriental » c'est-à-dire le volet européen de la politique européenne de voisinage. *Cf.* p. 313.

§ 5 - Les accords de stabilisation

C'est une variété particulière d'accords conclus ou à conclure avec les pays dits « Balkans occidentaux » : Croatie, Serbie, Albanie, Bosnie, Monténégro. Dans les hypothèses les plus proches de l'adhésion, les accords sont dits de « stabilisation et d'association ». Il existe aussi un statut de pré-adhésion accordé par l'Union.

› POUR ALLER PLUS LOIN

BIBLIOGRAPHIE :

› CEDECE, *Les relations Communauté/Europe de l'Est*, Paris, Economica, 1991.

Deuxième partie

ÉVOLUTION DES COMMUNAUTÉS EUROPÉENNES ET DE L'UNION EUROPÉENNE

Des origines jusqu'au traité de Maastricht les Communautés européennes connaissent un développement propre marqué par un rapprochement partiel des trois Communautés, des élargissements géographiques et par la révision issue de l'Acte unique en 1986 (Titre 1). À compter du traité de Maastricht (1992), les Communautés européennes sont englobées dans l'Union européenne sans perdre leurs caractéristiques et leur identité juridique. Des liens complexes sont établis entre les Communautés, essentiellement la Communauté européenne (le sigle CE succède au sigle CEE), et l'Union européenne qui comporte des « politiques et formes de coopération » extérieures aux Communautés (« deuxième et troisième piliers »). Le traité d'Amsterdam en 1997 procède à un bouleversement du système de l'Union qui se traduit par un transfert de certains domaines extra-communautaires dans la Communauté et une communautarisation partielle des modes de fonctionnement de la coopération dans le troisième pilier (Titre 2). L'unification des traités aurait pu découler de l'adoption d'une Constitution de l'Union. Son rejet par référendum (France, Pays-Bas) a conduit à l'élaboration du traité de Lisbonne n'ayant pas un caractère constitutionnel mais qui réalise l'unification de l'Union en effaçant les piliers de coopération intergouvernementale (Titre 3).

Titre 1

LES COMMUNAUTÉS AVANT L'UNION EUROPÉENNE

De 1951 (création de la CECA) à la fin de la période transitoire ouverte par l'Acte unique, le développement des Communautés a suivi un cours ascendant qui ne laissait pas préjuger l'émergence d'une entité de superposition, l'Union européenne.

Chapitre 1 > PLURALITÉ ET UNITÉ DES COMMUNAUTÉS

> **> L'essentiel**
> *L'unité s'est imposée de manière indirecte du fait de la prévalence de la Communauté économique européenne, renforcée par les crises spécifiques des autres communautés, la CECA et l'Euratom.*

Section 1 > LES TROIS TRAITÉS DE BASE

§ 1 - Le traité de Paris du 18 avril 1951 : la CECA

Dans un contexte économique marqué par la pénurie de l'immédiat après-guerre, la Communauté européenne du charbon et de l'acier a marqué la naissance de l'Europe des Six : France, République fédérale d'Allemagne, Italie, Belgique, Pays-Bas, Luxembourg.

1. Les origines de la CECA se trouvent dans la déclaration de J. Monnet et la célèbre conférence de R. Schuman en date du 9 mai 1950 ; il s'agissait de fonder la réconciliation franco-allemande sur la constitution d'un marché unique européen portant sur le charbon et l'acier. Le marché commun du charbon et de l'acier devait préparer une union politique plus large. Le projet fut refusé par le gouvernement travailliste anglais, hostile à un traité jugé trop libéral sur le plan économique et contraignant sur le plan politique.

2. Le traité de Paris instituant la CECA fut conclu le 18 avril 1951. Il puise son inspiration dans les théories dites de la **supranationalité**. La supranationalité s'apparente à un fédéralisme fonctionnel (ou sectoriel) :

a) « fédéralisme » puisqu'elle crée des organes supérieurs à ceux des États membres et dotés de compétences qui régissent directement la situation juridique des États et des entreprises de la Communauté,

b) « fonctionnel » puisque seuls sont concernés des secteurs délimités en l'espèce : le charbon, l'acier (et la ferraille).

L'organe qui illustre la supranationalité est la **Haute Autorité**. Composée de personnalités indépendantes de chacun des États membres, elle sera remplacée par la Commission.

§ 2 - Les deux traités de Rome du 25 mars 1957 : la CEE et la CEEA

L'échec du projet de Communauté européenne de défense, survenu en 1954, entraîna l'abandon de plusieurs projets de communauté sectorielle : agriculture, santé, transports… La construction européenne connut une pause de 1954 à 1957. La relance intervint dans un contexte économique marqué par l'expansion des échanges, l'essor du libéralisme économique, et aussi la première crise des approvisionnements pétroliers consécutive à l'affaire de Suez (1956).

A. Les négociations

Elles eurent lieu en 1955 et 1956 à Messine et à Venise dans deux groupes distincts portant l'un sur le marché commun en général et l'autre sur le marché de l'énergie nucléaire. La France accepta le marché commun des produits industriels à condition que soit institué un marché commun agricole. Le Royaume-Uni, qui préférait l'instauration d'une grande zone de libre-échange (OECE), rompit les négociations par hostilité au marché commun agricole et afin de préserver l'autonomie de ses relations commerciales extérieures. Les deux traités créant la **Communauté économique européenne** et la **Communauté européenne de l'énergie atomique** furent conclus à Rome le 25 mars 1957.

B. Le traité CEE

Il tire les leçons du recul du dirigisme économique et de l'échec politique de la supranationalité. La Communauté économique européenne sera mise en œuvre par étapes sous l'autorité d'un Conseil composé des ministres représentant les gouvernements des États membres. Cependant, la perspective demeure la même : sur la base de l'union douanière et d'un marché unique, progresser sur la voie de l'union économique et aussi de l'union politique.

C. Le traité CEEA

Il reposait sur la double hypothèse d'un développement rapide de l'énergie nucléaire et de la difficulté pour les Européens à s'approvisionner en matières fissiles. Les fonctions qui lui étaient dévolues, bien que s'inscrivant dans la perspective d'un marché commun, sont spécifiques et intéressent les États et non les particuliers. Or, pour l'essentiel, la double hypothèse n'a pas été vérifiée dans les faits et le développement de la CEEA s'en est ressenti.

Section 2 › LA DIFFÉRENCIATION DES COMMUNAUTÉS

§ 1 - La différenciation institutionnelle

a) Le traité CECA était un traité exhaustif comportant une réglementation sectorielle précise mais étendue. La Haute Autorité (devenue la Commission) était chargée de l'application du traité, le Conseil ne disposant que d'un pouvoir normatif restreint. C'est un **modèle à dominante supranationale**.

b) Le traité CEE est un traité-cadre qui appelle une réalisation par étapes et par degrés après négociations entre États. L'organe de décision est donc le Conseil, la Commission exerçant le rôle de préparation des décisions et de « gardien » du traité. C'est un **modèle à dominante intergouvernementale.**

§ 2 - La différenciation fonctionnelle

Les traités visent à une intégration internationale aux trois niveaux :
– union douanière ;

– marché unique ;
– union économique.
Cependant, les aménagements différaient d'une Communauté à l'autre.

A. Le marché

1. La CECA était limitée à certains **produits**, restrictivement énumérés, alors que la CEE s'étend à l'ensemble des produits (hormis ceux couverts par la CECA et la CEEA).

2. L'union douanière CECA était imparfaite et ne comportait pas de tarif extérieur commun alors que la CEE est une union douanière parfaite : suppression des obstacles intérieurs aux échanges et adoption d'un tarif extérieur commun. Donc une extension des compétences externes de la CEE dans les domaines tarifaire et commercial.

3. À la différence du traité CECA, la CEE s'étend à **l'ensemble des facteurs de production** et englobe la liberté d'établissement et la libre prestation de services, la libre circulation des travailleurs salariés et des capitaux.

4. *Ratione loci*, si les deux traités s'appliquent aux territoires européens des États membres, le traité CEE s'applique à leurs territoires non européens à la différence du traité CECA.

a) Les traités ne s'appliquent pas aux îles Féroé, ils s'appliquent de manière sélective aux îles Aland et aux îles Anglo-Normandes.

b) Les *pays et territoires d'outre-mer* étaient depuis 1957 institutionnellement associés à la CEE.

c) Les *départements d'outre-mer* français ont été placés initialement dans une situation ambiguë à mi-chemin des départements français et des territoires associés. L'article 227-2 du traité CEE avait en effet institué une applicabilité automatique des dispositions relatives aux échanges et une applicabilité conditionnelle d'autres dispositions, notamment agricoles. Il fallut attendre plusieurs décisions de la Cour de justice (26 nov. 1975, *Grands Moulins des Antilles* ; 10 oct. 1978, *Hansen*) pour que les DOM soient plus largement intégrés aux mécanismes du droit communautaire. Un programme spécifique, *Poséidom*, a été mis en œuvre et l'octroi de mer a fait l'objet d'adaptations après que la Cour de justice a estimé qu'il constitue une taxe d'effet équivalant à un droit de douane, donc contraire au traité (16 juill. 1992, *Adm. des Douanes c/Legros*).
Le traité d'Amsterdam autorise le Conseil à la majorité qualifiée à arrêter des mesures spécifiques en vue du développement des DOM, des Açores, de Madère et des îles Canaries dans le respect de la cohérence de l'ordre juridique communautaire, du marché intérieur et des politiques communes. *Cf.* art. 349 FUE aujourd'hui en vigueur.

B. La réglementation de la concurrence

1. Le traité CEE vise les actions des États (aides) et les actions et comportements des entreprises dans les hypothèses où elles affectent le **commerce entre États membres**

alors que le traité CECA visait aussi celles n'affectant pas le commerce entre États membres.

2. Le traité CECA interdisait les **concentrations d'entreprises** sauf autorisation préalable de la Communauté, alors que le traité CEE était muet sur les concentrations. Cette différence de traitement s'explique ainsi : la CECA entend contrôler voire interdire les concentrations, surtout en Allemagne, dans un secteur politiquement sensible, alors que la CEE compte sur les concentrations pour dégager des entreprises compétitives sur les plans intracommunautaire et international. Dans la pratique, la réglementation CECA a perdu sa spécificité face aux crises du charbon et de la sidérurgie, les « restructurations » du secteur ayant conduit à des opérations de concentration. De plus, un règlement CEE sur les concentrations a été adopté en 1989. Ce retournement est aussi à l'origine de l'extinction du traité CECA en 2002.

C. Progressivité et périodes transitoires

Le traité CECA instituait une période transitoire unique de cinq ans. Le traité CEE est fondé sur la notion de progressivité d'où plusieurs types de périodes transitoires :

- la période transitoire initiale pour la mise en place de l'union douanière comportait trois étapes accomplies en dix ans ; l'Acte unique a ouvert une nouvelle transition (1987-1993) aux fins d'achèvement du marché intérieur ; le traité sur l'Union européenne a ouvert une période préparatoire à la monnaie unique ; le traité d'Amsterdam ouvre une période transitoire de cinq ans pour la mise en place d'un espace de liberté, sécurité et justice. *Idem* le traité de Lisbonne en ce qui concerne les institutions ;
- d'autres périodes transitoires découlent des traités et actes d'adhésion des nouveaux États : elles visent à l'insertion de ces États dans les mécanismes et les règles communautaires et comportent des dispositions dérogatoires dans des secteurs sensibles ;
- des étapes transitoires spécifiques ponctuent la mise en place d'une politique commune ;
- les délais fixés aux États par voie de directives pour l'adoption des règles communautaires.

D. Les clauses et mesures de sauvegarde

1. Si le traité CECA s'en remettait à la Haute Autorité en cas de « troubles fondamentaux » (art. 37) ou de « crise manifeste » (art. 58), le traité CEE prévoit des clauses de sauvegarde qui permettent de déroger aux règles du traité lorsqu'un ou plusieurs États sont placés dans une situation économique telle que leur application leur causerait un préjudice grave. Ces clauses de sauvegarde sont soit liées, soit indépendantes de la période transitoire initiale. **L'Acte unique** institue des mesures de sauvegarde et autorise certaines dérogations après l'adoption (à la majorité qualifiée) d'une mesure d'harmonisation ; en principe, le Conseil habilite la Commission à décider de ces mesures de sauvegarde sous réserve d'exercer son droit d'évocation.

Des clauses de sauvegarde sont insérées dans les actes d'adhésion à l'Union.

2. La **Cour de justice** a développé une **théorie juridique des mesures de sauvegarde** autour de l'arrêt du 13 mai 1971, *International Fruit c/Comm.* Les mesures de sauvegarde doivent avoir un champ d'application géographique limité ; elles doivent être limitées dans leur objet et d'interprétation stricte ; elles sont temporaires ; elles doivent respecter les principes généraux du droit communautaire. En outre, la Commission autorise elle-même ou contrôle la mise en œuvre des mesures de sauvegarde par les États membres conformément à son rôle de « gardien » du traité.

Section 3 › LE RAPPROCHEMENT DES COMMUNAUTÉS

L'autonomie des trois Communautés issues des trois traités de base se traduit par l'application de règles propres à chacune d'entre elles. Toutefois, il existe plusieurs éléments unificateurs.

§ 1 - L'unification institutionnelle et budgétaire

1. Dès 1957, une convention annexe aux traités de Rome fit de la Cour de justice et du Parlement des organes de contrôle communs aux trois Communautés.

2. Le traité du 8 avril 1965, dit de « *fusion des exécutifs* », substitua un Conseil unique et une Commission unique aux six organes de direction préexistants ; il arrêta le principe d'un statut et d'un régime unique pour les fonctionnaires et agents des Communautés.

3. Le traité du 8 avril 1965 substitua un *budget unique* aux différents budgets issus des trois traités, sauf exceptions (dépenses d'intervention de la CECA, Fonds européen de développement).

§ 2 - L'unification matérielle

L'article 305 du traité CE affirmait l'autonomie de ce traité général par rapport aux deux autres traités sectoriels. La Cour de justice a pris parti dans le sens de l'indépendance des traités (18 mai 1962, *Comptoirs de vente du charbon de la Ruhr*).

1. Il est arrivé cependant que la Cour se réfère à « l'unité fonctionnelle » des Communautés ou à l'esprit et au système des traités. Dans un *avis 2/91* rendu à propos de la convention n° 170 de l'OIT, elle applique à la CEE les principes qu'elle avait dégagés dans sa *délibération 1/78* relative à la CEEA.

2. Le Conseil a étendu les dispositions du traité CEE à la CECA dans le domaine de la libre circulation des travailleurs ou du libre établissement.

3. La primauté de fait de la CEE a pesé sur les autres communautés. Ainsi les concentrations d'entreprises charbon-acier, qui sont soumises à une autorisation préalable, ont-elles été admises largement.

4. L'élaboration de politiques intercommunautaires incline dans le même sens : politique de recherche et technologie par exemple.

Section 4 › LE DEVENIR DE LA CECA ET DE LA CEEA

§ 1 - L'extinction de la CECA

Un protocole particulier annexé au traité de Nice tire les conséquences de l'expiration de la durée du traité CECA (50 ans) à la date du 24 juillet 2002. Il crée un Fonds de recherche du charbon et de l'acier dont le Conseil fixe les règles financières et techniques de gestion.

Les causes déterminantes de l'extinction de la CECA sont les retournements précités du droit de la concurrence dans les deux secteurs ainsi que la création en 1989 d'un régime général de contrôle des concentrations et l'approfondissement du contrôle des aides publiques dans le traité CE. **Le droit de la Communauté européenne est étendu aux secteurs charbon-acier.**

§ 2 - La permanence de la CEEA (Euratom)

La CEEA visait à assurer la croissance des industries nucléaires à des fins pacifiques, secteur de tendance monopolistique, mais l'application du traité fut largement contrariée.

A. Les fonctions spécifiques de la CEEA

1. L'approvisionnement

L'hypothèse de base d'une pénurie de matières fissiles n'a pas été vérifiée dans les faits. La Communauté dispose de **l'Agence d'approvisionnement** qui en pratique n'a pas exercé les pouvoirs prévus dans le traité.

2. La protection sanitaire

Dans ce domaine, des « *normes de base* » sont établies par le Conseil, en vue de protéger les travailleurs et la population. Ces normes sont réactualisées : elles l'ont été après Tchernobyl en ce qui concerne les denrées alimentaires.

3. Le contrôle de sécurité

La Commission doit contrôler que les produits ne sont pas détournés des usages pacifiques déclarés et que les engagements internationaux de la Communauté sont respectés. Les limites du contrôle tiennent au régime du « secret » et à l'exclusion des matières destinées à la défense. Des accords ont été conclus avec l'Agence internationale de l'énergie atomique afin de coordonner le contrôle prévu par le traité de non-prolifération nucléaire.

4. La diffusion des connaissances

Les connaissances dont la Communauté a la disposition peuvent être fournies aux demandeurs qui peuvent obtenir des licences non exclusives ou des sous-licences sur les brevets. Trois mécanismes pour les autres connaissances :
– la diffusion grâce aux bons offices de la Commission ;
– la procédure de « communication d'office » des brevets proprement nucléaires ;
– la concession de licences (par voie d'arbitrage ou même d'office).

5. Les fonctions de recherche et d'investissement

a) La Commission formule des avis sur les programmes nationaux de recherche, elle peut leur apporter une aide technique ou financière.

b) Il existe des **programmes pluriannuels** de recherche financés par le budget de la Communauté.

c) La Communauté conclut des **contrats de recherche** avec les États membres ou leurs entreprises, avec des États tiers ou leurs entreprises (ex. : les accords conclus avec les États-Unis).

d) Le Centre commun de recherches exécute une partie du programme de recherches en régie ; quatre de ses instituts sont spécialisés en matière nucléaire.

B. Les difficultés de la CEEA

Elles ont des **causes structurelles** (abondance des matières fissiles et divergence des politiques nationales) **et politiques** (protection des industries nationales, absence d'accord général sur les programmes communs de recherche) ; elles furent aggravées par les exigences d'un « juste retour » (les États mesurent leurs participations financières aux programmes en fonction des retombées qu'ils en attendent). Les arbitrages en matière d'exportation sont effectués à un niveau extra-communautaire au sein du *Club des exportateurs de technologie nucléaire* (Londres).
La Cour de justice a rendu deux décisions relatives à l'application du traité CEEA. Le 14 décembre 1971, *Comm. c/R.F.*, elle a jugé que le non-usage par le Conseil de ses pouvoirs en matière d'approvisionnement n'entraîne pas la caducité de ses dispositions. Le 14 novembre 1978, la Cour dit que la Communauté a compétence pour conclure, à côté des États, une convention internationale sur la protection physique des matériels, installations et transports nucléaires en application du monopole de l'Agence d'approvisionnement et des règles internes relatives au contrôle de sécurité des matières fissiles spéciales, consacrant aussi une interprétation extensive des compétences de la CEEA.

Note : un *protocole joint au traité de Lisbonne* assure, au prix de quelques adaptations institutionnelles, la continuation d'Euratom, en tant qu'organisation autonome.

Chapitre 2 › LES ÉLARGISSEMENTS DE LA COMMUNAUTÉ

> › L'essentiel
>
> *Chaque élargissement modifie les institutions mais aussi, de façon latente, la substance des Communautés. L'article 49 du traité sur l'Union européenne institue une procédure unique d'adhésion à l'Union.*

Section 1 › LE PREMIER ÉLARGISSEMENT (ROYAUME-UNI, IRLANDE, DANEMARK)

1. La demande britannique d'adhérer aux Communautés se heurta au refus exprimé par le général de Gaulle. **L'opposition française** se dissipa à la conférence de La Haye en décembre 1969.

2. Les **traités et actes d'adhésions** furent conclus en janvier 1972 mais la Norvège refusa la ratification par la voie du référendum. Ces textes comportaient les trois aspects propres à tout élargissement :

a) acceptation du **principe de « l'acquis communautaire »** : finalités des traités, politiques et actes juridiques intervenus depuis l'entrée en vigueur des traités ;

b) modification de la composition des institutions communautaires ;

c) instauration de mesures transitoires en ce qui concerne le désarmement tarifaire, l'adoption du tarif extérieur commun, le rapprochement des prix communs agricoles et la participation britannique au budget communautaire.

Section 2 › LE DEUXIÈME ÉLARGISSEMENT (GRÈCE)

Pays associé à la CEE depuis 1961, la Grèce a conclu un traité d'adhésion le 28 mai 1979 qui a pris effet début 1981.
L'élargissement à la Grèce, préparé par l'accord d'association, a orienté la Communauté vers le sud et accru l'inégal développement de la Communauté.

Section 3 › LE TROISIÈME ÉLARGISSEMENT (PORTUGAL, ESPAGNE)

Les négociations sur l'adhésion ont commencé en 1978. Pour les pays candidats, l'adhésion avait une signification politique : consolidation de la démocratie et réorientation vers l'Europe. Pour la Communauté, elle soulevait certaines difficultés en matière agricole et quant aux accords commerciaux conclus avec les pays méditerranéens.
L'adhésion impliquait certaines **réformes préalables** : le règlement de 1983 sur la pêche, une réforme du marché viti-vinicole (1985), une augmentation des ressources propres de la Communauté (1985). Les actes d'adhésion furent signés le 12 juin 1985.

Section 4 › LE QUATRIÈME ÉLARGISSEMENT (AUTRICHE, FINLANDE, SUÈDE)

Cela aurait dû être pour les Communautés le dernier élargissement de type classique (soit en l'absence d'une grande révision préalable des institutions) mais ce fut aussi le **premier élargissement de l'Union européenne**. L'adhésion a été préparée par l'accord sur l'Espace économique européen (*cf. supra*, p. 58) ; la Norvège a refusé l'adhésion par référendum.

Chapitre 3 › L'ACTE UNIQUE EUROPÉEN

> **› L'essentiel**
>
> ***L'Acte signé à Luxembourg en février 1986*** *fut appelé « unique » car il comportait à la fois des dispositions relatives à la coopération en matière de politique étrangère et une révision des traités communautaires dans la perspective d'un grand marché intérieur (fin 1992). Son accomplissement a provoqué un référendum au Danemark ainsi qu'en Irlande (afin de surmonter les objections de la Cour suprême à propos de la neutralité). L'unicité de l'Acte n'exclut pas le maintien d'un régime dual : la coopération politique relevait plutôt du droit international, les Communautés européennes de l'ordre juridique communautaire.*

Section 1 › LA COOPÉRATION POLITIQUE

§ 1 - Les antécédents

A. Les projets d'union européenne

Certains projets se situaient en marge, voire à l'encontre des mécanismes communautaires, d'autres visaient à approfondir le rôle des institutions communautaires.

1. En 1961, les partenaires de la France repoussent le projet Fouchet dit « Union des peuples européens » d'inspiration gaulliste. Le projet prévoyait qu'un Conseil, organe suprême, puisse délibérer à l'unanimité sur toutes les questions de politique étrangère et de défense. Certains dirigeants européens y ont vu un risque pour les institutions communautaires ou pour l'OTAN.

2. Le 14 février 1984, le Parlement adopta un projet de traité d'Union européenne (dit **« projet Spinelli »**) qui comportait une extension des pouvoirs du Parlement et un recours accru du Conseil au vote à la majorité. Cette délibération n'ayant pas eu de suite directe, les gouvernements instituèrent en 1985 un Comité (dit **« Dooge »**) sur les questions institutionnelles. Ses conclusions ainsi que les propositions de la Commission en vue de l'achèvement du marché intérieur devaient conduire le Conseil de Milan (juin 1985) à réunir une conférence intergouvernementale qui aboutit à l'Acte unique européen.

B. La coopération politique

1. L'accord Davignon, conclu le 27 octobre 1970, avait instauré une concertation sur la politique étrangère sous la forme d'une réunion périodique des ministres des affaires étrangères.

2. En 1974, les « sommets » européens épisodiques sont remplacés par les réunions du **Conseil européen** composé des chefs d'État ou de gouvernement de la Communauté. Cet organe connaît un dédoublement fonctionnel :
a) organe de la coopération politique, il évoque les problèmes de politique étrangère placés en dehors du champ du traité. Le président de la Commission y est

invité. Le Parlement participe à la coopération politique sous la forme de résolutions et débats ;

b) organe *de facto* dans l'ordre des Communautés, il traite des questions communautaires délicates avant de renvoyer l'action au Conseil des ministres ; il fixe des orientations et des programmes sans arrêter d'acte communautaire. La nature juridique du Conseil européen était donc ambiguë.

§ 2 - Une codification de la coopération politique européenne (CPE)

L'article 30 de l'Acte unique – qui échappe à la compétence de la Cour de justice anticipait la Politique étrangère et de sécurité commune qui lui sera substituée dans le traité sur l'Union.

A. Pour une politique étrangère européenne

Les signataires s'engageaient à procéder par voie de consultations mutuelles et, après avoir arrêté une position commune, à l'accepter comme point de référence pour leurs propres politiques. Deux innovations :

– la recherche d'une cohérence entre les politiques de la CPE et la politique extérieure de la Communauté ;

– l'extension possible de la coopération à la sécurité, notamment en ses aspects politiques et économiques, sans toutefois porter atteinte aux traités existants (Alliance atlantique et UEO).

B. Les organes de la coopération politique

Le Conseil européen, dont la nature juridique n'était pas éclaircie, reste l'organe suprême de la CPE. Il comporte la présence du président de la Commission. La Commission est associée à la CPE (de même que le Parlement).

Section 2 › L'ACHÈVEMENT DU MARCHÉ INTÉRIEUR

§ 1 - Les politiques

L'objectif principal était d'achever le marché intérieur conformément aux vues de la Commission (Livre blanc) au 31 décembre 1992.

A. Le marché intérieur

Le marché intérieur est défini comme « *un espace sans frontières intérieures dans lequel la libre circulation des marchandises, des personnes, des services et des capitaux est assurée selon les dispositions du présent traité* ». *Cf.* art. 26 FUE, actuel. Dans une déclaration annexe, il est indiqué que la date du 31 décembre 1992 ne crée pas d'effets juridiques automatiques. Afin d'écarter tout effet direct de l'Acte unique.

1. La réalisation du marché intérieur passe par des **actes** adoptés **à la majorité qualifiée** par le Conseil, dans plusieurs domaines (tarif extérieur, libre prestation des services, transports aériens et maritimes, libre circulation des capitaux) et en matière d'harmonisation des législations. Cet objectif a été atteint par les quelque 270 textes, surtout des directives, pris par le Conseil. Deux verrous ont subsisté : l'harmonisation fiscale et la libre circulation des personnes qui relèvent du vote à l'unanimité.

2. Ce progrès institutionnel au service du marché intérieur a imposé l'insertion de certaines **garanties au profit des États**. D'une part des dérogations temporaires peuvent être accordées aux États les moins développés. D'autre part, des clauses de sauvegarde peuvent être mises en œuvre dans le cadre du rapprochement des dispositions législatives internes :
– soit dans les textes communautaires portant ce rapprochement, donc à la majorité qualifiée (ce qui ne constitue pas une garantie absolue) ;
– soit de manière unilatérale mais sous certaines conditions par un État même après adoption des mesures d'harmonisation à la majorité qualifiée.
Sur cette question, *cf.* p. 262 et s.

B. Les politiques d'accompagnement

En matière de politique économique et monétaire les modifications sont renvoyées à une révision ultérieure du traité. D'où les dispositions du traité de Maastricht sur l'union monétaire.
L'objectif de « *cohésion économique et sociale* » prend acte des disparités de développement en Europe et ouvre la voie à une réforme d'ensemble des fonds structurels (FEOGA, FEDER, FSE).
La politique de l'*environnement* prend place dans le traité CE. Si elle n'a qu'un caractère subsidiaire par rapport aux politiques nationales des États, la protection de l'environnement est « une composante des autres politiques de la Communauté ».
La *politique sociale* est élargie par le recours à la majorité qualifiée dans les domaines du milieu de travail, de la santé et sécurité des travailleurs.
La *recherche et le développement technologique* sont introduits dans le traité.

§ 2 - Les aménagements institutionnels

Ils concernent toutes les institutions et modifient quelque peu l'équilibre originel.

a) La Commission se voit conférer des **compétences d'exécution**. Ce mécanisme de délégation qui préexistait est désormais élargi ; il est assorti – comme la pratique antérieure – de la procédure dite des « comités », *cf.* p. 150.

b) Les pouvoirs du Parlement sont étendus. Le Parlement dispose désormais dans certaines matières d'un pouvoir accru par la **procédure dite de « coopération »**. La nouvelle procédure « de coopération » maintient au Conseil le dernier mot mais renforce le rôle arbitral de la Commission face à un Parlement qui dispose ainsi d'un pouvoir consultatif amélioré.

Titre 2

LA COMMUNAUTÉ DANS L'UNION EUROPÉENNE

Le traité sur l'Union européenne a été préparé par deux conférences intergouvernementales, l'une sur l'union économique et monétaire, l'autre sur l'union politique, ouvertes en décembre 1990.

1. Les inspirations du traité sont multiples :
– répondre au projet parlementaire d'Union européenne ;
– prolonger l'Acte unique dont la période transitoire expirait le 1er janvier 1993 (questions monétaires, libre circulation des personnes) ;
– accompagner l'unification allemande par une avancée de l'unification européenne tant au plan économique et monétaire qu'au plan politique ;
– face à la déstabilisation de l'Europe orientale et à l'afflux prévisible d'adhésions, constituer un ensemble structuré.

Les conférences ont abouti à un document unique, **le traité de Maastricht créant l'Union européenne**, signé le 7 février 1992, complété par des protocoles et des déclarations annexes. Les positions de négociation ont conduit à mentionner des engagements conditionnels ou limités pour le Royaume-Uni (union monétaire, politique sociale) et le Danemark (union monétaire).

2. Les **objectifs** de l'Union étaient énumérés :
– au plan économique : un espace sans frontières intérieures, une plus grande cohésion économique et sociale, une monnaie unique ;
– une identité internationale par la politique étrangère et de sécurité commune ;
– une citoyenneté de l'Union ;
– un espace de liberté, de sécurité et de justice ;
– la poursuite de l'acquis communautaire.

3. L'Union européenne englobe les Communautés européennes et leur adjoint des formes et politiques de coopération soumises à des régimes juridiques différents : « la politique étrangère et de sécurité commune », « la coopération en matière de justice et d'affaires intérieures », l'une et l'autre d'inspiration intergouvernementale. Toutefois, conformément aux vues de la Commission et de certains États, les rédacteurs du traité de Maastricht n'avaient pas écarté l'hypothèse de la communautarisation ultérieure de tout ou partie des coopérations intergouvernementales.

En 1996 fut convoquée une *conférence intergouvernementale* en vue de réviser le traité sur l'Union. Le processus de révision a abouti au **traité d'Amsterdam** le 2 octobre 1997.

Le **traité de Nice** fut signé en février 2001 aux fins d'adapter l'Union avant son élargissement aux Pays de l'Europe centrale et orientale. *Cf. supra*, p. 94.

Chapitre 1 › LA STRUCTURE DU TRAITÉ SUR L'UNION EUROPÉENNE

> **› L'essentiel**
> *« L'Union est fondée sur les Communautés européennes complétées par les politiques et formes de coopération instaurées par le présent traité. » (art. 1er TUE originel)*

Section 1 › LA DIFFÉRENCIATION ORIGINELLE

§ 1 - Une différenciation systématique

Elle s'appuie sur le dualisme précédemment initié par l'Acte unique :

- les **Communautés** constituent le **« 1er pilier » de l'Union** ; l'ordre juridique communautaire lui est applicable intégralement sous le contrôle juridictionnel de la Cour de justice et du Tribunal de première instance ;

- la « Politique étrangère et de sécurité commune » d'une part (PESC), la « Coopération dans les domaines de la justice et des affaires intérieures » d'autre part (CJAI), forment les **deux autres « piliers » de l'Union** ; ils sont placés, pour l'essentiel, en dehors de l'ordre juridique communautaire et échappent à la compétence de la Cour de justice, sauf exceptions limitées : les dispositions finales du traité et l'interprétation des conventions qui pourraient être conclues au titre de la justice et des affaires intérieures (sur la base d'une clause de compétence). Ces deux « piliers » de la coopération intergouvernementale institutionnalisée disposent d'organes propres, des Comités composés de hauts fonctionnaires des États.

§ 2 - Une différenciation limitée

A. Un cadre institutionnel unique

Les institutions de l'Union sont communes aux trois « piliers » :

a) le Conseil européen (chefs d'État ou de gouvernement et président de la Commission) définit les orientations générales de l'Union ; il est, au plan des principes, la clé de voûte de l'Union ;

b) le Conseil, la Commission et le Parlement européen sont, à des degrés divers, acteurs des deux « piliers » fondés sur la coopération :

- **le Conseil** dans le champ des coopérations intergouvernementales définit des positions communes et adopte des actions communes à l'unanimité ;

- **le Parlement** est associé à la PESC et à la CJAI, comme il l'était sous l'empire de la coopération politique européenne : information, consultation, recommandation ;

- **la Commission** dispose d'un pouvoir d'initiative limité dans les domaines de la coopération : son pouvoir est partagé avec les États et ne s'étend pas aux domaines sensibles (coopérations judiciaire pénale, douanière ou policière).

B. Une communautarisation virtuelle

Un article K9 originel qui ne fut jamais utilisé permettait au Conseil délibérant à l'unanimité d'étendre le vote à la majorité qualifiée à la coopération en matière de justice et affaires intérieures (l'asile, le franchissement des frontières, la politique d'immigration, la coopération judiciaire civile). Toute décision d'extension aurait été soumise à ratification dans chaque État.

Section 2 › UNE STRUCTURE MODIFIÉE PAR LE TRAITÉ D'AMSTERDAM

Le nouveau traité n'affecte pas la répartition de l'Union en « piliers » mais il en modifie le contenu et les articulations.

La modification principale consiste en la communautarisation partielle de la coopération en matière de justice et d'affaires intérieures (§ 1). Cette modification entraîne l'intégration du droit issu des accords de Schengen dans le droit de l'Union (§ 2). Le traité d'Amsterdam comporte une innovation : la possibilité pour certains États, à l'exclusion de certains autres, de recourir à une coopération renforcée (§ 3).

§ 1 - La communautarisation partielle de la coopération en matière de justice et d'affaires intérieures

L'échec du « 3e Pilier » a conduit à introduire dans le traité CE un titre IV (nouveau) : **« visas, asile, immigration et autres politiques liées à la libre circulation des personnes »**. La méthode a consisté à extraire de la coopération intergouvernementale les objectifs directement rattachés à l'objectif communautaire initial, à savoir la libre circulation des personnes, qui n'avait pu, pour des raisons politiques, être traitée selon des mécanismes communautaires. Les questions les plus sensibles à l'État souverain relèveront désormais d'une coopération intergouvernementale resserrée et rénovée, la coopération policière et judiciaire pénale (*cf. infra*, p. 103 et s.). Les deux piliers poursuivent ensemble un objectif large dénommé **« espace de liberté, de sécurité et de justice »**.

1. Certains pays ne voulaient accepter la communautarisation des dispositions du nouveau titre IV CE : **Royaume-Uni, Irlande, Danemark**. Par là s'expliquent les dispositions dérogatoires contenues dans plusieurs protocoles.

Un protocole autorise le Royaume-Uni et l'Irlande à réglementer unilatéralement (RU) ou bilatéralement les contrôles à leurs frontières. Par ailleurs le Danemark ne participe pas au titre IV et n'est donc lié par aucune disposition ou mesure relevant de ce cadre. Le Royaume-Uni et l'Irlande n'y participeront pas non plus mais ils pourront s'ils le souhaitent :

– s'associer à l'adoption d'une mesure sur la base du titre IV ;
– se rallier à une mesure déjà prise.

2. Le titre IV du traité CE est soumis à des **dispositions institutionnelles dérogatoires au droit commun.**

La compétence de la Cour de justice déroge au droit du contentieux ordinaire.

• En premier lieu, la question préjudicielle ne peut être soulevée que par une juridiction de dernier ressort si elle l'estime nécessaire.

• En second lieu, la Cour de justice ne peut statuer sur des mesures relatives au franchissement des frontières destinées à maintenir l'ordre public intérieur (donc réduction des cas de manquement des États).

• En troisième lieu le Conseil, la Commission ou un État pourront poser une question en interprétation à la Cour sans que sa décision s'impose aux juridictions nationales qui se seraient déjà prononcées.

3. Les mesures relevant du titre IV concernent la libre circulation des personnes et le franchissement des frontières extérieures ou intérieures par les citoyens européens et les ressortissants des pays tiers.
La Communauté est compétente pour arrêter des mesures assurant l'absence de tout contrôle des personnes lorsqu'elles franchissent les *frontières intérieures*.
Le franchissement des *frontières extérieures* implique des mesures qui doivent porter sur les normes de contrôle et la politique des visas de courte durée (3 mois).
Des mesures relatives à *l'asile et aux réfugiés* ou personnes déplacées (détermination de l'État responsable de l'examen de la demande, normes minimales) seront arrêtées dans le respect des conventions internationales existantes.
Un protocole sur le droit d'asile pour les ressortissants des États membres de l'Union européenne précise les quatre seuls cas dans lesquels un ressortissant d'un État membre peut demander l'asile à un autre État membre. On notera que le 4e cas laisse cependant une compétence souveraine aux États pour accorder l'asile.
D'autres mesures concernent les *politiques d'immigration* (procédure de délivrance des visas de longue durée, droits des ressortissants des pays tiers en situation irrégulière…).
4. La compétence nationale des États est réservée sur de nombreux points. Les dispositions du nouveau titre IV ne portent pas atteinte aux responsabilités des États en matière d'ordre public et de sécurité intérieure.

§ 2 - L'intégration de Schengen dans le droit de l'Union européenne

Cette question se situe à l'intersection des deux problèmes structurels issus de la révision d'Amsterdam :
• d'une part l'éclatement du 3e pilier (coopération « justice et affaires intérieures ») entre le titre IV CE « visas, asile, immigration et autres politiques liées à la libre circulation des personnes » (*cf.* § précédent) et le nouveau pilier sur la coopération policière et judiciaire en matière pénale (*cf.* chap. suivant) ;
• d'autre part une coopération renforcée prédéterminée, puisque le protocole intégrant l'acquis de Schengen dans le cadre l'Union européenne autorise les États signataires des accords de Schengen à instaurer une coopération renforcée, en quelque sorte prédéterminée, sans la participation du Royaume-Uni et de l'Irlande.

A. L'acquis Schengen

Il comprend les **accords** conclus le 14 juin 1985 et le 19 juin 1990 par les cinq États fondateurs (Belgique, RFA, France, Luxembourg, Pays-Bas), les accords d'adhésion conclus avec d'autres États, les **décisions et déclarations du comité exécutif** des accords de Schengen et les **actes adoptés** par les instances habilitées. L'acquis Schengen a été défini dans une décision du Conseil du 20 mai 1999. Le même jour une autre décision du Conseil a arrêté la base juridique de chaque composante de l'acquis (JO L. 176 du 10 juill. 1999). **L'acquis Schengen est intégré en qualité de droit dérivé.**

B. Les modalités de l'intégration

Elles apparaissent très complexes au vu des protocoles annexés au traité.

1. La situation du **Danemark** est particulière puisque, s'il n'est pas lié par les dispositions du nouveau titre IV CE, il a adhéré aux accords de Schengen (dès lors que la Finlande et la Suède, avec leur entrée dans l'Union européenne, sont devenues parties aux accords). Comment maintenir ce qui est devenu l'accessoire et ne pas adopter le principal ? La solution retenue a été la suivante :

• en ce qui concerne la partie des acquis de Schengen communautarisée, le Danemark conserve les mêmes droits et obligations vis-à-vis de ses partenaires mais il s'agit de **droits et obligations de caractère international et non de caractère communautaire.** On peut y voir une persistance *intuitu personae* des accords originels ;

• en ce qui concerne la partie rattachée au titre VI du TUE sur la coopération policière et judiciaire pénale, le Danemark est placé dans la situation des autres États membres.

2. Le **Royaume-Uni et l'Irlande**, n'ayant accepté ni le titre IV CE ni les accords de Schengen, sont placés dans une situation différente. Deux cas de figure :

• la participation à l'acquis exige une acceptation par le Conseil à l'unanimité ;

• la participation à une mesure nouvelle est réputée accordée à ces États dans les conditions du droit commun de la coopération renforcée.

Note : les nouveaux États membres de l'Union sont soumis au droit de Schengen car les dérogations précitées ne sont pas répétitibles. Mais les nouveaux membres doivent prouver leurs capacités à participer au système Schengen.

§ 3 - Les coopérations renforcées

Si certaines formules de différenciation préexistaient au traité d'Amsterdam, les difficultés d'engager des actions unanimement partagées, surtout dans le contexte des élargissements, ont provoqué des prises de position en faveur de la différenciation :

– le document Lamers-Schäuble préconisait un « noyau central » (inspiration fédéraliste) ;

– la proposition Balladur visait à instaurer des cercles de coopération variables selon les secteurs ;

– la lettre Kohl-Chirac proposait une flexibilité par le jeu des « coopérations renforcées ».

Le traité comportait une clause générale de coopération renforcée, une clause spécifique à la Communauté européenne, et une clause spécifique à la coopération policière et judiciaire pénale.

Le traité de Nice a apporté un assouplissement des conditions procédurales de mise en œuvre d'une coopération renforcée, laquelle pourrait s'appliquer dans les domaines de la PESC. Le système qui n'a pas reçu d'application effective a été réformé par le traité de Lisbonne. *Cf.* p. 160.

Chapitre 2 › LES DÉVELOPPEMENTS INSTITUTIONNELS ET POLITIQUES

> **› L'essentiel**
> *Ils comportent plusieurs aspects : les droits fondamentaux et la citoyenneté (un concept nouveau), le rôle des Parlements nationaux, l'évolution de la structure institutionnelle de l'Union et l'élargissement de sa base géopolitique.*

Section 1 › LES DROITS FONDAMENTAUX

§ 1 - Les droits fondamentaux individuels

Ils découlent, pour l'essentiel, de l'œuvre prétorienne de la Cour de justice qui les a dégagés du patrimoine constitutionnel commun des États et des conventions internationales, principalement de la Convention européenne des droits de l'homme et des libertés fondamentales. *Cf. supra* p. 47 et s. et *infra* p. 172. Le traité fondateur de l'Union européenne a procédé à une codification des solutions admises par la Cour, déjà reconnues dans une déclaration interinstitutionnelle du 5 avril 1977 puis dans le Préambule de l'Acte unique :

« *L'Union respecte les droits fondamentaux, tels qu'ils sont garantis par la Convention européenne de sauvegarde des droits de l'homme et des libertés fondamentales… et tels qu'ils résultent des traditions constitutionnelles communes aux États membres, en tant que principes généraux du droit communautaire.* »

Comme il a été indiqué plus haut, cette disposition a été reprise sans changements par le traité d'Amsterdam, à ceci près qu'il étend la compétence de la Cour de justice à cette disposition. Le traité de Lisbonne a conservé à peu près la même formulation (art. 6 § 3 UE).

La Charte des droits fondamentaux de l'Union (*cf. supra* p. 50 et s.) devait être incorporée dans la Constitution comme formant sa deuxième partie. L'échec du projet de Constitution a conduit les rédacteurs du traité de Lisbonne à procéder à un renvoi à la Charte qui acquiert donc la valeur juridique du traité. *Cf. infra* p. 112.

§ 2 - Le respect des droits de l'homme

Associé au développement de la démocratie et de l'État de droit, il est assigné comme un objectif de la PESC et de la politique de coopération au développement. Plus largement ce principe était explicité à l'article 6 § 1 du TUE initial (non justiciable) :

« *L'Union est fondée sur les principes de la liberté, de la démocratie, du respect des droits de l'homme et des libertés fondamentales, ainsi que de l'État de droit, principes qui sont communs aux États membres.* »

Le traité de Lisbonne a procédé à une nouvelle rédaction plus englobante. Aux principes sont substituées les **valeurs**. C'est l'article 2 UE :

« *L'Union est fondée sur les valeurs de respect, de dignité humaine, de liberté, de démocratie, d'égalité, de l'État de droit, ainsi que le respect des droits de l'homme, y compris des droits des personnes appartenant à des minorités. Ces valeurs sont communes aux États membres dans une société caractérisée par le pluralisme, la non-discrimination, la tolérance, la justice, la solidarité et l'égalité entre les femmes et les hommes ».*

Plusieurs applications en ont été faites :

• la première relative à **l'adhésion** (art. 49 UE actuel) ; un État candidat à l'adhésion doit respecter ces valeurs ;

• la seconde relative à la **participation** des membres aux traités. Selon l'article 7 UE le Conseil européen peut à l'unanimité constater une violation grave et persistante de ces valeurs par un État membre (dont le vote n'est pas décompté) et le Conseil peut alors, à la majorité qualifiée, suspendre certains de ses droits, y compris son droit de vote. La proposition de constat doit émaner d'un tiers des États membres ou de la Commission et recueillir l'approbation du Parlement européen. **C'est la clause sanctionnatrice**.

On notera que le texte exige la violation de (plusieurs) valeurs énoncées à l'article 2 UE et qu'il ne prévoit pas la possibilité d'un retrait-sanction, à la différence de l'article 8 du statut du Conseil de l'Europe.

• Dans le traité de Nice, à la suite de l'« affaire » autrichienne (participation au gouvernement du parti de Jorg Haïder) et dans la perspective d'éventuelles difficultés chez des futurs adhérents, il a été ajouté **une clause préventive**. En cas de risque de violation des principes fondamentaux, désormais les « valeurs », le Conseil (et non le Conseil européen) peut adresser une recommandation à l'État susceptible de défaillir, après avoir entendu ses explications et, le cas échéant, recueilli l'avis de personnalités indépendantes. Le Conseil se prononce à la majorité des 4/5 de ses membres après approbation du Parlement.

Section 2 › LA CITOYENNETÉ EUROPÉENNE

1. L'instauration d'une citoyenneté européenne par le traité fondateur de l'Union a été précédée par la jurisprudence de la Cour et la législation communautaire tendant à élargir la liberté de circulation et de séjour des ressortissants communautaires.

Elle a été incluse dans le traité CE comme justification du sigle CE substitué à CEE, et surtout afin de bénéficier du contrôle juridictionnel de la Cour de Justice.

Dans le traité de Lisbonne, la citoyenneté est mentionnée à l'article 9 UE (au titre des principes démocratiques) et exposée aux articles 18 à 25 FUE (avec le principe fondamental de la non-discrimination en raison de la nationalité) et reprise dans la Charte des droits fondamentaux de l'Union (dont elle constitue le cinquième thème).

La citoyenneté européenne est une citoyenneté de superposition qui s'ajoute à la citoyenneté nationale telle que définie par chaque État membre qu'elle ne remplace pas.

2. Il existe **deux catégories de droits de citoyenneté** : indépendants ou liés au Parlement européen.

a) 1re catégorie :

• **le droit de circuler et séjourner librement** sur le territoire des États membres, même en dehors du champ fonctionnel des traités communautaires ; la Cour de Justice a admis l'effet direct de cette disposition (17 sept. 2002, *Baumbast*) ; la Cour a affirmé que le « statut de citoyen de l'Union a vocation à être le statut fondamental des ressortissants des États membres » (12 mai 1998, *Martinez Sala*) ;

• **le droit de vote et d'éligibilité aux élections municipales** dans l'État membre de résidence sous réserve des modalités définies par la directive du 19 décembre 1994 ; la reconnaissance de ce droit n'exclut pas que des étrangers non citoyens continuent à en bénéficier mais rend plus difficile l'extension du même droit à d'autres catégories d'étrangers (idée de la préférence européenne implicite) ;

• **le droit à la protection** de la part des autorités diplomatiques et consulaires ; ce droit n'équivaut pas à une véritable protection diplomatique vis-à-vis des tiers, au sens du droit international, pour des raisons tirées de la condition de nationalité : il s'agit plutôt d'une protection d'urgence, voire humanitaire.

b) 2e catégorie :

• **le droit de vote et d'éligibilité au Parlement européen** dans l'État de résidence, sous réserve de modalités ou dérogations adoptées par le Conseil (par exemple pour le Luxembourg) dans la directive du 6 décembre 1993.

La reconnaissance de ce droit qui aurait pu anticiper une réforme du mode de scrutin, accompagne l'affirmation du rôle des partis politiques européens et modifie indirectement la nature du Parlement qui était censé représenter « les peuples des États » ; le traité de Lisbonne en a tiré les conséquences en déclarant que le Parlement représente les citoyens de l'Union ;

• **le droit de pétition** devant le Parlement et le droit de s'adresser au médiateur nommé par lui et habilité à recevoir des plaintes relatives au mauvais fonctionnement des institutions communautaires à l'exclusion des organes juridictionnels.

Note : le projet de traité constitutionnel ajoutait aux droits de citoyenneté (laquelle est incluse dans la deuxième partie du texte) le *droit à une bonne administration* (traitement impartial, délai raisonnable, accès au dossier, motivation des décisions) et le ***droit d'accès aux documents de l'Union***. Cette dernière disposition doit être rapprochée de celles relatives à la **transparence des travaux** de l'Union.

Le traité de Lisbonne replace la citoyenneté dans un article relatif à la démocratie représentative : les citoyens sont représentés au Parlement européen et les États membres dans les Conseils. Il conviendra de revenir sur ce dualisme révélateur de la double nature de l'Union. *Cf. infra* p. 108.

3. Il existe une autre classification fondée sur le caractère exclusif des droits de citoyenneté :

Sont **exclusifs** :

• la libre circulation et le libre séjour (sauf délivrance d'un titre légal au bénéfice des ressortissants des pays tiers) ;

• les droits de vote et d'éligibilité aux élections parlementaires européennes et aux élections locales ; une extension peut être envisagée (ex : les résidents à Gibraltar, CJCE, 12 sept. 2006, *Espagne c/Commission*).

• le droit à la protection diplomatique ou consulaire ;

• le droit d'initiative citoyenne (un million de citoyens peuvent proposer un acte à la Commission).

Ne sont **pas exclusifs** :

• le droit de pétition et le droit de saisir le médiateur (ouverts à toutes personne physique ou morale résidant dans l'Union) ;

• le droit à une bonne administration (ouvert à toute personne) : principe du contradictoire, accès au dossier et aux documents de l'Union, motivation des décisions de l'Union.

Section 3 › LE RÔLE DES PARLEMENTS NATIONAUX

Le constat du déficit démocratique européen, à savoir une dépossession des compétences des Parlements nationaux non compensée par un accroissement correspondant de celles du Parlement européen, a conduit à une « Déclaration relative au rôle des Parlements nationaux dans l'Union européenne » et une autre relative à la Conférence des Parlements :

– incitation à la tenue des Assises des Parlements ;

– et surtout incitation à une meilleure information sur les propositions législatives communautaires.

C'est dire que les procédures d'association ou information des Parlements nationaux relèvent du droit constitutionnel de chaque État.

1. Face aux demandes, notamment françaises, d'une plus grande implication des Parlements nationaux dans la vie communautaire, **un protocole sur le rôle des Parlements nationaux** dans l'Union européenne a été annexé au traité d'Amsterdam. En premier lieu leur information est améliorée par l'envoi des documents généraux de consultation de la Commission et la communication par chaque gouvernement des propositions législatives communautaires. Dans le traité de Lisbonne cet envoi relève directement de la Commission ; il est prévu désormais un délai de huit semaines (sauf urgence) entre le moment de mise à disposition des propositions et leur inscription à l'ordre du jour du Conseil.

Les Parlements nationaux doivent exercer, sous l'empire du **traité de Lisbonne**, un contrôle plus poussé quant au respect du principe de subsidiarité par les projets d'actes législatifs de l'Union.

Les Parlements nationaux disposent désormais de trois procédures de contrôle :

• une *procédure de contrôle préventif* : lorsque les avis négatifs (chaque Parlement qu'il soit bicaméral ou monocaméral dispose de 2 voix) représentent un quart ou un tiers des voix (selon les domaines concernés), le projet doit être réexaminé ;

• une *procédure de contrôle préventif renforcé* pour les actes adoptés selon la procédure législative ordinaire : un avis négatif à la majorité simple des Parlements nationaux entraîne une procédure assez lourde (la majorité du Conseil à 55 % ou la majorité des parlementaires européens peuvent rejeter le projet) ;

• au nom de leur Parlement national, les États peuvent, ex post, déposer un *recours juridictionnel en annulation* pour violation du principe de subsidiarité.

2. Par ailleurs les Parlements nationaux seront informés de tout projet d'*adhésion à l'Union ou de révision des traités* qu'il s'agisse de la révision ordinaire (dans ce cas les Parlements nationaux disposent du pouvoir d'autoriser la ratification) ou de la révision

simplifiée portant sur les règles de majorité ou sur la procédure législative applicables ; dans ce cas chaque Parlement national dispose d'un droit de veto.
L'article 12 UE en vigueur constitue une sorte de charte du rôle des Parlements nationaux dans l'Union.

Note : *le principe de transparence.*
Le traité d'Amsterdam avait posé les bases d'une réglementation générale et le traité CE avait établi un droit d'accès du public aux documents des institutions communautaires, à charge pour le Conseil de fixer les principes et les limites du droit d'accès (selon la procédure de codécision) et pour chaque institution de l'établir dans son règlement intérieur. Le règlement intérieur du Conseil reprend la distinction entre les activités politiques du Conseil (qui restent confidentielles) et ses activités législatives : les résultats et explications de vote ou déclarations sont rendus publics.

Section 4 › L'ÉVOLUTION DE L'ARCHITECTURE INSTITUTIONNELLE

§ 1 - Une évolution inachevée

A. Le traité fondateur de l'Union

D'une part il prolongeait les tendances amorcées par l'Acte unique en élargissant les pouvoirs politiques et législatifs du Parlement européen et en étendant le champ d'application du vote à la majorité qualifiée au sein du Conseil. Au cœur du triangle institutionnel (Conseil, Parlement, Commission), il procédait au réaménagement de la double logique issue du syncrétisme de la construction communautaire :

a) la logique intergouvernementale, qui s'attache à l'exercice de la fonction législative par le Conseil est désormais tempérée par la participation du Parlement au processus législatif, le poids du Parlement étant accru par l'extension de la majorité qualifiée au Conseil ;

b) la logique intégrative qui lie la Commission et le Parlement européen dans un rapport politique comportant une part d'effectivité (collusion entre la Commission et le Parlement face au Conseil) et une part de virtualité (désignation des membres et responsabilité politique de la Commission).

D'autre part, le Conseil réuni au niveau des chefs d'État et de gouvernement, sans devenir une institution de la Communauté, était conduit à intervenir dans le champ du traité CE.

B. Le traité d'Amsterdam

La **conférence intergouvernementale** préparatoire au traité a poursuivi trois objectifs :

– une meilleure adéquation aux exigences de l'action communautaire donc une plus grande **efficacité** ;

– une **légitimité** accrue du processus décisionnel, soit une nouvelle légitimation politique par la modification des modes de fonctionnement, voire des bases politiques des institutions ;

– une mise en conformité des institutions aux exigences des futurs **élargissements** de l'Union et de la Communauté européennes.

La difficulté de l'exercice tenait aux contradictions que suscitait la poursuite simultanée de ces trois objectifs et aux expressions, souvent divergentes, des États à travers les instances de négociation.

1. Une révision institutionnelle de grande envergure aurait pu comporter tout ou partie des éléments suivants :

- un mode d'élection unique pour les membres du Parlement européen, une rationalisation des procédures parlementaires, des pouvoirs élargis en matière budgétaire et dans le champ des accords externes, un pouvoir en matière de révision pour le Parlement (demandes qu'il a exprimées) ;
- une limitation du nombre des membres de la Commission afin de lui assurer une meilleure homogénéité dans la perspective de l'élargissement ;
- une extension du vote à la majorité qualifiée au Conseil assortie d'une repondération des voix (position française) fondée sur le critère démographique (majorité de la population) ou sur un critère mixte (majorité des États et majorité de la population).

2. La révision intervenue s'est située bien en deçà de ces perspectives. Pour l'essentiel, si le Parlement a obtenu partiellement satisfaction sur l'amélioration des procédures parlementaires (*cf. infra* p. 96), il n'a pas reçu les pouvoirs qu'il escomptait dans les matières budgétaire et internationale ou dans la révision des traités.

3. L'incomplétude de la révision s'est traduite par un **« Protocole sur les institutions dans la perspective de l'élargissement de l'Union européenne »**.
Selon le protocole, à la date du premier élargissement la Commission sera composée d'un national par État (au lieu de deux pour les grands États dans la composition précédente) à condition que la pondération des voix au Conseil ait été revue, notamment au profit des États (les plus grands) qui renoncent dès lors à désigner un deuxième membre de la Commission.
L'article 2 du Protocole appelait une nouvelle conférence intergouvernementale sur les institutions.

C. Le traité de Nice

La conférence intergouvernementale tenue en 2000 qui a conduit au traité de Nice se devait de régler les « reliquats d'Amsterdam ».

1. Le nouveau système de vote à la majorité qualifiée au Conseil a pris effet à compter du 1er janvier 2005. Son calcul repose sur *trois paramètres* :
– une pondération des voix, favorable aux grands États (mais l'Allemagne reste alignée sur les trois autres : France, Italie, Royaume-Uni) ;
– l'exigence d'un vote favorable d'au moins huit États ;
– une vérification que la décision est arrêtée par des États représentant au moins 62 % de la population de l'Union (c'est la clause du « filet démographique » qui est favorable à l'Allemagne).
Ces trois paramètres ont été repris dans une « position commune » du Conseil qui établit une grille de pondération pour 12 futurs adhérents, classés par catégories démographiques.
Ce processus de décision, très complexe, a été choisi de préférence au système de double majorité (États et populations) qu'avait proposé le Parlement. La légitimation politique que comporte le recours à des critères démographiques (critères relatifs)

aurait dû être accompagnée d'une extension plus importante du vote à la majorité qualifiée. Or, certains États ont voulu maintenir l'unanimité : l'Espagne et les pays bénéficiaires pour la cohésion économique et sociale, le Royaume-Uni pour les questions sociales et fiscales, la France pour certains accords internationaux, l'Allemagne pour l'immigration. Le compromis final fut donc décevant : le lien entre la repondération des voix et l'extension du vote à la majorité qualifiée a été occulté au fil des négociations.

2. La Commission a été remaniée mais sa structure définitive différée dans le temps. Dès l'entrée en vigueur du traité de Nice les pouvoirs du président sont élargis. À compter de la date du renouvellement de la Commission (1er janv. 2005) chaque État dispose d'un siège, les grands États perdant dès lors leur second siège. Cette solution a été préconisée par les petits et moyens États qui n'acceptaient pas le principe d'une Commission restreinte et craignaient que le système de la « rotation » ne leur soit défavorable.

NB : *le rappel de l'architecture institutionnelle et de son incomplétude permet de mesurer la portée du projet constitutionnel et aussi du traité de Lisbonne.*

§ 2 - L'émergence du Parlement européen

Le Parlement a connu un développement linéaire de type constitutionnel.

A. Participation à la désignation des membres de la Commission

Sans obtenir un pouvoir d'investiture, le Parlement est consulté par les gouvernements sur la personnalité qu'ils envisagent de nommer en qualité de président de la Commission. Il doit approuver cette nomination. Après désignation des autres membres, le collège de la Commission est soumis à un vote d'approbation par le Parlement européen, avant qu'il ne soit nommé par le Conseil.

B. Participation au pouvoir d'initiative législative

Sans obtenir un pouvoir propre qui aurait affaibli la Commission, le Parlement peut demander à celle-ci d'élaborer une proposition.

C. Pouvoirs de contrôle

Ils sont élargis. Le Parlement peut constituer des commissions temporaires d'enquête. Le droit de recevoir des pétitions est désormais institutionnalisé. Il nomme le médiateur qui reçoit les plaintes émanant des citoyens européens ou de toute personne physique ou morale en cas de mauvaise administration d'une institution communautaire.

D. Pouvoirs de délibération

C'est l'aspect le plus fondamental des modifications institutionnelles concernant le Parlement. Le traité sur l'Union européenne introduit une échelle nouvelle des pouvoirs de délibération parlementaire. Chaque révision améliore la situation du Parlement au regard de cette échelle.

1. Le pouvoir consultatif du Parlement a été élargi.

2. L'ancienne procédure de « coopération » instituée par l'Acte unique (avis renforcé) a été étendue par le traité de Maastricht puis remplacée par la codécision pour l'essentiel.

3. La procédure d'avis conforme s'applique en matière de circulation et séjour des citoyens européens, aux règles générales régissant les Fonds de cohésion économique et sociale et à certains accords internationaux. Le traité d'Amsterdam étend l'avis conforme au cas de constatation d'une violation grave des principes de l'article 6 § 1 (*cf. supra* p. 90). Le traité de Nice l'étend au cas de constatation d'un risque grave. Mais l'avis conforme n'a pas été étendu comme le souhaitaient les parlementaires à des domaines sensibles (budget, accords externes, révision des traités).

4. L'article 251 institue une procédure que l'on désigne sous le nom de « codécision ». Au cours des négociations, la Commission avait proposé sans succès d'instaurer des « lois communautaires » au sommet de la hiérarchie des actes. La codécision permet au Parlement d'arrêter avec le Conseil des actes communautaires (règlements, directives) dans des matières très nombreuses. La procédure a été simplifiée dans le traité d'Amsterdam.
Le système du traité a consisté à :
– **ajouter un échelon de pouvoir nouveau vers le haut ;**
– **faire remonter les matières d'un échelon à l'autre.**

NB : *cette émergence a été consolidée par la Constitution européenne et par le traité de Lisbonne.*

Section 5 › L'ÉLARGISSEMENT DE LA BASE GÉOPOLITIQUE

Il s'agit de l'adhésion des pays d'Europe centrale et orientale à l'Union.
Les accords européens n'excluaient ni impliquaient l'adhésion et chaque préambule comportait une clause évolutive. *Cf. supra* p. 66. Face au désir manifeste d'adhésion des États associés, l'Union européenne a défini une stratégie de pré-adhésion, le Partenariat pour l'adhésion, qui impliquait des conventions annuelles de financement et des aides de pré-adhésion.

§ 1 - Les critères d'adhésion

Le Conseil européen de Copenhague (juin 1993) a arrêté :

1. des critères politiques à savoir la démocratie, l'État de droit, le respect des droits de l'homme et des minorités, critères confirmés pour l'essentiel par les traités mais la convention-cadre sur la protection des minorités nationales n'a pas été ratifiée par tous les États. S'agissant de l'adhésion, l'article 49 du traité sur l'Union européenne implique que tout candidat respecte ces principes. Ainsi les valeurs politiques communes et les droits fondamentaux ont-ils entraîné l'Union européenne sur la voie d'une constitutionnalisation plus avancée ;

2. des critères économiques : une économie de marché viable et une capacité concurrentielle ;

3. des critères juridiques et techniques notamment la reprise de « l'acquis communautaire » ;

4. devant l'afflux de candidatures un nouveau critère a été posé : « **la capacité de l'Union à intégrer de nouveaux membres** ». Mais ce critère réputé objectif est approché de manière subjective par chaque État membre. Exemple : la Turquie !

§ 2 - Les négociations pour l'adhésion

Les négociations ont été ouvertes sur la base des avis rendus par la Commission en 1997 et 1999. Ces négociations ont été étendues à deux pays méditerranéens, Chypre et Malte, mais non à la Turquie puisque l'Union européenne ne s'est prononcée sur sa candidature qu'en 2005 dans un contexte confus. Les traités d'adhésion ont été signés à Athènes en 2003 : l'adhésion de huit pays d'Europe centrale et orientale (Pologne, Hongrie, République tchèque, Slovaquie, Slovénie et les trois pays baltes), de Malte et Chypre, est entrée en vigueur le **1er mai 2004**. Les adhésions de la Roumanie et de la Bulgarie sont intervenues de manière plus tardive en juillet 2007.

Au cours des négociations, la Commission procède à une vérification systématique de l'**acquis communautaire, désormais acquis de l'Union**, pour chaque État à travers l'examen de 35 chapitres : le marché intérieur et la concurrence, les politiques, la justice et les affaires intérieures, la politique étrangère et de sécurité commune, les relations extérieures. L'examen se poursuit jusqu'à la veille de l'adhésion. Ce faisant, les futurs adhérents sont tenus de se soumettre à un ajustement structurel d'autant plus ample que les capacités des États à respecter l'acquis (capacités administratives et juridictionnelles) font l'objet d'un suivi approfondi.

Après les deux élargissements précités, les négociations se poursuivent avec la Croatie, la Serbie… et, non sans heurts, avec la Turquie. Les critères de conditionnalité sont adaptés à chaque État candidat ; ils sont plus approfondis et la Commission élabore des rapports périodiques.

§ 3 - Les incidences de l'élargissement de l'Union

A. Les implications institutionnelles

1. La question a motivé les travaux de la conférence intergouvernementale et l'adoption du **traité de Nice**. Un protocole et une déclaration annexes sur l'élargissement fixent des règles (protocole) ou des positions communes (déclaration) sur la base d'une grille composée de 27 États. Le traité de Nice a instauré de manière différée à compter de 2005 :

– une nouvelle composition de la Commission (un siège par État jusqu'à l'adhésion du 27e État) ;

– une nouvelle pondération des voix au Conseil selon des critères d'une grande complexité mais qui favorisent les États les plus peuplés ;

– une nouvelle répartition des sièges au Parlement européen.

2. Le traité de Nice a subi de fortes critiques surtout du fait des États membres de l'Union. Une convention sur l'avenir de l'Europe a donc élaboré un **projet de Constitution** en vue de répondre mieux que le traité de Nice aux exigences institutionnelles de l'élargissement. La question est aujourd'hui réglée par le traité de Lisbonne. *Cf. infra* p. 113.

B. Les perspectives politiques

L'adhésion des pays d'Europe centrale et orientale conduit à une « **unification du continent** ». C'est le produit de la géographie et de l'histoire. Mais elle implique un bouleversement des politiques les plus sensibles : la politique agricole, les politiques structurelles, les modalités du financement de l'Union élargie ; le rapport issu des accords de Schengen entre la libre circulation des personnes à l'intérieur de l'Union et le contrôle de ses frontières externes ; les accords d'adhésion déjà intervenus autorisent chaque État membre à différer pendant sept ans la libre circulation des personnes.

Quant à la politique étrangère et de sécurité commune, elle a subi le choc de la deuxième guerre d'Irak qui a démontré l'absence de cohérence politique de l'Union.

C. Les incertitudes géographiques

La question des limites de l'Union européenne reste ouverte : Balkans occidentaux (Serbie, Macédoine, Monténégro, Albanie) ? Ukraine (au prix de fortes tensions avec la Russie) ? Turquie (désaccords parmi les membres actuels) ? La Croatie est sur la voie de l'adhésion.

Si le dilemme principal entre deux perspectives est :

– *Europe-puissance* (hypothèse fragile) ;

– *marché unique élargi* (quasi-certitude) ;

l'Union devra définir, sans doute avec difficulté, une voie qui n'exclut pas la première de ces deux perspectives.

POUR ALLER PLUS LOIN

BIBLIOGRAPHIE :

› Sur l'élargissement, *Les Communautés et l'Union européenne face aux défis de l'élargissement*, colloque de Besançon, coll. Travaux de la CEDECE, 2005.

Chapitre 3 › LA POLITIQUE ÉTRANGÈRE ET DE SÉCURITÉ COMMUNE (PESC)

› L'essentiel

Au cours des négociations préparatoires au traité de Maastricht, la Commission avait proposé une approche intégrée qui aurait consisté à placer la politique extérieure dans le domaine communautaire. Cette approche ambitieuse a été récusée par les États qui ont marqué leur préférence pour une formule intergouvernementale, plus proche de la coopération politique institutionnalisée (art. 30 de l'Acte unique). De fait, le traité fixait des objectifs larges et ambitieux : la sauvegarde des valeurs et de l'intégrité de l'Union, le renforcement de sa sécurité, le maintien de la paix et de la sécurité internationale, la promotion de la coopération, le renforcement de la démocratie et le respect des droits de l'homme.

Le bilan, plutôt mince, de la PESC (on notera le soutien de l'Union au désarmement et à la non prolifération, des actions humanitaires, l'envoi d'observateurs ou encore le lancement du Pacte de stabilité en Europe dont le suivi a été assuré par l'OSCE) a conduit à des révisions limitées dans les traités d'Amsterdam et de Nice.

Section 1 › LES INSTRUMENTS DE LA PESC

1. Le Conseil européen pouvait fixer des **orientations générales et des stratégies communes** et le Conseil pouvait arrêter **des positions ou des actions communes**. Les votes étaient acquis à l'**unanimité**. Ce mécanisme de coopération strictement intergouvernementale était quelque peu tempéré par l'information du Parlement européen et une initiative possible de la Commission qu'elle devait exercer avec modération pour ne pas oblitérer l'initiative prédominante des États (ex. : le conflit yougoslave). Les États sont tenus de respecter les positions et actions communes et de coordonner leurs actions dans les organisations et conférences internationales, à travers leurs représentations diplomatiques et consulaires, et, pour certains, au sein du Conseil de sécurité des Nations unies.

2. Le traité d'Amsterdam puis celui de Nice avaient introduit quelques **améliorations**.
En premier lieu, si la présidence assure toujours la représentation et la mise en œuvre des actions communes, elle est assistée par le **Haut représentant pour la PESC**. Il dispose d'une « unité de planification de la politique et d'alerte rapide ». La Commission est associée à cette tâche. Les traités ont institué un Comité politique et de sécurité (fonctionnaires nationaux).
En second lieu, la consultation et **l'information du Parlement européen** sont améliorées. Dans la même ligne, à moins que le Conseil n'en décide autrement, les dépenses opérationnelles de la PESC, à l'exclusion des opérations militaires ou de défense, sont désormais budgétisées comme l'étaient déjà les dépenses administratives.
En troisième lieu, **la règle de l'unanimité connaît quelques limitations**. Le traité de Nice autorise une coopération renforcée pour la mise en œuvre d'une position ou

d'une action commune. Par ailleurs, *le Conseil peut statuer à la majorité qualifiée lorsqu'il adopte une action commune ou position commune sur la base d'une stratégie commune (arrêtée à l'unanimité par le Conseil européen)* ou lorsqu'il met en œuvre une action ou position commune par voie d'accord international. Toujours à la majorité, il peut nommer des *représentants spéciaux*. Si un État déclare s'y opposer pour des raisons de « politique nationale importante », le Conseil à la majorité qualifiée peut renvoyer la question au Conseil européen qui se prononce à l'unanimité.

Note : dans le traité de Lisbonne la PESC conserve sa spécificité en dépit de la suppression du pilier de coopération intergouvernementale. *Cf.* p. 301.

Section 2 › LES QUESTIONS DE DÉFENSE (PM)

Cf. supra, p. 22 et s.

Chapitre 4 › LA COOPÉRATION EN MATIÈRE DE JUSTICE ET D'AFFAIRES INTÉRIEURES

> **› L'essentiel**
> *Le traité de Maastricht avait institué à côté de la PESC une coopération en matière de justice et d'affaires intérieures. Le traité d'Amsterdam avait réduit le champ de ce « pilier » à la coopération policière et judiciaire en matière pénale tout en renouvelant profondément son régime juridique.*

Section 1 › LA COOPÉRATION INITIALE

§ 1 - Les origines de la coopération

a) L'extradition était régie par des conventions bilatérales et par la convention européenne du 13 décembre 1957, conclue sous l'égide du Conseil de l'Europe, qui pose certaines règles classiques. Le développement du terrorisme avait conduit à élaborer une convention européenne pour la répression du terrorisme (1977) et l'accord de Dublin (1979) en constituait une application limitée aux seuls États de la Communauté, dont le but était de dépolitiser certaines infractions.

b) Le 14 juin 1985, cinq États de la Communauté (France, RFA, Benelux) ultérieurement suivis par d'autres, ont conclu **l'accord de Schengen**, puis une **convention d'application** le 19 juin 1990 ; accords extra-communautaires, ils visaient à permettre la libre circulation des personnes et portaient sur quelques principaux points :

– la politique des visas (liste commune de pays dont les ressortissants sont soumis au visa…) ;
– la lutte contre l'immigration clandestine (obligations à la charge des transporteurs) ;
– un traitement informatisé : le fichier Schengen ;
– une coordination du traitement des demandes d'asile (un seul État) ; la convention de Dublin a été conclue à cette fin le 14 juin 1990 ;
– une coopération douanière ;
– une coopération policière (susceptible d'entraîner des poursuites transfrontalières) ;
– une coopération judiciaire (incluant l'extradition).

Un Conseil exécutif pouvait adopter des actes d'application des accords.

NB : *Le Conseil constitutionnel français,* dans sa décision du 25 juillet 1991, avait déclaré les accords compatibles avec la Constitution, estimant que le libre franchissement des frontières intérieures n'équivaut pas à la suppression des frontières, que le droit constitutionnel d'asile est préservé, que le droit français de l'extradition continue à s'appliquer.

§ 2 - Les objectifs et les méthodes de la coopération Justice et Affaires intérieures

1. Les objectifs étaient énumérés dans le titre VI initial en tant que « questions d'intérêt commun » :

1) La politique d'asile ;

2) Le franchissement des frontières extérieures des États ;

3) La politique d'immigration et la politique à l'égard des ressortissants des pays tiers (entrée, séjour, situations irrégulières) ;

4) La lutte contre la toxicomanie ;

5) La lutte contre la fraude ;

6) La coopération judiciaire en matière civile ;

7) La coopération judiciaire en matière pénale ;

8) La coopération douanière ;

9) La coopération policière.

La liste était inspirée par les exigences de l'achèvement du marché intérieur (contrôle aux « frontières extérieures » afin de permettre la libre circulation à l'intérieur), l'acuité des problèmes de l'immigration, les aspirations à un « espace de sécurité en Europe » ; la convention de Schengen a influé sur la fixation de plusieurs objectifs.

2. Les méthodes étaient mixtes : intergouvernementales pour l'essentiel, communautaires de manière accessoire.

Pour l'essentiel elles étaient proches de celles applicables à la PESC (*cf. supra*) : consultation au sein du Conseil en vue d'arrêter des **positions communes** et des **actions communes**. Les institutions communautaires étaient associées : consultation du Parlement européen ; la Commission avait un droit d'initiative partagé avec les États sauf en ce qui concerne la coopération judiciaire pénale, la coopération douanière et la coopération policière, l'initiative étant dans ces domaines sensibles réservée aux seuls États.

Des **conventions** pouvaient être conclues à l'initiative du Conseil et comporter, le cas échéant, une clause de compétence au bénéfice de la Cour de justice telles la convention du 26 juillet 1995 sur la protection des intérêts financiers de la Communauté ; la convention Europol signée à Bruxelles le 25 juillet 1995 qui institue des agents de liaison à l'étranger et instaure un système d'information multilatéral (drogue et terrorisme).

3. La coopération en matière de justice et d'affaires intérieures était en situation de **concurrence objective avec les accords de Schengen**. D'où l'alternative suivante. Ou les États parvenaient à s'entendre à l'unanimité sur les questions et selon les méthodes inscrites dans le titre VI ; ou les États, faute d'atteindre l'unanimité, poursuivaient leur participation volontaire dans le cadre politiquement plus restreint mais juridiquement plus contraignant du dispositif Schengen. Le traité d'Amsterdam a substitué à la coopération en matière de justice et d'affaires intérieures un nouveau 3e pilier plus restreint et soumis à un régime juridique différent, compte tenu de la communautarisation des règles relatives aux visas, à l'asile, à l'immigration et au franchissement des frontières (*cf. supra* p. 85 et s.).

Section 2 › LA COOPÉRATION POLICIÈRE ET JUDICIAIRE EN MATIÈRE PÉNALE

§ 1 - Des objectifs resserrés

Le 3e pilier comporte alors :

• une **coopération policière** entre États, directement et par l'intermédiaire d'**Europol** (échange de renseignements et soutien à des enquêtes et à des actions opérationnelles conjointes) ;

• une **coopération judiciaire en matière pénale** visant la procédure et l'exécution des décisions judiciaires, la facilitation de l'extradition, l'adoption progressive de règles minimales relatives aux infractions pénales et sanctions dans les domaines de la criminalité, du terrorisme, du trafic de drogue. C'est dire que l'harmonisation pénale n'a pas vraiment progressé. Un progrès cependant : le **mandat d'arrêt européen** qui est désormais substitué aux textes relatifs à l'extradition.

Le traité de Nice valide la création d'une Unité de coopération judiciaire **(Eurojust)** en charge de la coordination entre les autorités chargées des poursuites et susceptible de participer à des enquêtes judiciaires ou à l'exécution des commissions rogatoires, associant des magistrats et des fonctionnaires de police. C'est l'équivalent judiciaire d'Europol.

La **coopération douanière** demeurait écartelée entre :

• le traité CE qui permet au Conseil de renforcer la coopération douanière à condition que ces mesures ne concernent « ni l'application du droit pénal national ni l'administration de la justice dans les États membres » ; la base juridique pour une véritable harmonisation n'est donc pas suffisante ;

• la coopération administrative instaurée dans le cadre du traité CE ;

• la coopération policière et judiciaire en matière pénale.

§ 2 - Des mécanismes renouvelés

Les mécanismes de la coopération ont été modifiés. Le Conseil à l'unanimité arrête :

– des **positions communes** (comme auparavant) ;

– des **décisions-cadre** en vue du rapprochement des législations et réglementations nationales ; l'instrument est inspiré de la directive et il exclut tout effet direct invocable par les particuliers ; Ex : le mandat d'arrêt européen créé par la décision-cadre du 13 juin 2002 ;

– **des décisions** dénuées d'un effet d'harmonisation des dispositions nationales ou de tout effet direct ; les mesures d'application sont prises à la majorité qualifiée ;

– des **conventions** soumises à ratification et qui peuvent entrer en vigueur *inter partes* si la moitié au moins des États les ratifient.

§ 3 - Un progrès institutionnel

Les institutions communautaires sont mieux associées : initiative de la Commission, consultation du Parlement (sauf en ce qui concerne les positions communes). Un comité de coordination composé de hauts fonctionnaires formule des avis et prépare les travaux du Conseil, en liaison avec le COREPER.

Le progrès essentiel tient à l'extension de la **compétence de la Cour de justice** au 3e pilier sous réserve de diverses limites :

• elle est compétente pour statuer sur *la légalité des décisions-cadre et des décisions* sur la base d'un recours en annulation formé par un État membre (hypothèse assez théorique au vu de la règle de l'unanimité) ou par la Commission ;

• elle est compétente pour statuer sur *tout différend entre États* concernant les actes unilatéraux adoptés ou tout différend entre États et Commission concernant les conventions ;

• elle acquiert la compétence pour statuer à *titre préjudiciel sur la validité et l'interprétation des décisions-cadre et des décisions* ou l'interprétation des conventions à condition que cette compétence ait été préalablement acceptée par une **déclaration de juridiction obligatoire faite par l'État** concerné ; l'acceptation concerne soit les juridictions de dernier ressort, soit toutes les juridictions. La compétence préjudicielle ne peut s'appliquer aux opérations policières ou répressives conduites par un État.

Ce système emprunte pour partie au droit international (déclaration d'acceptation des États) et pour partie au droit communautaire.

Note : la suppression des piliers et l'insertion de l'espace de liberté, sécurité et justice dans le droit commun de l'Union sont l'un des apports les plus importants du traité de Lisbonne. *Cf. infra* p. 270.

POUR ALLER PLUS LOIN

BIBLIOGRAPHIE :

› V. Constantinesco, *La structure du traité instituant l'Union européenne*, CDE 1993, p. 251.

› J.-C. Gautron, « Une Europe à droits variables » *in L'Europe, de la Communauté à l'Union, Pouvoirs*, 1994, p. 460.

Titre 3

L'UNION EUROPÉENNE SANS LA COMMUNAUTÉ : DE LA CONSTITUTION EUROPÉENNE AU TRAITÉ DE LISBONNE

Dans la ligne de la « Déclaration sur l'avenir de l'Union » adoptée à Nice en décembre 2000, le Conseil européen de Laeken en décembre 2001 décidait la mise en place d'une Convention dont le mandat couvrirait les questions mentionnées par la déclaration (statut de la charte des droits fondamentaux, délimitation des compétences, simplification des traités, rôle des Parlements nationaux) en vue d'élaborer un document final comportant différentes options – le cas échéant une Constitution – ou des recommandations en cas de consensus. En juillet 2003 la Convention adopta par consensus un **« projet de traité établissant une Constitution pour l'Europe »**. Il s'agit bien d'un traité constitutionnel, catégorie juridique hybride bien dans la ligne du développement historique et technique des Communautés et de l'Union européenne.
En France les critiques se sont focalisées sur la partie du texte relative aux politiques (en fait reprise des traités précédents). La complexité du texte ne facilitait pas son adoption par la voie référendaire. Le projet fut rejeté par référendum en France et aux Pays Bas.

Chapitre 1 › UN TRAITÉ CONSTITUTIONNEL

> **› L'essentiel**
> *Si le projet comportait plusieurs éléments formels de nature constitutionnelle (cf. chap. 2 à suivre), il était porté par un vecteur classique dans l'ordre européen, un traité international substitué aux traités existants.*

Section 1 › LA GENÈSE DU TRAITÉ CONSTITUTIONNEL

La **Convention** comprenait quatre catégories de membres issus principalement des 15 États membres et des 13 États candidats :
– 56 représentants des parlements nationaux ;
– 28 représentants des gouvernements ;
– 16 représentants du Parlement européen ;
– 2 représentants de la Commission.
La Convention comportait des observateurs, elle a auditionné des représentants de la société civile.
Le Praesidium était composé de trois personnalités indépendantes, Valéry Giscard-d'Estaing, président, Guliano Amato et Jean-Luc Dehaene, vice-présidents, et de 13 membres issus des quatre composantes.
L'analogie avec la convention de Philadelphie a été évoquée au titre des symboles fondateurs.

Section 2 › LA STRUCTURE DU TRAITÉ CONSTITUTIONNEL

1. Un **traité unique** est substitué aux traités existants ; l'unité du traité comporte des *limites* :
– le maintien en vigueur des nombreuses dispositions contenues dans les actes d'adhésion ou des protocoles à vocation permanente ;
– le traité Euratom demeure en vigueur en dehors du traité constitutionnel.

2. Le caractère unitaire du traité traduit la **modification structurelle** fondamentale : l'Union européenne est substituée aux Communautés européennes. Elle acquiert la *personnalité juridique internationale* qui lui faisait défaut et *la différenciation en « piliers » est effacée*. Si la Communauté s'efface, l'esprit et les techniques de l'ordre juridique communautaire demeurent :
– l'Union exercera *« sur le mode communautaire »* les compétences qui lui sont transférées ;
– les dispositions des actes adoptés antérieurement demeurent en vigueur et *la jurisprudence de la Cour* est maintenue en tant que « source d'interprétation du droit de l'Union ».

3. La **structure interne** du traité obéit pour partie à une logique constitutionnelle et pour partie à une logique classique en matière de traités internationaux :

Partie I : non titrée (!). Elle recouvre les objectifs de l'Union, la citoyenneté et les droits fondamentaux, les compétences (et leur exercice), les institutions, l'appartenance à l'Union…
Partie II : *La Charte des droits fondamentaux de l'Union*. Elle ne recouvre pas tout le champ des droits fondamentaux mais reprend le texte de la Charte élaborée par une précédente Convention.
Partie III : *Les politiques et le fonctionnement de l'Union*. Pour l'essentiel, elle reprend avec quelques adaptations le contenu des traités existants afin de conserver les bases juridiques et les procédures applicables à chaque politique. La principale innovation consiste à réinscrire dans le traité unique les dispositions sur l'espace de liberté, sécurité et justice et celles relatives à la PESC, en application de la disparition des « piliers » de coopération intergouvernementale. Cependant, des caractères spécifiques demeurent, surtout dans la PESC (*cf. supra*, p. 301).
Partie IV : *Dispositions générales et finales*.

Section 3 › LA NATURE JURIDIQUE D'UN TRAITÉ

Deux types de facteurs illustrent la rémanence du traité international.

1. Le traité régit une *association d'États qui…* « confèrent (à l'Union) des compétences pour atteindre leurs objectifs communs ». L'Union européenne ne constitue ni un État ni un État fédéral. D'ailleurs l'adjectif « fédéral » a été écarté bien que le « mode communautaire » comporte des éléments de facture fédérale mais il s'agit d'un **fédéralisme d'États** – d'où les expressions politiques ou doctrinales… « fédérations d'États souverains », « fédération d'États-nation… ». D'une certaine manière le projet de Constitution met fin au mythe d'un État fédéral européen, s'il persistait encore.

2. En ce qui concerne *l'instrumentum*, la technique des traités internationaux est évidente.

a) L'entrée en vigueur du traité implique le **consentement unanime** de tous les États membres exprimé par les ratifications. Une déclaration politique annexée au traité indique que le Conseil européen se saisit de la question si, à l'issue d'un délai de 2 ans, les ratifications excèdent les 4/5 des membres sans atteindre l'unanimité.

b) Les **modes de révision** du traité relèvent du **droit international**. La principale adjonction concerne la réunion d'une Convention et la notification des projets aux Parlements nationaux. Une Conférence intergouvernementale arrêtera les projets de révision et les soumettra à la ratification de tous les États.

c) Le projet instaure un **droit de retrait** volontaire d'un État. Dans ce cas, un accord de retrait est négocié mais, faute d'accord, le retrait devient effectif deux ans après sa notification par l'État.

Chapitre 2 › UNE CONSTITUTION INTERNATIONALE

› L'essentiel

L'Union européenne demeure une association d'États : il ne s'agit pas d'une complète mutation mais plutôt d'une cristallisation d'un processus de constitutionnalisation, au sens matériel, déjà largement engagé par les traités constitutifs, les pratiques des institutions et la jurisprudence de la Cour de justice. Sur cette évolution, cf. infra, p. 121. Il s'agit d'une constitution, au sens fonctionnel, qui n'irrigue directement que les domaines entrant dans le champ de l'Union.

Section 1 › LA DUALITÉ DES FONDEMENTS CONSTITUTIONNELS DE L'UNION

Cette dualité qui était en germe dans les traités fondateurs a émergé dès 1974 autour du couplage de deux légitimités : la légitimité des États exprimée par le Conseil européen, la légitimité démocratique exprimée par le Parlement européen. L'Union européenne est :

– une **union d'États** comme l'indiquent les éléments d'intergouvernementalisme persistants et la réévaluation du Conseil européen ;

– une **union de peuples,** comme le montre la montée en puissance sur les plans normatif et fonctionnel du Parlement européen, représentant des peuples de l'Europe. La doctrine – et le texte du traité – traduisent une inclination pour l'expression union de citoyens, le terme « citoyen » étant aujourd'hui substitué au terme « ressortissant communautaire ».

Section 2 › LES VALEURS DE L'UNION

Déjà affirmées par les traités et la jurisprudence, elles sont renforcées par le projet de traité constitutionnel : énumération à l'article 2 de la première partie, reprise des articles sur les critères d'éligibilité (ou de suspension) à l'Union, inclusion de quelques articles sur la vie démocratique de l'Union (dont la démocratie représentative et participative) et surtout insertion de la Charte des droits fondamentaux de l'Union en partie II de la Constitution.

Section 3 › LA RÉPARTITION DES COMPÉTENCES ENTRE L'UNION ET LES ÉTATS

La question, qui sera examinée au début de la 3e partie à suivre, avait été posée sous la forme suivante : qui fait quoi ? Les traités en vigueur ne contenant pas une clause générale de répartition des compétences, les principes de cette répartition avaient été dégagés par la Cour de justice, sur la base d'une interprétation finaliste des traités.

Les *principes régulateurs de l'exercice des compétences* (principe de coopération loyale entre États et institutions, principe de subsidiarité pour les compétences partagées, principe de proportionnalité) sont maintenus. Le projet de traité constitutionnel contenait une énumération des domaines relevant soit des compétences exclusives de l'Union, soit des compétences partagées entre les États et l'Union, soit des domaines d'action d'appui de coordination ou de complément ouverts à l'Union européenne. Les compétences de l'Union demeurent régies par **le principe d'attribution...** :
« Toute compétence non attribuée à l'Union dans la Constitution appartient aux États membres. »
Le contrôle de **subsidiarité** était renforcé par un *contrôle politique ex ante*, exercé par les Parlements nationaux, et par un *contrôle juridictionnel ex post*.

Section 4 › LA SÉPARATION DES POUVOIRS ET LA HIÉRARCHIE NORMATIVE

La séparation des pouvoirs a toujours été mal assurée dans l'ordre communautaire du fait que les mêmes actes juridiques émanant des mêmes organes alimentent autant la sphère du législatif que celle de l'exécutif. Or, selon l'article 16 de la Déclaration des droits de l'homme et du citoyen :
... *« toute société dans laquelle... la séparation des pouvoirs (n'est pas) déterminée... n'a point de Constitution »*.
Toutefois, la délégation de compétences d'exécution par le Conseil à la Commission avait introduit un premier critère organique de différenciation. Mais le concept de « loi » communautaire n'avait pas été retenu.
Le traité constitutionnel tirait les conséquences de la montée en puissance du Parlement (avec la codécision) et introduisait la catégorie des **actes législatifs** (lois et lois-cadre). La Commission pourra recevoir une délégation pour édicter des règlements délégués. Par ailleurs sont institués des *actes non législatifs* (règlements et décisions) du Conseil ou de la Commission. *Cf. infra*, p. 167 et s.
La Commission habilitée par un acte législatif pourra prendre des actes d'exécution dès lors que des conditions uniformes s'avèrent nécessaires.
La séparation des pouvoirs est un peu mieux assurée du fait de la nouvelle hiérarchie des normes, mais il reste que le Conseil appartient à la fois à la sphère du législatif et à celle de l'exécutif.

Section 5 › L'ARCHITECTURE CONSTITUTIONNELLE

Elle reproduit la double légitimité, États et peuples ou citoyens.

1. Intergouvernementaux (interétatiques) sont le Conseil des ministres et le Conseil européen.
Le **Conseil des ministres** partage avec le Parlement européen les mêmes fonctions, normative et budgétaire.
Le **Conseil européen** devient une **institution à part entière**. Il dispose d'un Président désigné par lui pour une période de 2 ans et demi. Si son mode de fonctionnement

demeure régi par le consensus, il exerce une fonction de nomination (à la majorité qualifiée) d'autorités importantes et une fonction d'ajustement. Il intervient dans la plupart des « clauses passerelles » : il autorise à l'unanimité certaines extensions du vote à la majorité qualifiée.

2. Le **Parlement européen**, représentant des peuples ou des citoyens, acquiert des *pouvoirs élargis* dans des secteurs qu'il ne maîtrisait pas : budget ; politique agricole ; politique commerciale ; espace de liberté, sécurité et justice. Pour l'essentiel, il détient un pouvoir colégislatif avec le Conseil… sauf exceptions.

3. À la charnière des institutions reflétant la double légitimité, se situe la **Commission** dont la composition définitive (les 2/3 du nombre des États) prendra effet à l'issue du premier mandat de la Commission nommée en application de la Constitution. En l'attente, la Commission comportera un ressortissant par État. Son président, dont les pouvoirs sont renforcés, sera proposé par le Conseil européen et élu par le Parlement en tenant compte du résultat des élections européennes. Ses membres seront proposés par le Conseil en accord avec le président désigné et le collège sera soumis à un vote d'approbation par le Parlement.

4. Le **ministre des Affaires étrangères** se situe aussi à la charnière des deux légitimités : nommé par le Conseil européen, avec l'accord du président de la Commission, il est de droit vice-président de la Commission, chargé des relations extérieures, et simultanément président du Conseil des ministres en sa formation « affaires étrangères ». Il devait assurer la représentation internationale de l'Union mais il n'en avait pas le monopole absolu.

Chapitre 3 › LE TRAITÉ DE LISBONNE

> **› L'essentiel**
>
> *L'idée française d'activer un traité dit « simplifié », c'est-à-dire de facture classique et de ce fait non soumis à des référendums, puis les travaux conduits par la présidence allemande (1er semestre 2007) ont conduit à la réunion d'une nouvelle CIG et à l'élaboration du traité de Lisbonne signé le 13 décembre 2007. Le processus de ratification a été ralenti par le vote négatif de l'Irlande, pays dont la constitution impose le recours au référendum. Une nouvelle consultation du peuple irlandais a été organisée en 2009.*
>
> *Le traité de Lisbonne traduit une rupture formelle avec la Constitution européenne et une reprise substantielle de ses dispositions essentielles. Il est entré en vigueur le 1er décembre 2009.*

Section 1 › DES RUPTURES FORMELLES

Elles portent sur la technique conventionnelle et sur l'abandon des référents constitutionnels.

§ 1 - La technique conventionnelle

En l'absence du procédé de la Convention, le traité de Lisbonne modifie les traités existants : le **traité sur l'Union européenne** conserve sa dénomination (TUE) et le traité instituant la Communauté européenne est remplacé par le **traité sur le fonctionnement de l'Union européenne** (TFUE) de telle sorte que l'Union… « se substitue… à la Communauté européenne ». Il s'en suit que les deux piliers de coopération intergouvernementale sont supprimés et que l'Union peut afficher une personnalité juridique unique.

Des modifications s'attachent à la structure des deux traités composant le traité de Lisbonne. Ainsi les compétences qui figuraient en tête de la Constitution sont-elles désormais éclatées entre le TUE (principes de base) et le TFUE (catégories et domaines de compétences), distribution assez peu logique sauf que la clause générale de répartition des compétences est ainsi rapprochée des clauses particulières applicables aux différents domaines. De même, la PESC est-elle inscrite dans le TUE afin d'en souligner la forte spécificité alors que les autres domaines de l'action extérieure sont inscrits dans le TFUE : cette ventilation traduit l'abandon de la conception englobante que comportait la Constitution illustrée par le rapprochement de la PESC et des politiques externes.

Le nombre de protocoles et déclarations est accru compte tenu des dérogations accordées à certains pays (Royaume-Uni, Pologne…).

§ 2 - L'abandon des référents constitutionnels

Ces abandons sont tantôt compensés, tantôt non compensés.

A. L'abandon de la sémantique constitutionnelle

Elle a été exfiltrée. Ainsi :
– le mot « constitution » ;
– la Charte des droits fondamentaux de l'Union ;
– les lois et lois-cadre (maintien des règlements et des directives) ;
– le ministre des affaires étrangères ;
– le principe de primauté (exclu du traité).

B. Des compensations

– le traité de Lisbonne renvoie à la Charte des droits fondamentaux et lui confère la valeur juridique des traités ;
– les actes législatifs sont reconnus, à distinguer des actes délégués et des actes d'exécution, ainsi que la « procédure législative » ;
– le Haut représentant pour les affaires étrangères et la sécurité reçoit le statut et les attributions du ministre des affaires étrangères ;
– le principe de primauté est inscrit dans une déclaration, assortie d'un rappel de la jurisprudence *Costa c/ENEL* et d'un avis du service juridique du Conseil.

Ces inflexions formelles sur le plan rédactionnel ont une portée symbolique et s'inscrivent dans une continuité matérielle.

Le traité de Lisbonne (TUE) comporte un titre II sur les **principes démocratiques** :

• la *démocratie représentative* : représentation des États par les conseils, représentation des citoyens par le Parlement européen ;

• la *démocratie participative* : partis politiques, associations, société civile, droit d'initiative des citoyens.

Ces dispositions illustrent bien l'axiologie d'un traité qui est l'héritier du projet constitutionnel non abouti.

Section 2 › UNE REPRISE SUBSTANTIELLE

Outre la disparition des « piliers » existants, le texte reprend les valeurs et objectifs de la Constitution. À la demande de la France la « concurrence libre et non faussée » n'y figure plus mais elle est reprise dans un protocole sur le marché intérieur et la concurrence. Deux catégories de dispositions sont conservées, voire renforcées.

§ 1 - L'architecture institutionnelle

1. Le **Conseil européen**, institution centrale de l'Union, élit un Président à la majorité qualifiée pour deux ans et demi ; il nomme le Haut représentant pour les affaires étrangères et la sécurité ; il propose un candidat à la présidence de la Commission ; toujours à la majorité qualifiée.

2. Le **Parlement européen** bénéficie de la procédure législative ordinaire (codécision améliorée) et ses pouvoirs sont étendus à des domaines nouveaux, notamment l'espace de liberté, sécurité et justice ou le budget.

3. Le **Conseil** conserve le mode de votation actuel jusqu'en 2014. Après une période transitoire de trois ans (2014-2017), la majorité qualifiée impliquera une double exigence : 55 % des États et 65 % de la population. Le vote à la majorité qualifiée est élargi au plus grand nombre de domaines.

4. La dimension de la **Commission** sera modifiée : inchangée jusqu'en 2014 (un commissaire par État) elle sera réduite à un nombre égal aux deux tiers du nombre des États et comportera une stricte alternance. Quant à sa désignation, elle associera le Conseil européen (pour son président), le Conseil (pour ses membres) d'un côté, et le Parlement de l'autre.

§ 2 - Les garanties des États membres

Elles sortent renforcées du traité de Lisbonne.

- Le retrait volontaire (qui paraissait lié à la Constitution) est maintenu.
- Les compétences de l'Union sont strictement encadrées : elles ne sont plus irréversibles.
- L'adhésion à la CEDH doit être décidée par le Conseil à l'unanimité, elle est de plus soumise à la ratification par chaque État.
- Le rôle des Parlements nationaux est renforcé en ce qui concerne le contrôle de la subsidiarité et en matière d'adhésion à l'Union ou de révision des traités. Dans certaines conditions, les Parlements nationaux disposent d'un quasi droit de veto.

POUR ALLER PLUS LOIN

BIBLIOGRAPHIE :

Sur la constitution européenne :

› L. Burgorgue Larsen, A. Levade et F. Picod, *Traité établissant une Constitution pour l'Europe, Vol. I et II, Commentaire article par article*, Bruylant, 2007.

Sur le traité de Lisbonne :

› *Europe* n° 7, juillet 2008, n° spécial.

› *Revue des affaires européennes*, 2007-2008/2, n° spécial.

› *Politeia*, n° 13, printemps 2008.

Troisième partie

LE SYSTÈME INSTITUTIONNEL ET JURIDIQUE

La question fondamentale demeure la qualification de l'ordre juridique de l'Union européenne (Titre 1). Si la distinction du système institutionnel (Titre 2) et du système juridique (Titre 3) est le clivage appliqué à cette troisième partie, le système institutionnel doit être compris en relation avec les titres II et III de la seconde partie.

Titre 1

L'ORDRE JURIDIQUE DE L'UNION, UN ORDRE SPÉCIFIQUE

L'ordre juridique communautaire est désormais qualifié « ordre juridique de l'Union » en vertu du traité de Lisbonne.

Les Communautés ont engendré un nouvel ordre juridique qui s'écarte à la fois du droit international et des modèles connus de droit fédéral, tout en empruntant cumulativement aux deux. C'est un **ordre juridique intermédiaire**, comme l'a indiqué la Cour de justice des Communautés : « nouvel ordre juridique international au profit duquel les États ont limité, bien que dans des domaines restreints, leurs droits souverains » (*Van Gend en Loos*), « ordre juridique propre, intégré au système juridique des États membres… corps de droit applicable à leurs ressortissants et à eux-mêmes » (*Costa-ENEL*). Cette spécificité apparaît à trois points de vue :

– à travers la recherche d'une qualification de cet ordre ;

– au vu de la théorie des compétences ;

– dans l'appréciation de la nature juridique de l'Union européenne.

Chapitre 1 › PEUT-ON QUALIFIER L'ORDRE JURIDIQUE DE L'UNION ?

> **› L'essentiel**
> *Né comme un ordre international régional, l'ordre juridique communautaire s'est développé comme un ordre autonome (sans rompre tout lien avec le droit international) et traversé de surcroît par un processus de constitutionnalisation.*

Section 1 › UN ORDRE JURIDIQUE INTERNATIONAL

§ 1 - L'adhésion au traité sur l'Union européenne (et le retrait)

Les traités sont ouverts à « tout État européen » ; les conditions de l'adhésion sont en partie explicitées dans le nouvel article 49 : l'État candidat à l'adhésion doit respecter les valeurs inscrites à l'article 2 UE.

La procédure d'admission comporte deux aspects :

- un **aspect institutionnel** : avis de la Commission (sur l'ouverture de négociations puis sur leur issue), approbation du Parlement européen, décision du Conseil à l'unanimité ; le traité de Lisbonne organise une information des Parlements nationaux ;
- un **aspect intergouvernemental** puisque l'accord d'adhésion est conclu entre les États membres et l'État adhérent et soumis à ratification dans chaque État.

Le traité originel ne prévoyait aucune hypothèse de **retrait**. Le projet de Constitution et le traité de Lisbonne autorisent un retrait volontaire assorti d'une négociation de deux ans afin de favoriser un accord de retrait entre l'État et l'Union. En l'absence d'accord, le retrait intervient à l'issue de ce délai.

§ 2 - La révision des traités

La révision des traités relève de plusieurs sortes de procédures.

1. Il existe une procédure de droit commun (art. 48 UE). Sur avis favorable du Conseil, et après consultation du Parlement, une conférence intergouvernementale arrête les amendements aux traités qui sont soumis aux procédures de ratification dans chacun des États (et préalablement notifiés aux Parlements nationaux selon le traité de Lisbonne).

Le traité de Lisbonne prévoit, sauf exception, la tenue d'une *Convention* avant la conférence intergouvernementale. La Convention est convoquée par le Conseil européen.

2. Il existe des procédures simplifiées de révision. Le traité autorise des procédures de révision autonomes (composition de la Commission, compétence du Tribunal d'instance, Banque centrale européenne…).

Le traité de Lisbonne remet au Conseil européen le pouvoir de recourir à des révisions simplifiées :

• en ce qui concerne les politiques (la décision unanime du Conseil européen doit être ratifiée par tous les États) ;

• en ce qui concerne les procédures législatives, chaque Parlement national peut faire obstacle à une décision du Conseil européen d'appliquer la procédure législative ordinaire en écartant la procédure législative spéciale. *Cf.* p. 147.

3. Il existe une procédure d'adaptation-révision des traités. C'est celle de **l'article 352 FUE** (ex-308 CE) : « Si une action de l'Union parait nécessaire, dans le cadre des politiques définies par les traités, pour atteindre l'un des objectifs visés par les traités sans que ceux-ci n'aient prévu les pouvoirs d'action requis à cet effet, le Conseil, statuant à l'unanimité et après approbation du Parlement européen, adopte les dispositions appropriées… ».
Les conditions d'application de l'article renvoient aux objectifs définis par l'article 3 UE ainsi qu'à l'absence, et même à l'insuffisance (CJCE, 12 juill. 1973, *Massey-Ferguson*), des dispositions ouvrant un pouvoir d'action aux institutions. Mais l'article 352 ne doit pas être substitué à la procédure de révision formelle des traités. Il ne doit pas être utilisé lorsqu'il existe un fondement dans le traité (CJCE, 26 mars 1987, *Comm. c/Conseil*). En pratique, avec l'appui des Conseils européens, la méthode fut largement utilisée avant l'Acte unique dans divers domaines : union économique et monétaire, politique régionale, politique de l'environnement, mécanismes financiers correcteurs, relations avec les pays de l'Europe de l'Est… Elle est moins utilisée depuis que la Communauté puis l'Union ont acquis, par voie de traités, de nouvelles compétences.
Le traité de Lisbonne conserve ce dispositif sous le vocable **« clause de flexibilité »** en l'étendant à l'ensemble des politiques.

4. Les accords interinstitutionnels (Conseil, Parlement, Commission) visent à ajuster les compétences des institutions dans une zone qui est placée à la charnière du droit originaire (les traités), des mesures d'application de ce droit ou des actes de gestion des traités. Ils concernent le plus souvent la procédure budgétaire et plus largement, le processus décisionnel. Ils ont pour fonction de favoriser l'application du traité et sont quelquefois prévus par les traités (ex. : le statut du médiateur, les commissions d'enquête parlementaire). Ils complètent les traités sans les réviser formellement. Le traité de Nice comporte une déclaration qui reconnaît leur existence et fixe leur fondement (la coopération loyale entre les institutions). *Cf. infra* p. 174.
Il arrive que ces accords anticipent les révisions du traité, comme la jurisprudence dans certains cas. Il existe en effet des hypothèses révélatrices d'une « révision judiciaire » des traités.

§ 3 - La différenciation des organes et des fonctions

Elle connaît un tel degré de complexité par rapport aux organisations internationales de type classique qu'elle révèle le caractère constitutionnel de l'ordre juridique de l'Union (*cf.* sect. 3 à suivre).

1. La **trilogie des fonctions constitutionnelles** – législative, exécutive, juridictionnelle – s'applique à l'Union européenne. Si la Commission et les États membres sont chargés, pour l'essentiel, de l'exécution du droit de l'Union, la fonction juridictionnelle est partagée entre la Cour de justice et le Tribunal d'une part et les juridictions nationales d'autre part.

2. Les institutions communautaires ont formé dès l'origine, entre elles un **système politique original** : Commission et Conseil (organes de direction et organes « législatifs »), Parlement élu au suffrage universel direct (organe consultatif et de contrôle politique), Cour de justice (organe de contrôle juridictionnel). Leurs rapports mutuels n'ont pas évolué vers un régime de type parlementaire auquel avaient songé certains des « pères fondateurs ».

Ce système a cependant évolué puisque le **Parlement** a conquis des pouvoirs nouveaux : codécision budgétaire (à partir de 1970), avis conforme et pouvoirs issus de la procédure de « coopération » (Acte unique), décision conjointe (traité sur l'Union européenne), procédure législative (traité de Lisbonne). Comme dans tout système constitutionnel, il n'y a pas coïncidence entre fonctions et organes, mais une répartition spécifique et complexe des fonctions.

§ 4 - Les ressources propres

Rompant avec le système des contributions étatiques en usage dans les organisations internationales, les Communautés ont disposé à partir de 1970 de ressources dites « propres », substituées aux contributions des États ; certaines de ces ressources découlent directement de la nature douanière et agricole de la Communauté, d'autres se greffent sur les impôts perçus par les États membres. Si l'on a pu y voir l'amorce d'un système fiscal de superposition, assez proche du fédéralisme fiscal, dans les faits, cette évolution a été freinée par divers mécanismes tendant à moduler les participations financières des États membres et à restaurer le critère des contributions fondées sur la PIB. *Cf. infra* p. 155.

§ 5 - La personnalité juridique de l'Union

Les traités fondateurs posent le principe de la personnalité juridique des Communautés. La Cour de justice a jugé que cette disposition englobait la personnalité juridique internationale (31 mars 1971, affaire dite AETR).

Les Communautés entretenaient des relations de droit international public avec des États et d'autres organisations internationales sur cette base.

La **personnalité juridique internationale** de la Communauté européenne découlait en effet de sa nature d'union économique étendue aux relations extérieures ; sa capacité a progressé au fur et à mesure de l'élargissement de ses compétences externes ou même internes.

La personnalité juridique s'entend aussi dans l'ordre interne des États membres pour les actes de la vie civile.

Le paradoxe tenait à ce que la Communauté européenne disposait de la personnalité juridique internationale alors que l'Union, première manière, bloquée par les piliers de coopération intergouvernementale, n'en disposait pas.

L'Union européenne dispose expressément de la personnalité juridique internationale du fait du traité de Lisbonne (art. 47 UE).

Section 2 › UN ORDRE JURIDIQUE AUTONOME

§ 1 - Le défi de l'autonomie

L'autonomie de l'ordre communautaire a été affirmée par la Cour de justice dans sa jurisprudence fondatrice :

– « *nouvel ordre juridique de droit international au profit duquel les États ont limité bien que dans des domaines restreints, leurs droits souverains et dont les sujets sont… les États membres (et)… leurs ressortissants* » (*5 févr. 1963, Van Gend en Loos*),

– « *ordre juridique propre, intégré au système juridique des États membres…* » (*15 juill. 1964, Costa c/ENEL*),

– « *nouvel ordre juridique au profit duquel les États ont limité, dans des domaines de plus en plus étendus, leurs droits souverains* » (*avis 1/91*).

Dans une *perspective essentialiste*, l'autonomie signifie, selon certaines doctrines, que l'ordre de l'Union constitue un tiers ordre juridique distinct de l'ordre international et des ordres juridiques nationaux. Dans une *perspective structurelle et fonctionnelle*, que nous préférons retenir, l'autonomie postule la création de normes hiérarchisées par le système institutionnel ; l'extension de l'effet direct au bénéfice des ressortissants sur la base de critères matériels et de la nécessaire unité de l'ordre juridique, sans qu'il soit nécessaire que les auteurs des traités aient indiqué leur intention ; la finalité intégrative des traités (« droit de l'intégration » selon **P. Pescatore**) dont le champ s'élargit du domaine douanier vers les domaines économiques et politiques ; bien sûr aussi les modalités et les implications (directes puis indirectes) de la primauté.

Dans sa *décision du 19 novembre 2004* sur la Constitution européenne, le *Conseil constitutionnel* a reconnu l'autonomie du droit communautaire au regard du droit international. Cette reconnaissance qui tranchait avec la position du Conseil d'État (3 déc. 2001, SNIP) paraît conforme à la jurisprudence précitée de la Cour et à la doctrine communautariste. Toutefois le Conseil l'établit sur la seule base de l'article 88-1 de la Constitution française. Le Conseil d'État s'est par la suite rallié à cette position (8 févr. 2007, *Sté Arcelor*).

§ 2 - Les instruments de l'autonomie

1. Certaines **bases instrumentales** préexistaient à l'affirmation de l'autonomie. La Cour de justice en tant que juge d'attribution dispose d'une juridiction obligatoire, qui n'est pas subordonnée à l'acceptation des parties, et d'un monopole pour le règlement des différends. Le respect de l'autonomie de l'ordre juridique de l'Union est consolidé par le recours en manquement d'État et le renvoi préjudiciel qui assure l'unité et la cohérence des positions des juridictions nationales, juges de droit commun du contentieux de l'Union. Le traité UE oblige les États à une coopération loyale vis-à-vis de l'Union (art. 4 § 3 UE) et élargit considérablement le champ opérationnel du principe traditionnel de la bonne foi dans l'exécution par les États de leurs obligations internationales. C'est une reprise de l'ancien article 10 CE.

2. La **jurisprudence de la Cour** a enrichi, en quelque sorte de manière circulaire, cette autonomie.

Elle veille à l'*autonomie des sources* en s'écartant, s'il y a lieu, des principes ou des notions contenues dans le droit international (ou dans les droits internes).

Elle enjoint aux juges nationaux, seuls compétents pour invalider une règle de droit national, d'assurer la primauté de la règle européenne, de cesser d'appliquer une norme nationale contraire au droit de l'Union sans attendre une abrogation par voie législative ou administrative (9 mars 1978, *Simmenthal*). Se fondant alors sur l'article 10 CE, elle a procédé à un *encadrement de l'autonomie institutionnelle et procédurale des États membres* dans les domaines procéduraux (voies de recours, règles du procès, sanctions) et institutionnels (compétences et pouvoirs des juridictions internes).

Ces questions seront développées plus loin.

Section 3 › LA CONSTITUTIONNALISATION DE L'ORDRE JURIDIQUE DE L'UNION

Elle n'est pas née des énonciations de la Cour de justice (avis 1/76, « *constitution interne de la Communauté* » ; arrêt *Les Verts*, 23 avril 1986, « *charte constitutionnelle de base qu'est le traité* » ; avis 1-91, « *charte constitutionnelle d'une Communauté de droit* ») bien que la jurisprudence de la Cour ait exercé une fonction déclaratoire.

§ 1 - Les vecteurs de constitutionnalité

Ils sont contenus dans les traités successifs et dans les pratiques institutionnelles. À cet égard on soulignera la portée de la décision de décembre 1974 de faire élire les parlementaires au suffrage universel et, corrélativement, de créer le Conseil européen, organe composé des chefs d'État ou de gouvernement. Parmi les pratiques il faut mentionner les règlements intérieurs des institutions et les accords interinstitutionnels. Outre sa fonction déclaratoire, la Cour de Justice a exercé une fonction structurante.

§ 2 - Les indicateurs de constitutionnalité

Ils sont nombreux :

- une répartition des *compétences* entre États et Communauté ou Union qui fait l'objet de régulations textuelles et jurisprudentielles (*cf.* chap. 2, à suivre) ;
- une division des *pouvoirs* entre les institutions de l'Union dont on sait qu'elle revêt un caractère complexe et évolutif et qu'elle est soumise aussi à des régulations ;
- une *hiérarchie des normes* qui n'est pas aussi affinée que celle des droits internes mais qui recouvre une palette étendue : les traités et protocoles (« charte constitutionnelle ») ; les principes généraux du droit, le droit unilatéral dérivé (dont la hiérarchie propre découle de critères matériels et non de critères organiques et formels vu les incertitudes de la séparation des fonctions législative et exécutive) ;
- la reconnaissance (et la garantie, mais dans les conditions ouvertes par le contentieux de l'Union) *des droits fondamentaux individuels* par une jurisprudence

prétorienne ; la Charte des droits fondamentaux individuels devait être inscrite dans le traité constitutionnel mais le traité de Lisbonne se borne à renvoyer à la Charte. La Communauté puis l'Union forment une constitution au sens matériel qui tend vers une formalisation progressive. Axiologie du processus de constitutionnalisation qui aurait pu se concrétiser par l'adoption de la **Constitution européenne. Mais son échec n'efface pas la constitution matérielle pour autant.**

Chapitre 2 › LA THÉORIE DES COMPÉTENCES

> **› L'essentiel**
>
> *La théorie des compétences illustre la spécificité de la Communauté puis de l'Union placée à la jonction du droit international et d'un droit d'inspiration fédérale. Elle a suscité des controverses en doctrine et, dans certaines occasions, de la part des États soucieux de préserver une large zone de compétences nationales. Elle a été renouvelée par l'adjonction du principe de subsidiarité dans le traité de Maastricht.*

Section 1 › LA DISTRIBUTION DES COMPÉTENCES

Il faut distinguer les compétences internes des compétences externes qui ne peuvent être séparées des modes d'action de l'Union dans l'ordre international, *cf. infra* p. 303 et s.

§ 1 - Des compétences d'attribution

1. L'Union dispose de **compétences d'attribution**, selon la Cour de justice, « attribution opérée par les États membres, à la Communauté, des droits et pouvoirs correspondant aux dispositions du traité ». La Cour de justice utilise aussi l'expression « transfert de droits souverains », expression parfois contestée bien que la souveraineté d'un État puisse être considérée comme un faisceau de compétences déterminées par le droit international lui-même. Les révisions du traité ont étendu les compétences de la Communauté puis de l'Union à de nouveaux domaines d'action. Toutefois le traité de Lisbonne a renforcé le principe d'attribution à plusieurs égards :

- « Les États membres exercent leur compétence dans la mesure où l'Union n'a pas exercé la sienne… ou a (cessé) de (l') exercer… » (art. 2 FUE) ;
- des révisions pourront intervenir afin d'accroître ou *réduire* les compétences de l'Union ;
- en cas (très fréquent) de compétences partagées – *Cf.* § 4 à suivre – la compétence de l'Union ne couvre que l'acte en question et non tout le domaine (Protocole sur l'exercice des compétences partagées).

2. Les compétences ne sont pas dévolues à l'Union par les traités en fonction des matières – comme dans un État fédéral – mais en fonction des buts ou des **finalités des traités** et avec une **intensité variable** selon les secteurs considérés. En outre, en fixant les actes juridiques par lesquels les institutions exercent ces compétences – règlement ou directive par exemple – les traités octroient à l'Union un niveau variable de pouvoirs. En fonction de cette intensité, on peut distinguer les hypothèses où l'Union dispose de compétences substituées à celles des États, celles dans lesquelles l'Union dispose d'une compétence de coordination, elle-même susceptible de degrés. D'où l'importance de la base juridique qui fonde la compétence et des interprétations données par la Cour de justice.

3. Les compétences de l'Union varient également **dans le temps**. Au terme de la période transitoire, les États ont été dessaisis dans plusieurs domaines au profit de l'Union. Certaines compétences ne devenaient exclusives qu'à partir du moment où elles étaient exercées effectivement (secteur de la pêche par exemple). D'autres varient en fonction de l'état d'avancement des politiques communes. Il y a là une application de la notion de progressivité dans l'intégration.

§ 2 - Des compétences implicites

La pratique communautaire, appuyée par la jurisprudence de la Cour de justice, a fait une place aux compétences implicites. C'est une application du principe de « **l'effet utile** » qui doit permettre aux institutions d'exercer un pouvoir normatif conforme aux finalités du traité (art. 3 UE). Cette théorie des **pouvoirs implicites**, bien proche des « *implied powers* » du droit fédéral américain, fait que, en l'absence d'une attribution expresse par les traités, il est admis que les principes et les normes générales qu'ils contiennent impliquent que soient prises des réglementations européennes, en l'absence desquelles principes et normes générales perdraient leur sens.

§ 3 - Des compétences subsidiaires

Par ailleurs, le Conseil a recouru à l'article 308 CE dans les conditions précisées plus haut. *Cf. supra* p. 118. L'**article 352 FUE** maintient une réserve de compétences subsidiaires.

§ 4 - L'articulation avec les compétences nationales des États

A. La répartition des compétences

C'est une question complexe. Par rapport aux compétences des États membres, les compétences de l'Union peuvent être **exclusives** (union douanière, politique commerciale commune, conservation des ressources de la mer) ou **partagées** entre États et Union (les plus nombreuses).

Elles peuvent également être **concurrentes** des premières. Dans ce dernier cas, il existe un risque de conflit. En l'absence de règles communes, la Cour de justice veille à ce que les mesures nationales ne rendent pas plus difficile pour l'Union l'exercice de ses compétences (arrêt du 16 févr. 1978, *Comm. c/Irlande*).

Il existe aussi des domaines où les **compétences retenues** des États subsistent, l'Union ayant pour rôle soit de les encadrer (harmonisation des législations nationales), soit de coordonner leur exercice (ainsi la coordination des politiques économiques).

Reste un large secteur de **compétences autonomes ou réservées** des États. Dans certaines hypothèses il est prévu (ou opportun) de recourir à des accords entre États à titre complémentaire ; *cf. infra* p. 175.

Le **projet de Constitution** traduisait un souci de rationalisation (et de codification) en distinguant selon des critères matériels (domaines) :

– les compétences **exclusives** (de l'Union) : l'union douanière, la concurrence, la politique commerciale commune, la conservation des ressources biologiques de la mer, la politique monétaire ;

– les compétences **partagées**, catégorie la plus large ; ainsi le marché intérieur et la politique agricole entraient dans les domaines de compétence partagée ainsi que l'espace de liberté, de sécurité et de justice ;
– les **actions d'appui**, de coordination ou de complément (ex : santé, industrie, culture).
Le projet comportait des dispositions particulières pour la coordination des politiques économiques et de l'emploi ainsi que la politique étrangère et de sécurité commune.
Toutefois le **critère fonctionnel (les buts du traité)** ne disparaissait pas : la *troisième partie* du projet énonçait les objectifs dans le cadre de chaque matière.
Le traité de Lisbonne reproduit la classification de la Constitution sans changement et, par le jeu d'un protocole et d'une déclaration annexes, s'attache à circonscrire les compétences de l'Union dans les cas de compétences partagées. Certaines compétences continuent à échapper à la classification : la PESC, la coordination des politiques économiques et des politiques de l'emploi. *Cf.* p. 282 et 297.

B. La hiérarchisation des compétences

1. Dans toutes les hypothèses, quelle que soit la solution quant à la répartition des compétences, les compétences nationales des États ne disparaissent pas. Il revient aux États de combler les lacunes des compétences de l'Union puisqu'ils disposent seuls de la panoplie complète des instruments juridiques capables de donner à leur exercice une effectivité complète : compléments normatifs, mesures d'application administrative, apposition des sanctions (administratives ou pénales), application juridictionnelle des règles de l'Union. Cette question, dominée par une tension entre l'autonomie institutionnelle et procédurale des États membres d'un côté et l'exigence de coopération loyale posée par l'article 4 UE de l'autre, sera examinée dans le cadre de la mise en œuvre du droit de l'Union *cf. infra* p. 212 et s.

2. La question des **sanctions pénales** a provoqué une jurisprudence controversée. À l'origine la compétence pénale est réservée aux États. La Cour de Justice a considéré le 13 sept. 2005, *Commission c/Conseil*, que la Communauté pouvait prendre des mesures en relation avec le droit pénal des États afin de protéger l'environnement sans passer, comme le voulaient presque tous les États, par une décision-cadre du 3e pilier. Dans un second arrêt du 23 oct. 2007, *Commission c/Conseil*, la Cour a plutôt réduit la portée de son premier arrêt.
L'article 83 FUE, vu la suppression du 3e pilier, autorise le législateur de l'Union à fixer des règles minimales en matière d'infractions et de sanctions pour assurer la mise en œuvre d'une politique de l'Union. Si un État estime que de telles mesures portent atteinte à son système de justice pénale, il peut saisir le Conseil européen.
La compétence pénale est un des domaines les plus sensibles dans l'articulation des compétences.

Section 2 › LE PRINCIPE DE SUBSIDIARITÉ

§ 1 - Les sources du principe

Le principe avait été posé dans le projet Spinelli adopté par le Parlement européen. La subsidiarité avait été inscrite dans un article relatif à l'environnement par l'Acte unique. Une partie de la doctrine communautaire a pensé que la technique des directives, le recours aux compétences subsidiaires et à la flexibilité, la jurisprudence de la Cour de justice sur la responsabilité ou la répétition de l'indu se référaient implicitement ou explicitement à la subsidiarité. Plus largement **l'histoire des doctrines politiques et constitutionnelles du fédéralisme** en fait un élément de régulation des compétences et des pouvoirs à divers échelons afin d'éviter une dépossession systématique des autorités inférieures.

Au cours de la négociation originelle du traité sur l'Union européenne, les Länder allemands ont fait connaître leur inclination pour une formule de ce type. Le gouvernement anglais y a vu un antidote au centralisme communautaire. Ainsi la subsidiarité est entrée dans le débat sur le « déficit démocratique » comme l'indique l'article premier UE : « … union sans cesse plus étroite… dans laquelle les décisions sont prises le plus près possible des citoyens (c'est le principe de subsidiarité) », disposition qui doit être rapprochée de la création d'un Comité des régions et du protocole sur le rôle des Parlements nationaux dans l'Union européenne. L'article 5 du traité actuel sur l'Union en fait un principe d'application générale pour l'ensemble de l'Union.

§ 2 - La formulation du principe dans l'ordre de l'Union

L'article 5 du traité sur l'Union comporte trois alinéas qui se réfèrent à trois principes juridiques :

- **§ 2 :** « L'Union n'agit que dans les limites des compétences attribuées par le présent traité » : c'est la confirmation du *principe d'attribution des compétences* (*cf. supra* S. 1) ;
- **§ 4 :** « L'action de l'Union n'excède pas ce qui est nécessaire pour atteindre les objectifs des traités » : il s'agit de la *proportionnalité dans l'usage de ses pouvoirs* (que les compétences soient exclusives ou partagées) ;
- **§ 3 :** « Dans les domaines qui ne relèvent pas de sa compétence exclusive, l'Union n'intervient, conformément au principe de **subsidiarité**, que si et dans la mesure où les objectifs de l'action envisagée ne peuvent pas être atteints de manière suffisante par les États membres et peuvent donc, en raison des dimensions ou des effets de l'action envisagée, être mieux réalisé au niveau de l'Union » : le principe s'applique donc aux seules **compétences partagées** entre Union et États afin de réguler leur exercice, soit le domaine le plus large.

Le Conseil européen d'Édimbourg en 1993 avait approuvé un accord interinstitutionnel, codifié et développé par le Protocole sur l'application des principes de subsidiarité et de proportionnalité.

§ 3 - Les difficultés d'application du principe

La subsidiarité implique la recherche du niveau d'efficacité maximale et joue donc dans les deux sens mais elle ne saurait remettre en cause l'acquis communautaire ni les compétences conférées à l'Union. Dans la préparation des textes, la Commission doit procéder à des consultations et justifier le bien fondé de sa proposition (sans renoncer au pouvoir d'initiative qui fait partie de ses attributions). Cette justification dépend des aspects transnationaux de la question et d'un *examen coûts/avantages* de toute action de l'Union au regard des actions purement nationales.

Le Conseil doit effectuer un examen de la conformité aux principes énoncés dans l'article 5 – et donc la subsidiarité – en même temps qu'il examine le fond de la proposition. Le Parlement également dans l'exercice de ses pouvoirs (consultatif ou législatif).

Exercice difficile qui laisse subsister **deux difficultés éventuelles** :

• l'une **d'ordre politique,** puisque l'appréciation du niveau optimal d'intervention peut s'avérer fluctuante et dépendante des modes de votation au sein du Conseil et des coalitions ;

• l'autre **d'ordre juridictionnel**, puisque les juridictions de l'Union pourront être saisies par voie préjudicielle ou par la voie du recours en annulation des contestations relatives à l'interprétation et à l'application de l'article 5. Si le Tribunal de première instance ne s'est pas prononcé sur la justiciabilité du principe de subsidiarité (24 janv. 1995, *Tremblay*), la Cour de justice a admis cette justiciabilité à compter d'une affaire relative à l'aménagement du temps de travail : 12 novembre 1996, *Royaume-Uni c/Conseil*. La Cour a jugé que les institutions communautaires n'étaient pas tenues, au titre de leur obligation de motivation de faire référence systématiquement au principe de subsidiarité (13 mai 1997, *RFA c/Parlement* et *Conseil*). Un protocole annexé au **traité de Lisbonne** envisage un mécanisme dit « *d'alerte précoce* » par lequel les Parlements nationaux peuvent adresser un avis motivé dans les cas où une proposition de la Commission ne serait pas conforme à la subsidiarité ; chaque assemblée dispose d'une voix ; si l'avis motivé atteint un tiers de voix, la Commission devra réexaminer sa proposition. De plus le traité de Lisbonne a créé une procédure de contrôle renforcé si la majorité simple des voix des Parlements décèle une violation de la subsidiarité. Dans ce cas l'adoption de la proposition est rendue plus difficile. Par ailleurs, les États y compris les Parlements nationaux et le Comité des régions pourront, *ex post*, saisir la Cour de justice : c'est l'aboutissement d'une demande, notamment des Länder allemands.

Chapitre 3 › LA NATURE JURIDIQUE DE L'UNION

1. Elle a été l'objet de qualifications différentes selon la théorie de rattachement : internationaliste, fédéraliste, supranationale, fonctionnaliste. Ces diverses théories (*cf. supra* p. 9 et s.) sont en partie liées à des approches doctrinales comportant des appréciations d'ordre politique, sociologique ou idéologique. Le droit communautaire étant « **un droit de l'intégration** » **(Pescatore)**, il se situait à un niveau intermédiaire entre l'ordre juridique international (type confédéral) et l'ordre juridique interne (type fédéral). Il n'est pas surprenant que la doctrine ait été tentée par l'un ou par l'autre de ces deux pôles, de nombreux auteurs se rattachant plus ou moins explicitement au second, compte tenu des analogies entre droit communautaire et droit de type fédéral.

2. Au **droit international**, l'Union emprunte ses origines (traités et mode dominant de révision des traités), l'absence d'une compétence universelle et générale (et même la limitation à certains domaines à l'exclusion des plus sensibles), le poids des éléments nationaux dans son fonctionnement (élaboration, décision, mise en œuvre des politiques et des actes juridiques). À ce titre, elle est **une entité à finalités et compétences spéciales.**

3. Au **droit fédéral**, l'Union emprunte d'autres éléments :

– un **partage de compétences** entre Union et États, les compétences de l'Union subissant un élargissement continu et tendant, dans des domaines précis, vers l'exclusivité ; ce partage de compétences est garanti par un contrôle juridictionnel ; le principe de subsidiarité vise à en réguler l'exercice ;

– une **soumission directe des particuliers**, sujets de droits, aux normes de l'Union : effet direct de nombreuses normes, pouvoir de sanction des institutions de l'Union ;

– le principe de **primauté de la règle européenne** vis-à-vis de toute règle interne de sens contraire, qui a été d'abord déduit de l'économie générale des traités, puis affirmé et reconnu (sauf quelques résistances isolées) ;

– un **développement institutionnel autonome** : élection du Parlement au suffrage universel, ressources propres, juridiction obligatoire de la Cour et jurisprudence qui contribue à fixer les structures de l'ordre juridique communautaire ;

– un **élargissement politique** découle de l'insertion d'une citoyenneté de l'Union et de l'extension du champ et de la garantie des droits fondamentaux.

4. Le projet de traité constitutionnel puis le traité de Lisbonne ont reporté sur l'Union européenne l'essentiel du débat théorique sur la nature juridique de la Communauté.

POUR ALLER PLUS LOIN

BIBLIOGRAPHIE :

Sur l'ordre juridique communautaire :

› P. Pescatore, *L'ordre juridique des Communautés européennes*, Liège, 1973, Bruylant, 2005.

› J. Rideau (dir), *De la Communauté de droit à l'Union de droit. Continuité et avatars*, LGDJ, Paris, 2000.

Sur les compétences :

› V. Constantinesco, *Compétences et pouvoirs dans les Communautés européennes. Contribution à l'étude de la nature juridique des Communautés européennes*, LGDJ, 1974.

› V. Michel, *Recherches sur les compétences des Communautés européennes*, l'Harmattan, 2003.

Sur la subsidiarité :

› R. Dehousse, « Le principe de subsidiarité dans le débat constitutionnel européen » in P. Magnette (dir), *La Constitution de l'Europe*, Éd. de l'Université de Bruxelles, 2002.

Sur la nature juridique de la Communauté et de l'Union :

› Une thèse internationaliste : A. Pellet, *Les fondements juridiques internationaux du droit communautaire*, Rec. des cours de l'Académie de droit européen, vol. V, livre 2.

› Une thèse européiste : J.P. Jacqué, *Cours général de droit communautaire*, Rec. des cours de l'Académie de droit européen, 1990, vol. I, livre 1.

Titre 2

LE SYSTÈME INSTITUTIONNEL

Le système institutionnel désignait à l'origine l'ensemble des institutions et des organes communautaires (chap. 1). Les institutions sont devenues depuis le traité de Maastricht les institutions de l'Union européenne et leur appellation a été infléchie en conséquence. La formation du système institutionnel a été examinée dans la partie qui précède. Les finances seront présentées séparément (chap. 2) ainsi que les coopérations renforcées (chap. 3).

Chapitre 1 › LES INSTITUTIONS ET LES ORGANES

> **› L'essentiel**
>
> *Les institutions de l'Union sont au nombre de sept : la Commission européenne, le Conseil, le Parlement européen, la Cour de justice (qui sera examinée plus loin avec le contentieux) et la Cour des comptes. Le traité de Lisbonne érige le Conseil européen en qualité d'institution autonome et ajoute la Banque centrale à la liste des institutions. À ces sept institutions s'ajoutent d'autres organes prévus par les traités, et des organes subsidiaires dont on retiendra les comités créés par le Conseil pour encadrer le pouvoir d'exécution de la Commission.*

Section 1 › LA COMMISSION EUROPÉENNE

§ 1 - Statut et organisation

La Commission a ses origines dans la Haute Autorité CECA qui fut d'abord un cénacle de « sages » indépendants. Par la suite avec la montée des critiques du « déficit démocratique » de l'Europe, la Commission a vu ses **bases politiques** s'élargir, d'où la participation conjointe des États et du Parlement à sa désignation. Avec les élargissements de l'Union, la Commission est à la recherche d'un **optimum dimensionnel et organisationnel**.

A. Composition et désignation

1. Dans l'Europe des 15, la Commission comprenait 20 membres comportant au moins un national de chaque État et deux nationaux au plus. France, Espagne, Italie, RFA, Royaume-Uni : deux membres. Autriche, Belgique, Danemark, Finlande, Grèce, Irlande, Luxembourg, Pays-Bas, Portugal, Suède : un membre. Ce nombre devait être revu dans la perspective des prochains élargissements afin de maintenir la cohérence du collège.

Le **« Protocole sur les institutions dans la perspective de l'élargissement »**, annexé au traité d'Amsterdam, fixait la composition de la Commission à un national par État membre à partir du prochain élargissement à condition que la pondération des voix au Conseil ait été modifiée. À partir du vingtième État membre, une nouvelle conférence intergouvernementale devait être convoquée. La conférence intergouvernementale préparatoire au traité de Nice, réunie au cours de l'année 2000 sans attendre la survenance des élargissements, a débattu de la composition de la future Commission :

- la Commission selon les grands États devrait comprendre un nombre de membres inférieur au nombre d'États, quitte à instaurer un mécanisme de rotation, afin de maximiser son efficacité ;
- selon les États moyens et notamment les nouveaux États, elle devrait comporter un ressortissant par État, quitte à hiérarchiser sa structure interne.

Le **traité de Nice** maintient le *statu quo* provisoire. À partir de 2005, les grands États ont perdu leur second siège et **la Commission comporte un membre par État jusqu'au 27e État**.

La Convention avait élaboré le **projet de traité constitutionnel** : après la mise en vigueur de la Constitution, la Commission comportera bien un *ressortissant de chaque État*, y compris son président et le ministre des Affaires étrangères. Par la suite, la Commission comportera un **nombre de membres égal aux deux tiers** du nombre des États selon un système de **rotation strictement égalitaire**. L'échéance devait se situer en 2014. Cette structure est maintenue par le traité de Lisbonne. Dans l'Europe des 27, le nombre des membres sera alors de 18, y compris son président et le haut représentant pour la politique étrangère et la sécurité.

NB : L'article 17 § 5 UE autorise le Conseil européen, statuant à l'unanimité, à modifier ce nombre. En juin 2009 afin de favoriser un second référendum positif en Irlande, il a été décidé de maintenir un national par État… révision insidieuse du traité de Lisbonne !

2. À l'origine, les membres de la Commission sont désignés par les *gouvernements d'un commun accord* ce qui n'est pas conforme au principe affiché dans les traités d'une institution indépendante des États. Afin d'accroître l'autonomie – et la légitimité – de la Commission, le *traité de Maastricht* introduit une procédure de *consultation du Parlement* en ce qui concerne la personne du Président. Ainsi apparaît une dissociation entre les modalités de désignation du Président (qui doit contribuer à la formation de son équipe) et celles des membres de la Commission. Le *traité d'Amsterdam* améliore la position du Parlement en ce sens que le Parlement *approuve* la personnalité désignée comme président par les gouvernements, puis approuve la désignation des membres telle qu'elle est effectuée par les gouvernements en consultation avec le président désigné.

Le **projet de traité constitutionnel** et le **traité de Lisbonne** s'inscrivent dans la même ligne à ceci près que :
– le Conseil européen, à la majorité qualifiée, propose au Parlement le président de la Commission en tenant compte des élections au Parlement ; celui-ci procède à son « *élection* » : en fait il l'accepte ou le refuse ;
– le Conseil, en accord avec le président désigné, établit la liste des autres membres, sur la base des suggestions des États afin que ne soient pas désignés des membres qu'ils n'auraient pas agréés ;
– l'ensemble du collège est soumis à un vote d'approbation du Parlement après audition par les commissions parlementaires ;
– le Conseil européen nomme, *in fine*, l'ensemble du collège.

B. Indépendance

Ses membres sont indépendants à l'égard des intérêts privés et des États ; ils ne peuvent recevoir aucune instruction d'un gouvernement ; ils sont révocables ni par le Conseil ni par l'ensemble des gouvernements. Ce principe d'indépendance explique la participation du Parlement européen à leur désignation.

C. Mandat et responsabilité

a) *Leur mandat a une durée de 5 ans* sauf démission volontaire ou démission d'office prononcée par la Cour de justice. La durée du mandat est donc identique à celle du Parlement et, pour maintenir ce couplage, les membres remplaçants sont nommés jusqu'à expiration du mandat en cours. En vertu du traité de Nice, le président de la Commission peut, avec l'accord du collège, exiger la démission d'un de ses membres (codification de la « jurisprudence Prodi »).

b) Les traités prévoient que le Parlement peut voter une *motion de censure*, à la majorité des 2/3 des voix exprimées et à la majorité de ses membres à l'encontre de la Commission qui, au cas où elle serait adoptée, obligerait ses membres à démissionner. Ce mécanisme, inspiré du régime parlementaire, visait à faire de la Commission un exécutif politiquement responsable. En pratique, il n'a guère eu l'occasion de jouer pour deux raisons :

- le Parlement a voulu renforcer la Commission, face au Conseil, et non l'affaiblir ;
- le pouvoir normatif appartient pour l'essentiel au Conseil (ou au couple Conseil-Parlement) ; la responsabilité politique de la Commission est donc imparfaitement fondée.

Les rares cas de dépôt d'une motion de censure visaient donc indirectement le Conseil ou la Commission pour son inertie : aucune motion n'a encore été formellement adoptée. La Commission Santer a été conduite à démissionner sans qu'une motion de censure ait été adoptée. Question : la participation du Parlement à sa désignation pourrait-elle avoir pour effet de rendre effective la motion de censure ?

D. Fonctionnement

a) La Commission constitue un collège, chaque membre a la responsabilité d'un secteur et dirige une partie des services de la Commission. Les pouvoirs politiques du président étaient mentionnés dans le traité d'Amsterdam. Le traité de Nice, dès sa mise en vigueur, renforce les **pouvoirs du président**. Celui-ci peut décider de l'organisation de la Commission, répartir et remanier les responsabilités de ses membres ; il peut s'entourer de plusieurs vice-présidents alors que le traité n'en autorisait qu'un ou deux choisis par la Commission. L'autorité managériale du président en sort renforcée. La Convention sur l'avenir de l'Europe, par souci de réduire le nombre de membres de la Commission, avait proposé une structure hiérarchique avec la distinction des commissaires et des commissaires européens, que la Conférence intergouvernementale n'a pas retenue.

b) Outre quelques services directement rattachés à la Commission (service juridique, statistiques et publications), les *services de la Commission* comprennent 25 directions générales entre lesquelles se répartissent près de 30 000 fonctionnaires soumis à un statut réglementaire. Outre les fonctionnaires (recrutement sur une base géographique), la Commission comprend des agents contractuels de droit de l'Union, des agents contractuels de droit local et des experts nationaux désignés par les États.

c) La Commission accorde des **délégations** à ses propres membres et à des hauts fonctionnaires de la Communauté. Ces délégations sont soumises à des règles strictes : elles ne peuvent excéder ses propres compétences, elles doivent être explicites, elles ne peuvent porter sur l'exercice d'un pouvoir discrétionnaire mais sur des tâches d'exécution (CJCE, 13 juin 1958, *Meroni*).

d) La Commission arrête ses **délibérations** à la majorité simple.

§ 2 - Les pouvoirs de la Commission

La Commission dispose de compétences d'attribution dont l'article 17 UE donne une présentation générique. Ses pouvoirs d'initiative (ou de proposition) et sa capacité à peser sur les acteurs des processus décisionnels (États, Conseil, Parlement) et donc sur leurs issues en font un pôle d'influence dominant dans les orientations et le fonctionnement de l'Union.

A. La Commission a un pouvoir de proposition

Elle l'exerce de sa propre initiative, ou à la demande du Parlement depuis le traité de Maastricht. Il est évident que les États peuvent aussi attirer l'attention de la Commission sur l'intérêt d'un projet. Tant que le Conseil n'a pas statué, elle peut modifier ses propositions. Le Conseil peut adopter ses propositions à la majorité qualifiée, si le traité l'y autorise (c'est le cas dans la procédure législative ordinaire), alors qu'il ne peut les modifier qu'à l'unanimité. Le pouvoir de proposition est un monopole de la Commission sauf deux limites : ce monopole est partagé en ce qui touche à l'espace de liberté, de sécurité et de justice ; il est quasiment absent en matière de PESC.

B. La Commission est « gardienne des traités » en tant qu'organe indépendant des États

Elle dispose, à ce titre, de plusieurs pouvoirs.

a) Elle peut *s'informer* (art. 337 FUE) auprès des États (mesures, projets, renseignements) qui sont tenus par une obligation de coopération loyale et des entreprises et procéder à des vérifications auprès d'elles dans la limite du respect des droits de la défense (CJCE, 18 oct. 1989, aff. *Orkem* et *Solvay*).

b) Elle peut prendre des *sanctions* vis-à-vis des entreprises en cas de violation de certaines dispositions du droit de l'Union ; ainsi, elle peut infliger des amendes ou astreintes aux entreprises qui contreviennent aux règles de concurrence. En droit de la concurrence, elle peut en effet déceler et constater des infractions aux règles relatives aux ententes, à l'abus de position dominante, aux aides publiques ou aux concentrations. *Cf.* p. 246 et s.

c) En cas de *violation de ses obligations par un État*, la Commission émet un avis motivé de sa propre initiative ou sur la demande d'un État, puis, s'il y a lieu, saisit la Cour de justice. *Cf. infra*, p. 188.
Si un État condamné en manquement par la Cour n'a pas pris les mesures d'exécution qui s'imposent, la Commission peut indiquer la somme forfaitaire ou l'astreinte à payer et saisir la Cour de justice qui se prononce sur ce point.

d) Elle contrôle l'application des *mesures de sauvegarde,* ce qui est une autre façon de jouer le rôle de « gardienne » des traités. La décision du Conseil du 13 juillet 1987 a organisé ce pouvoir sur des bases assez proches du pouvoir d'exécution de la Commission.

C. La Commission dispose d'un pouvoir normatif restreint

a) Elle détient un pouvoir **normatif autonome** dans les matières limitativement énumérées par le traité, principalement l'union douanière ;

b) elle détient un pouvoir normatif en *droit de la concurrence* (art. 106 FUE : directives ou décisions relatives aux entreprises publiques) ; CJCE, 19 mars 1991, *France c/Comm*. En outre, elle exerce une fonction réglementaire en matière d'aides (règlements procéduraux, règlements d'exemption) qu'elle tire des habilitations du Conseil ;

c) en effet, elle exerce depuis l'origine un **pouvoir normatif subordonné** lorsque le Conseil lui confie l'exécution des règles qu'il établit à condition que cette délégation ne modifie pas l'équilibre institutionnel de l'Union et qu'elle ne porte que sur des mesures d'exécution des règles déjà établies. Ce pouvoir d'exécution est de droit dès lors que des conditions uniformes d'exécution sont nécessaires (art. 291 FUE). *Cf. infra* p. 151.

Le traité de Lisbonne lui permet de prendre des **actes délégués** afin de compléter ou modifier certains éléments non essentiels de l'acte législatif : c'est une délégation de pouvoir mais le Parlement et le Conseil peuvent la révoquer ou exprimer des objections.

D. Elle a un pouvoir de gestion

Notamment sur les services de l'Union et sur les fonds structurels : FEOGA, FEDER, FSE, et FED. Elle publie un rapport général annuel sur l'activité de l'Union. Elle élabore le projet de budget et exécute le budget.

E. Elle met en œuvre un pouvoir général de recommandation et d'avis

Même dans le cas où les traités ne le prévoient pas. Elle en dispose assez largement dans le champ de l'Union économique et monétaire.

F. Elle négocie les accords externes

Selon l'article 218 FUE ; en pratique, elle le fait dans les termes du mandat que lui adresse le Conseil. Exception : la PESC.

Section 2 › LE CONSEIL EUROPÉEN

1. Le *Conseil européen* était, depuis 1974 (en fait) et l'Acte unique (en droit), composé des chefs d'État ou de gouvernement et du président de la Commission. Ce n'était pas une formation du Conseil car il existait un risque, celui que le Conseil européen se substitue au Conseil ordinaire. Pour la même raison il ne prenait pas d'actes législatifs car il aurait encouru le risque d'une censure juridictionnelle.

À la suite du projet de Constitution, le Conseil européen a été érigé par le traité de Lisbonne en **institution** autonome. Il comprend désormais le Haut représentant qui y participe sans avoir la qualité de membre.

2. Le *président du Conseil européen* est désormais élu par le Conseil européen à la majorité qualifiée pour une période de deux ans et demi.
Il ne peut exercer un mandat national. Il assure la direction du Conseil européen et la représentation extérieure de l'Union pour la PESC, sans préjuger – semble-t-il – des prérogatives du Haut représentant pour les affaires étrangères et la politique de sécurité commune. La proposition de confondre les deux présidents (Conseil européen et Commission) n'a pas été retenue par crainte d'aboutir soit à la primauté du collège inter-États (Conseil européen), soit à celle du collège supranational (Commission).
À côté de la présidence du Conseil européen, il existe une présidence semestrielle de l'Union dévolue par rotation à un État membre : le Président du Conseil européen n'est pas président de l'Union.

3. Le Conseil européen doit arrêter les grandes orientations de l'Union notamment dans le domaine de la PESC. En dehors de PESC il peut être soumis au contrôle juridictionnel de la Cour de Justice. S'il demeure régi par la méthode du consensus, héritée des pratiques intergouvernementales, il adopte certaines décisions à la majorité qualifiée :
– l'élection de son Président,
– la nomination du Haut représentant pour la PESC ;
– la proposition au Parlement de la personnalité apte à devenir président de la Commission et la nomination de l'ensemble du collège.
Il intervient à l'unanimité en cas de violation des valeurs de l'Union par un État membre. *Cf.* p. 90.
Il statue également à l'unanimité dans les procédures de révision simplifiée (révision des politiques ou modification des procédures législatives prévues par le traité). *Cf.* p. 117.
Au total, le traité de Lisbonne transforme le *triangle institutionnel* (Commission, Conseil, Parlement) en un **quadrangle institutionnel** avec le Conseil européen.

Section 3 › LE CONSEIL

§ 1 - Formations et fonctionnement

1. Le Conseil, unique depuis 1965, est formé des **ministres**. Chaque gouvernement y délègue un de ses membres dont la qualité varie selon l'objet de la réunion : ministres de l'Agriculture, ministres des Finances, etc. Le traité sur l'Union européenne indique : « Le Conseil est formé par un représentant de chaque État membre au niveau ministériel, **habilité à engager le gouvernement de cet État membre** ». Cette disposition qui avait été demandée par les Länder allemands permet de faire siéger au Conseil des représentants de collectivités *infra*-étatiques. Il existe une dizaine de formations.

Deux formations doivent être mentionnées : le Conseil « affaires générales » et le Conseil « affaires étrangères » (ce dernier est présidé par le Haut représentant pour la PESC).

L'ordre du jour du Conseil, préparé par le COREPER (*cf. infra,* p. 149) comprend une partie A (vote sans débats) et une partie B (débats suivis ou non d'un vote). La Commission, auteur des projets, participe aux délibérations du Conseil afin de défendre, s'il y a lieu, ses vues. Au Conseil, sont rattachés un secrétariat général et un service juridique distinct de celui de la Commission.

2. Le Conseil, **réuni au niveau des chefs d'État ou de gouvernement**, était une formation particulière du Conseil. Dans le traité de Lisbonne il a été effacé au profit du Conseil européen.

§ 2 - Le mode de votation

Selon le traité de Rome, les décisions devaient être arrêtées de plusieurs façons, mais la pratique issue du « compromis » de Luxembourg a modifié les prescriptions initiales des traités. L'Acte unique a étendu le vote à la majorité qualifiée ainsi que le traité sur l'Union européenne.

A. Les prescriptions des traités initiaux

a) Le vote à la majorité simple.

b) Le vote à l'unanimité : il s'appliquait de façon permanente dans des domaines importants : accords d'association, pouvoirs subsidiaires… Il s'appliquait en tous domaines au cours des deux premières étapes de la période transitoire de la CEE, après quoi il devait être remplacé par le vote à la majorité qualifiée.

c) Le vote à la majorité qualifiée. Il reposait sur une pondération des voix.
Dans le cadre d'une Europe de 15 États, la décision était acquise par **62 voix sur 87** sur la base d'une pondération qui allait de 10 voix pour les quatre grands États jusqu'à 2 voix pour le Luxembourg.

B. L'arrangement de Luxembourg du 30 janvier 1966

1. À la suite de la crise franco-communautaire de 1965, un arrangement « au sujet du vote majoritaire » prévoyait que, si des intérêts très importants d'un ou de plusieurs États sont en jeu, le Conseil devra dégager « des solutions qui pourront être adoptées par tous les membres ».
La pratique postérieure avait pérennisé le vote à l'unanimité en toutes circonstances, sauf dans quelques cas à la convenance du Conseil à compter de 1975.

2. Sur le plan juridique, *l'arrangement n'a pas modifié le traité*… ce que démontre la reproduction de la règle de la majorité qualifiée lors de chaque adhésion. S'agit-il d'une coutume constitutionnelle ? Ce point de vue ne saurait être admis.

C. Les incidences de l'Acte unique et du traité sur l'Union

a) Au titre de la réalisation du marché intérieur, le vote à la majorité qualifiée a été étendu à des domaines qui relevaient du vote à l'unanimité : tarif douanier, libre prestation des services, libre circulation des capitaux, navigation maritime et aérienne, libre établissement (sauf directives comportant une modification des principes législatifs existants en ce qui concerne la formation et l'accès des personnes physiques aux professions). Il en a été de même pour l'harmonisation des législations sauf exceptions (fiscalité, libre circulation des personnes, droits et intérêts des travailleurs salariés), *cf.* p. 262.

b) Le traité sur l'Union européenne a encore élargi le vote à la majorité qualifiée (liberté d'établissement, environnement) et l'a institué dans les nouvelles politiques (éducation, formation professionnelle, protection des consommateurs, réseaux transeuropéens, coopération au développement).

c) Le traité d'Amsterdam a étendu le vote à la majorité qualifiée aux nouvelles dispositions du traité et aux programmes-cadre de recherche.

D. Le « compromis » de Ioannina

Lors des négociations sur le quatrième élargissement, l'Espagne et le Royaume-Uni avaient demandé le maintien de la minorité de blocage à 23 voix, ce qui aurait eu pour effet de relever le niveau de la majorité qualifiée. La présidence grecque obtint le « compromis » de Ioannina selon lequel la minorité de blocage est élevée à 26 voix (la majorité qualifiée étant de 62 voix sur 87), mais des membres du Conseil représentant un total de 23 voix à 25 voix pouvaient exiger la recherche par le Conseil d'une « solution satisfaisante susceptible d'être adoptée par 65 voix au moins ».

E. Le traité de Nice

Afin de satisfaire aux exigences de l'élargissement, il comportait deux éléments nouveaux : une nouvelle pondération des voix au Conseil assortie d'un mode de calcul (complexe) de la majorité qualifiée d'une part, une extension du vote à la majorité qualifiée d'autre part.

1. La pondération des voix au Conseil et la définition de la majorité qualifiée

La nouvelle pondération des voix répond en principe à trois motifs : introduire une part de critère démographique afin de mieux légitimer les actes du Conseil, compenser pour les États les plus peuplés la perte d'un siège à la Commission (*cf. supra*), favoriser le recours le plus large possible à la majorité qualifiée.

a) La repondération des voix au Conseil

Elle comporte la prise en compte en termes relatifs du critère démographique en introduisant de plus grands écarts entre les « grands » et les « petits » pays :
Le débat a porté sur le nombre de voix attribué à l'Allemagne et la France s'est opposée à un « décrochage » allemand par rapport aux trois autres grands pays.

Union des 15 États			Union des 27 États
– Belgique	12	14	Roumanie
– Danemark	07	12	République tchèque
– Allemagne	29	10	Bulgarie
– Grèce	12	07	Lituanie
– Espagne	27	12	Hongrie
– France	29	27	Pologne
– Irlande	07	07	Slovaquie
– Italie	29	04	Estonie, Chypre, Lettonie,
– Luxembourg	04		Slovénie
– Pays-Bas	13	03	Malte
– Autriche	10		
– Portugal	12		
– Finlande	07		
– Suède	10		
– Royaume-Uni	29		

b) La définition de la majorité qualifiée obéit à trois paramètres :

– la délibération est acquise par 255 voix sur 345 (voix exprimant le vote favorable des deux tiers des États si la délibération n'est pas prise sur proposition de la Commission) ;

– elle doit recueillir le vote favorable d'une majorité d'États ;

– une vérification peut être effectuée à la demande d'un membre du Conseil sur le point de savoir si la délibération représente au moins 62 % de la population de l'Union. La clause démographique favorise l'Allemagne qui a une population importante.

2. L'extension du vote à la majorité qualifiée

Elle s'est heurtée à des oppositions fortes sur les questions sensibles : les questions fiscales, la politique sociale, la conclusion de certains accords internationaux… Le compromis final fut établi ainsi :

1. La majorité qualifiée est substituée à l'unanimité dès l'entrée en vigueur du traité de Nice pour une vingtaine de dispositions : la libre circulation des citoyens (sauf titres spécifiques), la coopération judiciaire civile (sauf le droit de la famille), la représentation internationale de l'UEM, les accords sur le commerce des services et de la propriété intellectuelle (sauf exceptions), la politique industrielle d'appui aux États, les actions spécifiques en dehors des Fonds structurels, la coopération économique, financière et technique avec des pays tiers, diverses nominations et désignations.

2. La majorité qualifiée est différée à une date ultérieure en ce qui concerne :

– l'asile et les réfugiés, après que le Conseil aura fixé à l'unanimité des règles et principes communs ;

– les fonds structurels ;

– les perspectives financières.

F. Le traité de Lisbonne

Le traité de Lisbonne a suscité des oppositions et donc des compromis quant à la majorité qualifiée. La majorité qualifiée devient la règle de droit commun, composante essentielle de la **procédure législative ordinaire**.

1. Lorsque le Conseil des ministres ou le Conseil européen statuent à la majorité qualifiée, le vote doit réunir **55 % des États** et **65 % de la population** de l'Union dont 15 États au moins dans l'Europe des 27. La minorité de blocage est d'au moins 4 États. Cette nouvelle définition doit prendre effet au 1er novembre 2014. On notera que le **système du traité de Nice est maintenu jusqu'en 2014**. Entre 2014 et 2017 une clause transitoire a été inscrite, inspirée du précédent de Ioannina ; de plus, un État pourra s'il le souhaite demander l'application du système de Nice.

2. Le champ d'application du vote à la majorité qualifiée est étendu, notamment dans les domaines suivants : immigration, asile, coopération policière et judiciaire pénale, statut de la Cour de justice, missions de la Banque centrale européenne… Il existe des *« clauses passerelles »* : le Conseil européen ou le Conseil peuvent décider à l'unanimité d'étendre encore le champ du vote à la majorité qualifiée.

3. Comme auparavant, lorsque le Conseil statue sur proposition de la Commission, il ne peut s'en écarter que par un vote à l'unanimité.

§ 3 - Les pouvoirs du Conseil

Les pouvoirs du Conseil étaient plus étendus dans la CE que dans la CECA où il donnait des avis (simples ou conformes) et ne prenait qu'exceptionnellement une décision. Dans l'Union européenne :

1. Il exerce le **pouvoir normatif** : il prend les actes juridiques relatifs à l'application des traités et des politiques communes. Il est lié par les règles générales qu'il a lui-même édictées. Ce pouvoir aujourd'hui est partagé avec le Parlement dans le cadre de la procédure législative ordinaire.

2. Il assure la **coordination des politiques économiques des États membres** (art. 5 FUE). La fixation des grandes orientations des politiques économiques des États est un enjeu fondamental pour le bon fonctionnement de l'Union économique et monétaire. *Cf. infra* p. 297.

3. Il exerce une action de **type gouvernemental** : il conclut les accords internationaux au nom de l'Union, il arrête les règlements portant statut des fonctionnaires et agents.

4. En dehors de toute révision des traités, il peut utiliser à l'unanimité **l'article 352 FUE** afin de compléter les lacunes du traité : c'est la clause de flexibilité.

5. Il prend des **décisions de nature constitutionnelle** : article 311 FUE sur les ressources propres, article 223 FUE sur l'élection des représentants du Parlement européen au suffrage universel, sous réserve de ratification par les États membres.

6. Il détient un pouvoir de **décision en matière budgétaire**, qu'il partage avec le Parlement (*cf. infra,* chap. 2).

Section 4 › LE PARLEMENT EUROPÉEN

« Le Parlement européen, composé de représentants des peuples des États réunis dans la Communauté, exerce les pouvoirs qui lui sont attribués par le présent traité. »

Les rédacteurs des traités originels escomptaient qu'il disposerait de pouvoirs élargis sur la base de son élection au suffrage universel. *A contrario* on peut soutenir qu'un élargissement de ses pouvoirs impliquait une légitimité accrue découlant du suffrage universel.

Le traité de Lisbonne tire les conséquences de la citoyenneté européenne et de l'évolution intervenue. *Cf. infra*, 2e partie :

« Le Parlement européen est composé de **représentants des citoyens de l'Union**… il exerce conjointement avec le Conseil les fonctions législative et budgétaire » (art. 14 UE).

§ 1 - Élection et organisation du Parlement

A. Le mode de désignation des membres

L'Assemblée – qui s'est désignée elle-même en 1962 comme « Parlement européen » avant que cette dénomination ne soit inscrite dans l'Acte unique – fut d'abord composée de représentants désignés par les Parlements nationaux selon une procédure nationale (en France selon la loi du 8 mars 1952). Selon les termes de l'article 138 initial :

« L'Assemblée élaborera des projets en vue de permettre l'élection au suffrage universel selon une procédure uniforme dans tous les États membres. Le Conseil statuant à l'unanimité, arrêtera les dispositions dont il recommandera l'adoption par les États membres conformément à leurs règles constitutionnelles respectives. » Le traité d'Amsterdam a substitué à la procédure uniforme le respect des « principes communs à tous les États membres ». Cette modification marque un assouplissement en vue de parvenir à une procédure électorale plus ou moins harmonisée acceptable par tous les États.

1. Les débats sur l'élection au suffrage universel direct

a) Les partisans de cette élection en ont exposé les raisons : accroître la légitimité politique de l'organe de contrôle face à des organes de direction à orientation technocratique ; donner un cadre démocratique aux débats d'opinion sur l'Europe ; faire du Parlement une autorité politique disposant de pouvoirs plus larges, afin de compenser la perte de compétences affectant les Parlements nationaux.

b) Les adversaires de cette élection avaient objecté que le Parlement, une fois élu au suffrage universel, s'attribuerait des compétences qui heurteraient la souveraineté nationale des États ; elle pourrait perturber une coopération fondée surtout sur l'accord entre les gouvernements au sein du Conseil.

c) L'opposition française s'est dissipée en 1974 dans un contexte nouveau : crise de la Communauté (l'élection est un moyen de relance), mise en place du « Conseil européen » (qui constitue un verrou en exprimant une autre légitimité). Avec le recul on doit considérer la décision de 1974 comme déterminant la nature de la Communauté : union d'États avec le Conseil européen, union de peuples avec le Parlement.

2. Les textes du 20 septembre 1976

Après une décision de principe prise en décembre 1974, le Conseil composé « des représentants des États statuant à l'unanimité » prit une décision – en réalité un engagement international – et un acte annexe le 20 septembre 1976, qui furent soumis à ratification dans chaque État membre. Ces textes modifiaient le traité : d'une part, le nombre des représentants était plus que doublé ; d'autre part, pour la première élection, et en attendant que soit élaborée une procédure électorale uniforme, la procédure électorale demeurait fixée par chaque État. Faute d'entente sur un scrutin uniforme, ce système de renvoi au droit électoral national a perduré. À l'exception du Royaume-Uni qui avait adopté le scrutin majoritaire uninominal auquel il a renoncé à la veille des élections de 1999, les États ont en général adopté le scrutin de liste avec représentation proportionnelle dans une circonscription nationale unique (Pays-Bas, Luxembourg, Danemark) ou dans des circonscriptions régionales (RFA, Belgique, Irlande, Italie, Espagne).

Le traité sur l'Union européenne a donné au Parlement européen un pouvoir **d'approbation** quant aux dispositions qui pourraient être arrêtées sur le mode de scrutin.

3. Le débat constitutionnel et politique en France

Devant les objections politiques et constitutionnelles de certaines familles politiques au projet d'élection, le président de la République saisit le Conseil constitutionnel.

a) Sur le fond, le **Conseil constitutionnel** a décidé, le **30 décembre 1976**, qu'il ne lui revient pas d'admettre un moyen d'inconstitutionnalité à l'encontre de textes qui se situent dans la ligne des traités ratifiés et en vigueur. Que de surcroît, l'élection au suffrage universel ne contredit aucun article de la Constitution : elle se situe dans le champ d'un ordre juridique autonome (et non dans l'ordre juridique français) : elle ne remet pas en cause l'indivisibilité de la République (certains y ont vu une indication sur le mode de scrutin à établir) ; elle ne modifie ni la nature ni les compétences de l'Assemblée.

b) La loi de ratification adoptée sans débats le 1er juillet 1977 instituait un système de liste avec représentation proportionnelle, sans panachage ni vote préférentiel, dans une circonscription nationale unique ; elle crée une clause minimale (5 % des voix pour obtenir des sièges). La loi française du 11 avril 2003 lui a substitué la représentation proportionnelle dans huit circonscriptions régionales *ad hoc* afin de rapprocher les élus des électeurs.

B. Le statut des membres du Parlement

Les membres – députés – sont élus pour 5 ans. S'il existe certaines incompatibilités (membre d'un gouvernement ou agent de l'Union), le **cumul** du mandat européen et d'un mandat parlementaire national est impossible depuis 2009. Ils bénéficient de l'irresponsabilité et de l'inviolabilité. La Cour de justice a indiqué le 10 juillet 1986 que l'immunité joue pendant la session (un an) et acquiert donc un caractère permanent.

Le statut des députés a été fixé par une décision du Parlement approuvée par le Conseil le 28 septembre 2005, conformément au traité sur l'Union : indemnités, privilèges et immunité, caractères du mandat.

C. Composition et fonctionnement

1. La conférence intergouvernementale de 1996 avait limité la composition du Parlement à 700 membres au maximum dans la perspective des futurs élargissements. Ce plafond imposait une représentation « appropriée » des peuples des États, ce qui impliquait une révision du ratio appliqué au profit des États les plus peuplés.

2. Le traité de Nice a procédé à une nouvelle répartition des sièges : 736 sièges à compter des élections de juin 2009.
Compte tenu du plafond d'une part et de l'adhésion échelonnée des États de l'Europe centrale et orientale d'autre part, la situation actuelle s'établit ainsi :
– Allemagne : 99 sièges
– France, Italie, Royaume-Uni : 72 sièges par État
– Espagne, Pologne : 50 sièges
– Roumanie : 33 sièges
– Pays-Bas : 25 sièges
– Belgique, Grèce, Portugal, République tchèque, Hongrie : 22 sièges par État
– Suède : 18 sièges
– Autriche, Bulgarie : 17 sièges
– Danemark, Slovaquie, Finlande : 13 sièges par État
– Irlande, Lituanie : 13 sièges par État
– Lettonie : 8 sièges
– Slovénie : 7 sièges
– Luxembourg, Chypre, Estonie : 6 sièges par État
– Malte : 5 sièges.
Certains pays ont bénéficié de sièges supplémentaires (2 pour la France).

3. Dans le **traité de Lisbonne** il est indiqué que le Parlement européen ne peut excéder 750 membres. Chaque État disposera d'au moins six sièges et au plus 96 sièges. La composition sera fixée par une décision unanime du Conseil européen avec l'approbation du Parlement (art. 14 UE).

4. Les parlementaires se répartissent en une dizaine de **groupes politiques**, parmi lesquels les trois plus importants :
– le groupe socialiste européen ;
– le groupe du parti populaire européen et des démocrates européens ;
– le groupe alliance des démocrates et libéraux pour l'Europe.
Le traité sur l'Union européenne opère une reconnaissance des partis politiques « au niveau européen ». Leur statut (et leur financement par l'Union) a été arrêté par un règlement conjoint du 4 novembre 2003.

5. Le Parlement tient une session annuelle divisée en « périodes de session », une semaine par mois.

6. Quant aux **lieux de travail** le Parlement se réunit chaque mois à **Strasbourg** depuis 1981 (et non plus à la fois à Strasbourg et à Luxembourg). La Cour de justice a rejeté au fond le recours du **Luxembourg** contre une délibération (10 févr. 1983, *Luxembourg c/Parlement*), puis annulé en 1984 la résolution qui lui retirait le secrétariat général, sur la base de la violation du traité du 8 avril 1965 (10 avr. 1984, *Luxembourg* c/*Parlement*). Mais les commissions et les groupes se réunissent à **Bruxelles** et des sessions additionnelles s'y tiennent également.

Un protocole fixe le siège à Strasbourg, et codifie les pratiques précitées.

7. Le Parlement élit un **bureau** (président, vice-présidents et questeurs) pour une durée de deux ans et demi. Les présidents des groupes préparent l'ordre du jour dont le Parlement reste entièrement maître, et statuent sur des questions internes ou les relations avec les autres institutions et des tiers.

8. Le Parlement comporte une vingtaine de **commissions permanentes** qui préparent les débats en séance plénière.

9. Il arrête son **règlement intérieur**.

§ 2 - Les pouvoirs du Parlement européen

À l'origine, le Parlement ne dispose du pouvoir normatif. Progressivement, ses pouvoirs ont été élargis dans les domaines budgétaire, consultatif et de contrôle ou par le jeu de « la concertation ». Mais en dehors du domaine budgétaire, il n'avait pas acquis le pouvoir de codécision (sauf exceptions strictement limitées) auquel il aspirait du fait de son élection au suffrage universel. Le projet Spinelli de traité de l'Union en 1984 envisageait un partage du pouvoir normatif avec le Conseil. C'est en retrait de ces propositions que l'Acte unique en 1986 instaure une procédure dite de « coopération ». Le traité sur l'Union européenne élargit encore les pouvoirs du Parlement et lui reconnaît un pouvoir de codécision (ou « décision conjointe ») en certains domaines clés. La procédure de coopération est remplacée dans le traité d'Amsterdam (sauf sur quelques points de l'Union économique et monétaire) au profit de la procédure de codécision. Après le projet de traité constitutionnel le traité de Lisbonne fait de la codécision la *procédure législative ordinaire*.

A. Les attributions budgétaires

Cf. infra, p. 156 et s.

B. Les attributions normatives

Les parlementaires avaient souhaité acquérir un pouvoir d'initiative législative ; dans ce cas, la Commission aurait perdu le monopole qu'elle tient de son droit de proposition. Le traité sur l'Union européenne permet seulement au Parlement, à la majorité de ses membres, de demander à la Commission de soumettre une proposition d'acte législatif.
Les attributions du Parlement européen dans le processus législatif ont revêtu cinq modalités différentes, produit d'une constante évolution politique et juridique. Le traité de Lisbonne institue une procédure « législative » et il établit une distinction entre la procédure législative ordinaire très favorable au Parlement et les procédures législatives spéciales.

1. La procédure consultative

a) Le Parlement fut d'abord un organe consultatif qui donne des **avis** sur les projets d'actes communautaires. Cette consultation était **obligatoire** dans les cas prévus par les traités ; la Cour de justice sanctionne l'absence de saisine obligatoire pour avis (29 oct. 1980, *Roquette* ; 2 mars 1994 *Parlement c/Conseil*). Elle a été élargie à pratiquement tous les domaines à **titre facultatif** sous la pression des parlementaires. En outre le Parlement peut se saisir lui-même d'une question et demande au Conseil les motifs qu'il peut avoir ne pas suivre ses avis. Il a obtenu d'être « **reconsulté** » lorsque le texte final s'écarte sensiblement de la proposition (CJCE, *Parlement c/Conseil*, 16 juill. 1992). Suite aux avis du Parlement, la Commission est amenée le plus souvent à modifier sa proposition.

b) La déclaration commune du 4 mars 1975 adoptée par le Parlement, le Conseil et la Commission institua une **procédure de concertation** pour les nouveaux actes communautaires de portée générale ayant des implications financières notables, en vue de dégager un accord entre le Conseil et le Parlement. Cette concertation avait surtout pour objet de lier le pouvoir budgétaire, déjà acquis par le Parlement, et le pouvoir normatif : elle visait à faciliter le vote du budget par le Parlement.

c) Le traité sur l'Union européenne étend la consultation obligatoire aux **accords internationaux**, à l'exception des accords commerciaux.

d) Selon *le traité de Lisbonne*, la part de la consultation est désormais réduite (fiscalité, certains aspects de politique sociale, règlements européens de concurrence, aspects de la coopération policière…) dès lors que le Parlement participe à la procédure législative ordinaire ; elle subsiste dans certaines procédures législative spéciales.

2. La procédure d'avis conforme (désormais d'approbation)

Stricto sensu, ce n'était pas une procédure législative. Instituée par l'Acte unique en ce qui concerne les **accords d'association et les demandes d'adhésion**, elle confère au Parlement un véritable droit de veto. Le traité sur l'Union européenne et le traité d'Amsterdam ont étendu le champ d'application de l'avis conforme dans les domaines :
– de la **citoyenneté européenne** : dispositions sur l'exercice du droit de circulation et séjour des citoyens européens ;
– de la **cohésion économique et sociale** : principes applicables aux fonds structurels, création du fonds de cohésion ;
– des **accords internationaux** : accord organisant un cadre institutionnel de coopération, accords ayant des implications financières importantes, accords impliquant une modification d'un acte adopté de manière conjointe par le Parlement et le Conseil (*cf. infra* 4) ;
– de la constatation d'une **violation grave des principes politiques fondamentaux** ou de la constatation d'un risque (traité de Nice).
On notera l'exigence d'avis conforme à propos d'un acte régissant *l'élection des parlementaires européens* (mode de scrutin uniforme).
Avec le traité de Lisbonne, la procédure d'avis conforme est remplacée par la procédure d'« **approbation** » (mesures de non-discrimination, aspects de la coopération judiciaire pénale, cadre financier pluriannuel, certains accords internationaux…).

3. La procédure dite de « coopération »

Instituée par l'Acte unique elle s'appliquait initialement aux décisions relatives au marché intérieur. Du processus de consultation, elle conservait deux aspects fondamentaux : le Conseil se prononce à l'unanimité s'il s'écarte de la proposition de la

Commission et la Commission peut modifier sa proposition. Mais elle ajoutait à la procédure consultative en **intégrant le Parlement dans le jeu décisionnel sans lui reconnaître cependant un pouvoir formel de codécision**. Du point de vue historique et technique elle a donc joué un rôle de transition.

Le traité d'Amsterdam a remplacé cette procédure par la décision conjointe sauf dans quelques domaines de l'Union économique et monétaire. Il s'agissait d'une survivance, due au seul fait que ces domaines n'ont pas été révisés à Amsterdam, que le traité de Nice a maintenue. La procédure de coopération a été supprimée par le traité de Lisbonne.

4. La procédure dite de « décision conjointe » : la codécision

Elle a été créée par le traité de Maastricht à la suite des revendications constantes des parlementaires, et faute d'instituer une nouvelle catégorie d'actes, la loi, dont les coauteurs auraient été le Conseil et le Parlement.

La nouvelle procédure faisait du Parlement un organe attributaire d'un pouvoir normatif ; il en découle que les règlements, directives et décisions adoptés conjointement sont publiés au *JOUE*. Ils peuvent être l'objet de recours contentieux.

a) Les matières soumises à décision conjointe comportaient initialement les questions relatives au marché intérieur et les nouvelles politiques instituées par le traité de Maastricht. Le traité d'Amsterdam y ajoute une vingtaine de dispositions.

Le traité de Nice a étendu la codécision en matière de lutte contre les discriminations (mesures d'encouragement), coopération judiciaire civile, mesures d'appui industriel, actions pour la cohésion économique et sociale (en dehors des fonds structurels), statut et règles financières des partis politiques européens.

b) La procédure, initialement très complexe, a été simplifiée fort heureusement dans le traité d'Amsterdam.

La codécision a été rapprochée d'une **authentique procédure législative** (amendements parlementaires). En même temps elle préservait les prérogatives de la Commission par le jeu de ses avis. Elle a servi de « matrice » à la procédure législative ordinaire qui ne lui apporte que peu de changements.

5. Les procédures législatives dans le traité de Lisbonne

1. La procédure de codécision devient la **procédure législative ordinaire** presque sans changements.

a) La Commission présente une proposition au Parlement et au Conseil :

• le *Parlement* donne sa position ;

• le *Conseil* à la majorité qualifiée peut approuver la position du Parlement (l'acte est adopté) ou la refuser en donnant sa propre position ;

b) Le Parlement dispose d'un délai de trois mois pour :

• approuver la position du Conseil (l'acte est adopté) ;

• rejeter la position du Conseil (l'acte n'est pas adopté) ;

• proposer des **amendements** à propos desquels la Commission émet un avis ;

• le *Conseil* dans un délai de trois mois peut *approuver ces amendements* (l'acte est adopté) ; il doit y procéder à l'unanimité si la Commission a émis un avis négatif ;

• le Conseil peut aussi *ne pas les approuver.*

c) Dans ce dernier cas, un **Comité de conciliation** est réuni dans un délai de six semaines : il comprend 54 membres soit un représentant de chaque membre du Conseil (27) et un nombre égal de parlementaires :

• si le Comité ne parvient pas à un accord, le projet est rejeté ;

• si le Comité parvient à un accord, le projet est soumis pour approbation définitive au Parlement (majorité des suffrages exprimés) et au Conseil (majorité qualifiée) ; à ce stade final, le projet peut être rejeté par l'un ou l'autre des co-législateurs.

2. Il existe aussi des **procédures législatives spéciales**. Dans la plupart des cas, le Conseil arrête seul à l'unanimité un acte législatif, le Parlement étant saisi :

• pour avis (*cf. supra* la procédure consultative) ; ex : sécurité sociale en vue de la libre circulation ; aspects de la politique sociale ;

• pour approbation (*cf. supra* la procédure d'avis conforme) ; ex : discriminations, cadre financiers pluriannuel), parquet européen.

Note : Il existe des « **clauses passerelle** » qui autorisent l'extension de la procédure législative ordinaire ou la substitution de la majorité qualifiée à l'unanimité, par une décision unanime du Conseil européen ou du Conseil.

Procédure législative ordinaire

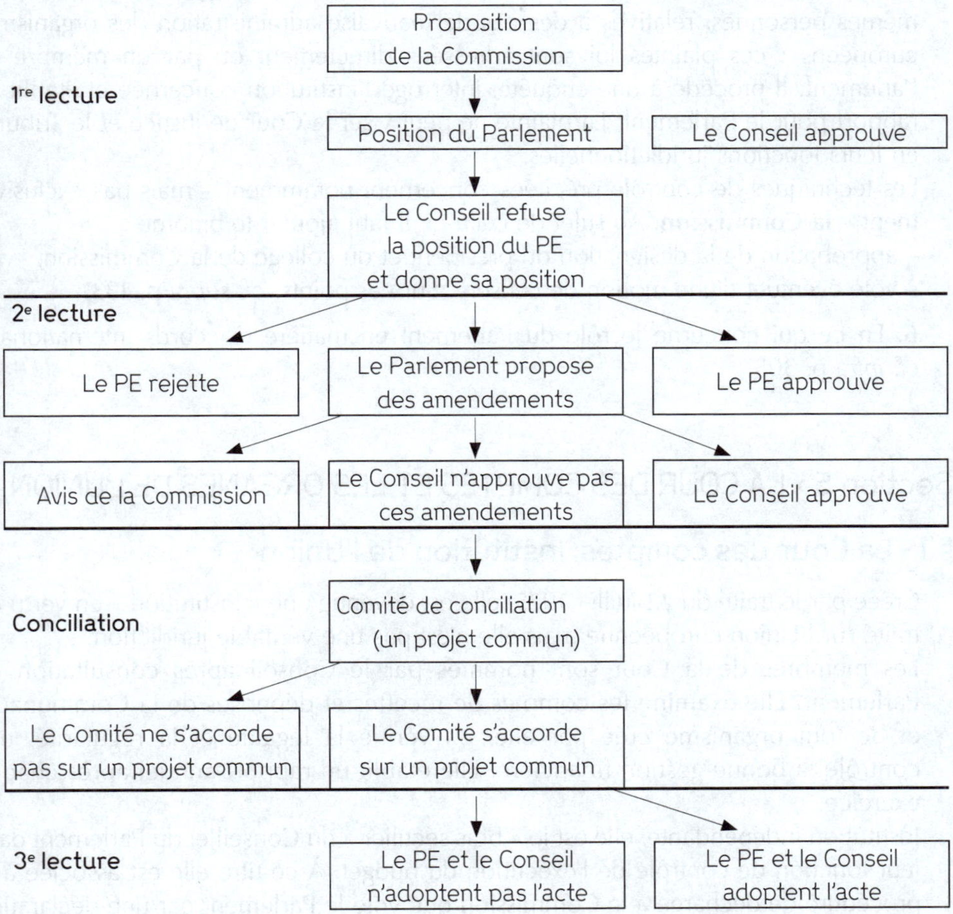

C. Les attributions de contrôle politique

Elles ont été accrues dans la pratique suivie, par le règlement intérieur du Parlement et par le traité sur l'Union européenne.

1. Le Parlement pose des **questions orales**, avec ou sans débat, à la Commission ou au Conseil. L'heure des questions a lieu lors de chaque période de session. Certaines questions appellent une réponse écrite qui sera publiée au *JOUE*.

2. Il procède à des *débats de politique générale* et sur des *questions d'actualité* ; il vote des *résolutions* ; il est destinataire de rapports et déclarations du Conseil et du Conseil européen. Le rapport général annuel de la Commission est discuté en séance publique.

3. Le Parlement peut constituer une **commission temporaire d'enquête** dans les cas d'infraction ou mauvaise application du droit de l'Union, sauf si une procédure juridictionnelle est en cours.

4. Le Parlement reçoit des **pétitions** individuelles ou collectives sur tout sujet relevant des domaines d'activité de l'Union : ces pétitions sont présentées par des citoyens européens et toute personne physique ou morale résidant ou ayant son siège dans un État membre.

5. Le Parlement nomme un **médiateur**, habilité à recevoir des plaintes, émanant des mêmes personnes, relatives à des cas de mauvaise administration des organismes européens : ces plaintes lui sont adressées directement ou par un membre du Parlement. Il procède à une enquête, interroge l'institution concernée et établit un rapport pour le Parlement. La plainte ne peut viser la Cour de justice et le Tribunal en leurs fonctions juridictionnelles.
Les techniques de contrôle précitées concernent notamment – mais pas exclusivement – **la Commission**. Au sujet de celle-ci, il faut ajouter le binôme :
– approbation de la désignation du président et du collège de la Commission,
– vote éventuel d'une motion de censure. Sur ces points, *cf. supra* p. 133.

6. En ce qui concerne le rôle du Parlement en matière d'accords internationaux *cf. infra* p. 305.

Section 5 › LA COUR DES COMPTES ET LES ORGANES DE L'UNION

§ 1 - La Cour des comptes, institution de l'Union

Créée par le traité du 22 juillet 1975, elle est devenue une « institution » en vertu du traité sur l'Union européenne mais elle n'est pas une véritable juridiction.
Les membres de la Cour sont nommés par le Conseil après consultation du Parlement. Elle examine les comptes de recettes et dépenses de la Communauté et de tout organisme créé par elle, en vérifie la légalité et la régularité, elle contrôle la bonne gestion financière. Elle établit un rapport annuel après chaque exercice.
Institution indépendante, elle est le « bras séculier » du Conseil et du Parlement dans leur fonction de contrôle de l'exécution du budget. À ce titre elle est associée à la procédure de décharge à la Commission que vote le Parlement par une déclaration

d'assurance concernant les comptes publiés au *JO*. Le traité d'Amsterdam a étendu son contrôle (sur pièces ou sur place) dans les locaux des organismes publics et des entités privées bénéficiaires ; en outre, elle peut saisir la Cour de justice afin de sauvegarder ses prérogatives institutionnelles.
Le traité de Lisbonne maintient sa composition (un ressortissant par État). Le Conseil fixe la liste des membres à la majorité qualifiée selon les propositions des États.

§ 2 - Le Comité des représentants permanents

Il a été institutionnalisé par le traité du 8 avril 1965 afin de *préparer les travaux* du *Conseil et exécuter les mandats* qui lui sont confiés. Il est composé d'experts de chaque État dirigés par un représentant permanent auprès de l'Union (qui a rang d'ambassadeur). Par sa composition et du fait de sa permanence, il assure une meilleure liaison entre les gouvernements et les institutions communautaires. Il existe un COREPER I pour les questions techniques et un COREPER II pour les questions politiques les plus importantes.
Si l'arrangement de Luxembourg du 29 janvier 1966 invitait la Commission à prendre contact avec lui avant d'adopter une proposition importante, il prépare les travaux du Conseil ; sont inscrites en point A de l'ordre du jour du Conseil les questions qui ont recueilli un accord au sein du COREPER et donc susceptibles d'être adoptées sans débats ; sont inscrites en point B de l'ordre du jour du Conseil les questions qui n'ont pas recueilli un accord et appellent des débats. Le COREPER traduit bien le rôle des gouvernements dans le processus décisionnel, bien que le COREPER II fonctionne assez mal.

§ 3 - Les organes consultatifs

Ce sont des institutions prévues par les traités.
1. Le Comité économique et social comprend au maximum 350 membres, répartis par nationalité et par catégorie socio-économique : ils sont nommés par le Conseil pour cinq ans, après avis des organisations européennes représentatives, à partir d'une liste établie par chaque État.
Le Comité rend des **avis** ; sa consultation par le Conseil, la Commission ou le Parlement, facultative à l'origine est, dans plusieurs domaines, devenue obligatoire : harmonisation des fiscalités, politiques nouvelles.

2. Le Comité des régions.
Innovation du traité de Maastricht, le Comité des régions vise à associer les collectivités *infra*-étatiques à la vie communautaire. Il est composé au maximum de 350 membres (24 membres pour la France) nommés par le Conseil sur la base d'une liste, présentée par chaque État, comportant un nombre de noms deux fois supérieurs. **Organe consultatif**, il est obligatoirement consulté sur les nouvelles politiques instituées depuis le traité de Maastricht, les fonds structurels, la cohésion économique et sociale, l'emploi, la santé, l'environnement, les transports…
La proposition allemande de lui ouvrir l'accès à la Cour de justice au nom du principe de subsidiarité, qui initialement n'avait pas été retenue, a été inscrite dans le traité de Lisbonne.

§ 4 - La Banque européenne d'investissement

Créée par le traité CEE, c'est une **institution indépendante** dont la mission est de financer, sous la forme de prêts ou de garanties, des projets de développement régional, d'intérêt commun ou de modernisation d'entreprises dans les États membres et, par extension, des projets d'investissements dans des États ou territoires associés et en Europe centrale et orientale. À cette fin, elle dispose de plusieurs ressources ; outre son capital propre qui est souscrit par les États membres, elle émet des emprunts sur les places financières. L'action de la BEI est réglée par le Conseil des gouverneurs, composé des ministres des finances, et par le Conseil d'administration et le Comité de direction. Instrument de développement régional, la BEI exerce une action coordonnée avec les fonds structurels.
Elle peut saisir la Cour de Justice (art. 271 FUE).

§ 5 - Les comités (et la comitologie)

1. Il existe de très nombreux comités, créés par un acte du Conseil ou de la Commission. Leur prolifération accompagne le développement des politiques communes. Leur composition est variable : représentants des États, délégués de la Commission, représentants des professions ou experts.
2. L'Acte unique avait ajouté à propos des pouvoirs du Conseil une disposition selon laquelle celui-ci confie à la Commission, sauf exceptions, les compétences d'exécution des règles établies par lui selon certaines modalités. Elles ont été fixées par une **décision du 13 juillet 1987**, puis des **décisions du 28 juin 1999 et du 17 juillet 2006**, qui instituent quatre procédures de comités composés de représentants des États et présidés par un membre de la Commission qui ne vote pas :
• procédure I : la Commission est assistée par un comité consultatif qui émet un avis ; c'est la procédure dite des **« comités consultatifs »** ;

• procédure II : la Commission est assistée par un comité qui émet un avis à la majorité qualifiée des membres qui le composent sur le projet de la Commission. Si l'avis est favorable, la Commission arrête les mesures prévues. Dans le cas contraire, elle peut y procéder à titre provisoire mais ces mesures sont communiquées au Conseil. Le Conseil à la majorité qualifiée dispose de trois mois pour décider. C'est la procédure dite **« des comités de gestion »**, qui avait prévalu notamment en matière agricole et dont la Cour de justice avait admis la légalité (17 déc. 1970, *Koster*) au regard du principe de l'équilibre institutionnel ;

• procédure III : le comité intervient dans les mêmes conditions que la procédure II, mais en cas d'avis défavorable ou d'absence d'avis, la Commission soumet une proposition au Conseil qui statue à la majorité qualifiée. Le Conseil dispose à cette fin d'un délai maximum de trois mois. Le Conseil peut soit accepter soit rejeter la proposition de la Commission. S'il ne prend pas de décision c'est la Commission qui tranche. C'est la procédure dite des **comités « de réglementation »**.
Le Parlement a saisi la Cour d'un recours en annulation contre la décision du 13 juillet 1987, dans la mesure où elle restreint la portée du transfert de la compétence d'exécution à la Commission (notamment la procédure III) ; recours déclaré irrecevable par la Cour (*Parlement c/Conseil*, 27 sept. 1988).

3. Un *modus vivendi* fut adopté le 20 décembre 1994 visant à faire circuler rapidement les informations au profit des commissions parlementaires et du **Parlement** puisque celui-ci, associé à la codécision, ne l'était pas au niveau de l'exécution. Cet arrangement provisoire n'a pas été consolidé par le traité d'Amsterdam car les États considèrent que l'exécution d'un acte de l'Union relève tout au plus de la compétence déléguée de la Commission. La décision du Conseil prise en 1999 autorise cependant le Parlement à vérifier si la proposition de la Commission reste dans l'épure de ses compétences d'exécution, à charge pour elle d'en tenir compte en arrêtant une nouvelle proposition, d'où une deuxième lecture au Conseil. Un accord (*JO* du 10 oct. 2000) a été conclu entre le Parlement et la Commission. La décision du 17 juillet 2006 autorise le Parlement à exercer un contrôle accru sur l'exécution d'un acte pris en codécision. C'est la procédure dite « réglementation avec contrôle ».

4. Le traité de Lisbonne maintient la possibilité pour le Conseil de conférer à la Commission une compétence pour des **actes d'exécution** (à ne pas confondre avec les actes délégués).

Les procédures d'exécution (nouvelle comitologie) sont ramenées à deux par un règlement de février 2011 :

- la **procédure consultative** qui laisse une assez large marge de manœuvre à la Commission ;
- la **procédure d'examen** : en cas d'opposition du comité (qui se prononce à la majorité qualifiée), la Commission doit renoncer à son projet en cas d'avis défavorable sauf à le modifier ou à soumettre son projet initial à un comité d'appel dont les avis s'imposeront à elle.

§ 6 - Les agences et offices

Leur prolifération est inspirée par un souci de *décentralisation* et une plus grande *technicisation*, notamment en matière de santé et de sécurité. Ex : agences pour la sécurité maritime et la sécurité aérienne, Autorité européenne de sécurité alimentaire, Frontex (coopération aux frontières extérieures de l'Union)... Des agences doivent être rapprochées les *autorités de régulation*, inspirées à la fois des agences américaines et des autorités administratives indépendantes en France. Elles posent deux problèmes récurrents : les modalités de leur contrôle d'une part, les changements de l'équilibre institutionnel qu'elles peuvent générer d'autre part.

POUR ALLER PLUS LOIN

BIBLIOGRAPHIE :

- Cl. Blumann et L. Dubouis, *Droit institutionnel de l'Union européenne*, 4e éd., Litec, 2010.
- J.P. Jacqué, *Droit institutionnel de l'Union européenne*, 6e éd., Dalloz, 2010.
- R. Mehdi, *Institutions européennes*, Hachette, 2007.
- J. Rideau, *Droit institutionnel de l'Union européenne*, 6e éd., LGDJ, 2010.
- J. Roux, *Droit général de l'Union européenne*, 3e éd., Litec, 2010.

Chapitre 2 › LES FINANCES DE L'UNION EUROPÉENNE

> **› L'essentiel**
> *L'unification budgétaire a précédé l'instauration de ressources communautaires propres. Une redistribution des compétences budgétaires est intervenue par le jeu des traités du 22 avril 1970 et 22 juillet 1975. Des accords interinstitutionnels ont procédé à certains ajustements. Le traité de Lisbonne procède à une réévaluation de la compétence parlementaire.*

Section 1 › LE RÉGIME FINANCIER

§ 1 - La diversité originelle des régimes financiers

Cette diversité s'expliquait par des raisons :
• d'ordre institutionnel : chaque Communauté connaissait un aménagement différent du pouvoir budgétaire ;

• et d'ordre technique :
– distinction des dépenses administratives et des dépenses d'intervention,
– diversité des dépenses d'intervention selon leurs finalités et leurs bases juridiques,
– diversité des systèmes de recettes : « prélèvement » sur la production du charbon et de l'acier dans la CECA, contribution des États membres selon une clef fixe de répartition dans la CEE et la CEEA, emprunts.

§ 2 - Le budget unique

Le traité du 8 avril 1965 institua un budget unique des Communautés, sauf exceptions (dépenses d'intervention de la CECA et Fonds européen de développement).

1. Le budget obéit aux **principes financiers classiques** : *unité, annualité, universalité, spécialité* ; il doit être arrêté en *équilibre*.
L'annualité du budget étant peu apte à promouvoir des dépenses d'intervention, à compter de 1988 la pratique des « **perspectives financières pluriannuelles** » a été instaurée sous la forme d'une prévision par grandes catégories de dépenses arrêtée par les trois institutions. Le système permet d'asseoir une discipline financière pluriannuelle. Dans la perspective de l'élargissement de l'Union, il a été consolidé par l'accord interinstitutionnel du 6 mai 1999 pour la période 2000-2006, tant pour les dépenses globales que pour les dépenses spécifiques (politique agricole commune et actions structurelles, soit 80 % des dépenses globales), sans exclure une certaine flexibilité. Dès lors que l'accord engage les institutions, il pèse sur l'exercice des compétences budgétaires du Conseil et du Parlement lors du vote des budgets annuels. Au terme de négociations tendues, les perspectives financières ont été adoptées pour la période 2007-2013 ; elles comportent une stabilisation du budget à un peu plus de 1 % du PIB européen, le maintien des dépenses agricoles, une réduction du rabais britannique.

Dans le *traité de Lisbonne*, le cadre financier pluriannuel est établi par le Conseil à l'unanimité après approbation du Parlement. Si le Conseil européen le décide, le vote pourrait intervenir à la majorité qualifiée.

2. Le budget a été établi en unités de compte puis en écus et désormais en **euros**.

3. Son **exécution** obéit au principe classique de la séparation des ordonnateurs et des comptables, la Commission étant l'ordonnateur principal. La Cour n'a pas reçu la thèse de la Commission qui, ayant le pouvoir d'exécuter le budget, contestait l'application de la procédure du comité II aux décisions individuelles impliquant des engagements de dépenses (24 oct. 1989, *Comm. c/Conseil*).

4. Il est soumis à divers **contrôles** : contrôle financier, contrôle *a posteriori* du Parlement qui donne décharge à la Commission sur recommandation du Conseil. Afin d'améliorer le contrôle, le traité du 22 juillet 1975 a créé une Cour des comptes qui n'est pas une véritable juridiction ; elle examine les recettes et les dépenses de la Communauté, apprécie leur régularité, publie un rapport annuel et rend des avis ; *cf.* p. 148.

Section 2 › LES RESSOURCES BUDGÉTAIRES

Un article initial du traité CEE envisageait le remplacement des contributions des États par des ressources propres. Il revenait à la Commission de faire des propositions et au Conseil de prendre une décision qui serait soumise à la ratification dans chaque État membre. Ce fut l'objet de la décision initiale du 21 avril 1970.

§ 1 - Les contributions financières des États

1. Le traité originel fixait une clef de répartition des charges entre États. Votées chaque année dans les lois de finances, les contributions des États étaient mises à la disposition de la Communauté. Cette clef convenait mieux aux dépenses de fonctionnement qu'aux dépenses d'intervention, compte tenu de l'intérêt inégal qu'y prennent les États membres.

2. En 1965, la Commission élabora une proposition comportant la reconnaissance de pouvoirs budgétaires à l'Assemblée des Communautés. De ce fait, le gouvernement français la repousse. Ce fut la crise de 1965-1966 (politique française de « la chaise vide ») qui prit fin avec l'arrangement intervenu à Luxembourg le 30 janvier 1966.

§ 2 - Les ressources propres

En 1969, à la conférence de La Haye, le gouvernement français accepta le principe d'un règlement financier définitif, fondé sur des ressources propres, en vue de consolider la politique agricole avant l'adhésion britannique. D'où la décision du Conseil du 21 avril 1970 instituant les ressources propres.
Les décisions « ressources » étant soumises à la ratification dans chaque État, le *Conseil constitutionnel français* a jugé que la décision de 1970 n'était pas incompatible avec la Constitution car elle s'inscrit dans la ligne des traités.

A. La nature des ressources propres

La décision de 1970 instituait cinq catégories de ressources propres :
– les **prélèvements à l'importation** sur les produits agricoles (aujourd'hui remplacés par des droits de douane) ;
– les **droits de douane** du tarif extérieur commun ;
– une **fraction du produit de la TVA** perçue dans chaque État, dans la limite d'un taux d'appel maximal de 1 % ; mais la fixation des taux de TVA relève de la compétence de chaque État ; le taux communautaire s'appliquait à une masse déterminée selon une « assiette uniforme » ;
– des **taxes** et cotisations dans le secteur du **sucre** ;
– les produits de toute autre taxe qui serait instituée dans le cadre d'une politique commune prévue par les traités.

B. La mise en place des ressources propres

Cette mise en place fut retardée pour diverses raisons : contributions des nouveaux États en attendant leur insertion dans l'union douanière et la politique agricole commune ; retards dans la parution des directives communautaires fixant la TVA harmonisée. Il fallut attendre le budget communautaire de 1980 pour qu'elle fût accomplie.

C. L'évolution des ressources propres

Il s'agit d'une évolution défavorable à la notion de ressources propres.

1. En 1975, le gouvernement britannique fit accepter à ses partenaires un **mécanisme correcteur**, à la suite de ce qui a été improprement appelé « la renégociation » anglo-communautaire : le règlement du 17 mai 1976 visait à moduler la participation de chaque État en fonction de l'évolution de son PNB au regard du PNB moyen dans la Communauté. La demande britannique s'articulait sur sa critique des dépenses agricoles jugées excessives.
En 1984, par l'accord de Fontainebleau, le Royaume-Uni obtenait une compensation d'un montant des 2/3 de son solde négatif (en déduction de sa part de TVA). *Le rabais britannique a été consolidé par la suite ; il a été réduit à compter du budget 2007.*

2. L'insuffisance des ressources propres a conduit la Communauté à adopter certains expédients financiers (avances remboursables des États, puis avances non remboursables) et à procéder à l'instauration de l'exercice dit de « discipline budgétaire » : les dépenses agricoles doivent s'accroître à un rythme inférieur à celui des ressources propres.

3. La décision du Conseil du 24 juin 1988 ajouta aux ressources initiales une **4e ressource complémentaire**, fondée sur le PNB des États, fixée chaque année afin d'assurer l'équilibre budgétaire. Une correction est accordée au RU, égale aux 2/3 de la différence, en pourcentage, entre la part du RU dans certains versements (TVA et 4e ressource) et sa part dans l'affectation des dépenses, correction à la charge des autres États en fonction de leur participation à la 4e ressource. Ce système institutionnalise le « juste retour » au profit du RU et réintroduit dans les ressources propres le *critère classique des charges en fonction du PNB.*

4. La décision du Conseil du 29 septembre 2000 réduit le taux d'appel de la TVA de 1 % à 0,5 % par étapes. Cette dégressivité accroît la part de la 4ᵉ ressource PNB.

5. En vertu de l'article 311 FUE (traité de Lisbonne) les ressources propres sont adaptées selon une **procédure législative spéciale** : le Conseil statue à l'unanimité après consultation du Parlement et la décision reste soumise à *ratification* dans chaque État.

Section 3 › LES COMPÉTENCES ET LA PROCÉDURE BUDGÉTAIRES

Elles ont évolué après l'instauration des ressources propres. À l'occasion de leur exercice, certains conflits ont surgi entre le Conseil et le Parlement qui ont été apaisés par la procédure des perspectives financières pluriannuelles, désormais le cadre financier pluriannuel.

§ 1 - La répartition initiale des compétences

1. Avant 1970, la Commission élaborait un avant-projet de budget ; le Parlement pouvait émettre des propositions de modification ; mais le Conseil arrêtait le budget à la **majorité qualifiée**.

2. Le passage aux ressources propres, qui amène un dessaisissement des Parlements nationaux (qui ne votent plus les contributions étatiques) au profit du Conseil, impliquait un accroissement du contrôle et du rôle du Parlement européen.

§ 2 - La répartition des compétences avant le traité de Lisbonne

Les « deux branches » de l'autorité budgétaire sont le Conseil et le Parlement ; celui-ci a acquis par le traité du 22 avril 1970 – qui accompagne l'instauration des ressources propres – un pouvoir de codécision, accru par le traité du 22 juillet 1975. Sur la base des dépenses prévisionnelles, la Commission établit un avant-projet de budget et, après consultations, le Conseil établit le projet à la majorité qualifiée.

A. Les pouvoirs budgétaires du Parlement

1. Le traité de 1970 a prévu que les compétences du Parlement varient selon la catégorie de dépenses, obligatoires ou non obligatoires :

a) En ce qui concerne les dépenses obligatoires (DO), le Parlement ne dispose toujours que du droit de **proposer des modifications**. Les dépenses obligatoires sont celles qui découlent directement de l'application des traités (2/3 environ du budget). Insatisfaits, les parlementaires ont demandé et obtenu un élargissement de ce droit par le traité du 22 juillet 1975.

• Les propositions de modification qui n'ont pas pour effet d'augmenter les dépenses globales sont réputées adoptées par le Conseil s'il ne les rejette pas à la majorité qualifiée.

• Les propositions de modification qui ont pour effet d'augmenter les dépenses globales doivent être adoptées par le Conseil, toujours à la majorité qualifiée. C'est dire que, dans le premier cas, le pouvoir du Parlement est plus étendu que dans le second cas.

b) En ce qui concerne les dépenses non-obligatoires (DNO), le Parlement peut **voter des amendements** – et non de simples propositions de modification – que le Conseil peut adopter, modifier ou rejeter. Mais en seconde lecture, le Parlement peut se prononcer définitivement sur ces amendements à la majorité des membres qui le composent et à la majorité des 3/5 des suffrages exprimés. Il dispose donc d'un pouvoir élargi avec une **limite** : la Commission fixe chaque année un **taux maximum d'augmentation des DNO** selon un paramètre complexe (évolution du PNB, volume des budgets étatiques, évolution du coût de la vie) ; à l'intérieur de ce taux maximum, le Parlement dispose d'une marge de manœuvre pour augmenter de 50 % les DNO, et le dépassement du taux exige un accord entre le Conseil et le Parlement.

2. Le traité du 22 juillet 1975 remet au Parlement, après épuisement d'une procédure de conciliation avec le Conseil, le droit **d'arrêter globalement le budget** par le truchement de son président, et donc de le **rejeter** (à la majorité des membres qui le composent et des 2/3 des suffrages exprimés). La procédure doit alors être reprise.

3. Le Parlement dispose d'un pouvoir de **contrôle budgétaire** *a posteriori* sous la forme d'une décharge sur l'exécution donnée à la Commission. Il peut également en débattre en cours d'exercice.

4. Le **traité d'Amsterdam** place, outre les dépenses administratives, (déjà acquises) les dépenses « opérationnelles » des deux piliers de coopération intergouvernementale dans le budget de la Communauté, sauf exceptions (domaines militaires et de défense) ou si le Conseil en décidait autrement. Les dépenses de la PESC sont classées en DNO en vertu d'un accord interinstitutionnel.

B. Les conflits budgétaires

1. Ils sont intervenus après l'élection du Parlement au suffrage universel et bien que cette élection n'ait eu aucune incidence juridique sur des pouvoirs budgétaires qu'il avait acquis antérieurement.
Institutionnellement, le **Parlement a cherché à étendre son pouvoir politique par le jeu de ses pouvoirs budgétaires :** modifier la classification des dépenses, augmenter les DNO et contourner le taux maximum d'augmentation en jouant, par exemple, sur les budgets supplémentaires votés en cours d'exercice ; budgétiser les emprunts (Nouvel Instrument Communautaire) qui permettent à la Commission d'emprunter en vue de consentir à son tour des prêts ; favoriser les politiques dites structurelles (sociale, régionale, énergétique) et modifier les coûts de la politique agricole commune. En outre, le Parlement, qui fixe le taux d'appel de la TVA dans le cadre de la procédure budgétaire, a souhaité s'intéresser aux recettes sans disposer d'un pouvoir attribué à cet effet.

2. Plusieurs mécanismes de régulation ont été institués.

a) La déclaration commune du 4 mars 1975 indique que le Parlement est consulté *a priori* sur les actes de portée générale ayant des implications financières notables par le jeu d'une commission paritaire de concertation.

b) Pour prévenir de nouveaux conflits sur les DNO, une déclaration commune du 30 juin 1982 définit les dépenses obligatoires comme celles nécessairement inscrites au budget « pour permettre à la Communauté de respecter ses obligations, internes ou externes, telles qu'elles résultent des traités ou des actes arrêtés en vertu de ceux-ci » ; la classification des dépenses fait l'objet d'une concertation *a priori* (**trilogue**, les 3 présidents).

Par ailleurs, les actions structurelles ont été placées dans les dépenses non obligatoires, contrairement à la lettre et à l'esprit du traité.

c) L'accord du 6 mai 1999 comporte le classement de certaines dépenses agricoles en DNO et étend la procédure de concertation à toutes les dépenses, obligatoires et non obligatoires.

d) Les perspectives financières pluriannuelles et les accords interinstitutionnels ont eu pour effet d'apaiser les conflits dès lors que le Parlement est associé *ab initio*.

3. La Cour de justice (3 juill. 1986, *Conseil c/Parlement*) a annulé l'acte du président du Parlement qui avait arrêté le budget 1986 alors que le Parlement avait augmenté le taux maximal des DNO sans l'accord du Conseil. Important du point de vue contentieux (*cf.* p. 183), l'arrêt l'est aussi du point de vue financier car il fixe les compétences des deux autorités budgétaires, sans que le juge s'immisce dans les négociations entre les institutions. *Idem*, CJCE, 7 décembre 1995 à propos du budget général, *Conseil c/Parlement*.

§ 3 - La dévolution des compétences selon le traité de Lisbonne

Le traité de Lisbonne procède à un réaménagement profond du régime budgétaire inspiré de la procédure législative ordinaire.

1. La **distinction des DO et des DNO est effacée** d'où *l'extension du pouvoir d'amendement* du Parlement à toutes les dépenses.

2. La **procédure budgétaire** est rapprochée de la procédure législative (art. 314 FUE) :

- le projet de budget est présenté par la *Commission* ;
- le *Conseil* adopte le premier sa « position » sur le projet ;
- le *Parlement* approuve ou adopte des amendements sur la position du Conseil ;
- si le Conseil repousse tout ou partie des amendements parlementaires, il faut réunir le *Comité de conciliation* ;
- le *projet commun*, si le Comité y parvient, est soumis à l'approbation des deux autorités budgétaires.

Le budget est également adopté si les institutions ne statuent pas dans le délai de 14 jours (il s'agit d'éviter une carence budgétaire) ou si l'une des institutions l'approuve alors que l'autre ne parvient pas à statuer. Il n'est pas adopté si l'une des institutions le rejette.

§ 4 - La lutte contre la fraude portant atteinte aux intérêts financiers de l'Union

La Cour de justice s'est prononcée en faveur d'une protection effective et uniforme de ses intérêts dans les droits nationaux (21 sept. 1989, *Comm. c/Grèce*) et a admis, dans les cas contraires, que la Communauté puisse édicter des sanctions administratives (27 oct. 1992, *RFA c/Comm.*). Celle-ci adopta à cette fin un règlement du 18 décembre 1995 tandis qu'une convention du 26 juillet 1995 prise dans le cadre du 3e pilier définit la fraude et autorise des sanctions pénales.

Le traité de Lisbonne (art. 83 FUE) autorise que des directives puissent établir des règles minimales quant aux infractions pénales et sanctions pour assurer la mise en œuvre efficace d'une politique de l'Union. Plus spécifique encore est l'article 325 FUE qui reprend les dispositions de l'ancien article 280 CE en supprimant la disposition restrictive selon laquelle… « ces mesures ne concernent ni l'application du droit pénal national ni l'administration de la justice dans les États membres ».

Chapitre 3 › LES COOPÉRATIONS RENFORCÉES

› L'essentiel

La question des coopérations renforcées se situe à la charnière de la structure de l'Union (géométrie variable), des compétences de l'Union (compétences à la fois élargies et limitées) et des institutions (régimes institutionnels dérogatoires). Pour des raisons de commodité il en sera question à cette place au titre du système institutionnel. Cf. infra p. 87.

Section 1 › LE RÉGIME GÉNÉRAL (art. 20 UE, arts. 326 et ss. FUE)

§ 1 - Les conditions

Les conditions autorisant le recours par quelques États à une coopération renforcée sont les suivantes, dès lors qu'elle réunit au moins **neuf États** :

- ne pas porter sur les compétences exclusives de l'Union ;
- contribuer à la réalisation des objectifs de l'Union ;
- ne pas affecter le marché intérieur, ni la cohésion économique, sociale et territoriale, ni le régime des échanges ;
- respecter les droits et obligations de tous les États ;
- rechercher un objectif qui ne peut être atteint par l'ensemble de l'Union ;
- demeurer ouverte à tous les autres États.

§ 2 - Les procédures institutionnelles

1. Les États qui souhaitent **instaurer** une coopération renforcée adressent une demande à la Commission qui peut soumettre une proposition au Conseil. Le Conseil prend une décision à la majorité qualifiée après approbation du Parlement européen.

2. Les États qui souhaitent **participer** à une coopération renforcée déjà existante notifient leur intention à la Commission et, en cas de refus de la Commission, saisissent le Conseil.

3. Une fois enclenchée, la coopération renforcée est gérée par le Conseil mais **seuls les membres participants** disposent du droit de vote qu'ils exercent à la majorité qualifiée (calcul particulier) ou à l'unanimité. Les dépenses sont à la charge de ceux-ci.

Section 2 › LES RÉGIMES PARTICULIERS

1. Une coopération renforcée dans le domaine de la PESC implique l'avis du Haut représentant pour les affaires étrangères et la sécurité et celui de la Commission.

Le Conseil doit se prononcer sur la demande (ou l'adhésion) à l'unanimité, le Parlement étant seulement tenu informé.

2. Il n'existe pas de coopération renforcée en matière de politique de sécurité et défense commune (PESD) mais d'autres mécanismes :
– la coopération structurée permanente, *cf. infra* p. 24.
– la participation à des missions en dehors de l'Union.

Note : pour l'heure la coopération renforcée est encore un mythe constitutionnel puisqu'elle n'a reçu qu'une seule application sur la compétence et le droit en matière de divorce international réunissant quatorze États.

Titre 3

LE SYSTÈME JURIDIQUE

L'ordre juridique de l'Union présente deux caractères fondamentaux et apparemment contrastés.

1. C'est un ordre juridique autonome, caractère affirmé par la Cour de justice dans les conditions examinées plus haut, p. 120. Cette autonomie comporte divers aspects :
– autonomie des **sources** du droit de l'Union ;
– autonomie des **notions** du droit de l'Union qui ne dépendent des qualifications reconnues par les droits nationaux ;
– autonomie du **règlement juridictionnel des différends** par le jeu de la Cour de justice et du Tribunal, juges d'attribution ;
– autonomie des **normes de l'Union** qui ne sauraient être mises en échec par des règles de droit interne des États.

2. C'est un ordre juridique intégré au système juridique des États membres, caractère affirmé par la Cour de justice, admis par la quasi-totalité des juridictions internes et par plusieurs constitutions.
Cette intégration revêt elle-même plusieurs aspects :
– les **sujets du droit de l'Union** sont non seulement les États membres mais aussi les particuliers ;
– les **organes nationaux**, y compris les tribunaux internes, appliquent les règles du droit de l'Union ; cette application doit être identique dans l'espace et dans le temps, sauf à contredire l'unité et l'uniformité de la règle commune.
L'intégration s'attache à la structure de l'ordre juridique de l'Union (effet direct de certaines normes, primauté de la norme communautaire sur la règle interne de sens contraire et invocabilités qui en découlent) mais elle implique, en dernière analyse, une acceptation par les juridictions internes concernées.
D'où les trois chapitres suivants : les sources du droit de l'Union (chap. 1), le contentieux de l'Union (chap. 2), les rapports du droit de l'Union et des droits nationaux (chap. 3).

Chapitre 1 › LES SOURCES DU DROIT DE L'UNION

› L'essentiel

Les normes du droit de l'Union découlent d'une pluralité de sources. Les sources écrites sont constituées par le droit originaire et le droit dérivé. Les principes généraux du droit, source non écrite, sont dégagés par le juge et ont été étendus aux droits fondamentaux individuels. Les sources conventionnelles (accords internationaux) ont une valeur supérieure au droit dérivé. Il existe aussi des sources secondaires ou complémentaires.

La hiérarchie des sources a été établie par les textes et surtout la jurisprudence. Le projet de Constitution visait à bouleverser la nomenclature des actes du droit dérivé. Le traité de Lisbonne est un peu moins novateur sur ce point.

Section 1 › LE DROIT ORIGINAIRE (OU PRIMAIRE)

Il recouvre l'ensemble des traités de base, protocoles et conventions annexes, traités et actes modificatifs, traités et actes relatifs aux adhésions. Ce sont les normes suprêmes dans l'ordre de l'Union. Les traités comportent un grand nombre de déclarations annexes qui n'ont pas un caractère obligatoire.

Comment le droit originaire s'articule-t-il avec les engagements internationaux conclus par les États membres ?

§ 1 - Les engagements conclus par les États entre eux

Les engagements conclus antérieurement cessent d'être applicables s'ils sont incompatibles avec les traités (succession de traités). L'article 350 FUE autorise des unions régionales (Benelux et Union belgo-luxembourgeoise). Les conventions conclues postérieurement sont soumises à la règle générale de l'article 4 UE : « (Les États) s'abstiennent de toutes mesures susceptibles de mettre en péril la réalisation des objectifs du traité. »

§ 2 - Les engagements conclus par les États avec des États tiers (art. 351 FUE)

1. En ce qui concerne les accords antérieurs, les États membres ne peuvent opposer à l'Union les droits qu'ils en tirent et ils doivent prendre les mesures nécessaires pour mettre fin à l'incompatibilité avec les traités européens des obligations qui en découlent pour eux en recourant à la renégociation. En effet, l'Union ne saurait entraver l'exécution par les États de leurs obligations conventionnelles. Elle n'est pas non plus liée par ces accords.

En ce qui concerne le GATT, la Cour de justice a jugé que la Communauté était liée par le GATT du fait du transfert des compétences étatiques à la Communauté : 12 décembre 1972, *International Fruit Company*. Cet effet de substitution a un caractère unique qui découle de la nature d'union douanière de la Communauté.

Toutefois le Tribunal de première instance a indiqué que la Communauté doit permettre aux États membres de se conformer aux obligations de la Charte des Nations unies, 21 sept. 2005, *Yusuf.*

Les droits des pays tiers sont préservés, selon les termes de l'article 351. À propos du contentieux relatif à l'organisation commune du marché de la banane, la Cour de justice observe que l'Allemagne n'était pas liée par le GATT avec l'Équateur, ce pays n'y ayant adhéré que postérieurement, 10 mars 1998, *T. Port Gmbh.*

2. En ce qui concerne les accords postérieurs, l'incompatibilité est réduite par plusieurs procédés :

• le transfert institutionnel des compétences aux Communautés, donc à l'Union, (accords de pêche, accords tarifaires et commerciaux…) ; les États membres sont tenus d'exécuter les accords communautaires (CJCE, 26 oct. 1982, *Kupferberg*) ;

• ou l'inclusion d'une « clause CE » dans les périodes transitoires qui permet une adaptation de l'accord au regard des obligations communautaires.

En outre, la Commission peut exercer un contrôle préventif sur les projets internationaux des États (art. 103 du traité Euratom, incidences du principe de coopération loyale).

§ 3 - L'élargissement de la portée de l'article 351 FUE (ex 307 CE)

Le problème de la compatibilité du traité avec les engagements antérieurs conclus par des États membres a été élargi du fait du développement constant du droit dérivé et des accords conclus par la communauté.

La Cour a pris un *orbiter dictum,* souvent réaffirmé : « … *il importe pour déterminer si une norme communautaire peut être tenue en échec par une convention internationale antérieure, d'examiner si celle-ci impose à l'État membre concerné des obligations dont l'exécution peut encore être exigée par les pays tiers qui sont parties à la convention* ».

La question s'est posée en matière de pêche et à propos du travail de nuit des femmes : la loi française n'était pas conforme à la directive de 1976 (CJCE, 25 juill. 1991, *Stoeckel*), mais elle était conforme à une convention de l'OIT de 1948. Saisie par voie préjudicielle, la Cour a renvoyé au juge national peu avant que la France dénonce la convention de 1948 (2 août 1993, *Lévy*).

Section 2 › LE DROIT DÉRIVÉ

Il recouvre les actes juridiques unilatéraux, pris par les institutions de l'Union au titre de leurs pouvoirs d'application des traités.

§ 1 - La typologie originelle des actes unilatéraux

La terminologie des actes unilatéraux n'était pas la même dans le traité CECA et dans les traités de Rome.

Nous retiendrons ici la typologie générale de l'article 288 FUE.

Il existe une typologie propre à l'Union économique et monétaire dont les termes ont été inspirés de la nomenclature générale. *Cf. infra* p. 296.

A. Le règlement

1. Le règlement a une portée générale

Il vise des catégories générales ou abstraites de personnes (CJCE, 14 déc. 1962, *Fédération nationale de la boucherie*) : c'est un acte normatif par excellence.
Il est **obligatoire en tous ses éléments** et, de ce fait, ne peut être appliqué de façon partielle ou sélective.
Il est **directement applicable** dans tous les États membres et produit ses effets (droits et obligations) vis-à-vis des États et des particuliers sans intervention de normes nationales. Il a donc un effet direct car il crée des droits pour les particuliers qui peuvent les faire reconnaître par le juge interne. *Cf.* p. 201.

2. Les règlements sont publiés au JO de l'Union

Cette publication les rend opposables 20 jours après ; la Cour a condamné toute pratique de reproduction des règlements par des actes nationaux (8 févr. 1973, *Comm. c/Italie*) ; les États ne peuvent arrêter que des mesures d'application s'il y a lieu.
Les autorités dotées du pouvoir réglementaire sont le Conseil, ou le Conseil et le Parlement dans les cas visés à l'article 294 FUE (procédure législative ordinaire), la Commission (dans le domaine de ses compétences propres ou par délégation du Conseil) ou la BCE. Les règlements sont hiérarchisés. Ainsi les règlements d'exécution doivent-ils être conformes aux règlements de base. Il a fallu instaurer une procédure d'information/association du Parlement pour ceux des règlements d'exécution dont le règlement de base est adopté selon la décision conjointe.

B. La directive

1. La directive lie le ou les États qui en sont destinataires

Elle leur est notifiée lorsqu'elle ne concerne pas tous les États.
Elle ne leur fixe que des **objectifs à atteindre** (obligations de résultat) leur laissant la compétence quant à la forme et aux moyens. Il s'agit donc d'un acte obligatoire, qui entre en vigueur au jour qu'il fixe, mais incomplet : il appelle des actes normatifs nationaux en vue de sa mise en œuvre et fixe à cet égard des délais. C'est la transposition de la directive.
La transposition de la directive dans le délai fixé par ses auteurs crée pour les États une obligation de recourir aux instruments les plus appropriées (normes législatives ou administratives ; une simple pratique ou tolérance administrative ne suffisent pas) afin d'assurer aux dispositions internes un effet utile, contraignant et conforme aux objectifs fixés ; elle implique, s'il y a lieu, une obligation de créer ou modifier le droit national en fonction de la directive. Une absence de transposition ou une transposition infidèle constituent un manquement d'État. La répartition des compétences entre l'Union (objectifs) et les États (moyens et forme) fait que la directive est un instrument parfaitement adapté au système de l'Union européenne.

2. La transposition n'est pas un acte de réception de la directive

D'une part, la transposition n'est pas nécessaire si le droit national répond par avance à ses prescriptions.

D'autre part, la transposition est soumise à une condition de fond, le respect rigoureux de l'obligation de résultat qu'elle contient. L'appréciation de cette condition varie selon le mode rédactionnel de la directive ; elle relève du juge national (sauf question préjudicielle en interprétation sollicitée par lui). Cette obligation d'interprétation conforme posée par la Cour de justice (10 avr. 1984, *Von Colson*) a été étendue des mesures de transposition à l'ensemble du droit national donc en dehors des seules mesures de transposition, y compris aux normes nationales antérieures à la directive (CJCE, 13 nov. 1990, *Marleasing*).
On notera aussi que, avant l'expiration du délai de transposition, la directive produit des effets tels que les États doivent s'abstenir de prendre des mesures « de nature à compromettre sérieusement le résultat prescrit par cette directive » (CJCE, 18 déc. 1997, *Inter-Environnement Wallonie*).

3. Sur certains aspects, les directives ont été rapprochées des règlements

- la pratique s'est fixée assez tôt de les publier au JO de l'Union (pour information) ; le traité sur l'Union européenne institue la **publication** obligatoire des directives conjointes (Conseil/Parlement) et de celles adressées à tous les États ; en pratique la plupart des directives sont adressées à tous les États membres ;
- leur **contenu s'est fait plus précis**, ce qui réduit sensiblement la marge de choix des États ; cependant les directives d'harmonisation dites « nouvelle approche » relatives au marché intérieur s'attachent aux seules dispositions essentielles, dans l'esprit de la subsidiarité ;
- dans certaines conditions, elles ont été reconnues comme dotées de **l'effet direct** à l'expiration du délai de transposition, ce qui ne saurait dispenser l'État de les transposer (CJCE, 6 mai 1980, *Comm. c/Belgique*). Acte non directement applicable – différence avec le règlement – elle ne peut qu'exceptionnellement produire un effet direct. D'où l'intérêt d'opérer une distinction conceptuelle entre applicabilité directe et effet direct. Sur ce point *cf.* p. 200.

4. La directive bénéficie de plusieurs formes d'invocabilité

Outre l'effet direct d'une directive et l'obligation d'interprétation conforme (indiquée plus haut), la Cour de justice a étendu, au bénéfice de la directive, « l'invocabilité » de réparation (19 nov. 1991, *Francovich* et *Bonifaci*) et, plus récemment « l'invocabilité d'exclusion » d'une norme interne contraire (19 sept. 2000, *Linster*).

C. La décision

La décision est obligatoire en tous ses éléments pour les destinataires qu'elle désigne, États (un ou plusieurs) ou particuliers. Elle leur est donc notifiée. Dans certaines conditions, la décision adressée à un État peut exceptionnellement produire un effet direct pour les particuliers. *Cf.* p. 203.

D. La recommandation et l'avis

Ce ne sont pas des actes obligatoires. L'avis exprime une opinion. La recommandation est un instrument d'action indirecte. La Commission a un pouvoir général de recommandation ; elle peut émettre des recommandations pour l'adaptation des monopoles nationaux à caractère commercial et dans la gestion de la politique monétaire.

§ 2 - La typologie des actes unilatéraux dans le projet constitutionnel et le traité de Lisbonne

Le projet de traité constitutionnel devait procéder à une révision profonde de la nomenclature des actes juridiques de l'Union qu'il convient de rapprocher de la disparition des « piliers » et de la suppression des actes spécifiques qui les régissaient (*cf.* 2e partie).

Le traité de Lisbonne reprend les catégories d'actes prévus dans la Constitution mais s'avère moins innovant quant à la terminologie.

A. Les innovations de la Constitution

1. En premier lieu, les **lois européennes** (dotées des caractères du règlement), et, les **lois-cadre européennes** (caractères de la directive), étaient qualifiées « **actes législatifs** » et soumises, sauf exceptions, à la procédure législative dite ordinaire, inspirée de la procédure de codécision Parlement/Conseil. On remarquera que la loi-cadre (comme la directive) pouvait n'être adressée qu'à certains États. Par ailleurs, étaient prévus des actes législatifs qui requièrent l'avis du Parlement (fiscalité par exemple) ou appellent une approbation du Parlement (procédure substituée à l'avis conforme). Ainsi, dans les domaines de la coopération policière ou judiciaire pénale, le poids de l'intergouvernementalisme subsistait dès lors que le Conseil, à l'unanimité et après consultation du Parlement, pouvait adopter des lois ou des lois-cadre (parquet européen, coopération policière opérationnelle entre divers services). C'est également le Conseil qui devait prendre des lois ou lois-cadre (à l'unanimité) en certaines matières concernant l'environnement : fiscalité, aménagement du territoire, approvisionnement énergétique (donc dans la ligne de l'article 175 CE).

2. En second lieu, le projet instituait des règlements européens et des décisions européennes qualifiés **actes non législatifs** : ils devaient être adoptés par le Conseil (ministres), par la Commission ou par le Conseil européen ; le Conseil européen ne prenait des « décisions » que dans seuls les cas prévus, essentiellement en matière de PESC. En matière de concurrence ou d'aides d'État la qualification de « règlement européen » autorisait leur adoption par le seul Conseil, après consultation du Parlement. Quant aux décisions, elles pouvaient désigner tantôt un acte de portée générale (ce qui était nouveau), tantôt un acte individuel.

3. De ce qui vient d'être dit, il découle que la distinction des actes législatifs et des actes non législatifs n'équivaut pas à **la séparation des fonctions législative et exécutive**. Toutefois, hormis les exceptions susmentionnées, les actes non législatifs visaient en principe à assurer l'exécution du droit législatif de l'Union.

a) Les lois ou lois-cadre européennes pouvaient confier à la Commission le pouvoir d'adopter des **règlements délégués** afin d'en assurer le complément ou la modification sur des éléments non essentiels et sous condition de fixer les objectifs, le contenu, la portée et la durée de la délégation. La clause de l'« élément non essentiel » est d'inspiration allemande. Le Parlement ou le Conseil pouvaient décider de révoquer la délégation. Le règlement délégué ne peut entrer en vigueur que si le Parlement ou le Conseil n'y font pas objection. L'origine des règlements délégués se situe aussi dans les pratiques anciennes de la Communauté et dans celles des États (ordonnances françaises par exemple).

b) Les **actes d'exécution** de droit commun relèvent de la compétence des États (position que les États ont toujours affirmée face à la Commission et instrumentalisée par le jeu de la comitologie). Dans l'hypothèse où l'exécution implique des mesures uniformes, la Commission ou le Conseil pouvaient y procéder sur habilitation de l'acte législatif. L'article 136 du projet n'excluait pas le recours aux procédures de comitologie. Le Parlement aurait éprouvé sans doute une préférence pour la procédure des règlements délégués qui lui confère plus de pouvoirs.

B. Le traité de Lisbonne

Il reprend assez largement les innovations de la Constitution mais de manière sélective.

1. Les auteurs du traité ont voulu revenir à la terminologie classique : règlement, directive, décision. Ceci afin d'expurger du texte toute sémantique constitutionnelle. Ce sont toutefois des actes qualifiés « **législatifs** » adoptés selon :
– la *procédure législative ordinaire*, par le Parlement et le Conseil, sur proposition de la Commission ; *cf. supra* p. 146.
– ou une *procédure législative spéciale*, par le Conseil avec la participation du Parlement (avis ou approbation), plus rarement par le Parlement avec la participation du Conseil. *Cf. supra* p. 147.
La PESC n'est pas régie par des actes législatifs.

2. Parmi les **actes non législatifs**, il en est qui sont directement fondés sur les traités (ex : la concurrence). Deux catégories d'actes non législatifs sont institués dans le traité :

• des **actes délégués** : un acte unique législatif délègue à la Commission le pouvoir d'adopter un acte non législatif de portée générale ; le régime applicable est celui du règlement délégué prévu dans la Constitution (*cf. supra* A) mais l'acte délégué n'est pas nécessairement un règlement ;

• des **actes d'exécution** qui ne peuvent compléter ou modifier certains éléments des actes législatifs mais seulement les mettre en œuvre lorsque des mesures uniformes d'exécution par la Commission s'imposent ; le maintien de la comitologie est donc affirmé. Ces actes d'exécution peuvent mettre en œuvre des actes « juridiquement contraignants », y compris des actes délégués. *Cf. supra* p. 151.

§ 3 - Le régime juridique des actes unilatéraux

1. En général les traités indiquent selon quelle **catégorie** d'actes les mesures d'application doivent être prises car la question concerne les compétences respectives de l'Union et des États. Dans le cas contraire, les organes de direction ont la possibilité de choisir dans certaines limites.

2. Le choix de la base juridique des actes dérivés détermine la compétence de l'Union et les pouvoirs des institutions. La base juridique a provoqué de nombreux litiges.

a) Certains de ces litiges ont un caractère institutionnel. La Cour de justice tend à faire prévaloir :

• *la plus forte participation du Parlement européen,* donc la procédure de coopération plutôt que la procédure de consultation, la procédure de codécision plutôt que toute autre. Dans une affaire *Dioxyde de Titane*, à propos de la pollution par déchets, 11 juin 1991 (*Comm. c/Conseil*) la Cour retient l'ancien article 100 A (harmonisation des législations nationales dans le marché intérieur) et écarte l'ancien article 130 S (relatif à la politique de l'environnement) en observant que l'environnement est inclus dans le rapprochement des législations ;

• *l'application de la majorité qualifiée* au Conseil, plutôt que l'unanimité. Ex. : 23 février 1988, *Royaume-Uni c/Conseil* (application de l'ancien article 43 CE et non de l'article 100 CE) ; 26 mars 1987 *Comm. c/Conseil* : l'ancien article 113 sur la politique commerciale est la base juridique adéquate du règlement SPG (Système de préférences généralisées), et non l'article 235 qui exige l'unanimité.
L'extension de la codécision a eu pour effet de restreindre les hypothèses de conflit institutionnel.

b) D'autres litiges (et parfois les mêmes) ont un caractère fonctionnel : le choix de la base dépend de la **finalité de l'acte**. La Cour de justice retient la théorie de l'objectif principal. Exemples : un acte soumettant l'admission en libre pratique au respect des normes radioactives relève de la politique commerciale commune et non de la politique de l'environnement (29 mars 1990 *Grèce c/Conseil*).
Toutefois, dans quelques rares cas, la Cour est conduite à appliquer la théorie du double objectif équivalent.

3. La Cour de justice a jugé que la nature d'un acte unilatéral dépend de son objet et de son contenu et non pas de la dénomination que lui a donnée son auteur ; elle fait donc prévaloir **le critère matériel** sur le critère formel.

4. Les règlements, décisions et directives doivent être **motivés**, (art. 296 FUE) ce qui facilite le contrôle de légalité par la Cour : visas (bases juridiques), avis, motifs de droit et motifs de fait. Mais l'étendue de l'obligation de motiver varie selon la nature juridique des mesures en cause. L'absence de motivation constitue la violation d'une formalité substantielle.

5. Les règlements et les directives obligatoirement publiées entrent en **vigueur**, sauf dispositions spéciales ou entrée en vigueur immédiate, vingt jours après leur publication au Journal officiel de l'Union européenne, les autres actes à partir de leur notification. Le régime de publicité varie donc selon la nature de l'acte.

6. Les actes de l'Union produisent des **effets immédiats**, mais ne peuvent régir les situations établies sous l'empire de la législation précédente sauf mise en jeu de la responsabilité de l'Union pour violation de la confiance légitime des opérateurs économiques (CJCE, 14 mai 1975, *CNTA c/Comm.*). En principe ils ne peuvent faire l'objet d'une application rétroactive sauf exceptions limitées :
– règles de procédure ;
– s'il convient de combler un vide juridique, ainsi après l'annulation d'une directive, CJCE, 13 nov. 1990, *The Queen c/Ministry of Agriculture* ;
– si « le but à atteindre l'exige et lorsque la confiance légitime des intéressés est dûment respectée » (CJCE, 25 janv. 1979, *Racke*).

7. Compte tenu des différences entre le droit français et le droit allemand, la Cour de justice a élaboré une **théorie du retrait** des actes dérivés : si l'abrogation ne produit d'effet que pour l'avenir, le retrait a un effet rétroactif. Le retrait ne peut intervenir que dans un délai raisonnable, qu'il s'agisse d'actes créateurs ou non créateurs de droits ; en ce qui concerne les actes créateurs de droit, le retrait n'est possible que pour illégalité et s'il est justifié par un intérêt public.

Section 3 › LE DROIT CONVENTIONNEL

§ 1 - Les accords internes

Ce sont des accords conclus entre États membres, dans le prolongement des dispositions des traités.

1. Certains accords sont **prévus par les traités** eux-mêmes. Les uns faisaient partie du droit communautaire : ainsi l'accord du 20 mars 1960 qui fixait les droits de douane applicables à des produits « sensibles » était prévu dans l'article 20 CEE. D'autres conventions ont un lien plus ou moins relâché avec le droit de l'Union et relèvent du droit international complémentaire (*cf.* sect. 5).

2. À ces accords s'ajoutent les **« décisions des représentants des gouvernements des États réunis au sein du Conseil »**. Ce sont des actes quasi-conventionnels, ils pourraient être soumis à la procédure de ratification dans chaque État et échappent, sauf inclusion d'une clause compromissoire, au contrôle de la Cour.

§ 2 - Les accords internationaux

1. La Communauté, et désormais l'Union, conclut des accords externes avec des États tiers ou des organisations internationales sur la base de ses compétences explicites, implicites ou subsidiaires (*cf. infra* p. 303 et s). *Dès leur entrée en vigueur les accords font partie de l'ordre juridique de l'Union*. Il en découle que la Cour de Justice s'est déclarée compétente pour les interpréter, notamment par la voie du renvoi préjudiciel (30 avr. 1974, *Haegeman*).

2. Dans les cas d'un *accord mixte* conclu à la fois par l'Union et par les États (hypothèse de compétences partagées), la Cour exerce la compétence d'interprétation sans qu'il soit nécessaire d'opérer une distinction entre la partie de l'accord relevant de la compétence de l'Union et celle relevant de la compétence étatique ou selon que la disposition s'applique à des situations relevant du droit de l'Union ou du droit national (CJCE, 16 juin 1998, *Hermès* ; 14 déc. 2000, *Christian Dior*). Leur violation peut aussi être sanctionnée par un recours en manquement.

3. La Cour interprète également les actes pris par les organes institués par certains accords externes, tel un accord d'association, 20 sept. 1990, *Sevince*.

4. L'insertion des accords internationaux conclus par l'Union parmi les sources du droit de l'Union soulève plusieurs questions désormais résolues :
– leur place dans la hiérarchie normative, *cf.* section 6, à suivre ;
– l'effet direct et l'invocabilité qui s'y attache, *cf.* p. 203.

Section 4 › LES PRINCIPES GÉNÉRAUX DU DROIT

Ce sont des sources non écrites du droit de l'Union. Si la jurisprudence de la Cour n'est pas formellement une source du droit, puisque ses décisions n'ont en principe que l'autorité de chose jugée, il revient au juge de dégager les principes généraux du droit : c'est un des aspects de sa *fonction quasi normative*. Les principes généraux sont le produit des méthodes d'interprétation mises en œuvre par le juge (texte, contexte, finalités) de manière systématique.

§ 1 - Les catégories de principes généraux

Tout essai de catégorisation n'a qu'une portée relative.

1. Si la Cour de justice a écarté certains principes généraux de droit international comme incompatibles avec la structure juridique des Communautés (notamment l'exception de réciprocité dans l'exécution des obligations étatiques), elle se réfère à certains d'entre eux (tel le principe de territorialité). Ainsi, à propos des ententes conclues entre des entreprises extérieures, CJCE, 27 septembre 1988, *Ahlström c/Comm.* Dans une affaire de concessions tarifaires accordées à l'Autriche, le juge a choisi de combiner le principe de la bonne foi (droit international) et celui de la confiance légitime (droit communautaire) : c'est un indicateur de sa préférence pour des principes d'origine interne ; TPI, 22 janvier 1997, *Opel Austria*.

2. La Cour se réfère à des principes axiomatiques inhérents à divers systèmes juridiques organisés : le principe de sécurité juridique, le principe de la confiance légitime en la réglementation existante (15 mai 1975, *CNTA*), le respect des droits de la défense, le principe de légalité, celui de la bonne foi.

3. Elle a dégagé **des principes propres au système communautaire,** donc aujourd'hui au système de l'Union, à partir des dispositions écrites du traité : non-discrimination selon la nationalité (art. 18 FUE), non-discrimination selon le sexe ; libre circulation ; préférence communautaire (du moins dans une phase initiale) ; principe de l'équilibre institutionnel ; principe de coopération loyale (art. 4 UE) ; principe de proportionnalité.

4. La Cour induit certains **principes à partir des droits des États membres :** égalité devant la réglementation, retrait des actes administratifs, principe de la hiérarchie des normes, enrichissement sans cause, principe général du **droit à un recours juridictionnel** devant les juges nationaux (15 mai 1986, *Johnston*). Il arrive que la Cour s'appuie sur un principe reconnu dans certains États seulement, notamment lorsque les droits internes de référence sont les plus avancés. Ainsi, le principe de dignité en droit allemand, CJCE, 14 oct. 2004, *Omega*.

Il apparaît que certains principes relèvent de plusieurs de ces catégories.

Leur sélection est opérée en conformité avec « la structure et les objectifs » de l'Union dans le champ fonctionnel des traités. Les principes généraux du droit s'imposent aux actes du droit dérivé et aux États lorsqu'ils procèdent à la mise en œuvre du droit de l'Union.

§ 2 - Les droits fondamentaux individuels

Il s'agit d'une catégorie particulière de principes généraux (CJCE, 12 nov. 1969, *Stauder*) dont la nécessité s'est faite jour après que l'ordre juridique communautaire a été rénové par la primauté et l'effet direct. La protection des particuliers dans l'ordre juridique communautaire se devait d'être au moins équivalente à celle dont ils bénéficient dans l'ordre juridique interne des États.

1. Certains sont tirés du **droit primaire écrit** : non-discrimination, libertés instituées par les traités, droits de la citoyenneté européenne. Le traité de Lisbonne inscrit des « principes démocratiques » de portée générale et quelques principes plus spécifiques (droit d'accès aux documents, protection des données à caractère personnel, principe de transparence…).

2. Au cours de la vie des traités, certaines juridictions (allemandes et italiennes principalement) ont marqué leur résistance à l'application des règles de droit communautaire lorsque celles-ci portent atteinte aux droits fondamentaux individuels reconnus par le droit constitutionnel interne. Cette position était en Allemagne une application de la théorie dite de la « congruence structurelle », selon laquelle le droit communautaire ne peut contredire le droit constitutionnel interne.

3. Afin de briser cette résistance, la Cour de justice a indiqué qu'elle assurera elle-même le respect des droits fondamentaux, dans le cadre de la structure des Communautés, en s'inspirant :

• des **traditions constitutionnelles communes** aux États membres (arrêt de principe du 17 déc. 1970, *Internationale Handelsgesellschaft*) ; la référence à ces traditions a un caractère souple : elle permet au juge de transcender les classifications en vigueur dans les systèmes juridiques internes et de retenir, là où elle existe, la garantie la plus élevée sans avoir à rapporter la preuve de son caractère intégralement commun ;

• des **instruments internationaux** relatifs aux droits de l'homme auxquels les États membres ont souscrit : Convention européenne des droits de l'homme (14 mai 1974, *Nold* ; 28 nov. 1975, *Rutili* ; 13 déc. 1979, *Hauer*), Conventions de l'OIT (15 juin 1978, *Dlle Defrenne*), et toutes autres conventions régionales ou universelles.

Progressivement, **la Convention européenne des droits de l'homme** est devenue la source d'inspiration principale car elle dispense le juge de rechercher des principes communs aux États, ceux-ci étant identiquement liés par les dispositions de la Convention. Les mécanismes de sélection des règles conventionnelles et leur transformation en principes généraux du droit de l'Union font que l'Union n'est qu'indirectement liée par les règles de la Convention. Applications :

– la libre circulation des personnes (pour certains aspects) ;
– le libre exercice des activités professionnelles ;
– la liberté d'expression et d'information ;
– le respect de la vie privée et familiale, du domicile et de la correspondance ;
– la non-discrimination religieuse ;
– le droit de propriété ;
– la non-rétroactivité en matière pénale ;
– le droit à un procès équitable ;
– le droit à un recours juridictionnel. *Cf. infra,* p. 208.

L'intérêt général de l'Union (intérêt public) peut imposer certaines limites aux droits fondamentaux.

Le traité fondateur de l'Union européenne prend acte de cette jurisprudence en renvoyant à la Convention européenne des droits de l'homme et aux traditions constitutionnelles communes aux États membres en tant que principes généraux du droit de l'Union (art. 6 § 3 UE). Le traité d'Amsterdam énonce en outre certains principes fondamentaux de l'État de droit que doivent respecter les membres (sous peine de suspension éventuelle de certains de leurs droits) et les candidats à l'adhésion. *Cf. supra* p. 96.

Note : vers la « constitutionnalisation » des droits fondamentaux.

Il s'agissait plus exactement de l'inclusion dans le projet de traité constitutionnel de la partie II qui reprend la Charte des droits fondamentaux (54 articles) déjà élaborée par une précédente Convention. Sur ce point et notamment les articulations avec la CEDH *cf. supra,* p. 53.

Cette inclusion était circonscrite *a priori* par la clause selon laquelle les compétences de l'Union ne sauraient être élargies par voie de conséquence. Elle soulève plusieurs questions :

– la diversification normative des droits fondamentaux : normes de droit originaire pour ceux inclus dans la Charte, principes généraux du droit pour ceux dégagés par la Cour de justice, normes conventionnelles dès lors que l'Union sera conduite à adhérer à la Convention européenne des droits de l'homme ;

– l'extension de la compétence de la Cour de justice.

Pour l'heure le sort de la Charte est l'objet du traité de Lisbonne qui lui reconnaît « la même valeur juridique que les traités » sans l'intégrer au traité de Lisbonne.

La multiplication des textes écrits – et la future adhésion à la CEDH – rendent moins nécessaire qu'auparavant la théorie prétorienne des droits fondamentaux.

Section 5 › LES SOURCES COMPLÉMENTAIRES

On retiendra ici quatre catégories de sources complémentaires.

§ 1 - Les sources institutionnelles

1. Les **règlements d'ordre interne** ont un caractère organique, ils assurent le fonctionnement des institutions. Certains sont prévus par les traités, tels les règlements intérieurs des institutions ou des organes ; d'autres sont établis à l'occasion de la création d'organes auxiliaires, par exemple les Agences.

2. Les institutions, surtout le Conseil, prennent des « décisions » qui n'ont pas de destinataire : ce sont des actes institutionnels ou intérieurs.

3. Les **accords interinstitutionnels** (ou déclarations interinstitutionnelles) réalisent des ajustements des compétences des institutions le plus souvent en faveur du Parlement ; ces ajustements interviennent dans le champ :

– de la procédure budgétaire (définition des dépenses obligatoires, « trilogue » institutionnel, discipline budgétaire) ;
– de la procédure de concertation, liée à la précédente et initiée par la déclaration commune du 4 mars 1975 ;
– de la procédure législative (code de conduite Parlement-Commission du 14 mars 1995) ;
– des procédures d'exécution : *modus vivendi* du 20 déc. 1994, révisé par un accord du 10 octobre 2000 entre le Parlement et la Commission ;
– ou encore de l'application du traité (statut du médiateur, enquête parlementaire).

Certains accords anticipent le droit originaire : l'accord sur la mise en œuvre de la subsidiarité du 25 octobre 1993, la déclaration du même jour sur la transparence, la déclaration commune du 5 avril 1977 sur les droits fondamentaux.

• **Leur portée juridique** a pu être discutée, elle varie selon leur contenu. La Cour de justice dans certaines affaires a jugé qu'ils obligeaient les institutions (27 sept. 1988, *Grèce c/Conseil*) et que la violation d'un arrangement sur la procédure au sein de la FAO conclu le 19 déc. 1991 par le Conseil et la Commission entraînait l'annulation d'une décision du Conseil (19 mars 1996, *Comm. c/Conseil*).

• **Le fondement** des accords a été recherché dans les pouvoirs d'organisation interne des institutions ou dans l'obligation de coopération loyale entre les institutions. Au traité de Nice est annexée une *déclaration sur l'ex article 10 CE* qui comporte, à la lueur de cet article, une reconnaissance des accords interinstitutionnels conclus par les trois institutions : il s'agit moins du fondement des accords que de la source de leur caractère obligatoire. Le traité de Lisbonne va dans le même sens : art. 295 FUE.

Note : il a paru possible à certains auteurs d'admettre l'existence de coutumes constitutionnelles, tels le vote à l'unanimité au sein du Conseil, la pratique des déclarations ou accords interinstitutionnels. Dans le premier exemple choisi, cette analyse, fondée sur les arrangements de Luxembourg, est caduque depuis l'Acte unique. Dans le second, il s'agirait plutôt de « conventions de la constitution ».

§ 2 - Les actes atypiques

Ce sont des *déclarations, résolutions, programmes d'action* émanant du Conseil (et du Conseil européen) qui n'ont pas force obligatoire mais une valeur déclarative ou programmatoire (CJCE, 24 oct. 1973, *Schlüter*). Ils s'inscrivent parfois dans une hiérarchie de normes et acquièrent ainsi une valeur-réflexe. Exemple : les programmes généraux du Conseil en matière de liberté d'établissement s'inséraient entre les dispositions du traité CEE et les directives d'application. Une délibération peut constituer un acte qui entre dans le système législatif du traité (CJCE, 31 mars 1971, *Comm. c/Conseil*) en produisant des « effets de droit ».

Les *communications de la Commission* ont un caractère doctrinal mais dans certains cas elles peuvent produire des effets de droit (ex. : code de conduite sur le contrôle des fonds structurels, CJCE, 13 nov. 1991, *RF c/Comm.*).

§ 3 - Les sources extérieures

1. Le droit international s'applique à l'Union de plusieurs manières :
– pour les principes généraux du droit international, *cf. supra,* sect. 4 ;
– la Cour de justice opère un renvoi aux règles de droit international, y compris pour déterminer les compétences de la Communauté : sur la pêche en haute mer, 14 juillet 1976, *Kramer* ;
– la personnalité juridique internationale de l'Union, et la conclusion d'accords externes par l'Union, font qu'elle est soumise aux règles de droit international ; *cf. supra*, sect. 3 ;
– la responsabilité internationale de l'Union peut être engagée du fait du non-respect de ses obligations vis-à-vis d'États tiers ;
– l'Union est soumise au respect du droit international général et notamment du droit coutumier. À propos d'un règlement communautaire contesté sur la base de la violation des règles coutumières relatives au changement fondamental de circonstances, CJCE, 16 juin 1998, *A. Racke* ;
– l'Union est compétente pour assurer l'exécution des résolutions portant sanctions du Conseil de sécurité des Nations unies non seulement vis-à-vis des pays tiers (art. 215 FUE) mais aussi vis-à-vis des particuliers (art. 75 FUE) du fait de la mise à disposition de l'Union des potentialités de l'article 352 FUE (compétences subsidiaires) ; en effet dans un arrêt du 21 septembre 2005, *Yusuf et alii c/Conseil et Comm.,* le Tribunal de première instance des Communautés a réaffirmé le principe de *primauté de la Charte des Nations unies. Toutefois les juges communautaires ont souligné la nécessité de respecter les droits fondamentaux.*

2. La Cour de justice n'applique pas et ne vérifie pas la légalité interne des actes juridiques nationaux. Il existe cependant, en dehors des principes généraux communs aux droits des États membres, des cas de **renvoi au droit national**. Exemples : responsabilité contractuelle de l'Union lorsqu'elle est régie par une loi nationale, étendue de sa capacité juridique interne sur le territoire d'un État, régime des agents de droit local.

§ 4 - Le droit international complémentaire

1. L'article 293 du traité (CE) aujourd'hui abrogé appelait la conclusion de conventions par les États membres dans des domaines extra-communautaires (protection des personnes, double imposition, reconnaissance mutuelle des sociétés, exécution des décisions de justice). Tel fut l'objet de la **convention de Bruxelles du 27 sept. 1968** concernant la compétence judiciaire et l'exécution des décisions en matière civile et commerciale, complétée par le protocole du 3 juin 1971 qui instaure une quasi-question préjudicielle au profit de la Cour. *La convention a été remplacée par un règlement* (R. 44/2001 du Conseil, 22 déc. 2000). Également la convention du 29 février 1968 sur la reconnaissance mutuelle des sociétés (non ratifiée), la convention du 23 juillet 1990 sur l'élimination des doubles impositions.

2. Plusieurs conventions ont été conclues sans que le traité les ait prévues : la convention de Rome du 19 juin 1980 sur la loi applicable aux obligations contractuelles (et protocoles sur la compétence de la Cour) désormais remplacée par un règlement (17 juin 2008).

Les accords de Schengen (convention du 14 juin 1985 et convention d'application du 19 juin 1990) qui visaient le libre franchissement des frontières intérieures et le renforcement des contrôles aux frontières extérieures n'étaient pas sans liens avec le droit communautaire : ouverts aux États membres, ils posent le principe de primauté de celui-ci. Sur l'intégration des accords dans les traités, *cf. supra* p. 86 et s.

3. De très nombreuses conventions ont été conclues sur la base du 3e pilier du traité sur l'Union dont la convention Europol du 26 juillet 1995, la convention de 1998 (dite Bruxelles II) sur la reconnaissance et l'exécution des décisions en matière matrimoniale, les (deux) conventions de 1995 et 1996 relatives à la procédure simplifiée d'extradition et à l'extradition. Toutes les dispositions conventionnelles relatives à l'extradition ont été remplacées par le mécanisme du *mandat d'arrêt européen* créé par la décision-cadre du Conseil du 13 juin 2002.

4. En application du traité d'Amsterdam, les conventions (notamment en matière de coopération judiciaire civile) avaient été transformées en règlements ou directives, conformément aux bases juridiques découlant du nouveau titre IV du traité CE.

Une large partie du droit international complémentaire a, désormais, vocation à entrer dans le droit de l'Union du fait de la disparition du 3e pilier sur la coopération judiciaire pénale et policière.

Ce mouvement conventionnel aura permis de faire émerger un droit international privé, incluant la libre circulation des décisions de justice dont la Cour européenne des droits de l'homme fait un élément du procès équitable (19 mars 1997, *Hornsby c/Grèce*).

Section 6 › LA HIÉRARCHIE DES SOURCES (ET DES NORMES) DU DROIT DE L'UNION

La hiérarchie des sources a été établie par la jurisprudence :

- droit originaire ;
- principes généraux du droit ;
- accords internationaux ;
- droit dérivé ;

– actes de base,
– actes d'exécution.

1. Le droit originaire a été qualifié de « *charte constitutionnelle d'une communauté de droit* » (*Les Verts*, précité). Dans le cadre du droit originaire, il existe des *indices de hiérarchisation* : Influence de l'article 3 UE sur les actions de l'Union en tant que directive générale d'interprétation, distinction entre *lex generalis* et *lex specialis*…

2. Les principes généraux du droit sont établis entre le droit originaire et le droit dérivé, mais certains principes généraux sont, vu leur formulation ou leur objet, incorporés au traité. L'insertion de la Charte des droits fondamentaux dans le projet de traité constitutionnel allait dans le même sens de même que le renvoi à la Charte par le traité de Lisbonne. Les principes généraux du droit s'imposent aux accords conclus par l'Union. Ainsi, la violation du principe de non-discrimination entre les opérateurs permet-elle l'annulation de la décision concernant la conclusion de l'accord-cadre sur les bananes, CJCE, 10 mars 1998, *RFA c/Conseil*.

Dans un arrêt Yassin Kadi et Al Barakaat International, 3 sept. 2008, la Cour a fait prévaloir les droits fondamentaux sur un règlement par lequel la Communauté mettait en œuvre une résolution du Conseil de sécurité à l'encontre d'Al Quaïda.

3. Les accords internationaux sont donc soumis aux sources précédentes et s'imposent au droit dérivé sur la base de l'article 216 FUE : « Les accords conclus par l'Union lient les institutions de l'Union et les États membres » et d'une jurisprudence constante :
• contrôle de la Cour *a priori*, par voie d'avis consultatif ; contrôle *ex post* de la compatibilité de l'accord avec le traité (d'où l'annulation possible d'un acte concernant la conclusion de l'accord s'il s'avère contraire aux règles de compétence et de fond posées par le traité) ;

• *prévalence des accords sur le droit dérivé sous la condition de l'invocabilité des accords* ; tel n'est pas le cas, selon la Cour, des accords GATT (*International Fruit*, 12 déc. 1972) et OMC (*Portugal c/Conseil*, 23 nov. 1999) à moins qu'un acte communautaire renvoie explicitement à cet accord (22 juin 1989, *Fediol*) ou que la Communauté ait entendu exécuter spécifiquement une obligation contenue dans cet accord (7 mai 1991, *Nakajima*). L'accord anti-dumping OMC ne peut être invoqué à l'encontre d'un règlement reconnu contraire à l'OMC par l'organe de règlement des différends, CJCE, 27 sept. 2007, *Ikea Ltd*.

4. La hiérarchie propre aux *actes dérivés* n'est pas clairement établie compte tenu de la dualité instrumentale (règlement/directive), de l'absence de différenciation (domaine législatif/domaine réglementaire), de la diversité des procédures législatives associant le Conseil et le Parlement. Une hiérarchie plus nette aurait pu découler de l'insertion de « lois » (adoptées en codécision Parlement-Conseil) dont l'exécution aurait été confiée à la Commission (application européenne) et aux États (application nationale). La hiérarchie existante, purement matérielle, ne concerne que :
– les actes généraux et les actes individuels ;
– les règlements de base et les règlements d'exécution.
Le traité de Lisbonne introduit toutefois une distinction, et donc une orientation hiérarchique, entre actes législatifs et actes non législatifs.

Note : la question a été posée de savoir s'il existait des dispositions (ou principes fondamentaux) supraconventionnelles, donc insusceptibles de révision. La Cour qui avait donné une réponse positive dans son premier avis sur l'Espace économique européen (1/91, 14 déc. 1991) n'a pas eu l'occasion de confirmer sa position. *Cf.* a contrario, *l'avis 2/94* sur l'adhésion de la Communauté à la CEDH.

Hiérarchie des normes

Droit originaire
↓
Principes généraux du droit
↓
Accords internationaux
↓
Droit dérivé

POUR ALLER PLUS LOIN

BIBLIOGRAPHIE :

› R. Kovar, *Les actes juridiques unilatéraux*, Répertoire Dalloz.

› J. Rideau, *La fonction législative dans les Communautés européennes*, Revue des affaires européennes, 1995.

› D. Simon, *La directive européenne*, Dalloz, 1997.

Chapitre 2 › LE CONTENTIEUX DE L'UNION

› L'essentiel

1. *Le contentieux de l'Union est* ***partagé entre les juridictions nationales et les juridictions de l'Union****. Ce partage est essentiel car les juridictions internes sont les juges naturels des litiges relatifs à l'application du droit de l'Union, les juridictions de l'Union exerçant le contrôle juridictionnel qui leur est attribué par les traités. Un mécanisme de liaison entre les juridictions internes et la Cour a été institué par le renvoi préjudiciel : le juge interne peut poser à la Cour une question préjudicielle dont la solution contribue au règlement du litige en cours. Cf. sect. 5. L'article 19 UE met à la charge des États l'établissement des recours nécessaires pour un protection juridictionnelle effective dans le champ du droit de l'Union.*

2. *L'ensemble des voies de recours forme* ***un système contentieux*** *:*

- *l'****autonomie*** *des voies de recours est commandée par leur objet, l'auteur et la recevabilité des recours, les pouvoirs dont dispose le juge ;*
- *selon les* ***pouvoirs des juridictions****, on distingue le contentieux de l'annulation, de la déclaration d'illégalité, le contentieux de pleine juridiction, l'examen des questions préjudicielles. Selon l'****objet du contrôle****, le contentieux de la légalité et celui de la réparation. Il conviendra de retenir une autre classification, plus fonctionnelle, selon la nature des recours ;*
- *mais il existe une* ***interdépendance*** *entre les voies de recours. La question préjudicielle en appréciation de validité d'un acte dérivé complète l'exception d'illégalité et le recours en annulation ; lorsqu'elle porte sur l'interprétation elle permet aux particuliers de faire apparaître un manquement d'État (voie de recours qui ne leur est pas ouverte) ; il existe des liens entre le recours en annulation et le recours en carence, l'invalidité d'un acte et l'existence d'une faute susceptible d'engager la responsabilité de l'Union.*

La Cour a relevé un « système complet de voies de recours » (Les Verts, 23 avr. 1986).

Section 1 › LES JURIDICTIONS DE L'UNION

Organe chargé du contrôle juridictionnel, la Cour de justice de l'Union européenne doit « assurer le respect du droit dans l'interprétation et l'application » des traités, selon la formule de l'article 19 UE. Elle comprend la Cour de Justice stricto sensu et le Tribunal, qui n'est pas une « institution » de l'Union au sens formel, est adjoint à la Cour. Toutefois, le traité de Nice l'associe à la Cour et autorise un développement éventuel de ses compétences. Elle comprend aussi les tribunaux spécialisés, créés ou à venir.

§ 1 - Organisation et articulation

1. La Cour de justice est composée de 27 juges – un juge par État – et de 8 avocats généraux nommés pour six ans d'un commun accord par les gouvernements qui pourront augmenter le nombre des avocats généraux. Un comité composé de personnalités reconnues donne un avis sur la qualité des postulants (art. 255 FUE). Les juges et avocats généraux sont partiellement renouvelés tous les trois ans. Les juges et les avocats généraux sont soumis à certaines incompatibilités et bénéficient d'immunités.

La Cour siège en grande chambre lorsqu'un État ou une institution le demande ou en chambres de 3 ou 5 juges afin d'accélérer le travail judiciaire. Le protocole sur le statut de la Cour prévoit une assemblée plénière dans quelques cas (démission d'une autorité importante ou examen d'une affaire d'une importance exceptionnelle). Les avocats généraux présentent des conclusions motivées sur les affaires soumises à la Cour ; la représentation des parties est assurée par des agents pour les États et les institutions, par des avocats pour les personnes physiques et morales.

2. L'Acte unique européen avait prévu que le Conseil, après consultations, pourrait créer une juridiction de première instance pour connaître de certains recours à l'exclusion des affaires soumises par les États, les institutions et des questions préjudicielles.

Le traité fondateur de l'Union européenne avait levé cette limitation théorique pour les recours des États ou des institutions ; mais les questions préjudicielles restent dévolues à la Cour. En outre, sa compétence est fixée par le Conseil, sur demande de la Cour : le Conseil a quelque peu étendu la compétence du Tribunal aux recours des États.

Le Tribunal a donc été créé par une décision du Conseil le 24 octobre 1988. Il est composé de 27 membres – un membre par État au moins – répartis en chambres. Sa compétence, limitée en 1988 aux litiges de fonction publique, et aux recours des personnes physiques et morales en matière de concurrence, a été étendue par la décision du 8 juin 1993, complétée en 1994, à **l'ensemble des recours formés par des personnes physiques ou morales**. Cette division du travail judiciaire est compensée par la possibilité d'un *pourvoi sur les questions de droit* formé devant la Cour par les parties ayant succombé, et tous États et institutions.

3. Le traité de Nice a procédé à un **élargissement des compétences du Tribunal**. Il s'agit pour l'heure d'un élargissement potentiel.

• En premier lieu, le traité consolide sa *compétence de première instance* pour les recours en annulation, en carence, en responsabilité de l'Union et en matière de fonction publique. Mais le protocole sur le statut de la Cour réserve à celle-ci les recours formés par les institutions et les États, à l'exception des recours d'un État contre la Commission, tandis que les recours en manquement d'État continuent de relever de la seule compétence de la Cour.

• En second lieu, le Tribunal pourrait être compétent pour connaître des questions préjudicielles « dans des matières spécifiques déterminées par le statut » mais ces matières ne sont pas encore fixées. Le Tribunal pourra renvoyer l'affaire à la Cour *a priori* et ses décisions préjudicielles pourront *a posteriori* être examinées par la Cour, et cela dans certaines hypothèses afin d'assurer l'unité et la cohérence du droit de l'Union.

• En troisième lieu, le traité a prévu que le Conseil pourra créer, sur proposition de la Commission ou sur demande de la Cour de justice, des *chambres juridictionnelles* pour juger en première instance des recours dans des matières spécifiques. Ces chambres sont dénommées « tribunaux spécialisés » dans le traité de Lisbonne. Dès lors, le Tribunal pouvait connaître des décisions de ces chambres soit en appel, soit sur un pourvoi limité aux questions de droit. Encore les arrêts du Tribunal pourraient-ils faire l'objet d'un réexamen par la Cour de justice au nom de la cohérence du droit de l'Union. En novembre 2004 a été créé le *Tribunal de la fonction publique*. D'autres pourraient l'être en matière de marque.

Note : le traité de Lisbonne procède à une nouvelle présentation des juridictions, sans toucher au statut de la Cour. La *Cour de justice de l'Union européenne* comprend :
– la *Cour de justice* ;
– le *Tribunal* (ex. Tribunal de première instance) ;
– les *tribunaux spécialisés*.

§ 2 - La procédure devant la Cour et le Tribunal

1. La Cour et le Tribunal élaborent leurs règlements de procédure, ce dernier en accord avec la Cour . Ils sont approuvés par le Conseil, à la majorité qualifiée depuis le traité de Nice. La **phase écrite** s'ouvre par la saisine par voie de requête, un échange de mémoires, elle s'achève par une instruction ; la **phase orale** comporte l'audition du juge rapporteur, des représentants des parties, des experts, les conclusions de l'avocat général devant la Cour. Les membres du Tribunal peuvent faire office d'avocat général ; ultérieurement des avocats généraux pourront être institués. Il existe vingt-trois langues de procédure mais une seule est retenue pour une affaire (langue du défendeur en principe) et le français est encore la langue de travail de la Cour lors du délibéré. L'arrêt rendu en audience publique a force exécutoire sur le territoire des États membres. Il n'y a pas d'opinions individuelles ou dissidentes.

2. La **procédure préjudicielle** présente des caractères particuliers : pas de litige, pas de parties ; participent à la procédure par leurs observations : les parties en cause devant la juridiction nationale, les États, la Commission…

Il existe des **procédures spéciales** : sursis à exécution d'un acte ; mesures provisoires (la juridiction prononce des ordonnances qui ne préjudicient pas au principal) ; intervention ouverte aux États, aux institutions, aux particuliers ; opposition, tierce opposition ; révision ou interprétation d'un arrêt déjà prononcé. La **procédure d'intervention**, plus ouverte aux États et aux institutions qu'aux particuliers leur permet de faire respecter la légalité (Commission) ou d'indiquer leurs préférences (États au soutien du demandeur ou du défendeur).

§ 3 - Les fonctions de la Cour et du Tribunal

a) La Cour exerce une fonction consultative : elle rend des avis sur les propositions de révision des traités et sur la compatibilité des accords externes avec les traités (art. 218 § 11 FUE). Elle a beaucoup contribué, à ce titre, à fixer les compétences externes de l'Union ; *cf. infra*, p. 304.

b) La Cour et le Tribunal exercent une fonction contentieuse : ils ne disposent que de compétences d'attribution, car les juridictions nationales sont les juges naturels du contentieux de l'Union.

La Cour et le Tribunal exercent plusieurs fonctions :

– juridiction internationale par le règlement des différends entre États dans le champ des traités,

– juridiction administrative à travers les recours contre les actes de l'Union, (légalité ou responsabilité),

– juridiction constitutionnelle par la régulation des compétences entre l'Union et les États, ou des pouvoirs des institutions.

c) La Cour, par les renvois préjudiciels, assure l'unité d'interprétation du droit de l'Union et une coopération judiciaire avec les juridictions internes. Cependant cette unité était affectée par les limites imposées par le traité d'Amsterdam en matière de « visas, asile, immigration et autres politiques… » (*cf. supra,* p. 85) et par l'encadrement de sa compétence préjudicielle en matière de coopération policière et judiciaire pénale (*cf. supra* p. 103). Ces limites ont été levées par le traité de Lisbonne qui opère une normalisation de l'espace, de liberté, de sécurité et de justice. Elle pourrait l'être aussi si le Tribunal venait à acquérir une compétence préjudicielle.

Sur le fond, on a pu parler d'un « gouvernement des juges » car la Cour est *un organe moteur de l'intégration.* La Cour veille au respect, voire à l'extension des compétences de l'Union ; elle contribue à fixer la structure de son ordre juridique ; elle procède à l'interprétation des règles européennes.

§ 4 - Les méthodes des juridictions de l'Union

Les méthodes de la Cour évoquent dès l'origine une sorte de **fonctionnalisme judiciaire** : dire le droit à partir des textes, des finalités des traités mais aussi du développement effectif de l'Union.

La juridiction doit appliquer et interpréter des notions juridiques qui ont assez souvent un contenu économique (droit matériel), dans un cadre multinational. Les méthodes utilisées par le juge sont multiples : **méthode exégétique**, fondée sur le texte et la succession des articles (en particulier les rapports entre les dispositions générales et les dispositions spéciales) ; **méthode finaliste** ou de l'effet utile, à partir des objectifs explicitement ou implicitement attribués aux traités ; **méthode contextuelle** ou **méthode fonctionnaliste**, en fonction non seulement des buts mais de l'état du développement historique et technique de l'Union.

Section 2 › LE RECOURS EN ANNULATION ET LE RECOURS EN CARENCE

Ils ont pour objet d'assurer le contrôle de **la validité des actes de l'Union et le respect de leurs obligations par les institutions.** Si les recours en carence forment une voie de droit exclusive (et originale), les recours en annulation n'ont pas la même exclusivité. Il existe en effet deux autres voies permettant à la Cour d'exercer le contrôle de la validité des actes communautaires :

• **l'exception d'illégalité** permet de soulever, à tout moment, et dans le cadre d'un litige devant le juge de l'Union, l'inapplicabilité d'un **règlement** ; la juridiction ne pourra l'annuler mais, s'il y a lieu, en refusera l'application dans le litige ; l'exception d'illégalité a été étendue à des actes de portée générale ;

• **le renvoi préjudiciel** devant la Cour par un tribunal interne peut porter sur l'appréciation de validité d'un acte de droit dérivé, *cf. infra,* p. 194.

§ 1 - Le recours en annulation

Les recours en annulation présentent des analogies avec le recours pour excès de pouvoir du droit administratif français **(art. 263 FUE)**.

A. Les actes susceptibles de recours

Il s'agit d'actes émanant d'une institution de l'Union.

Le recours est recevable contre les **actes obligatoires** et ceux produisant des effets de droit. Dans la CECA, telles étaient les « décisions » ou « recommandations » ou les « délibérations de l'Assemblée », dans les traités de Rome les actes obligatoires de la Commission et du Conseil ou les actes conjoints ainsi que les actes du Parlement ou de toute autre institution visant à produire des effets de droit (CJCE, 23 avr. 1986, *Parti écologique « Les Verts »*). Le traité sur l'Union y ajoute les actes de la BCE. Sont attaquables aussi : les règlements intérieurs des institutions, les actes arrêtés en violation d'un accord interinstitutionnel (19 mars 1996, *Comm. c/Conseil*). Le traité de Lisbonne autorise les recours contre les actes du Conseil européen s'ils produisent des effets à l'égard des tiers. Il s'agit d'une innovation importante.

Sont exclus du recours : les avis, les mesures d'ordre interne à moins qu'elles ne servent de fondement à des décisions individuelles, les actes préparatoires ou programmatoires ou purement confirmatifs.

La Cour admet le recours en annulation à l'encontre d'un acte détachable d'un accord international (tel l'acte portant conclusion de l'accord) ou d'un programme de coopération internationale (CJCE, 22 avr. 1997, *Geotronics*). Il l'admet aussi à l'encontre d'une Agence.

B. Les requérants : la qualité pour agir

Il existe trois catégories de requérants :

1. Les requérants institutionnels privilégiés

Réputés privilégiés, initialement ce sont les **États**, le **Conseil** agissant contre la Commission, ou la **Commission** agissant contre le Conseil. Ils peuvent se pourvoir contre tout acte obligatoire pour tout motif d'annulation sans avoir à justifier d'un intérêt.

2. Les requérants institutionnels non privilégiés

Ils ne peuvent agir que pour défendre leurs prérogatives. Si le **Parlement** a pu utiliser un droit d'intervention (CJCE, 29 oct. 1980, *Roquette*) et mettre en œuvre le recours en carence tel que prévu par le traité (22 mai 1985, *Parlement c/Conseil* : le Conseil aurait dû assurer la libre circulation en matière de transports mais n'était pas tenu d'élaborer une politique des transports, faute d'accord entre États), la question s'est posée de sa capacité à agir en annulation.

Bien que le traité originel ne mentionnait pas le Parlement parmi les requérants privilégiés dans le recours en annulation, il paraissait probable que la Cour serait amenée à lui reconnaître ce droit, compte tenu de la précédente acceptation du recours en carence, et du fait que les actes du Parlement produisant des effets de droit étaient désormais soumis au contrôle judiciaire.

Dans l'affaire « *Comitologie* », à propos de la procédure des comités appliquée aux pouvoirs d'exécution de la Commission, la Cour a déclaré le recours parlementaire irrecevable en se fondant sur la lettre du traité, l'absence de symétrie entre recours en annulation et recours en carence d'une part, entre légitimation active et légitimation passive d'autre part (27 sept. 1988, *Parlement c/Conseil*). Puis dans l'affaire « *Tchernobyl* » (radioactivité dans les denrées alimentaires), le Parlement ayant contesté la base juridique choisie – qui le privait de la procédure de coopération – la Cour a admis la recevabilité de son recours au nom de la ***défense des prérogatives*** **du Parlement** (22 mai 1990, *Parlement c/Conseil*) : le Parlement était ainsi admis à requérir en dehors des cas prévus pour les requérants privilégiés et pour les requérants individuels.

Le traité de Maastricht a codifié la jurisprudence de la Cour et l'a étendue à la Banque centrale européenne. Le **traité de Nice** a fait du **Parlement européen** un **requérant** institutionnel **privilégié.**

Les requérants institutionnels non privilégiés sont désormais la BCE et la Cour des comptes, auxquels s'ajoute le Comité des Régions en vertu du traité de Lisbonne.

3. Les requérants individuels

Ce pouvait être toute personne physique ou morale agissant contre une décision individuelle dont elle est destinataire ou contre un acte (pris sous la forme d'un règlement ou d'une décision adressée à une autre personne selon l'art. 230 CE) qui la « concerne directement et individuellement ».

a) Les conditions de recevabilité sont strictes :

• les particuliers ne sont pas les gardiens de la légalité (en principe ils ne peuvent attaquer un règlement ou une directive, CJCE, 14 déc. 1962, *Conféd. producteurs fruits et légumes*) ;

• ils disposent d'autres moyens pour mettre en cause la validité d'un acte communautaire (exception d'illégalité, demande de renvoi préjudiciel).

Ont qualité pour agir dès lors qu'elles y ont intérêt, c'est-à-dire que leur situation est affectée par l'acte attaqué (si la Cour a examiné plutôt la qualité pour agir et parfois négligé l'intérêt à agir, elle doit cependant y procéder) :

• les personnes **destinataires d'un acte individuel** ;

• celles qui sont concernées par un acte (le traité de Lisbonne, en son *article 263 FUE*, retient un acte plutôt qu'une décision adressée à une autre personne ou prise sous l'apparence d'un règlement, ex art. 230 CE) sous condition qu'elles soient :

– **directement concernées** (c'est l'acte de l'Union qui établit leurs droits et obligations et par exemple les autorités de l'Union ou nationales ne font que l'exécuter) ; en principe les directives sont exclues puisque c'est la transposition qui influe directement sur la situation des particuliers (29 juin 1993, *Gibraltar c/Conseil*) ;

– **individuellement concernées** en ce sens que la mesure les atteint en raison de *« qualités qui leur sont particulières ou d'une situation de fait qui les caractérise…*

et de ce fait les individualise d'une manière analogue à celle d'un destinataire » (CJCE, 15 juill. 1963, *Plaumann*). Il s'agit notamment de mesures normatives de nature économique prises en considération de la situation et des intérêts d'opérateurs économiques parfaitement identifiés par l'auteur de l'acte (CJCE, 26 juin 1990, *Sofrimport*, à propos d'une interdiction d'importation de pommes, les opérateurs en cours ont une situation individualisable par rapport à l'ensemble des opérateurs du secteur).

Ainsi les associations n'ont en principe pas qualité pour requérir en annulation au nom de la sauvegarde des intérêts individuels de leurs membres (*Confédération nationale des producteurs de fruits et légumes, précité*) Exception : elles peuvent agir si elles sont intervenues dans les procédures de préparation de l'acte. Mais les membres de l'association, agissant individuellement, doivent démontrer qu'ils sont concernés (CJCE, 17 déc. 1998, *Kruidvat*).

b) La jurisprudence a introduit certaines inflexions.

Sur un plan général, elle a admis qu'un ***règlement pouvait recouvrir une décision individuelle*** (acte mixte) (CJCE, 18 mai 1994, *Codorniu*) ***ou un « faisceau » de décisions individuelles***. Dans l'affaire *Codorniu* (à propos de vin mousseux mentionné « crémant »), la Cour a dégagé derrière le règlement la décision qui visait le requérant disposant d'une marque déposée. Dans l'affaire *Extramet* le 16 mai 1991, la Cour a admis que l'importateur principal est individuellement concerné par un règlement anti-dumping.

Dans certains domaines, la participation à une procédure permet aux opérateurs économiques de requérir en annulation. Tel est le cas en **droit de la concurrence**, lequel implique de manière générale une combinaison (complexe) entre l'appréciation de l'acte attaquable et la qualité pour agir des opérateurs économiques.

Note : en matière de concentrations, Air France a été admise comme « concernée directement et individuellement » par une décision relative à British Airway (TPI, 24 mars 1994).

c) La question du droit à une protection juridictionnelle effective.

Elle a provoqué une jurisprudence contradictoire du TPI et de la Cour.

Dans une affaire *Jégo-Quéré* le 3 mai 2002, le **Tribunal** a jugé que, si le requérant n'était pas individuellement concerné par un règlement de pêche selon la jurisprudence antérieure, son **recours était cependant recevable car il ne disposait pas** de voies de droit aboutissant à un résultat équivalent et donc **d'une protection juridictionnelle effective**. Ce qui revenait à élargir la situation des personnes « individuellement concernées ». Le TPI cite l'article 47 de la Charte des droits fondamentaux (qui à ce moment n'a pas encore une valeur de droit positif) : « Toute personne… a droit à un recours effectif devant un tribunal ». Quelques semaines plus tard, la **Cour de justice** dans un arrêt du 25 juillet 2002, *Unión de Pequeños Agricultores,* contrairement aux conclusions de l'Avocat Général Jacobs, **a écarté « toute révision judiciaire du traité »**. Or, il s'agissait d'une interprétation du traité plus que d'une révision. La Cour renvoie donc soit à une révision du dit article, soit à la protection par les juridictions nationales, protection pourtant inopérante s'agissant d'un règlement (effet direct) qui n'appelle pas de mesures nationales normatives d'exécution (différence avec la directive). Le 1er avril 2004, la Cour a cassé l'arrêt du TPI dans l'affaire *Jégo-Quéré*.

d) La question rebondit avec le *projet de Constitution et le traité de Lisbonne* ; le nouveau texte élargit le recours des personnes aux **actes réglementaires qui concernent directement le requérant et ne « comportent pas de mesures d'exécution** ». En écho à la jurisprudence *Jégo-Quéré*, il faut y voir l'affirmation du droit à un recours effectif dans le cas où il n'existe pas de mesures nationales d'exécution. Toutefois il ne concerne pas les actes législatifs par souci d'exclure toute « actio popularis ».

Par ailleurs, la Cour européenne des droits de l'homme, 23 mai 2002 *Segi et Gestoras Pro-Amnistia*, a rendu un hommage à l'arrêt *Jégo-Quéré*, marquant ainsi sa préférence pour l'interprétation que le Tribunal de première instance avait donnée du traité.

Le traité de Lisbonne, comme nous l'avons dit, étend la recevabilité aux **actes** qui concernent directement et individuellement le requérant.

C. L'aménagement du recours

Le recours n'est pas suspensif mais le juge peut accorder un sursis à exécution par voie d'ordonnance.

1. Les recours sont enfermés dans le délai de deux mois.

2. Les moyens d'annulation sont :

– *l'incompétence* (souvent *ratione materiae*) ; l'absence de base juridique est assimilée au défaut de compétence (ex : la directive sur la publicité du tabac, 5 oct. 2000, *RFA c/Parlement et Conseil*) ;

– la *violation des formes substantielles* (motivation, publicité, consultation, modalités de vote, droits de la défense). Il s'agit du contrôle externe, il est d'ordre public.

S'agissant des moyens du contrôle interne :

– *la violation du droit originaire, du droit dérivé ou des principes généraux du droit* (d'où contrôle juridictionnel des motifs) ou encore des *accords externes* à condition qu'ils soient invocables ;

– *le détournement de pouvoir.*

Le juge ne peut empiéter sur le terrain de l'opportunité ; il censure l'erreur manifeste d'appréciation (donc l'existence et la qualification des faits) ou la disproportion des mesures contestées, lorsque l'institution dispose d'un pouvoir discrétionnaire d'appréciation, comme dans l'ordre normatif économique. Dans d'autres domaines son contrôle est plus étendu.

3. L'arrêt d'annulation (totale ou partielle) a une **autorité absolue de chose jugée.** En ce qui concerne les actes annulés, la Cour indique ceux de leurs effets qui ont un caractère définitif (art. 264 FUE). Elle n'a pas de pouvoir d'injonction à l'égard des institutions qui doivent elles-mêmes en tirer les conséquences.

§ 2 - Le recours en carence (art. 265 FUE)

Dans le traité CECA il ne pouvait être exercé qu'à l'encontre de la Commission, après mise en demeure ; en cas de décision implicite de refus, le recours était intenté comme une variété particulière du recours en annulation.

Dans le traité CE, le recours en constatation de carence n'était possible que dans le cas où le Conseil, la Commission, le Parlement ou la BCE s'abstiennent de statuer alors que le traité les y oblige. CJCE, 22 mai 1985, *Parlement c/Conseil* : le Conseil était tenu d'assurer la libre circulation des services de transport, mais non d'adopter une politique des transports. Le traité de Lisbonne autorise un recours contre le Conseil européen et tout organisme de l'Union.

Les requérants sont les États ou les institutions au vu de n'importe quelle carence, ainsi que *les personnes physiques ou morales qui auraient dû être destinataires d'un acte* obligatoire ou, du fait du parallélisme avec le recours en annulation, d'un acte général qui les concerne directement et individuellement. Les requérants invitent l'institution à agir. Si celle-ci ne prend position dans le délai de deux mois, le requérant peut alors introduire un recours en carence dans un délai de deux mois.

Si l'institution prend position négativement (décision explicite de rejet) ou prend un acte différent de celui demandé, le requérant pourra disposer du recours en annulation.

L'arrêt en carence a un **caractère déclaratoire** ; l'institution doit prendre les mesures qu'implique l'arrêt de la Cour.

Dans l'ensemble, le recours en carence a été placé par la Cour dans un rapport de complémentarité et de parallélisme au regard du recours en annulation.

Section 3 › LE RECOURS EN CONSTATATION DU MANQUEMENT D'UN ÉTAT À SES OBLIGATIONS

Il s'agit d'un contentieux de la déclaration d'illégalité, et non d'un contentieux de l'annulation comme dans les cas précédents, qui vise les violations par les États membres de leurs obligations, leurs manquements (arts. 258 à 260 FUE).

§ 1 - Les manquements d'État

1. Les manquements des États sont des **actions ou des abstentions contraires au droit de l'Union** (originaire, dérivé, principes généraux, accords conclus par l'Union) ; ils ne sauraient être confondus avec la simple expression d'une opinion. Le manquement peut être concret (avéré) ou abstrait (potentiel).

a) Ce sont des actes juridiques ou des comportements de fait contraires au droit de l'Union : lois, décrets, décisions administratives, tolérances, etc. Exemple classique : la transposition infidèle d'une directive. En théorie, rien ne s'oppose à ce qu'une décision juridictionnelle constitue un manquement ; en pratique, la Cour de justice n'entendait pas censurer à ce titre les juridictions internes. Cependant récemment la Cour a admis la responsabilité de l'État du fait d'un *manquement judiciaire* (30 sept. 2003, *Köbler*) et imputé au législateur italien un manquement judiciaire (9 déc. 2003, *Comm. c/Italie*). Rien ne s'oppose non plus à ce qu'un acte de valeur constitutionnelle constitue un manquement.

Le traité interdit toute action en manquement qui s'attacherait à des mesures prises par les États destinées à maintenir l'ordre public et la sécurité intérieure (art. 276 FUE).

b) Ce sont des abstentions ou inactions, tels le retard ou la négligence dans la prise des mesures nécessaires à l'application du droit de l'Union, ou encore le refus d'abroger une mesure interne contraire. Exemple classique : non-transposition ou transposition tardive d'une directive. Le refus de fournir des informations à la Commission constitue un manquement (violation de la coopération loyale).

2. Les États ne peuvent invoquer en principe des **faits justificatifs** : ni l'exception de réciprocité (CJCE, 13 nov. 1964, *Comm. c/Luxembourg et Belgique*) ni l'état de nécessité ni des obstacles découlant de leur fonctionnement constitutionnel, tels que l'absence de délégation législative, le calendrier des sessions parlementaires, l'inexistence de dispositions budgétaires, ni la violation du fait des autorités décentralisées de l'État. L'Italie et d'autres États ont soulevé en vain de tels moyens dans certaines affaires les concernant.

3. *L'État est seul responsable des manquements émanant des collectivités* infra-*étatiques, (CJCE, 13 déc. 1991, Comm. c/Italie)* ou des organismes disposant de prérogatives de puissance publique, voire des groupes privés (« guerre de la fraise », CJCE, 9 déc. 1997, *Comm. c/Rép. fçse* : la France a manqué à ses obligations sur les restrictions à l'importation et la coopération loyale (combinée).

§ 2 - La procédure du recours et la constatation du manquement

1. En principe seule la Commission, en tant que gardien du traité, peut exercer le recours ; les particuliers disposent d'autres voies de droit devant les juges internes. La Cour de justice n'est jamais saisie directement sauf si la Commission ne rend pas un avis motivé sollicité par un État réclamant.
La procédure comporte *trois phases* :

a) La Commission est *informée* des infractions par le contrôle qu'elle exerce, les indications fournies par les États ou les plaintes émanant des particuliers. Elle dispose d'un *pouvoir discrétionnaire* pour déclencher la procédure. Elle ne peut être poursuivie en carence (12 juin 1992, *Asia Motor*).

b) Si la Commission envisage de poursuivre, elle adresse à l'État une lettre « pre-258 FUE » : c'est une demande d'explications qui ouvre un dialogue officieux. En cas d'échec, la Commission rend – après mise en demeure et observations de l'État concerné – un **avis motivé**. Il s'agit d'une phase administrative.

c) Si l'État ne suit pas cet avis, la Commission peut *saisir la Cour* ; elle reste maîtresse de l'opportunité des poursuites, même dans les cas où l'État a redressé l'illégalité. C'est la phase contentieuse.

2. La Cour s'en tient à la constatation du manquement, elle n'a pas compétence pour annuler un acte pris par un État membre ; celui-ci doit en tirer les conséquences, la Cour ne disposant pas d'un pouvoir d'injonction à l'égard des autorités nationales.
Un manquement peut faire l'objet d'une indication de mesures provisoires par la voie du référé ; CJCE, 21 mai 1977, *Comm. c/Royaume-Uni (ordonnance)*.

Note : il existe des procédures analogues mais simplifiées :

• en matière d'aides : la Commission, après mise en demeure, prend une décision sur une aide illicite ; la Cour peut être saisie par la Commission ou un État membre (art. 108 FUE) ;

• en matière d'harmonisation des législations nationales : si un État recourt à des mesures dérogatoires abusives, après harmonisation (art. 114 FUE), la Commission ou tout État membre peuvent saisir directement la Cour de justice ;

• usage abusif par l'État de protéger sa sécurité en cas de crise (art. 348 FUE).

§ 3 - La portée de la constatation du manquement

1. L'arrêt en manquement a un caractère **déclaratoire** : il revient à l'État d'en tirer les conséquences : en cas d'inexécution, une nouvelle procédure peut conduire à un second arrêt sur le même manquement.

2. Le traité sur l'Union européenne, afin de réduire les cas (trop nombreux) d'**inexécution**, donne à la Commission le pouvoir de saisir la Cour qui peut fixer une somme forfaitaire ou une astreinte, suivant, le cas échéant, le niveau fixé par la Commission. CJCE, 4 juillet 2000, *Comm. c/Grèce*. Il en est ainsi, selon le traité de Lisbonne, lorsqu'un État s'abstient de communiquer les mesures nationales de transposition d'une directive adoptée selon la procédure législative ordinaire.

3. L'arrêt en constatation de manquement participe à l'interprétation du droit de l'Union par ses *motifs* **(autorité absolue de chose interprétée)**, bien qu'il n'ait qu'un *effet relatif quant à son dispositif*. Il s'impose d'abord aux juridictions de l'État intéressé (CJCE, 14 déc. 1982, *Waterkein*). Il implique pour celles-ci :
– l'obligation de ne pas appliquer une règle reconnue incompatible ;
– l'obligation de reconnaître la responsabilité de l'État du fait de la violation du droit de l'Union.
Mais « l'autorité de chose interprétée » s'impose à l'ensemble des juridictions à l'égal des décisions préjudicielles en interprétation.

Section 4 › LES CONTENTIEUX DE PLEINE JURIDICTION

Le juge dispose des pouvoirs les plus étendus : il se prononce sur les droits subjectifs des parties et fixe, éventuellement, une réparation.

§ 1 - Le contentieux des sanctions

L'article 261 FUE énonce que des règlements peuvent attribuer à la Cour une compétence de pleine juridiction en ce qui concerne les sanctions qu'ils instituent. Ainsi les amendes ou astreintes dans le champ du droit de la concurrence. Ces sanctions sont exécutoires, l'exécution forcée suivant le régime en vigueur dans chaque droit interne.
1. Le Tribunal dispose d'une compétence de pleine juridiction contre la décision infligeant une sanction ; il peut l'annuler ou en réduire la portée.

2. Les juges internes exercent un contrôle sur la validité des opérations d'exécution forcée.

§ 2 - Le contentieux de fonction publique (art. 270 FUE)

Les fonctionnaires et agents de l'Union exercent certains recours dans le cadre de leur statut réglementaire auprès du Tribunal de la fonction publique. C'est un contentieux alternatif :
– contentieux de l'*annulation* lorsqu'un agent conteste la légalité d'un acte lui faisant grief ;
– contentieux de *pleine juridiction* lorsqu'il réclame une compensation pécuniaire.

§ 3 - Le recours en responsabilité extracontractuelle de l'Union

A. L'action en responsabilité (art. 268 FUE)

1. Le recours en indemnité est ouvert aux États et aux personnes physiques et morales (pour celles-ci devant le Tribunal) dans un délai de cinq ans à compter de la survenance du dommage (sauf prorogation en cas de recours gracieux ou requête devant la Cour) à l'encontre de l'institution auteur de l'acte dommageable (la Cour accepte le recours contre la Banque européenne d'investissement). *Idem* : la BCE. Il n'y a pas eu à la date actuelle de recours émanant d'un État mais le texte du traité ne l'interdit pas.
Le juge peut-être saisi d'une *action en « constatation de la responsabilité »,* préalable et distincte du recours en indemnité. L'issue positive d'un tel recours ouvre la voie à une négociation sur le montant de l'indemnité.

2. Le recours en indemnité est **autonome** au regard des recours en annulation et en carence. Si, initialement la Cour avait paru exiger l'annulation préalable de l'acte en cause (15 juill. 1963, *Plaumann*), solution critiquable vu les difficultés de l'accès des particuliers au recours en annulation, elle a pris parti dans le sens de l'autonomie des recours (*Zuckerfabrik*, 2 déc. 1971). *Idem*, le Tribunal de première instance : *Unifruit Hellas*, 15 décembre 1994.
Cependant, le recours en indemnité n'est pas recevable s'il existe des *recours parallèles* sur la légalité (annulation, carence) que le requérant, s'il en avait la maîtrise, aurait négligé de mettre en œuvre. Il ne doit pas servir de base à la mise en cause d'un acte qui n'aurait pu être attaqué en annulation.
Le juge doit trouver un équilibre entre deux risques : étendre le recours en annulation ou restreindre le recours en indemnité.

3. Le recours en indemnité a un **caractère subsidiaire** au regard des voies de droit ouvertes devant les juridictions nationales.
Application juridictionnelle de la subsidiarité, en dehors et avant toute référence au principe général de subsidiarité, ce caractère évoque surtout une forme de **l'épuisement des recours internes**. Il vise donc à limiter les hypothèses de mise en œuvre de la responsabilité de l'Union.

• **Les États doivent réparer les dommages** découlant d'une violation du droit l'Union (*cf. infra* p. 211) ou de la mise en œuvre illégale d'un acte communautaire valide, (Ex. : le refus de verser des montants compensatoires à des entreprises des DOM français, CJCE, 26 nov. 1975, *Grands Moulins des Antilles*), sauf défaut grave d'un contrôle spécifique que devait exercer la Commission (CJCE, 28 avr. 1971, *Lütticke*). Dans la première hypothèse, la subsidiarité n'est pas en cause : il s'agit de respecter la *répartition des compétences juridictionnelles entre États et Union*.

• La subsidiarité s'applique aux **actions en paiement** de sommes dues ou remboursement de sommes indûment perçues alors que le refus était fondé sur la base d'un acte de l'Union invalide : les actions sont poursuivies (le cas échéant après appréciation de validité par voie préjudicielle) devant les juridictions nationales (CJCE, 10 juin 1982, *Interagra*).

• En cas de cumul de fautes, le principe de la responsabilité *in solidum* n'étant pas applicable (CJCE, 14 juill. 1967, *Kampffmeyer*), le requérant devra saisir en premier lieu la juridiction nationale afin de faire fixer la responsabilité qui incombe à l'État, puis la juridiction européenne. La situation n'est pas satisfaisante et peut provoquer un déni de justice (CJCE, 8 avr. 1992, *Cato*).
En définitive, le véritable recours en indemnité devant le juge de l'Union ne s'impose que lorsqu'il lui revient d'indemniser un **préjudice découlant directement d'un acte irrégulier** (CJCE, 27 sept. 1988, *Asteris*) alors que l'action devant le juge national ne saurait être opérante, c'est-à-dire qu'elle ne saurait permettre une réparation adéquate. Cette situation peut être rapprochée du recours individuel en annulation (conclusions Jacobs dans l'affaire *Unión de pequeños agricultores*).

B. Les régimes de fond de la responsabilité

1. Le traité CECA

La responsabilité était fondée sur la « *faute de service de la Communauté* », analogue à la faute lourde du droit français, faute inexcusable commise à l'occasion d'un acte matériel ou d'un acte juridique, ou sur la faute personnelle d'un agent dans « l'exercice de ses fonctions » : dans ce dernier cas, si la victime n'avait obtenu réparation de l'agent, la Communauté pouvait verser une indemnité équitable. Le régime CECA était inspiré du droit français.

2. Le traité FUE (art. 340)

Si l'article 235 du traité CE ouvrait un recours en indemnité, l'article 288 alinéa 2 disposait que « la Communauté doit réparer, **conformément aux principes généraux communs aux droits des États membres,** les dommages causés par ses institutions ou par ses agents dans l'exercice de leurs fonctions ».
Cette rédaction était donc de prime abord en rupture avec les dispositions contenues dans le traité CECA. Elle appelait une difficile construction jurisprudentielle, compte tenu de la difficulté pour le juge de dégager des principes communs à partir de systèmes juridiques différents. Elle a contribué à orienter la jurisprudence sur la voie des principes généraux communs aux droits des États membres au-delà des seuls principes régissant la responsabilité de la puissance publique. *Cf. supra*, Les sources du droit, p. 171. L'article 340 FUE reproduit l'article 288 CE.

3. La coexistence de deux régimes de responsabilité

a) Le régime général de la responsabilité

En premier lieu, le régime général de la responsabilité a été fondé sur le concept de faute, voire la « faute de service » telle que mentionnée dans le traité CECA (CJCE,

14 juill. 1967, *Kampffmeyer*) ; par la suite la jurisprudence propre au traité CE s'est orientée vers une formule sémantique plus conforme aux exigences comparatistes qu'impliquait le texte de l'article 288 : « irrégularité », « comportement illégal », « illicéité », « méconnaissance de ses pouvoirs » par l'institution auteur du dommage. Comme dans le traité CECA, toute illégalité ne constitue pas une faute mais la faute peut être attachée à un acte légal.
Le Tribunal de première instance a indiqué que **la faute** est le fondement de la responsabilité, 18 sept. 1995, *Nölle*.
Si la faute ainsi entendue par le juge communautaire, soit la **violation d'une règle conférant des droits aux particuliers**, est le fondement de la responsabilité de la Communauté, sa mise en œuvre implique deux autres conditions :
– un **dommage réel** donc un préjudice indemnisable ;
– un **lien de causalité** directe entre la faute et le dommage subi.
Note : dans le champ du traité CEEA (l'article 188 CEEA était rédigé dans les mêmes termes que l'article 288 CE), la Cour a donné une *définition restrictive de la faute commise par un agent dans l'exercice de ses fonctions* (10 juill. 1969, *Sayag*), plus proche du droit allemand que du droit français, réduisant ainsi le champ d'application de la responsabilité de la Communauté.
Le traité CECA excluait toute **responsabilité sans faute** ; la jurisprudence relative au traité CE, sans l'exclure *a priori*, ne l'a pas consacrée formellement à cette date bien qu'elle soit présente dans l'ordre juridique de plusieurs États membres (responsabilité du fait des lois ou des règlements). Le Tribunal de première instance et la Cour ont paru s'orienter, sur le principe et non dans les affaires qui leur étaient soumises, vers son admissibilité, 28 avril 1998, *Dorsch Consult* (TPI) et 15 juin 2000 (CJCE). Cependant dans un arrêt récent (*Fiamm*, 9 sept. 2008), la Cour a écarté le principe d'une responsabilité sans faute.

b) La responsabilité du fait des actes normatifs de politique économique

L'apport principal de la jurisprudence a consisté à **étendre la responsabilité aux activités normatives de la Communauté**, principalement les règlements à objet économique, alors que la Cour avait précédemment exclu de la responsabilité tout ce qui concerne la politique économique de la CECA (17 déc. 1959, *Feram c/HA*). C'était ouvrir une responsabilité du fait de la législation européenne.
La responsabilité du fait des actes normatifs impliquant des choix de politique économique, donc un large pouvoir d'appréciation de l'Union, est soumise à des strictes conditions (CJCE, 13 juill. 1971, *Aktien*) :

• en premier lieu, la **violation d'une règle supérieure de droit protégeant les particuliers** (CJCE, 2 déc. 1971, *Zuckerfabrik*) ; il s'agit des principes généraux ou des règles ayant valeur de principe : confiance légitime, non-discrimination, proportionnalité ; (CJCE, 14 mai 1975, *CNTA*) ; mais tel n'est pas le cas d'une violation du principe de l'équilibre institutionnel (13 mars 1992, *Vreugdenhil*) ; il doit s'agir d'une illégalité grave ;

• en second lieu, **la violation doit être suffisamment caractérisée,** par exemple dans le cas où la Communauté a méconnu gravement ses pouvoirs (CJCE, 25 mai 1978, *Bayerische*) ; la violation ne saurait être justifiée par un intérêt public supérieur ;

• en troisième lieu, le préjudice doit avoir un **caractère spécial et anormal** ; il doit n'atteindre qu'un groupe restreint d'opérateurs économiques mais la Cour a admis

la responsabilité de la Communauté pour n'avoir pas pris en compte une catégorie particulière d'opérateurs (producteurs laitiers ; CJCE, 19 mai 1992, *Mulder*). Il doit exister un lien de causalité direct entre la violation et le dommage subi. Les sources d'inspiration de ce régime très restrictif de responsabilité sont :
– *la Schutznormtheorie* (responsabilité des actes réglementaires de nature économique en droit allemand) ;
– la responsabilité du fait des lois dans certains ordres juridiques internes.

c) L'interaction des deux régimes de responsabilité

Dans une affaire *Bergaderm c/Commission*, 4 juillet 2000, la société requérante soutenait que la Commission, en limitant la concentration d'une matière pour les produits solaires, avait pris un acte administratif et non un acte normatif de politique économique. La Cour a jugé que la nature générale ou individuelle de l'acte n'est pas un critère déterminant pour identifier les limites du pouvoir d'appréciation dont dispose l'institution. D'autant qu'il existe des actes normatifs individuels. Dans le même sens le Tribunal de première instance, *Comafrica c/Comm.*, 12 juillet 2001.

Si l'institution ne dispose pas d'une véritable marge d'appréciation, une simple infraction au droit de l'Union suffit à établir sa responsabilité. Si l'institution dispose d'une marge d'appréciation réelle, le juge s'attache à rechercher une violation suffisamment caractérisée de la règle de droit.

4. Le rapprochement du régime de la responsabilité des États et du régime de la responsabilité de l'Union

Dans les affaires précitées, les juges ont énoncé leur souci de voir s'opérer un rapprochement entre les règles applicables à la responsabilité des États et celles applicables à la Communauté.

Alors que dans un premier temps, la jurisprudence avait procédé à une *transposition assez large des conditions d'engagement de la responsabilité de la Communauté vers celles applicables aux États* à savoir :
– violation des droits des particuliers (mais non d'une « règle supérieure de droit ») ;
– violation suffisamment caractérisée si l'État dispose d'une marge d'appréciation, et ce, afin de rendre homogène le régime de responsabilité des États.

La Cour, dans un second temps a voulu *aligner la responsabilité de la Communauté sur celle des États,* d'où la suppression de l'exigence d'une « violation d'une règle supérieure de droit protégeant les particuliers » au bénéfice d'une moindre exigence, la « violation d'une règle conférant des droits aux particuliers ».

Au total, la responsabilité extracontractuelle de l'Union fait apparaître un **mouvement d'unification** à travers une double évolution : un recul du dualisme initial (régime général et régime applicable aux activités normatives) et un rapprochement des régimes de responsabilité applicables à l'Union d'une part, aux États de l'autre. *Cf.* p. 211. Toutefois **la marge d'appréciation** varie selon qu'il s'agit des **États** (marge étroite quant à l'exécution du droit de l'Union) ou de **l'Union** agissant en matière économique (marge beaucoup plus large). Le rapprochement du régime de la responsabilité des États et de celui de l'Union connaît donc des limites.

NB : La jurisprudence relative à la responsabilité de la Communauté est applicable à l'Union européenne *ipso jure*.

Section 5 › LE RENVOI PRÉJUDICIEL

L'article 267 FUE indique que la Cour est compétente pour statuer à titre préjudiciel à la demande d'un juge interne sur l'interprétation des traités et actes dérivés et l'appréciation de validité des actes du droit dérivé. Il ne s'agit pas d'un recours contentieux, mais d'un **mécanisme de coopération judiciaire** qui établit la participation de la Cour de justice au règlement du contentieux dévolu aux juridictions nationales.

§ 1 - Les mécanismes du renvoi préjudiciel

A. L'objet du renvoi

Il a été étendu par les traités de Rome de l'appréciation de validité à l'interprétation.

1. Dans le traité CECA, la Cour était compétente pour statuer uniquement sur la validité des délibérations des organes de direction.

2. L'article 234 du traité CE élargit cette compétence :
– à l'**interprétation du traité ;**
– à l'**appréciation de validité et l'interprétation des actes du droit dérivé ;**
– à l'interprétation des statuts des organismes créés par le Conseil.

Le traité créateur de l'Union européenne a inclus les actes pris par la Banque centrale européenne.

La Cour a ajouté à la liste des actes du droit dérivé (règlement, décision, directive ou recommandation) les *accords* conclus par la Communauté (30 avr. 1974, *Haegeman*) en les déclarant inclus parmi les actes pris par les institutions au terme d'un raisonnement utile (unité d'interprétation dans les États membres) mais juridiquement contestable. Elle a étendu sa compétence d'interprétation à des accords mixtes (16 juin 1998, *Hermès*) et à des accords susceptibles de s'appliquer à des situations internes propres aux États (14 déc. 2000, *Christian Dior*) : il s'agit de l'accord TRIPs. Les États signataires de certaines conventions complémentaires ont institué une compétence interprétative au profit de la Cour de justice.

3. Les questions préjudicielles remplissent trois fonctions :

• **assurer l'unité du droit de l'Union** en évitant des interprétations divergentes des juridictions nationales ou des organes exécutifs (en France, traditionnellement le ministre des affaires étrangères interprétait, à la demande du juge, les accords internationaux) ;

• **compléter les recours en constatation d'un manquement d'État**, auxquels les particuliers n'ont pas accès, en cas de contradiction entre une règle de droit national et une règle européenne ;

• **compléter les recours en annulation** (en ce qui concerne la validité des actes du droit dérivé) que les particuliers maîtrisent difficilement.

B. Les conditions du renvoi

Les parties à un procès peuvent suggérer le renvoi préjudiciel mais seules les juridictions peuvent saisir la Cour, même sans demande des parties (16 juin 1981, *Salonia*).

1. L'article 267 FUE opère une distinction entre **deux catégories de juridictions**.

Lorsqu'une telle question se pose, le renvoi est simplement **facultatif pour *les juridictions ne statuant pas en dernier ressort,*** car le procès peut toujours se poursuivre sur le plan interne ; lorsqu'elle se pose encore devant une ***juridiction de dernier ressort,*** avec l'épuisement des recours internes le renvoi est alors **obligatoire**. Cependant la Cour de justice a étendu aux juridictions inférieures l'obligation de renvoyer toute question relative à *l'appréciation de validité des actes de droit dérivé* en cas de doute sérieux, à la différence des questions d'interprétation, 22 octobre 1987, *Foto-Frost*. Cette « révision judiciaire » du renvoi préjudiciel fait que le juge national peut conclure à la validité d'un acte mais ne peut se prononcer sur son invalidité.

2. La question préjudicielle se posait autrement dans le cadre du **titre IV CE** « visas, asile, immigration et autres politiques liées à la libre circulation des personnes » puisque :
– la juridiction interne de dernier ressort, seule habilitée, devait juger nécessaire une décision de la Cour ;
– la Cour pouvait statuer sur une question d'interprétation à la demande du Conseil, de la Commission ou d'un État sans que sa décision soit applicable aux jugements déjà rendus par les juridictions nationales.
Dans le cadre de la **coopération policière et judiciaire pénale**, la compétence préjudicielle de la Cour sur certains actes impliquait une déclaration d'acceptation par l'État concerné au bénéfice soit de toutes les juridictions, soit des seules juridictions de dernier ressort. *Cf. supra* p. 103. Le traité de Lisbonne met fin à ces situations dérogatoires.

3. Le problème s'est posé de savoir si le renvoi en interprétation est obligatoire en toute hypothèse, même si l'on se trouve en présence d'un « **acte clair** » qui ne soulève pas de difficultés particulières.
Les partisans du renvoi obligatoire faisaient valoir la lettre du traité et le risque que les juridictions considèrent comme claires des dispositions qui ne le sont pas afin de se soustraire à l'interprétation de la Cour (ce que fit le Conseil d'État français, 19 juin 1964, *Shell Berre*). Inversement, il n'apparaissait pas souhaitable de saisir la Cour lorsqu'il n'y a rien à interpréter ; le renvoi préjudiciel ne doit pas devenir un moyen dilatoire retardant l'application du droit communautaire dans l'ordre interne ; la Cour elle-même a admis ce point de vue et précisé que le juge interne peut se dispenser de poser une question, déjà interprétée, ou qui ne fait place « à aucun doute raisonnable » (6 oct. 1982, *Sté CILFIT*). Dans ce dernier cas, le juge national doit cependant tenir compte de la spécificité du droit communautaire et des difficultés de l'interprétation ou encore de la diversité linguistique.

4. La Cour a donné une **définition de la juridiction** au sens du renvoi préjudiciel ; ce doit être une *juridiction institutionnalisée*, la Cour n'accepte pas le renvoi émanant directement d'arbitres (23 mars 1982, *Nordsee*) mais elle accueille la question posée par les conseils des ordres professionnels statuant en matière juridictionnelle (6 oct. 1981, *Broeckmeulen*).
Longtemps réticentes, les *juridictions constitutionnelles nationales* ont commencé à poser des questions préjudicielles (Belgique, Autriche…), ce qui sous-entend qu'elles se perçoivent comme de véritables juridictions et que la Cour de Justice les accepte comme telles. Cependant la protection de l'« identité constitutionnelle nationale » (art. 4 UE) forme un frein au développement de cette pratique. Par ailleurs les

juridictions, tel le Conseil constitutionnel français, incitent les juridictions ordinaires à user du renvoi préjudiciel.

5. La question s'est posée initialement de savoir si la juridiction statuant en référé, compte tenu de l'urgence, pouvait poser une question préjudicielle. La jurisprudence de la Cour (4 mai 1988, *Bodson/Pompes funèbres des régions libérées*) a été confirmée par des arrêts, importants sur le fond (*cf. infra* p. 210) :
– 21 février 1991, ***Zuckerfabrik*** : un juge national, statuant en référé, peut suspendre l'exécution d'un acte national fondé sur un règlement communautaire – dont la validité est litigieuse – et doit, dans certaines conditions, poser une question préjudicielle à la Cour ;
– 19 juin 1990, ***Factortame*** : la suspension provisoire de mesures nationales, y compris une loi, implique la compétence du juge de saisir la Cour par voie préjudicielle. Les marchés publics favorisent le recours du juge des référés à la question préjudicielle.

6. Après la création en droit français du mécanisme de la *question prioritaire de constitutionnalité* (loi organique du 10 décembre 2009), la Cour de Cassation a posé, sur la base d'une disposition litigieuse du droit français relative au contrôle aux frontières de l'espace Schengen, la question de l'incompatibilité du nouveau mécanisme avec le renvoi préjudiciel. La Cour de Justice (22 juin 2010, *Aziz Malki* et *Sélim Abdeli*) a répondu que la question prioritaire (droit français) ne contrevient pas au renvoi préjudiciel dès lors qu'il peut être recouru à ce dernier à tout moment et que la juridiction nationale peut laisser inappliquée la disposition nationale contraire au droit de l'Union. La position de la Cour de Cassation diverge de celle du Conseil d'État et du Conseil Constitutionnel, proches de celle de la Cour de Justice. *Cf. infra*, Le droit de l'Union et les juridictions françaises, p. 224.

C. Le traitement de la question par la Cour

Devant la Cour, les parties au litige, les États, l'auteur de l'acte en cause et la Commission peuvent présenter des observations. La Cour n'a pas toujours établi une claire distinction entre la recevabilité et la compétence. Or, bien qu'il ne s'agit pas d'un recours contentieux, la distinction paraît opérante.

1. La recevabilité de la question préjudicielle : des restrictions

La Cour peut redresser la question lorsqu'elle est mal formulée, ou renvoyer à une interprétation déjà donnée. Elle sursoit à statuer si elle est informée par le juge national de l'ouverture d'une instance d'appel contre la décision de renvoi.
La question doit indiquer le contexte de l'affaire et le cadre juridique de droit interne. La Cour, depuis peu, rejette les questions préjudicielles qui ne comportent pas d'indications sur le cadre factuel et réglementaire de l'affaire (26 janv. 1993, *Telemarsicabruzzo*) ou des indications par trop mal formulées.
La Cour a posé diverses **limites à l'utilisation du renvoi préjudiciel :**
– la question ne doit pas découler d'un arrangement entre les parties, sans rapport avec le litige ;
– elle ne doit pas s'analyser comme une demande de consultation ou porter sur un litige hypothétique (*Foglia Novello*, 11 mars 1980 et 16 déc. 1981) ;
– elle ne peut porter sur le droit d'un autre État membre ;

– elle doit être nécessaire au règlement d'une affaire pendante devant le juge (d'où l'importance de la formulation) ;
– **elle n'est pas recevable si la partie concernée avait été au préalable en mesure de requérir utilement en annulation** *(T.W.D, 9 mars 1994)*. Or l'on sait qu'il s'agit d'une appréciation délicate. La même irrecevabilité par forclusion peut s'appliquer à un État (22 oct. 2002, *National Farmers Union*) ; cette jurisprudence, largement discutée, inscrit le renvoi préjudiciel dans le « système » des voies de recours.
Ainsi ont émergé une pratique (et une théorie) de la recevabilité des questions préjudicielles qui visent moins à réduire le flux quantitatif des renvois qu'à encadrer l'exercice de sa compétence par le juge interne. La Cour a pris des ordonnances d'irrecevabilité dans plusieurs affaires. Exemple : *La Pyramide SARL*, 9 août 1994.

2. La compétence préjudicielle : des extensions

La Cour se déclare compétente pour interpréter les accords internationaux (*cf.* p. 170).
La Cour a étendu sa compétence préjudicielle dans des hypothèses où, sans entrer dans le champ d'application du droit communautaire, **des normes nationales régissant des situations purement internes renvoient à des normes communautaires**.
18 oct. 1990 *Dzodzi c/Belgique*, 17 juillet 1997 *Leur-Bloem* :
« … *la procédure préjudicielle* (*ne saurait être*) *exclue dans le cas où le droit national renvoie au contenu d'une disposition communautaire pour déterminer les règles applicables à une situation purement interne…* ».
Cette jurisprudence a été discutée au vu de l'autorité de l'arrêt préjudiciel et de la répartition des compétences entre juge européen et juge national. Si dans un arrêt *Salzmann* du 15 mai 2003, la Cour a noté que l'interprétation permettait d'éviter des situations de discrimination à rebours, elle a choisi de n'affirmer sa compétence que dans des hypothèses où le droit interne opère un renvoi « direct et inconditionnel » au droit communautaire (18 mars 1995 *Kleinwort-Benson*) ou écarte toute restriction à son utilisation (17 juill. 1997, *Giloy*). Il n'en reste pas moins que l'arrêt préjudiciel dispose, dans ces hypothèses, d'une autorité variable.
La jurisprudence de la Cour se situe ici à la charnière du droit de l'Union et de la formation d'un droit commun européen.

§ 2 - La portée des arrêts rendus à titre préjudiciel

La Cour est le collaborateur des juridictions internes sans se substituer à elles ; elle rend *en principe une décision abstraite*, laissant au juge interne le soin d'en tirer les conséquences dans le litige ; elle s'abstient de statuer sur la validité ou l'interprétation des normes internes, y compris des normes d'exécution. En pratique, l'interprétation induit largement l'attitude du juge interne et conduit à lui indiquer la solution concrète qu'il devra donner au litige sans aller cependant jusqu'à procéder à l'application du droit à sa place. Il lui arrive donc de renvoyer à son tour aux juges internes pour appréciation des suites à donner.

A. L'autorité des arrêts de la Cour

1. L'appréciation de validité d'un acte dérivé ne conduit pas à une annulation ; si la Cour déclare l'invalidité, son arrêt s'impose au juge interne qui écartera la disposition invalidée dans le règlement du litige. Mais l'ensemble des juridictions nationales devra le tenir pour non valide. Reste à l'auteur de l'acte d'en tirer les conséquences. La Commission, vu son rôle pré-normatif ne manque pas alors d'y pousser.

2. L'autorité des arrêts rendus sur **l'interprétation d'une disposition du droit de l'Union** a divisé la doctrine, voire la Cour elle-même. Il s'agit non d'une autorité de la chose jugée – puisqu'il n'y a pas de jugement – mais « **d'autorité absolue de chose interprétée » (Boulouis)**. Ainsi, à l'avenir les juges internes pourront-ils se reporter à l'interprétation rendue ; il arrive que la Cour renvoie à l'interprétation qu'elle a donnée antérieurement dans une autre affaire sur le même point. Cependant, la Cour entend se réserver la possibilité de modifier son interprétation en fonction de l'évolution du contexte juridique de l'Union.

3. En ce qui concerne les **effets de l'arrêt dans le temps**, la jurisprudence de la Cour a été fluctuante.
Dans des hypothèses d'*interprétation*, après avoir jugé que la sécurité juridique impliquait de ne pas remettre en cause des situations nées antérieurement à l'arrêt (8 avr. 1976, *Dlle Defrenne*), elle a admis qu'il revenait au juge de tirer les conséquences de l'interprétation dans un litige ultérieur mais relatif à une situation née antérieurement (27 mars 1980, *Denkavit*). Il s'agit, en chaque espèce, de maintenir un équilibre fragile.
En ce qui concerne l'*appréciation de validité*, après avoir admis l'effet rétroactif de son arrêt, elle a fixé à la date de l'arrêt certaines conséquences du prononcé d'une invalidité (15 oct. 1980, *Roquette SA c/France*), par analogie avec la règle applicable au contentieux de l'annulation. Cependant, cette limitation ne saurait être opposée à un requérant qui s'était antérieurement pourvu en justice (26 avr. 1994, *Roquette SA*).

B. Leurs effets structurants

Les arrêts rendus à titre préjudiciel ont eu une importance considérable.

1. Le renvoi préjudiciel crée une structure de collaboration entre la Cour et toutes les juridictions, voire **un pouvoir judiciaire européen (J.-V. Louis)** puisque désormais les juges ne sont plus soumis à une interprétation nationale et peuvent ne pas attendre que les juridictions de dernier ressort aient statué. Les tribunaux des pays de l'Europe du Nord ont été initialement moins réticents que les juridictions des pays latins à saisir la Cour ; en France, les tribunaux judiciaires moins que les juridictions administratives.

2. En rupture avec l'ordre juridique international (y compris la Convention européenne des droits de l'homme), le mécanisme des questions préjudicielles induit une culture juridique commune accessible aux justiciables par la double médiation de leurs représentants en justice (les avocats doivent connaître le droit de l'Union) et surtout des juges nationaux (*idem*).

3. Sous couvert d'interprétation, la Cour s'est prononcée sur la **nature juridique des dispositions des traités** et a pris parti dans certaines conditions (voir chap. 3) pour leur effet direct devant les juges internes. Cette jurisprudence a un aspect structurel puisqu'elle associe unité et primauté du droit de l'Union, bien au-delà de la lettre de l'article 267 FUE.

4. La Cour a utilisé la voie préjudicielle pour élargir les **garanties juridictionnelles** des particuliers, *cf. infra* chap. 3 suivant.

5. La Cour a instauré une procédure préjudicielle accélérée pour traiter dans une formation spécialisée des renvois relatifs à l'**espace de liberté, sécurité et justice** et dans l'attente du traité de Lisbonne. En effet la question préjudicielle entraîne un allongement du procès (au moins dix-huit mois) ; il convenait d'y remédier partiellement en matière de liberté, sécurité et justice.

POUR ALLER PLUS LOIN

BIBLIOGRAPHIE :

› O. Dubos, *Les juridictions nationales, juge communautaire*, Dalloz, Paris, 2001.

› F. Fines, *Étude de la responsabilité extra-contractuelle des Communautés européennes*, LGDJ, 1990.

› J. Molinier et J. Lotarski, *Droit du contentieux de l'Union européenne*, 3e éd., LGDJ, 2010.

› J. Rideau et F. Picod, *Code des procédures juridictionnelles de l'Union européenne*, Litec, 2002.

› G. Vandersanden et A. Barav, *Contentieux communautaire*, Bruylant, Bruxelles, 1977.

Chapitre 3 › LES RAPPORTS DU DROIT DE L'UNION ET DU DROIT NATIONAL

› L'essentiel

Ces rapports obéissent aux deux logiques exposées plus haut : ***autonomie*** *de l'ordre juridique de l'Union européenne et* ***intégration*** *de cet ordre dans les ordres juridiques internes. Ils soulèvent plusieurs sortes de questions étroitement liées :*

– l'applicabilité du droit de l'Union – dont l'effet direct – qui se pose devant le juge interne à l'occasion d'un litige ;

– la primauté des normes du droit de l'Union sur les normes nationales contraires ;

– la protection juridictionnelle des particuliers par les juridictions nationales sur la base du droit de l'Union ;

– la mise en œuvre extrajudiciaire du droit de l'Union par les organes internes de l'État ;

– la mise en œuvre judiciaire du droit de l'Union en France.

Le droit de l'Union est doté d'une ***applicabilité immédiate*** *dans l'ordre interne en ce sens qu'il s'y applique, en tant que tel, sans qu'il soit nécessaire d'assurer sa réception ou sa transformation en droit interne. Cette qualité, reconnue par la Cour et les juridictions internes, rompt avec certaines traditions dualistes mais n'exclut pas la nécessité pour les États de prendre des mesures d'exécution ou de mise en œuvre.*

Section 1 › L'EFFET DIRECT

§ 1 - La définition de l'effet direct

A. Remarques terminologiques

La terminologie juridique est assez fluctuante, même celle de la Cour de justice : applicabilité directe, droit directement applicable, effet direct. On peut établir une distinction entre :

a) applicabilité directe : une norme de droit de l'Union est incorporée dans l'ordre interne et n'impose pour son application aucune norme nationale complémentaire de la part des autorités législatives ou administratives ;

b) effet direct : une norme de droit de l'Union crée des droits en faveur des particuliers qui peuvent s'en prévaloir devant les juridictions nationales en l'absence ou à l'encontre des normes internes pour en exiger l'application.

Cette distinction implique que la norme directement applicable est dotée de l'effet direct alors que la norme dotée de l'effet direct n'est pas toujours directement applicable, sauf par le juge, et appelle des actes nationaux complémentaires d'application de la part des autorités législative ou exécutive. Il en est ainsi pour les règlements dits « incomplets » et surtout les directives.

Cette distinction sémantique peut être reçue avec prudence. On peut considérer les deux définitions comme très proches. Il demeure utile de s'y référer : une directive peut être dotée de l'effet direct, elle n'est pas pour autant directement applicable.

B. L'objet de l'effet direct

L'effet direct n'est pas une notion exclusive du droit de l'Union.

a) Dans les droits internes, le problème s'est posé de savoir si les particuliers pouvaient invoquer les droits qu'ils tirent des principes généraux du droit ou des préambules constitutionnels : en droit français la réponse a été donnée par les juges administratif et constitutionnel. La loi elle-même a été appliquée plus libéralement par le juge judiciaire que par le juge administratif qui préférait attendre les décrets d'application.

b) En droit international général, les traités ne visent en principe que les États, sujets de ce droit, mais il existe des traités *« self-executing »* qui créent des droits et obligations pour les particuliers et non pour les seuls États parties ; ces traités étaient initialement peu nombreux, mais dans une perspective anthropocentrique – et non plus statocentrique – leur nombre s'est accru : traités relatifs aux droits de l'homme, conventions fiscales, accords d'extradition, etc.

c) Le droit de l'Union comportait un renversement de cette approche : **les sujets de ce droit sont les États et les particuliers.** Dans l'arrêt *Van Gend en Loos,* le 5 février 1963, à propos de l'article 12 CEE (art. 30 FUE), la Cour indique que : « … le droit communautaire… de même qu'il crée des charges dans le chef des particuliers, est aussi destiné à engendrer des droits qui entrent dans leur patrimoine juridique… que l'article 12 produit des effets immédiats et engendre **des droits individuels que les juridictions internes doivent sauvegarder »**. L'effet direct procède donc de la nature des Communautés : il y revêt une grande importance puisqu'il assure l'unité et l'uniformité du droit dans une communauté composée par les États et les particuliers. À la différence du droit international conventionnel, l'intention des auteurs des traités constitutifs est présumée. En outre, c'est la Cour de Justice, et non les juridictions nationales, qui détermine le champ de l'effet direct du moins dans le droit originaire.

C. Les fonctions et les degrés de l'effet direct

L'effet direct a deux fonctions principales :

1. Devant le juge interne, les **justiciables** peuvent solliciter l'application des normes dotées de l'effet direct, s'il y a lieu à l'encontre de dispositions nationales contraires ou en l'absence de dispositions nationales pertinentes. La jurisprudence indique qu'il existe deux degrés dans l'effet direct :

a) l'effet direct complet (vertical et horizontal) joue tant dans les relations entre États et particuliers que dans les relations entre les particuliers ; il en est ainsi pour les règlements, les décisions adressées aux particuliers ainsi que pour certains articles du traité (concurrence, libre circulation des ressortissants de l'Union, non-discrimination selon la nationalité, égalité des sexes) et pour les principes généraux du droit ;

b) l'effet direct vertical joue dans les seules relations entre États et particuliers ; tel est le cas pour les décisions adressées aux États et les directives, dans certaines conditions (*cf. infra*), et pour de nombreux articles du traité.

2. Le juge interne est tenu, en dépit de l'autonomie institutionnelle et procédurale qui le régit, de reconnaître ou de sauvegarder les droits des particuliers. La Cour de justice a étendu la portée de cette obligation :

• dans le cadre d'un recours en manquement d'État, elle indique que l'État ne peut appliquer une disposition nationale contraire, 13 juillet 1972, *Comm. c/Rép. italienne* ;

• à l'occasion d'un renvoi préjudiciel, elle indique « que cet effet (plénitude d'effets et source immédiate de droits et d'obligations) concerne également tout juge qui, saisi dans le cadre de sa compétence, a, en tant qu'organe de l'État, pour mission de protéger les droits conférés aux particuliers par le droit communautaire », 9 mars 1978, *Simmenthal*.

L'effet direct permet alors la **substitution** de la norme européenne à la norme nationale contraire : c'est un **effet maximal**.

§ 2 - Les critères et les domaines de l'effet direct

La Cour a constamment étendu les domaines de l'effet direct sur la base des critères qu'elle a définis. Il est remarquable que cette jurisprudence trouve ses origines dans l'examen des questions préjudicielles ouvert par les traités.

A. L'effet direct en droit originaire

À partir de l'affaire *Van Gend en Loos*, la Cour a jugé que l'effet direct s'attachait aux dispositions des traités imposant aux États des obligations claires et précises, complètes et inconditionnelles, et n'appelant aucune mesure complémentaire nationale (ou communautaire) :

– de ne pas faire (à la suite de l'arrêt précité) ;

– *de faire (16 juin 1966, Lütticke)*

soit dans tous les cas où **l'obligation dépasse le cadre des rapports entre la Communauté et les États** et ne laisse aux États membres ou aux institutions aucune marge discrétionnaire d'appréciation ou seulement une marge dérisoire.

La *Cour de justice a jugé que certaines dispositions relatives au libre établissement (21 juin 1974, Reyners)* et à la libre prestation de services (3 déc. 1974, *Van Binsbergen*) étaient dotées de l'effet direct à l'expiration de la période transitoire bien que le droit dérivé qu'appelaient les articles du traité n'ait pas été arrêté.

Sont dotés de l'effet direct, horizontal ou (et) vertical, en tout ou en partie, isolément ou conjointement, les articles 18 FUE sur la non-discrimination selon la nationalité et 157 FUE sur la non-discrimination dans le travail entre hommes et femmes ; 30 FUE sur les droits de douane et taxes d'effet équivalent ; 34 et 35 FUE sur les restrictions quantitatives ; 37 FUE sur les monopoles nationaux à caractère commercial ; 45, 49, 56, 57 FUE sur la libre circulation des personnes et des services ; 63 sur la libre circulation des capitaux ; 101, 102, 108, 110 FUE sur la concurrence et sur la fiscalité en application des critères matériels sus-indiqués. Ces articles ont une **fonction stratégique en vue du marché commun**.

La Cour a reconnu l'effet direct à la liberté de circulation et de séjour dans le cadre de la citoyenneté : art. 21 FUE (ex. 18 CE) 17 sept. 2002, *Baumbast*.

B. L'effet direct en droit dérivé

1. Dès l'origine, l'effet direct a été reconnu au **règlement** : « ... *en raison de sa nature et de sa fonction... il produit des effets immédiats et est, comme tel, apte à conférer aux particuliers des droits que les juridictions nationales ont l'obligation de protéger* » (14 déc. 1971, *Politi*). Il s'agit d'un effet complet.

2. *C'était appliquer le critère textuel tiré de l'article 249 CE (aujourd'hui 288 FUE). Interpellée par le Conseil d'État belge (7 oct. 1968, Corveleyn),* la Cour a étendu l'effet direct à une décision adressée aux États (6 oct. 1970, *Franz Grad*) et à une directive (17 déc. 1970, *SACE-Bergame*), transposant ainsi à des actes du droit dérivé les critères matériels qu'elle avait dégagés pour le droit originaire.

Cette jurisprudence a surpris puisque ces actes imposent, par définition, une intervention complémentaire des États. Certains y ont vu un effet direct-réflexe car la directive ne faisait qu'appliquer une disposition du traité CE elle-même dotée de l'effet direct. La Cour a confirmé **l'extension de l'effet direct à certaines directives** prises isolément (4 déc. 1974, *Van Duyn*). Cependant, il s'agit d'un effet direct limité : la Cour a précisé qu'une directive ne pouvait être invoquée à l'encontre d'un État par un particulier avant *l'expiration du délai* ouvert à cet État pour la mettre en œuvre (5 avr. 1979, *Ratti*), mais seulement à l'expiration de ce délai, sans que cette invocabilité aboutisse à dispenser l'État de son obligation de transposition (CJCE, 6 mai 1980, *Comm. c/Belgique*). Désormais, une directive qui contient des *dispositions précises, inconditionnelles* et *complètes* peut être invoquée, sous la précédente condition, à l'encontre d'un État, d'une autorité locale ou d'un organisme chargé d'un service d'intérêt public disposant de pouvoirs exorbitants (CJCE, 12 juill. 1990, *Foster*). C'est **l'invocabilité de « substitution »** : la directive est applicable à la place d'une norme interne lorsque celle-ci n'est pas conforme ou si la transposition fait défaut.

Si la Cour admet qu'une telle directive n'a qu'un *effet direct vertical* – et *non horizontal* – (26 févr. 1986, *Marshall*), **le refus de l'effet horizontal** a suscité des critiques doctrinales (et de plusieurs avocats généraux) et suscité une jurisprudence contraire de la Cour de cassation française (11 déc. 1984, *Bureau central frçs c/Fonds de garantie automobile*). La Cour de justice a persisté dans une affaire *Faccini Dori*, 14 juillet 1994, à propos du droit de renonciation dans un litige opposant un consommateur et un commerçant, car cela : « ... reviendrait à reconnaître à la Communauté (un) pouvoir... qu'elle ne détient... que là où lui est attribué le pouvoir d'adopter des règlements ».

Cependant même dans un litige entre particuliers la directive entraîne une obligation d'**interprétation conforme** du droit national. Voire une *invocabilité d'exclusion* conformément à la primauté du droit européen. *Cf.* section à suivre.

C. L'effet direct des accords internationaux

La Cour a étendu, en s'inspirant des critères matériels précités, l'effet direct à des **accords internationaux** conclus par la Communauté (5 févr. 1976, *Bresciani* pour la convention de Yaoundé, 26 oct. 1982, *Kupferberg* pour des accords commerciaux) y compris à des décisions d'un conseil d'association (CEE-Turquie) : 20 sept. 1990, *Sevince*. Mais l'effet direct des accords internationaux est, en droit de l'Union, très dépendant de l'invocabilité (spécifique) des accords. La Cour a jugé que les accords

GATT et OMC (vu leur souplesse et l'absence de réciprocité) n'étaient pas invocables en justice (12 déc. 1972, *International Fruit Cie*, 23 nov. 1999, *Rép. portugaise c/Conseil*), même par un État (5 oct. 1994, *Allemagne c/Conseil*). Non invocables également sont les décisions de l'organe de règlement des différends de l'OMC (1er mars 2005, *Van Parys*). Cependant, les accords internationaux entrent dans la hiérarchie des normes de l'Union et les accords GATT et OMC sont invocables lorsque l'Union prend un acte qui y renvoie explicitement ou éxecute une obligation particulière du fait de ces accords.

D. L'effet direct en dehors du droit étatique

La Cour a admis l'extension de l'effet direct complet aux réglementations privées (12 déc. 1974, Walrave à propos d'un règlement du sport cycliste ; 8 avr. 1976, *Dlle Defrenne* à propos des conventions de travail).

Section 2 › LA PRIMAUTÉ

La primauté du droit de l'Union s'entend de la **primauté d'une règle de l'Union sur une règle interne de sens contraire**, et non – comme on l'écrit parfois – de la primauté de tout le droit européen sur tout le droit interne. C'est un principe logique affirmé par la Cour de justice et reconnu dans tous les États membres.

§ 1 - Un principe affirmé par la Cour de Justice

A. Un principe logique

Les traités ne comportaient pas l'affirmation du principe de la primauté, procédé que l'on rencontre dans les constitutions de type fédéral. La primauté du droit communautaire était une exigence logique liée à trois caractéristiques de l'ordre juridique communautaire :

– la *nature de la Communauté* qui repose sur la limitation des droits souverains des États ;

– l'*autonomie du droit communautaire* qui implique qu'un texte interne ne puisse lui être opposé judiciairement ;

– l'*unité du droit communautaire* qui impose que les règles communautaires ne puissent être paralysées par des règles nationales divergentes.

Les **indicateurs de la primauté** sont abondants : recours en constatation de manquement d'État, renvoi préjudiciel, contrôle sur les États des projets de textes internes afin de prévenir une contradiction avec le droit communautaire.

Toutefois le **projet de Constitution** posait le principe de primauté, lequel convient bien à un texte constitutionnel.

B. Un principe consacré par la Cour de Justice

1. La Cour considère qu'il revient au juge interne d'assurer le respect de la primauté. Elle a fait valoir le principe de primauté à l'encontre :

a) d'une loi nationale, même postérieure au traité, dans des arrêts de principe (15 juill. 1964 *Costa c/Enel*, *Simmenthal* précité) : *« … issu d'une source autonome,* *le droit né du traité ne peut se voir judiciairement opposer un texte interne quel qu'il soit… sans que soit mise en cause la base juridique de la Communauté elle-même »* ;

b) d'une règle constitutionnelle interne quelle qu'en soit la portée.
Dans une ordonnance du 22 juin 1965 (San Michele), elle réfute la thèse de la « congruence structurelle » qui dans une autre affaire avait conduit en 1963 le tribunal financier de la Rhénanie à écarter un règlement communautaire comme contraire à la séparation constitutionnelle des pouvoirs législatif et exécutif en droit allemand.
La Cour, à propos des droits constitutionnels individuels, indique que l'invocation d'atteintes à ces droits « … ne saurait affecter la validité d'un acte de la Communauté » (17 déc. 1970, *Internationale Handelsgesellschaft*). Elle écarte l'objection italienne de subordonner l'octroi d'une prime prévue par un règlement à l'adoption de dispositions budgétaires (17 mai 1972, *Leonesio*).

2. Le principe de la primauté joue **en faveur de toutes les dispositions** du droit originaire et du droit dérivé ainsi que des principes généraux du droit. En ce qui concerne la norme dotée d'un effet direct, le juge interne doit assurer lui-même le respect de la primauté, dans le cadre des procédures nationales existantes, en écartant la règle interne contraire ou en appliquant directement la norme européenne si elle est d'effet direct. La Cour de justice a lié l'effet direct et la primauté (arrêt *Simmenthal* précité). Par ailleurs, elle enjoint aux juges nationaux d'écarter, sans attendre son abrogation dans les formes requises, la règle nationale contraire à la règle européenne. En ce qui concerne la norme non dotée de l'effet direct, le juge a le pouvoir de rendre inopposable ou d'écarter la norme nationale contraire.

3. Le principe de la primauté joue **à l'encontre de toutes les normes de droit national**. Il entraîne des obligations à la charge de toutes les autorités nationales (législatives, administratives, juridictionnelles) en fonction de leurs compétences propres. Il est sanctionné par le recours en manquement d'État (*cf.* chap. précédent).

4. Se fondant sur les énonciations contenues dans la jurisprudence de la Cour, une partie de la doctrine (*cf.* **D. Simon**) ajoute à la **primauté internationale**, commune au droit international et au droit de l'Union, une **primauté interne** telle qu'elle oblige chaque État à assurer dans son ordre juridique interne la priorité de la norme européenne donc l'invalidité des normes internes qui lui seraient contraires et l'interdiction d'introduire une contradiction avec elle. La doctrine de la primauté interne permet d'étayer la suprématie du droit de l'Union sur les normes constitutionnelles nationales. Elle conforte l'idée d'une autonomie du droit de l'Union au regard du droit international. Elle se heurte en pratique aux traditions juridictionnelles qui vont dans le sens de la primauté internationale telle que reconnue généralement dans les constitutions des États.

5. Il emporte des conséquences multiples sur la base de **l'invocabilité** d'une norme de l'Union devant les juridictions internes :
– le juge se doit de ne pas appliquer une norme nationale contraire au droit de l'Union (**invocabilité « d'exclusion »**). S'agissant des directives, cette non-application ne se confond pas avec leur éventuel effet direct : CJCE, 19 sept. 2000, *Berthe Linster* ;

– le juge doit interpréter le droit national en fonction de la norme de l'Union, et notamment en fonction des objectifs fixés par les directives (**invocabilité « d'interprétation conforme »**) ; CJCE, 10 avril 1984, *Von Colson* (précit) ;
– l'**invocabilité « de réparation »** est une conséquence de la primauté dans le cas où le justiciable a subi des dommages du fait d'une violation par un État d'une norme de l'Union, *cf. infra* sect. 3 ;
– l'**invocabilité de « substitution »** qui engage le juge à appliquer une norme de l'Union à la place de la norme nationale qui la contredit (ou si elle n'a pas été prise) ne joue que dans les cas où la première est dotée de l'effet direct (*cf. supra* sect. 1). C'est **l'invocabilité maximale.**

§ 2 - Un principe inscrit dans la Constitution européenne

1. Le principe de primauté était inscrit dans **l'article I-6 du projet de Constitution** : « *La Constitution et le droit adopté par les institutions de l'Union, dans l'exercice des compétences qui sont attribuées à celle-ci, priment le droit des États membres* », et complété par une Déclaration selon laquelle l'article I-6 reflète la jurisprudence existante (de la Cour de Justice).

2. Le **Conseil constitutionnel français** dans sa **décision du 19 nov. 2004** a considéré que la Déclaration signifiait que le principe de primauté tel que posé par la Cour de Justice demeurait inchangé. Par ailleurs il a, à l'instar d'autres juridictions constitutionnelles, relié l'article I-6 à l'article I-5 selon lequel… « l'Union respecte l'égalité des États membres… ainsi que leur identité nationale, inhérente à leurs structures fondamentales politiques et constitutionnelles… » affichant ainsi une sorte de *réserve générale de constitutionnalité*. Il souligne aussi l'existence d'un droit de retrait et rappelle implicitement que la Constitution européenne étant un traité, celui-ci ne saurait l'emporter sur la Constitution française dans l'ordre interne.

3. Après l'effacement du projet de Constitution, le **traité de Lisbonne** pose le principe de primauté dans une Déclaration laquelle comporte en annexe un *avis du service juridique* du Conseil qui commente la jurisprudence *Costa/ENEL*. Ce retour au *statu quo ex ante* a permis au Conseil constitutionnel français de ne pas se prononcer sur la primauté dans sa décision du 20 décembre 2007 sur le traité de Lisbonne.

§ 3 - Un principe reconnu dans les États membres

Les solutions varient selon les inclinations doctrinales (monisme ou dualisme), les facteurs constitutionnels propres à chaque pays, leurs traditions juridictionnelles, les modalités du contrôle de constitutionnalité. Les droits fondamentaux ont parfois amené certaines résistances (en Allemagne et en Italie).

A. Les solutions constitutionnelles

Elles peuvent contribuer à favoriser la reconnaissance judiciaire de la primauté (sur les lois et les actes administratifs).

1. Certaines constitutions comportaient *ab initio* des dispositions permettant des *attributions de compétences* à des organisations internationales :

– l'article 11 de la Constitution italienne de 1948 ;
– les articles 93 et 96 de la Constitution espagnole du 27 décembre 1978, et l'article 28 de la Constitution grecque.

2. Certaines constitutions ont été *révisées en fonction de l'appartenance aux Communautés* : article 92 de la Constitution néerlandaise et article 94 (qui autorise le juge à écarter les lois incompatibles avec le droit doté de l'effet direct), article 49 *bis* de la Constitution luxembourgeoise, article 25 *bis* de la Constitution belge, article 8-3 de la Constitution portugaise.

3. En **Allemagne**, si l'article 24 de la Loi fondamentale autorisait le transfert, par voie législative, de droits de souveraineté à des institutions internationales, *l'article 23* a été entièrement révisé en 1992 : l'Union européenne devient un objectif assigné à l'État (elle respecte les principes de l'État de droit, la subsidiarité et protège les droits fondamentaux) ; les transferts de droits souverains sont organisés, dans les limites du noyau identitaire de la Loi fondamentale, sous condition d'une approbation par les deux tiers du Bundestag et du Bundesrat. Par ailleurs, l'intervention du Bundesrat est requise dès lors qu'une action de l'Union européenne affecte les compétences législatives ou administratives des *Länder*.

4. Le Royaume-Uni n'ayant pas de constitution écrite, le « *European Communities Act* » de 1972 reconnaît implicitement la primauté du droit communautaire en renvoyant aux principes posés par la Cour de justice. La loi danoise sur l'adhésion du 11 octobre 1972 opère dans le même sens : elle a été adoptée sur la base de l'article 20 de la Constitution relatif à des attributions de compétences aux organismes internationaux.

5. Pour la **France**, *cf. supra* § 2 et *infra*, sect. 5.

B. Les solutions jurisprudentielles

Si la Cour de cassation belge s'est prononcée avec éclat le 27 mai 1971 (Fromagerie Franco-Suisse « Le Ski ») en faveur de la primauté absolue de la norme communautaire, la quasi-totalité des juridictions incline en ce sens : Cour suprême espagnole, Cour suprême irlandaise, Cour de cassation néerlandaise…

Certaines difficultés sont apparues en Allemagne et en Italie du fait notamment de l'existence d'un contrôle de constitutionnalité très développé et d'une tradition dualiste (théorie du dualisme).

En matière de **droits fondamentaux**, la jurisprudence constitutionnelle allemande a évolué. Dans un arrêt du 18 octobre 1967, la Cour constitutionnelle n'accepte pas de connaître des actes communautaires, sauf violation des droits individuels reconnus par la Constitution. Dans un arrêt *Solange I* le 29 mai 1974, elle préconise que l'acte communautaire lui soit renvoyé – après usage de la question préjudicielle – en cas de conflit avec un droit constitutionnel fondamental… « tant que le processus d'intégration n'est pas suffisamment avancé ». Dans un arrêt *Solange II,* 22 octobre 1986, tirant les conséquences de la jurisprudence communautaire sur les droits fondamentaux initiée à partir de 1970, et de la jurisprudence *Simmenthal,* la Cour allemande indique qu'elle n'exercera plus le contrôle de la conformité des actes communautaires aux droits fondamentaux individuels… tant que la Cour de justice en assure la protection.

Cependant, dans son arrêt du 12 octobre 1993 sur la constitutionnalité du traité de Maastricht elle se réserve de vérifier, en cas de besoin, si les actes communautaires sont conformes aux « standards inaliénables des droits fondamentaux ».

Le 7 juin 2000 (Solange III), à propos du contentieux de la banane, la Cour constitutionnelle, sans renoncer à son contrôle dans l'hypothèse où les droits fondamentaux de l'ordre communautaire s'écarteraient par trop des droits fondamentaux de l'ordre allemand, reconnaît, dans la ligne de l'article 23 de la Loi fondamentale, le bien-fondé du standard européen.

La Cour constitutionnelle a rendu une décision importante (420 points) sur la constitutionnalité du **traité de Lisbonne**, le 30 juin 2009. Elle déclare étendre son contrôle au-delà des droits fondamentaux sur l'« **identité constitutionnelle** » allemande qui doit rester intangible. Si elle valide le traité de Lisbonne, elle appelle à un respect strict et à un renforcement des pouvoirs des assemblées fédérales allemandes. Sur ce point la décision traduit sans doute un certain désenchantement vis-à-vis du Parlement européen.

Note : dans une affaire allemande (CJCE, 14 oct. 2004, *Omega*), la Cour a fait prévaloir le principe général, en quelque sorte fondamental, de la dignité humaine, inscrit dans la constitution de la RFA, sur les principes de liberté du marché intérieur.

Section 3 › LA PROTECTION JURIDICTIONNELLE DES PARTICULIERS

§ 1 - Les fondements de la protection juridictionnelle des particuliers

Ils sont au centre de l'ordre juridique de l'Union et découlent de l'effet direct (de certaines normes) et surtout de la primauté (de l'ensemble des normes de l'Union). Deux fondements de portée générale doivent être fortement soulignés qui font des **juridictions nationales les juges de droit commun du contentieux de l'Union.**

A. Le droit au juge

1. *Le juge de l'Union ne disposant que de compétences d'attribution* (*cf. supra*, chap. 2), il revient aux juridictions nationales de veiller à la pleine application du droit de l'Union dont elles sont juges de droit commun (en ce sens le premier arrêt rendu par le Tribunal de première instance, *Tetra Pak*, 10 juill. 1990) ; les justiciables ne peuvent être privés des voies juridictionnelles qui la garantissent. Le **droit de recours** doit être **effectif** et **efficace**, c'est-à-dire produire un effet au moins équivalent à celui mis en œuvre à l'occasion d'une violation d'une règle de droit interne. La Cour de justice, se fondant sur les traditions constitutionnelles communes aux États membres et sur l'article 6 de la Convention européenne des droits de l'homme, l'a érigé en **principe général du droit**, 15 mai 1986, *Johnston*.

L'article 47 de la Charte des droits fondamentaux de l'Union reconnaît à tout individu le droit à un recours effectif devant un tribunal. La Cour aurait pu être amenée, compte tenu de l'impossibilité pour un juge national de statuer (par exemple à l'égard d'un règlement), à modifier sa jurisprudence sur la recevabilité des recours individuels en annulation devant les juridictions communautaires. Elle ne l'a pas fait, à la différence du TPI qu'elle a censuré sur ce point. *Cf.* p. 185.

2. Le juge national intervient conformément au principe de **l'autonomie institutionnelle et procédurale des États membres** : compétences des juridictions, règles procédurales, pouvoirs juridictionnels, voies de recours, autant de questions réglées par les droits nationaux.
Cependant, compte tenu des différences entre les systèmes juridictionnels nationaux et des spécificités du droit de l'Union, la Cour de justice a développé une jurisprudence visant à **encadrer l'autonomie procédurale** du juge. Cet encadrement procédural a conduit à reconnaître des pouvoirs communautaires au juge national. Exemple : la répétition de l'indu, *cf.* paragraphe suivant.
L'encadrement de l'autonomie procédurale du juge national, initié par la Cour dès 1976 (13 déc. 1976, *Rewe*), s'est renforcé progressivement sur le fondement des obligations de coopération et de fidélité qui s'imposent au juge national en vertu de l'article 4 UE au point que, dans certains cas, l'**autonomie procédurale** a été purement et simplement **effacée**. En effet, le procès communautaire devant le juge national impliquait :
– un recours utile, effectif et aussi efficace, aux fins de tirer de la norme communautaire tous les droits qu'elle comporte ;
– une protection au moins égale à celle procurée par des recours portant sur des questions de droit interne ;
– une mise à l'écart des règles procédurales qui pourraient rendre difficile ou impossible l'exercice des droits tirés de l'ordre juridique communautaire.
C'est la version processuelle de l'intégration européenne tant le droit processuel dépend du droit substantiel.
Dans certains cas l'harmonisation des modalités procédurales est poursuivie par voie de règlement ou directive ou par des conventions.

B. Le droit au droit

1. Il revient aux justiciables (et à leurs représentants en justice) de demander l'application des droits qu'ils tirent du droit de l'Union selon des modalités qui varient selon les recours qui leur sont ouverts dans l'ordre interne et selon la nature et l'autorité des dispositions de l'Union invoquées à des fins :
– d'interprétation conforme de la norme nationale ;
– d'exclusion d'une norme nationale contraire au droit de l'Union ;
– d'application directe (effet direct) ;
– de réparation en cas de violation du droit de l'Union ;
– et, s'il y a lieu, d'annulation de la norme interne.
À cet égard, l'**office européen du juge national varie selon les formes d'*invocabilité* et les effets de la norme de l'Union.**

2. En l'absence d'une demande des justiciables, le juge national peut-il (ou doit-il) soulever d'office les moyens tirés du droit de l'Union ?
La réponse doit être trouvée dans le droit procédural national. En cas de difficultés, le principe est que le juge peut y procéder (11 juill. 1991, Verholen) ou doit y procéder (14 déc. 1995, *Peterbroeck*) lorsque le droit procédural national l'autorise dans des recours internes ou lorsque le droit procédural national risque d'empêcher la

protection des droits issus du droit de l'Union. Toutefois, sur ce dernier point la Cour a concédé que la question devait être appréciée en tenant compte de la place de la disposition procédurale dans l'ensemble de la procédure nationale (14 déc. 1955, *Van Schijndel*). Plus récemment la Cour a fait prévaloir l'autonomie procédurale en décalage avec sa jurisprudence précédente (25 nov. 2008, *Heemskerk*).

En France, si la Cour de cassation considère que les juges du fond doivent soulever d'office les moyens de droit de l'Union, notamment en matière de concurrence, le Conseil d'État qui s'était abstenu d'y procéder initialement (10 juill. 1970, *SA Morgane*) l'admet aujourd'hui (3 nov. 1997, *Million* et *Marais*).

§ 2 - La répétition de l'indu

Idée générale : les autorités des États doivent rembourser aux justiciables les sommes perçues irrégulièrement. Par extension, il en est de même des aides publiques versées par les États membres et indûment perçues dès lors qu'il s'agit d'aides incompatibles : il revient aux États d'appliquer la décision de la Commission sur la restitution. Les voies de recours nationales doivent être équivalentes à celles applicables à des recours internes similaires ; elles ne doivent pas rendre difficile ou impossible le remboursement des taxes perçues contrairement au droit de l'Union. Délicate est la question de la répercussion de la taxe sur les consommateurs.

§ 3 - Le sursis à exécution et les mesures provisoires

1. À propos d'une loi anglaise de 1988 qui limitait l'immatriculation des navires de pêche par des ressortissants étrangers (espagnols), saisie à titre préjudiciel par la Chambre des lords, la Cour de justice indique – dans la ligne de l'arrêt *Simmenthal* (*cf. supra*) – que le juge national, saisi d'un litige de droit communautaire, doit **écarter l'application de la règle qui s'oppose à ce qu'il prenne des mesures provisoires** (en l'espèce l'impossibilité en droit anglais de porter atteinte à l'application d'une loi), 19 juin 1990 ***Factortame***. Ceci en l'attente d'une décision judiciaire sur la compatibilité de la loi avec le traité.

2. Dans un arrêt du 21 février 1991, ***Zuckerfabrik***, elle indique que le juge national doit prononcer le **sursis à exécution** d'un acte interne fondé sur un règlement communautaire dont la légalité est contestée afin que… « la protection provisoire… assurée aux justiciables… par le droit communautaire (ne varie pas)… selon qu'ils contestent la compatibilité du droit national avec le droit communautaire ou la validité d'actes de droit communautaire ». Dans une telle hypothèse, si le juge national a des doutes sérieux sur la validité de l'acte communautaire et s'il constate une hypothèse d'urgence face à un risque de préjudice grave, après avoir pris en compte l'intérêt de la Communauté, il doit demander à la Cour qu'elle apprécie la validité de l'acte par voie préjudicielle. L'arrêt *Zuckerfabrik* rétablit devant le juge national l'équivalent du sursis à exécution que peut octroyer le juge communautaire : *l'effet direct d'un règlement est provisoirement neutralisé.*

3. Dans l'affaire ***Atlanta***, 9 novembre 1995, la Cour indique que le juge interne peut ordonner des **mesures provisoires positives** (en l'espèce la délivrance de certificats supplémentaires d'importation de bananes de pays tiers), modifiant ainsi la situation juridique existante. Elle en fixe les conditions : forte présomption d'invalidité de l'acte, urgence, risque de préjudice grave et irréparable avant que n'intervienne la décision sur le fond, prise en compte de l'intérêt de la Communauté. Il est clair que la Cour doit être saisie par voie préjudicielle.

§ 4 - La responsabilité de l'État du fait de la violation du droit de l'Union

1. La jurisprudence sur l'effet direct d'une directive, avait conduit la Cour à développer « l'invocabilité de substitution » à l'expiration du délai de transposition et dès lors que les États n'avaient pas pris – ou avaient incorrectement pris – les mesures de transposition de la directive. Encore fallait-il que cette invocabilité rencontre les critères de l'effet direct : clarté, inconditionnalité, suffisance. Tel n'était pas le cas dans l'affaire *Francovich et Bonifaci,* 19 novembre 1991. L'Italie n'avait pas transposé une directive du 20 octobre 1980 sur le rapprochement des législations nationales relatives à la protection des travailleurs en cas d'insolvabilité de l'employeur. Or, certaines des dispositions de la directive (l'institution de garantie) n'étaient pas d'effet direct. La Cour établit le droit à réparation à la charge de l'Italie, selon les modalités propres à son système juridique ; la responsabilité est fondée sur la violation de ses obligations par l'État (et sur l'ex-article 10 du traité) : l'État doit effacer les effets de cette violation ; la réparation ne saurait être inférieure à celle qui découlerait d'une violation de la règle interne. C'est **l'invocabilité « de réparation »** : elle semblait compenser, en l'espèce, l'impossible invocabilité de « substitution ».

2. *Dans deux affaires jointes,* ***Brasserie du pêcheur*** **et** ***Factortame,*** 5 mars 1996, rendues à la suite du non-respect par la RFA (régime de la bière) et le Royaume-Uni (immatriculation des bateaux de pêche) de leurs obligations, la Cour de justice a élargi la théorie de la responsabilité de l'État du fait de la violation du droit communautaire.

a) D'une part, l'arrêt établit clairement la **responsabilité du législateur national** (maintien d'une loi ou adoption d'une loi contraire) alors que les droits nationaux comportent des régimes de responsabilité du fait des lois divergents et généralement restrictifs.
D'autre part, alors que l'affaire Francovich était attachée à une directive non dotée de l'effet direct, la Cour généralise le principe de responsabilité de l'État.

b) Plutôt que de renvoyer à l'autonomie procédurale du droit interne, la Cour se fondant sur l'obligation de coopération loyale à la charge du juge interne, a choisi de procéder à une **transposition partielle du régime de responsabilité extracontractuelle de la Communauté** (*cf. supra* p. 193) en dépit de ses zones d'incertitude.
Dans les hypothèses où le législateur dispose d'un réel pouvoir d'appréciation (donc à rapprocher de celui dont disposent les institutions pour des actes normatifs de politique économique), la responsabilité de l'État est engagée, en cas de lien de causalité entre la violation et le préjudice, si la règle violée conférait des droits aux particuliers (mais non « une règle supérieure de droit ») et si la violation est suffisamment caractérisée, soit une méconnaissance grave et manifeste de ses pouvoirs par l'État. Pour apprécier cette condition, le juge interne peut prendre en considération le degré de clarté et de précision de la norme violée, l'étendue de la marge d'appréciation

qu'elle laisse, le caractère intentionnel ou volontaire de la violation, le degré d'excusabilité d'une erreur de droit. La violation est suffisamment caractérisée en cas d'infraction à des arrêts préjudiciels ou en manquement et à une jurisprudence établie. La Cour de justice a étendu cette jurisprudence à une hypothèse de transposition incorrecte d'une directive par le pouvoir réglementaire, 26 mars 1996, *British Telecommunications*.

c) Reste le cas où les autorités nationales ne disposent pas de marge d'appréciation : une violation simple suffit à engager sa responsabilité. Après une utilisation discutable de la marge d'appréciation (CJCE, 23 mai 1996, *Hedley Lomas*), la Cour a clarifié la question : la non-transposition d'une directive constitue *ipso facto* une violation du droit européen de nature à engager la responsabilité de l'État, 8 octobre 1996, *Dillenkofer*.

3. Le 30 septembre 2003, *Köbler*, la Cour a jugé qu'une décision d'une juridiction suprême d'un État pouvait engager la responsabilité de l'État alors même que les droits nationaux sont parfois encore réservés quant au **principe de la responsabilité du fait judiciaire**. La Cour estime que la mise en jeu de la responsabilité ne remet pas en cause l'autorité de la chose jugée.

NB : Sur les interactions de la responsabilité des États et de la responsabilité de l'Union. *Cf. supra* p. 193.

Section 4 › LA MISE EN ŒUVRE DU DROIT DE L'UNION

Il s'agit ici de sa mise en œuvre extrajudiciaire. Le droit de l'Union appelle des mesures d'exécution, y compris normatives, de la part des États membres. En effet, l'exécution directe par les organes de l'Union demeure exceptionnelle. L'article 4 UE précise que les « États prennent toutes mesures… propres à assurer l'exécution des obligations découlant des traités… ou des actes des institutions de l'Union ». Si cette exécution s'effectue conformément au **principe de « l'autonomie institutionnelle »** des États membres, lesquels s'en remettent aux organes, pouvoirs et procédures institués dans leur droit constitutionnel et dans leur ordre juridique national, l'article 4 du traité UE crée à leur charge une **obligation de coopération (ou loyauté)** qui comporte des prescriptions positives (faire) et des prescriptions négatives (ne pas faire) sanctionnées par le recours en manquement. Ex. : donner un effet utile à un règlement (CJCE, 17 déc. 1970, *Scheer*), répondre aux questions posées par la Commission. L'obligation pèse sur les autorités législatives et administratives des États comme sur les juridictions nationales (sur ce point, *cf. supra,* sect. 3).

§ 1 - Les autorités nationales compétentes

1. L'intervention des organes parlementaires, si elle est parfois nécessaire (harmonisation des législations nationales, mesures de transposition des directives ou d'adaptation du droit national relevant du domaine de la loi), est souvent inadaptée compte tenu de la lourdeur des procédures, du risque qui s'attache à un débat politique sur un acte de l'Union obligatoire déjà arrêté, et du fait que les Parlements disposent alors d'une compétence totalement ou partiellement liée. Elle peut générer des recours en manquement d'État. D'où l'intérêt d'associer, au moins par une information préalable, les Parlements avant que les actes de l'Union ne soient arrêtés.

2. Les organes exécutifs sont mieux adaptés à la fonction de mise en œuvre du droit communautaire. Différents procédés sont utilisés à cet égard :
– recours au pouvoir réglementaire d'application des lois ou au pouvoir réglementaire autonome dont dispose l'exécutif (Belgique) ;
– usage de délégations générales données aux organes exécutifs (ou à des organisations professionnelles comme les organisations agricoles néerlandaises) ;
– délégations permanentes ou spéciales données par le législateur au gouvernement pour l'exécution du droit de l'Union (droit allemand, droit italien, *order in council* en droit anglais) ;
– utilisation de procédures d'urgence : décisions gouvernementales provisoires en attendant la réunion des chambres (constitution italienne).
Fonctionnellement, l'ensemble du système tend – au plan de la mise en œuvre du droit de l'Union comme au plan de son élaboration – vers une **dépossession des assemblées parlementaires**.

3. Le contrôle parlementaire en France a donc été progressivement renforcé, notamment par l'**article 88-4 de la Constitution**. *Cf. supra,* p. 92. Les délégations de l'Assemblée nationale et du Sénat pour les Communautés avaient été créées par une loi du 6 juillet 1979 afin de suivre les travaux conduits par l'Union. L'article 88-4 de la Constitution (révisée en 1992) dispose que « le gouvernement soumet (aux deux assemblées) les propositions d'acte communautaire comportant des dispositions de nature législative ». Les règlements intérieurs des assemblées ont été révisés et des circulaires ou lettres du Premier ministre ont précisé cette disposition.
Le Conseil d'État rend un avis sur la nature législative d'une proposition d'acte de l'Union : il s'agit des mesures qui, prises en France, relèveraient du domaine de la loi. La proposition – et l'avis du Conseil d'État, s'il est positif – est transmise aux assemblées et instruite par les délégations pour l'Union européenne. Des propositions de résolution, (émanant à l'Assemblée d'un député ou de la délégation, et au Sénat de la seule délégation), sont examinées par la commission permanente compétente, celle-ci rend un rapport et, sur la demande de certaines autorités parlementaires ou du gouvernement, les propositions de résolution peuvent être soumises, discutées et adoptées en séance publique. En 2008, les délégations ont été remplacées par des commissions des affaires européennes dans chaque assemblée mais il ne s'agit pas de véritables commissions législatives.
La révision constitutionnelle du 18 janvier 1999 consolide et élargit le champ d'application de l'article 88-4. Si le gouvernement est tenu de soumettre aux assemblées les projets d'actes (de la Communauté et de l'Union) comportant des dispositions de nature législative, il peut y procéder (facultativement) pour les autres projets ou propositions d'actes et les documents émanant des institutions de l'Union européenne. Des résolutions parlementaires pourront être adoptées dans tous les cas.

4. Le Protocole sur le rôle des Parlements nationaux annexé au projet de Constitution européenne prévoyait de confier à la Commission la charge d'informer les Parlements nationaux, lesquels peuvent émettre un avis sur la conformité des propositions de la Commission au principe de subsidiarité (*cf. supra* p. 126). Après le rejet du projet par référendum, une circulaire française de novembre 2005 étend

la soumission au Parlement français des projets comportant ou non des dispositions à caractère législatif. Le **traité de Lisbonne** renforce encore la place des Parlements nationaux dans l'Union européenne. Ils disposent d'un délai de 8 semaines (et non de 6) pour examiner les projets législatifs européens.
Les Parlements nationaux pourront, afin d'assurer le respect du principe de subsidiarité, adresser un avis motivé à la Commission. Un décompte des voix détenues par les Parlements nationaux (1 voix par chambre) entraînera, à partir de la majorité simple, un réexamen du projet et, le cas échéant, son rejet. Le traité de Lisbonne institue ainsi un contrôle renforcé qui s'ajoute au contrôle normal déclenché à partir du tiers des voix (ou du quart en matière de liberté, sécurité et justice).
Un recours *ex post* devant la Cour pourra émaner d'un État au nom de son Parlement national.

Note : le gouvernement français n'est pas lié par la résolution parlementaire. *Idem* : le gouvernement britannique. Le gouvernement danois est lié par la position parlementaire en vertu d'une convention de la constitution. Le gouvernement allemand ne l'est que si la proposition d'acte concerne les compétences des *Länder*.

§ 2 - Les procédés de mise en œuvre

Ils varient selon la nature des normes de l'Union et leur objet. Les organes nationaux prennent, selon les règles qui les régissent, des mesures d'application normative ou strictement administrative ; la Commission exerce un contrôle (information, vérification…).

1. Les règlements, actes généraux obligatoires et directement applicables, peuvent appeler dans des cas exceptionnels des mesures d'exécution normative (cas des règlements incomplets). Les autorités nationales ne peuvent reproduire le contenu des règlements dans un texte législatif ou réglementaire ; elles doivent prendre les mesures strictement nécessaires à leur exécution, sans en altérer la portée, dans les délais requis. Il s'agit en principe d'une application administrative et non pas normative. Les États doivent adapter leur droit national afin de prévenir ou supprimer toute contradiction.
2. Les décisions, et surtout les directives, imposent des mesures normatives de transposition que les États sont tenus de prendre dans les délais fixés. À l'expiration de ces délais, l'État ne peut se prévaloir du non-accomplissement de ces mesures (*Ratti* précité). Les directives invitent les États à informer la Commission qui a créé un système informatique à cet effet.

3. La mise en œuvre doit être garantie par des sanctions. Des sanctions pécuniaires sont appliquées par la Commission (droit de la concurrence). Certaines **sanctions économiques et administratives** sont instituées par l'Union (CJCE, 27 oct. 1992, *RFA c/Comm.*), notamment en ce qui concerne la protection des intérêts financiers de l'Union.
Les **sanctions pénales** sont à la charge des États soit sur la base des traités (hypothèses rares) ou des règlements, soit en application du devoir de collaboration inscrit à l'article 4 UE. Dans ce cas, l'autonomie pénale des États (procédures et sanctions) fait l'objet d'un encadrement limité : les sanctions doivent être comparables à celles

applicables aux violations du droit interne, proportionnelles à l'infraction, effectives (CJCE, 21 sept. 1989, *Comm. c/Grèce*). Le 13 septembre 2005, la Cour a jugé que l'encadrement des sanctions pénales, sans attenter à la compétence des États, pouvait intervenir sur la base d'un article du traité (art. 75 relatif à l'environnement) et non, comme le soutenait la presque totalité des États, par une décision-cadre (3e pilier), *Comm. c/Conseil*. Cette jurisprudence a été corrigée. Le *traité de Lisbonne* reconnaît à l'Union une compétence pénale minimum. *Cf. supra* p. 125.

§ 3 - La mise en œuvre du droit de l'Union dans l'ordre interne français

1. Un avis du Conseil d'État du 20 mai 1964 indiquait que « le gouvernement, lorsqu'il assure des **dispositions directement applicables des traités** ainsi que des règlements et décisions de la Communauté, étant dans la même situation que lorsqu'il applique la loi interne, il en résulte que les mesures d'application desdits actes seront normalement prises par voie réglementaire ».
L'assimilation des décisions aux règlements était juridiquement discutable puisque les décisions en principe n'ont pas d'effet direct. Le Conseil constitutionnel s'est prononcé dans le même sens, au sujet des règlements, dans une décision du 30 décembre 1977. Il en résulte que le gouvernement intervient au titre de son pouvoir d'exécution des lois (art. 21 de la Constitution).
Un second avis rendu plus récemment a pour effet de réévaluer le rôle du législateur en cas de modification de la législation française.

2. La transposition des **directives** relève, en fonction de la matière, du pouvoir réglementaire autonome (art. 37 de la Constitution) ou du pouvoir législatif (art. 34 de la Constitution) ; dans ce cas, la pratique française comporte parfois un recours aux habilitations permanentes ou aux ordonnances de l'article 38, par exemple en cas de retard dans la transposition.

3. Le *secrétariat général pour la coopération interministérielle* a joué un rôle essentiel dans cette mise en œuvre (SGCI). Si en amont des décisions de l'Union, il assure la préparation des positions françaises, en liaison avec les administrations concernées, et peut favoriser un arbitrage, en aval il surveille les opérations d'exécution, telle la transposition des directives. En octobre 2005 lui a été substitué le **Secrétariat général des affaires européennes.**

Section 5 > LE DROIT DE L'UNION ET LES JURIDICTIONS FRANÇAISES

§ 1 - Le contrôle de la compatibilité avec la Constitution des engagements européens

Le Conseil constitutionnel a rendu près de vingt-cinq décisions relatives aux Communautés et à l'Union européennes, dont certaines ne concernent qu'indirectement le droit de l'Union. Dans ses décisions du 9 avril 1992 et 30 décembre 1997, il constate que la ratification des traités de Maastricht et Amsterdam impliquent révision de la Constitution. *Idem* en 2004 et 2007 pour la Constitution européenne et le traité de Lisbonne.

A. La saisine et la compétence du Conseil constitutionnel

1. Sur la base de **l'article 54** de la Constitution, il examine la compatibilité avec la Constitution des projets d'engagements internationaux : traités de base et actes d'application lorsqu'ils constituent des engagements soumis à ratification, tels les actes créant des ressources propres ou instituant l'élection des parlementaires européens au suffrage universel. Il peut être saisi par soixante parlementaires depuis la révision constitutionnelle intervenue à l'occasion de la ratification de l'accord de Maastricht.
Sur la base de **l'article 61**, sur saisine parlementaire, il examine la conformité à la Constitution d'une loi portant ratification d'un traité international ou comportant des mesures d'application d'un traité international.

2. Le Conseil constitutionnel effectue un **contrôle *a priori***. Il n'examine pas un moyen d'inconstitutionnalité à l'encontre d'un traité déjà en vigueur. En application de sa décision IVG (1975), il examine la conformité ou compatibilité des textes qui lui sont soumis à la Constitution, non au traité lui-même. Il n'examine pas la conformité d'un engagement international à un précédent engagement bien qu'il ait fait référence à la règle « *Pacta sunt servanda* » dans sa décision du 9 avril 1992.
Examinant la loi organique relative aux droits électifs des ressortissants européens dans les élections municipales, il inclut dans les normes de référence de son contrôle le traité et la directive d'application pour la raison que la Constitution en son article 88-3 renvoie elle-même aux dispositions européennes (décision *Élections municipales* du 20 mai 1998).
L'exception de réciprocité (art. 55 de la Constitution), inadaptée au droit de l'Union, ne peut être invoquée devant lui puisqu'elle ne concerne que le principe de la primauté du traité sur la loi, lequel relève des juridictions ordinaires ; en revanche, se fondant sur l'alinéa 15 du Préambule de la Constitution de 1946, il retient la réciprocité comme condition de l'attribution de compétences à une organisation internationale (*décision Maastricht*, 9 avr. 1992).

B. La portée du contrôle

Initialement le Conseil constitutionnel ne reconnaissait pas la spécificité de l'ordre juridique communautaire au regard du droit international bien qu'il ait admis l'effet direct des règlements communautaires (décision du 30 déc. 1977).
Comment concilier la souveraineté nationale et les engagements européens ?

1. Le Conseil constitutionnel veille à la compatibilité de ces engagements (droit originaire) **avec le texte écrit de la Constitution**, les principes du Préambule de 1946, la Déclaration des droits de l'homme de 1789.

2. Le Conseil constitutionnel veille à ce que ces engagements ne portent atteinte aux **conditions essentielles d'exercice de la souveraineté nationale**, qui visent le devoir pour l'État d'assurer le « respect des institutions de la République », la « continuité de la vie de la Nation », la « garantie des droits et libertés des citoyens ».
Ont été déclarés incompatibles les droits électoraux des citoyens européens aux élections municipales, certaines dispositions relatives à la monnaie unique (décision

Maastricht), la soumission de certains domaines touchant à l'asile et au franchissement des frontières internes ou externes au vote à la majorité qualifiée (décision *Amsterdam*), **l'octroi de compétences nouvelles à l'Union** (décisions *Constitution européenne* du 19 nov. 2004 et *Traité de Lisbonne* du 20 déc. 2007), **le passage du vote du Conseil à l'unanimité au vote à la majorité qualifiée** (mêmes décisions), l'octroi au Parlement européen d'un pouvoir de décision (*idem*).

3. Par un considérant célèbre, dans sa décision sur l'élection des parlementaires européens au suffrage universel, le Conseil avait opéré une distinction entre les **limitations de souveraineté**, autorisées par le Préambule de la Constitution de 1946, et les **transferts de souveraineté** qui seraient interdits. Jurisprudence implicitement confirmée en réponse à certaines saisines qui l'invoquaient (D. 25 juill. 1991, *Schengen*). Érigée en dogme par certains, critiquée par la doctrine communautariste, l'affirmation n'a pas été reprise par le Conseil dans sa décision du 9 avril 1992 sur le traité créant l'Union européenne : … « sous réserve de réciprocité (la France peut)… participer à… une organisation internationale permanente… **investie de pouvoirs de décision par l'effet de transferts de compétences consentis par les États membres** ». Reste que la Constitution doit être révisée si ces transferts comportent une clause contraire à la Constitution ou une atteinte aux « conditions essentielles d'exercice de la souveraineté » dont le Conseil est l'interprète.

4. En effet à partir de 1992 en fonction des dires du Conseil constitutionnel, la Constitution française a été modifiée et un titre nouveau – Des Communautés européennes et de l'Union européenne – a été ajouté. **L'article 88** a été adapté au fur et à mesure des modifications des traités.
Art. 88-1 : « La République participe à l'Union européenne, constituée d'États qui ont choisi librement d'exercer en commun certaines de leurs compétences en vertu du traité sur l'Union européenne et du traité sur le fonctionnement de l'Union européenne… ».
L'alinéa 2 est relatif au mandat d'arrêt européen.
L'alinéa 3 est relatif aux droits électifs des citoyens européens dans les municipalités.
Les alinéas 4, 6 et 7 concernent les pouvoirs du Parlement français (examen des projets d'actes européens, avis motivé et recours pour violation de la subsidiarité).
L'article 88-5 qui envisageait un référendum pour toute nouvelle adhésion à l'Union a été récemment corrigé pour autoriser éventuellement une adoption par voie parlementaire. Ce pourrait être le problème de la Turquie.

C. Les lois de transposition des directives

La question a évolué à travers une jurisprudence complexe, et même compliquée, du Conseil constitutionnel.

1. Dans deux décisions rendues le 10 juin et le 1er juillet 2004 (*économie numérique, communications électroniques*) le Conseil constitutionnel a établi sur la base de l'article 88-1 de la Constitution, **l'obligation constitutionnelle de transposer les directives** dont il découle que le contrôle de constitutionnalité de la loi de transposition ne s'applique pas. Cette immunité ne joue que sous certaines *conditions* :

• la loi doit se borner à reproduire fidèlement des dispositions précises et inconditionnelles de la directive ;

• le contrôle demeure nécessaire si la loi de transposition s'avère contraire à une disposition expresse de la Constitution.

2. La notion de « disposition expresse » a soulevé des interrogations telles que le Conseil constitutionnel lui a préféré une expression plus large à savoir que « la transposition d'une directive ne saurait aller à l'encontre d'un principe inhérent à l'**identité constitutionnelle de la France** » (Décision *Droits d'auteur*, 27 juill. 2006). On notera que l'expression « identité constitutionnelle » est empruntée, sur le plan sémiologique, au texte de la Constitution européenne (reproduit mais pas à la même place dans le traité de Lisbonne) ! Dans la même décision le Conseil se réserve de déclarer non-conforme à l'article 88-1 une disposition législative manifestement incompatible avec la directive qu'elle vise à transposer. C'est dire que le Conseil, rompant sur ce point avec la jurisprudence IVG, s'oriente sinon vers un contrôle de conventionnalité au moins vers un *contrôle de conformité à la directive*. Faute de recourir au renvoi préjudiciel (pour des raisons de délai), le contrôle du Conseil devrait être limité aux seules dispositions législatives manifestement incompatibles avec la directive, Décision du 30 nov. 2006, *loi relative aux secteurs de l'énergie*.

§ 2 - L'applicabilité du droit de l'Union

A. L'applicabilité du droit originaire

Le juge français déclare applicables les traités internationaux dès lors qu'ils satisfont aux exigences de la ratification et de la publication inscrites à l'article 55 de la Constitution. Les tribunaux appréciaient l'existence mais non la régularité de la ratification proprement dite (CE, 3 mars 1961, *Pfloeschner*). Toutefois, à la suite de l'arrêt *Nicolo* 1989, le Conseil d'État a décidé de contrôler la régularité de la ratification (18 déc. 1998, *SARL du parc d'activités de Blotzheim*). On a dit que le Conseil constitutionnel n'apprécie la compatibilité avec la Constitution d'un traité que lorsqu'il est saisi – *a priori* – par la voie de l'article 54 ou celle de l'article 61.

On observera que la condition de réciprocité, inscrite à l'article 55 de la Constitution, n'est pas adéquate au droit de l'Union, vu l'existence du recours en manquement.

Le juge français applique les traités comme les lois : application d'office ; leur violation par un acte administratif peut fonder un recours pour excès de pouvoir.

B. L'applicabilité des règlements

Le décret français du 14 mars 1953 autorisait la publication au JOCE (au lieu du *JORF*) des actes comportant des dispositions directement applicables aux particuliers.

Le Conseil d'État admet la force obligatoire des règlements et l'obligation d'exécution qui en découle pour l'administration française. Il a reconnu l'effet direct du règlement : 5 nov. 1971, *Comptoir agricole du pays bas-normand*, 22 déc. 1978, *Synd. viticole des hautes graves de Bordeaux*. De ce fait, il ne peut leur appliquer sa jurisprudence sur l'adaptation des textes administratifs aux changements de circonstances.

C. L'applicabilité des directives

Elle a provoqué une jurisprudence du Conseil d'État controversée et évolutive.

1. Le refus de reconnaître l'effet direct des directives

Le Conseil d'État, se fondant sur une lecture exégétique du traité initial dénie la possibilité de tout effet direct d'une directive dans un arrêt du 22 décembre 1978, *Min. de l'Int. c/Cohn-Bendit* : une directive ne peut être invoquée à l'appui d'un recours dirigé contre un acte administratif individuel. Le commissaire du gouvernement n'avait pas exclu qu'un recours puisse être formé contre un acte réglementaire d'application.

2. L'invocabilité des directives en droit interne français

Elle a été progressivement élargie sur la base des techniques du contentieux administratif français d'une part, et de la reconnaissance de la primauté du droit communautaire et donc du droit de l'Union d'autre part. L'État ne peut se prévaloir d'une directive qu'il n'a pas transposée (23 juin 1995, SA Lilly France).

a) Le Conseil d'État **annule** les actes réglementaires de transposition des directives lorsqu'ils ne sont pas conformes aux objectifs fixés dans la directive : 28 sept. 1984, *Conféd. nat. des stés de protection des animaux de France*. Il annule également des actes réglementaires pris en violation d'une directive bien que ces actes ne constituent pas une mesure de transposition 7 déc. 1984, *Féd. frçse des stés de protection de la nature* (tourterelles en Médoc).

b) À l'occasion d'un recours dirigé contre un acte individuel, il admet que le requérant soulève une **exception d'illégalité** pour violation de la directive, à l'encontre de l'acte réglementaire de transposition servant de base à l'acte individuel. CE, 8 juillet 1991, *Palazzi*.

c) Faute d'invocabilité de la directive, le justiciable peut demander **l'abrogation** des dispositions réglementaires incompatibles avec la directive, que ces dispositions lui soient postérieures ou antérieures, puis attaquer le refus de l'administration d'y procéder. CE, 3 févr. 1989, *Alitalia*.
Dans la même affaire *(litige fiscal relatif à la* 6e directive TVA), le Conseil d'État avait assoupli la théorie de l'écran législatif : un décret litigieux avait été pris sur la base d'une loi fiscale française. Le Conseil d'État a censuré le décret car le pouvoir réglementaire disposait d'une marge discrétionnaire suffisante au regard de la loi. C'est la confirmation d'un arrêt antérieur du 13 décembre 1985, *International Sales and Support Corporation* à propos de la fixation du prix du tabac.

d) Toujours à propos du prix du tabac, après l'arrêt *Nicolo* (*cf. infra*), le Conseil d'État admet l'invocabilité d'une directive à l'appui d'un litige relatif à un acte administratif individuel, alors que l'acte de transposition était une loi française : 28 février 1992, *SA Rothmans International France* et *SA Philip Morris*. Il s'agit d'une **« invocabilité d'exclusion »** à l'encontre de la loi contraire. Le même arrêt consacre la primauté de la directive sur la loi contraire, même postérieure (*cf. infra* § 4).

e) Par ailleurs, le Conseil d'État admet que les actes réglementaires de même que la loi de transposition soient interprétés à la lumière des objectifs de la directive : c'est **« l'invocabilité d'interprétation »** (22 déc. 1989, *Min. Éco et Fin. c/Cercle militaire mixte de la caserne Mortier*) ; elle est conforme à la position adoptée par la Cour de justice (CJCE, 10 avr. 1984, *Von Colson*).

f) Le Conseil d'État annule un acte qui ne respecte pas l'obligation de consultation instituée par le droit communautaire, 11 mars 1994, *Union des transporteurs en commun*.

3. La reconnaissance de l'effet direct de certaines directives

En l'état de sa jurisprudence, le Conseil d'État maintenait une dernière limite : **une directive ne peut être invoquée par voie d'action à l'encontre d'un acte administratif individuel, car elle ne saurait produire un effet direct**. Divergence persistante avec la Cour de justice fondée sur le refus de « l'invocabilité de substitution ». Cette divergence, plus théorique que pratique, s'est progressivement réduite. Ainsi le Conseil d'État a annulé une délibération de la CUB de Lyon approuvant un contrat de concession pris sur la base d'une réglementation nationale non conforme à l'objectif de publicité posé par la directive « marchés de travaux » laquelle n'avait pas été transposée à la date de conclusion du contrat, 6 février 1988, *M. Tête, Assoc. de sauvegarde de l'Ouest lyonnais*. Dans cette affaire, la réglementation nationale était mise en cause par la voie de l'exception d'illégalité comme incompatible avec les objectifs de la directive. De même le Conseil d'État, en matière fiscale, a censuré un acte individuel pris en application d'une loi française contraire à une directive (30 oct. 1996, *SA Cabinet Revert et Badelon*). Enfin le Conseil d'État a admis qu'un justiciable peut se prévaloir, à l'appui d'un recours contre un acte administratif individuel, des dispositions d'une directive à condition :

• que ces dispositions aient un *caractère précis et inconditionnel* ;

• que le recours intervienne après *l'expiration du délai de transposition* prévu dans la directive.

En reconnaissant ainsi l'effet direct de la directive, le **Conseil d'État rejoint la jurisprudence de la Cour de Justice** : 30 oct. 2009, *Mme Peureux*.

D. Les règlements de transposition des directives

Dans un arrêt d'assemblée en date du 8 février 2007, *Sté Arcelor*, le Conseil d'État, à la suite de la nouvelle jurisprudence du Conseil constitutionnel sur les lois de transposition des directives (*cf. supra* § 1), s'est fondé à son tour sur l'article 88-1 pour énoncer l'**obligation constitutionnelle de transposition d'une directive** suffisamment précise et inconditionnelle par la voie réglementaire dès lors qu'elle relève du domaine réglementaire en droit français. Était en jeu notamment la violation alléguée du principe d'égalité. Le Conseil d'État opère une distinction entre deux types de violation :

• si le principe présumé violé est posé par le droit de l'Union, la question de savoir si la directive est conforme au principe de droit de l'Union peut, en cas de doute, être soumise à la Cour de Justice par la voie préjudicielle ; tel est le cas pour le principe d'égalité ;

• dans les cas où le principe n'est pas porté par le droit de l'Union, il revient au Conseil d'État d'examiner si le règlement de transposition est conforme à la Constitution, dans la ligne de la jurisprudence du Conseil constitutionnel.

L'arrêt *Arcelor* est important en ce que, outre le rapprochement par le jeu de l'article 88-1 entre la jurisprudence du Conseil constitutionnel et celle du Conseil d'État, il comporte la *reconnaissance de l'autonomie du droit communautaire*, donc du droit de l'Union.

§ 3 - L'interprétation du droit de l'Union

Le droit communautaire a obligé à rompre avec des pratiques juridictionnelles anciennes : l'interprétation restrictive des traités et leur interprétation par le ministre des Affaires étrangères. On notera que le Conseil d'État, dans une affaire non communautaire (mais sous l'influence indirecte du droit communautaire), a affirmé son pouvoir juridictionnel d'interpréter les traités internationaux (29 juin 1989, *GISTI*).
Si la Cour de cassation et les tribunaux judiciaires ont utilisé fréquemment le renvoi préjudiciel à la Cour de justice et indiqué que « son interprétation s'impose aux juridictions nationales », le Conseil d'État et les tribunaux administratifs ont été initialement plus réticents.

A. La pratique du renvoi préjudiciel

1. Le Conseil d'État recourt à la « théorie de l'acte clair » : 19 juin 1964, *Sté des Pétroles Shell-Berre* (à propos de l'ex-art. 37 CEE, article clair-obscur à cette date s'il en est !) ; 22 décembre 1978, *Min. de l'Int. c/Cohn-Bendit* (afin de prévenir le renvoi à la CJCE par le Tribunal administratif de Paris au sujet de l'effet direct d'une directive).

2. Après quelques hésitations, le Conseil d'État a mis en œuvre le renvoi préjudiciel à compter de l'affaire *Synacomex* en 1970, pour un règlement, et de l'affaire *Charmasson* en 1974, pour le droit originaire.

B. L'autorité des arrêts rendus à titre préjudiciel

Le Conseil d'État fait état des interprétations rendues par la Cour de Justice (même dans les affaires où il ne l'a pas saisie) et applique ses interprétations dans les litiges qui donnent lieu à un renvoi préjudiciel de son fait (CE, 2 déc. 1983, *Sucrimex*).
Une divergence s'est formée entre les deux juridictions suprêmes sur les conséquences à tirer de la déclaration d'invalidité d'un règlement par la CJCE. Si la Cour de cassation accepte les effets dans le temps tels que fixés par la CJCE (10 déc. 1985, *Douanes c/Roquette*), le Conseil d'État a jugé que celle-ci n'avait pas à se prononcer sur une question non posée (26 juill. 1985, *ONIC c/Maïseries de Beauce*). Il fait preuve de réticences dans quelques domaines ; ainsi, il n'accepte pas le principe de la « non-discrimination à rebours » que la Cour de justice tire du traité, sous certaines conditions, et qui impose à l'État membre de ne pas traiter ses nationaux d'une manière plus rigoureuse que les ressortissants des autres États membres.

§ 4 - La hiérarchie des normes

L'article 55 de la Constitution selon lequel les « … traités internationaux ont une autorité supérieure à celle des lois… » n'avait pas fait traditionnellement l'objet d'une application par les tribunaux français. Ceux-ci considéraient que **le traité a une valeur égale à celle de la loi** et que, en outre, l'article 55 ne leur est pas destiné puisqu'ils n'ont pas le pouvoir de contrôler la constitutionnalité de la loi. Il en découlait que le traité, en cas de conflit, l'emportait sur une loi antérieure mais non sur une loi postérieure.
Or, le Conseil constitutionnel, saisi d'une non-conformité à la Convention européenne des droits de l'homme de la loi française sur l'IVG, a décidé le

15 janvier 1975 que la « supériorité des traités sur les lois, dont le principe est posé à l'article 55, présente un caractère à la fois relatif et contingent » et « qu'il ne lui appartient pas, lorsqu'il est saisi au titre de l'article 61 de la Constitution, d'examiner la conformité d'une loi aux stipulations d'un traité ». Cette décision, conjuguée avec l'émergence d'un droit communautaire abondant, a eu des implications, les unes immédiates, les autres plus tardives.

A. La jurisprudence de la Cour de cassation

Depuis 1969, la Cour de cassation et les tribunaux judiciaires inclinaient dans le sens de la primauté des traités sur les lois, même postérieures. La Cour de cassation confirme cette primauté dans une décision de principe, 24 mai 1975, ***Sté cafés Jacques Vabre***, à propos d'un conflit entre un article du traité CEE et une disposition française à caractère législatif de 1966.

La Cour de cassation fonde sa décision à la fois :

– sur l'article 55, qui lui permet d'appliquer la hiérarchie des normes sans avoir à effectuer un contrôle de constitutionnalité ;

– et sur la spécificité structurelle de l'ordre juridique communautaire, notamment l'effet direct de certaines dispositions.

Dans le même sens Crim., 1er oct. 1979, *Rossi di Montalera*.

B. La jurisprudence du Conseil d'État

Le Conseil d'État a admis aisément la primauté du droit communautaire sur les normes administratives. Le véritable problème s'est posé dans les rapports entre le **droit communautaire et la loi postérieure.**

1. Le droit originaire et la loi

Se fondant sur la séparation des pouvoirs et donc la théorie de la loi-écran, sur le fait qu'il ne lui revient pas de contrôler la conformité d'une loi à la Constitution, le Conseil d'État a tardé à renoncer à sa position traditionnelle selon laquelle le traité a la même valeur que la loi.

a) Après que dans un arrêt du 1er mars 1968, *Synd. fabricants de semoules de France,* il a fait prévaloir une ordonnance législative française sur un règlement communautaire antérieur, dans ses deux décisions du 22 octobre 1979, *UDT et Élection des représentants à l'Assemblée des Communautés,* il affirme encore la primauté de la loi électorale française de 1977 sur les dispositions des traités. Affirmation inutile car les traités avaient été modifiés par la décision du 20 septembre 1976 relative à l'élection du Parlement au suffrage universel. Il admit ce dernier point de vue tout en réaffirmant sa position de principe, 23 nov. 1984, *Roujanski.*

Le Conseil d'État répondait ainsi négativement à la décision IVG du Conseil constitutionnel, à l'arrêt *Jacques Vabre* de la Cour de cassation et à la jurisprudence *Simmenthal* de la Cour de Justice.

b) Dans une affaire presque identique (contradiction présumée entre un article du traité CEE et la loi électorale française précitée), le Conseil d'État a enfin admis la primauté absolue des traités sur les lois françaises, même postérieures, 20 octobre 1989, *Nicolo.*

L'arrêt *Nicolo* anéantit la théorie de l'écran législatif.
Ce revirement attendu depuis vingt ans, éclairé par les conclusions du commissaire du gouvernement Frydman (le juge est habilité par l'article 55 à déroger à la séparation des pouvoirs), s'inscrit dans un contexte politique français d'ouverture à l'Europe. En 1988, le Conseil constitutionnel avait accepté – en tant que juge électoral et non en tant que juge de la constitutionnalité – de contrôler la compatibilité d'une loi avec la Convention européenne des droits de l'homme. Déc. du 21 oct. 1988 (*Assemblée nationale, Val-d'Oise*).

2. Le règlement et la loi

Dans la ligne de la jurisprudence *Nicolo*, ayant déjà assimilé les règlements communautaires aux traités internationaux (CE, 11 déc. 1987, *Danielou*), le Conseil d'État étend la primauté du règlement sur les lois françaises, même postérieures, 24 sept. 1990, *Boisdet*.

3. La directive et la loi

Dans l'arrêt précité (28 févr. 1992, *SA Rothmans International France*…), le Conseil d'État étend à la directive les solutions dégagées pour le droit originaire et le règlement : la loi française sur les prix du tabac – qui avait donné lieu à deux condamnations en manquement par la Cour de justice – voit son application écartée et les décisions administratives d'application sont annulées. La primauté de la directive sur la loi est fondée, comme dans les hypothèses précédentes, sur l'article 55 de la Constitution française.

4. Les principes généraux du droit de l'Union et la loi

Dans un arrêt *SNIP* du 3 décembre 2001, le Conseil d'État a retenu les principes généraux du droit comme normes de référence pour l'exercice du contrôle de « conventionalité » de la loi française.

C. La question des normes constitutionnelles

Le problème de la hiérarchie normes internationales/normes constitutionnelles peut être posé devant les juridictions de droit commun. Tel fut le cas dans des affaires non communautaires : les juges français ont fait prévaloir la norme constitutionnelle.

1. Si dans un arrêt *Koné* le 3 juillet 1996, le **Conseil d'État** a interprété une convention d'extradition en fonction d'un « principe fondamental reconnu par les lois de la République », le 30 octobre 1998 dans un **arrêt *Sarran***, il indique que la **primauté** inscrite dans l'article 55 de la Constitution **ne s'applique en droit interne qu'à la loi et non à la Constitution** ; un décret sur une consultation électorale, pris sur la base d'une loi de valeur constitutionnelle, était contesté au regard du pacte des Nations unies et du protocole n° 1 de la CEDH.

2. Dans un contexte très proche (élections en Nouvelle-Calédonie sur la base d'une autre loi de valeur constitutionnelle), la **Cour de cassation** a donné la même réponse, mais sans faire référence à l'article 55 de la Constitution et en observant que le droit communautaire n'est pas en cause, 2 juin 2000, ***Fraisse***.

3. Dans les décisions précitées de juin et juillet 2004 le **Conseil constitutionnel** a fondé l'immunité des lois de transposition des directives sur l'article 88-1 de la

Constitution (et non sur un fondement communautaire) lequel crée des obligations constitutionnelles aux organes français. Ce faisant le Conseil constitutionnel a posé *le principe de l'autonomie du droit communautaire au regard du droit international.* En ce qui concerne le projet de Constitution européenne, dans sa décision du 19 novembre 2004, le Conseil constitutionnel indique que la Constitution est au sommet de l'ordre juridique français. Il opère en quelque sorte une **internisation de la primauté,** qui conforte la *supériorité de la Constitution française,* en jouant sur la dualité des ordres juridiques (français, communautaire).

4. La question a été renouvelée du fait de la coexistence devant les juridictions françaises de la **question prioritaire de constitutionnalité** (QPC) et du **renvoi préjudiciel**, les deux procédures pouvant s'appliquer à la même disposition. Dans ce cas laquelle est véritablement prioritaire, voire exclusive ?
La Cour de Cassation avait saisi par voie préjudicielle la Cour de Justice qui a indiqué (22 juin 2010, *Aziz Melki et Selim Abdeli*) que la QPC n'est pas contraire au droit de l'Union dès lors que les juridictions nationales ont la possibilité de saisir la Cour à tout moment d'une question préjudicielle, d'une part et se doivent de laisser inappliquée une disposition nationale qu'elles estiment contraire au droit de l'Union, d'autre part. Il s'agit d'un rappel d'une jurisprudence classique. *Cf. infra* p. 194 et s.
La position de la Cour de Justice est à peu près la même que celle du Conseil constitutionnel (D. 12 mai 2010) et du Conseil d'État (*Rujovic*, 14 mai 2010), toutes juridictions ayant statué dans un espace de temps très resserré. Pour rendre son arrêt préjudiciel la Cour a recouru à la procédure accélérée.
En revanche la **Cour de cassation**, par hostilité à la QPC, le 29 juin 2010 *Melki*, a décidé de ne pas appliquer la question prioritaire de constitutionnalité, laquelle ne lui permettrait pas de garantir les droit issus de l'ordre juridique européen de manière immédiate.
La Cour de Cassation vise ici non pas la primauté du droit européen, à laquelle elle a toujours souscrit, mais le rapport de forces entre les juridictions françaises, au regard du Conseil constitutionnel.

§ 5 - La responsabilité de l'État du fait de la violation du droit de l'Union

1. La France ayant fait l'objet d'une condamnation en manquement par la Cour de justice (régime d'exportation des pommes de terre), le Conseil d'État avait jugé que l'État français n'était tenu à réparation vis-à-vis d'un exportateur que sur le terrain de la ***responsabilité sans faute*** *et pour un préjudice anormal et spécial :* 23 mars 1984, *Min. du Commerce extérieur c/Alivar.* Décision contestable sur les plans du droit interne et, surtout, du droit communautaire puisque la violation du droit communautaire constitue une illégalité fautive. Cette jurisprudence, plutôt confirmée par le Conseil d'État, ne fut pas suivie par plusieurs tribunaux administratifs (Rennes, Pau…).

2. Dans un autre arrêt sur le prix du tabac, rendu dans les affaires précitées – 28 février 1992, *Sté Arizona Tobacco* et *SA Philip Morris* –, le Conseil d'État a jugé que le non-respect de la directive est une *illégalité de nature à engager la responsabilité de l'État.* Cette analyse laisse entendre que le fondement de la responsabilité pourrait être la **faute**. Ce revirement jurisprudentiel important comporte cependant deux limites :

– la haute juridiction ne se réfère ni à un fondement communautaire de la responsabilité (*cf. Francovich* précité) ni aux arrêts en manquement de la Cour de Justice, elle se place sur le terrain du droit français ;
– elle exempte le législateur de toute responsabilité, afin de ne pas entamer le régime français de la responsabilité du fait des lois, et choisit de l'imputer aux décisions administratives d'application.
Une nouvelle évolution jurisprudentielle était perceptible avec l'arrêt *Dangeville* rendu par la Cour administrative d'appel de Paris le 1er juillet 1992, à propos de la non-transposition de la 6e directive TVA par le législateur français. La même juridiction entérine le principe de la responsabilité de l'État, un article de nature législative du Code des impôts ayant été jugé (par la Cour de Justice) incompatible avec l'article 95 du traité, 12 nov. 1992, *Sté John Walker.*

3. Saisi d'un recours en cassation, le Conseil d'État ne s'est pas prononcé sur le fond (il a déclaré la requête devant la Cour administrative d'appel irrecevable) : 30 octobre 1996, *Min. du Budget c/Dangeville.*

4. La Cour de cassation a jugé qu'une circulaire du ministre de la Justice contraire à un arrêt en manquement de la Cour de justice constituait une faute lourde qui engage la responsabilité de l'État, 21 février 1995, *United Distillers France, John Walker.*

5. Le Tribunal administratif de Paris n'a pas retenu la responsabilité de l'État sur le fondement d'une faute du législateur (7 mai 2004, *Assoc. France-Nature-Environnement*).

Note : suite à l'affaire *Dangeville*, la Cour européenne des droits de l'homme a fixé une réparation du fait d'une ingérence (transposition de la directive non assurée) et d'une atteinte aux biens de la société, *Dangeville c/France*, 16 avril 2002.

6. Suite à l'arrêt du Conseil d'État du 8 février 2007, *Gardedieu*, selon lequel la violation d'une obligation internationale – en l'espèce la CEDH- engage un régime spécifique de responsabilité, la Cour de Cassation a confirmé la responsabilité de l'État – législateur (responsabilité sans faute) en cas de transposition tardive des directives, 8 juillet 2008, *Société Boiron. Cf. supra* p. 211.

POUR ALLER PLUS LOIN

BIBLIOGRAPHIE :

Sur l'effet direct :

› P. Pescatore, *L'ordre juridique des Communautés européennes*, rééd. Bruylant, 2005.

Sur la primauté :

› R. Kovar, Primauté, *Jurisclasseur Europe*, fasc. 431.
› D. Simon, « La jurisprudence récente du Conseil d'État : le ralliement à l'Europe des juges ? », *Europe* n° 3, mars 2007.

Quatrième partie

LES POLITIQUES DE L'UNION EUROPÉENNE

L'Union européenne forme un marché intérieur unique (Titre 1) complété par des politiques internes (Titre 2) et un jeu de relations extérieures (Titre 3).
L'ensemble correspond à la définition dite « droit matériel » encore qu'il comporte de nombreux aspects de droit institutionnel. Dans le cadre de cet ouvrage les liens avec le droit institutionnel seront privilégiés et les aspects de pur droit matériel nécessairement restreints, compte tenu de la dimension de l'ouvrage.

Titre 1

LE MARCHÉ INTÉRIEUR

Le marché unique repose sur le principe général de la libre circulation (chap. 1). Il ne peut s'accomplir en l'absence d'une réglementation de la concurrence afin que celle-ci ne soit faussée (chap. 2). Enfin, il postule un rapprochement – ou harmonisation – des législations nationales (chap. 3).
Prenant acte de l'inachèvement du marché unique, les rédacteurs de l'Acte unique européen ont apporté des modifications à certaines dispositions en vue de parvenir à **l'achèvement du marché intérieur** ainsi défini… « *espace sans frontières intérieures dans lequel la libre circulation des marchandises, des personnes, des services et des capitaux est assurée selon les dispositions du présent traité* ».

Chapitre 1 › LE PRINCIPE DE LA LIBRE CIRCULATION

> **› L'essentiel**
> *Il comporte trois aspects : la libre circulation des marchandises (union douanière) (Sect. 1), la libre circulation des personnes et des services (Sect. 2) et la libre circulation des capitaux (Sect. 3). L'union douanière comporte également un volet externe, le tarif douanier commun qui sera étudié dans le cadre des relations extérieures de l'Union (infra, p. 303).*

Section 1 › LA LIBRE CIRCULATION DES MARCHANDISES

Sa réalisation impliquait l'abolition des droits de douane et taxes d'effet équivalent, des restrictions quantitatives aux échanges et mesures d'effet équivalent. L'abolition des droits de douane est intervenue au cours des trois étapes de la période transitoire ; accélérée pour les produits industriels, elle a été achevée le 1er juillet 1968. L'abolition des restrictions quantitatives, déjà engagée par l'OCDE, fut achevée à la fin de 1969. Si la libre circulation des produits agricoles était acquise à l'issue de la période transitoire, son établissement fut lié à la mise en place de la politique agricole. Tous les actes d'adhésion comportent des dispositions transitoires comparables pour les nouveaux membres selon des calendriers spécifiques.

Aujourd'hui, l'achèvement de la libre circulation des marchandises postule le démantèlement des obstacles aux échanges d'effet équivalant aux droits de douane et aux restrictions quantitatives. C'est que le protectionnisme interne revêt des formes subtiles et moins faciles à déceler. La jurisprudence à cet égard s'est développée par le jeu des questions préjudicielles ou des recours en manquement.

§ 1 - Les taxes d'effet équivalant à des droits de douane

L'article 28 FUE pose le principe de l'interdiction des droits de douane et des taxes d'effet équivalent. Proches des taxes d'effet équivalent et également interdites par le traité sont les impositions intérieures dans la mesure où elles frappent les produits étrangers d'une imposition supérieure à celle qui atteint les produits nationaux similaires (art. 110 FUE, al. 1) ou d'une imposition de nature à protéger indirectement d'autres productions (art. 110 FUE, al. 2).

A. Le principe de l'interdiction des taxes d'effet équivalent

Il s'applique à toutes *les taxations, à l'importation ou à l'exportation, quels qu'en soient les buts ou les modalités, qu'elles aient ou non un effet discriminatoire ou protecteur, dès lors qu'elles ont une incidence financière ou pécuniaire sur la libre circulation des marchandises* par-delà les frontières (CJCE, 1er juill. 1969, *Comm. c/Italie*). Il en est ainsi des taxes nationales de contrôle sanitaire sur les importations ou des droits dont est assortie la délivrance des licences d'importation. Dans les affaires *Legros*, 16 juillet 1992, et *Lancry*, 9 août 1994, la Cour de justice a jugé que l'octroi de mer applicable aux produits importés dans les DOM français constitue une taxe d'effet équivalent.

Ne sont pas des taxes d'effet équivalent, et donc ne sont pas prohibées, les redevances pour service rendu de manière individualisée aux opérateurs économiques. À condition qu'elles soient conformes au principe de proportionnalité.

La Cour de justice considère illicites les taxes liées à un contrôle général (technique, vétérinaire, etc.).

B. La distinction des taxes d'effet équivalent et des impositions intérieures

1. L'article 110 FUE interdit toutes **impositions intérieures discriminatoires pour les produits similaires** (al. 1) **ou protectrices pour les produits concurrents non similaires** (al. 2).

Al. 1 : (sont interdites…) *« les impositions intérieures… supérieures à celles qui frappent directement ou indirectement les produits nationaux similaires ».*

La qualification de produit similaire est parfois délicate : la Cour de justice qui retient soit le critère des usages et besoins, soit le critère des techniques de production, en a fait application dans de nombreux arrêts relatifs à la taxation des alcools ou des eaux de vie (15 mars 1983, *Comm. c/Italie*). Quant à l'appréciation de la discrimination fiscale, elle porte sur les taux d'imposition mais également sur les techniques de l'imposition (calcul de la base imposable, sanctions).

Al. 2 : *« … aucun État ne frappe les produits des autres États membres d'impositions de nature à protéger indirectement d'autres productions ».*

La Cour en a fait application en censurant le régime fiscal du vin comparé à celui de la bière (9 juill. 1987, *Comm. c/Belgique*), ou en matière de taxation des alcools (27 févr. 1980, *Comm. c/Danemark*).

2. La distinction des taxes d'effet équivalent et des impositions intérieures est délicate et a suscité une jurisprudence évolutive. En principe, la taxe d'effet équivalent s'attache spécialement au franchissement de la frontière quel que soit le lieu de la taxation. Les charges pécuniaires issues d'une imposition intérieure ne sauraient constituer une taxe d'effet équivalent lorsqu'elles frappent selon les mêmes critères les produits nationaux et les produits importés.

Toutefois, une imposition intérieure peut être qualifiée de taxe d'effet équivalent bien qu'elle n'ait pas un caractère discriminatoire, lorsqu'elle est destinée au financement d'activités de production nationale (CJCE, 19 juin 1973, *Capolongo*). C'est le problème de l'affectation du produit de certaines **taxes parafiscales**. Cette affectation peut par ailleurs constituer une aide interdite (CJCE, 11 juin 1992, *Sanders-Adour*).

La restitution des taxes indûment perçues peut être obtenue par les intéressés devant les juridictions nationales (répétition de l'indu). Mais ils ne peuvent y prétendre si la taxe a été répercutée par eux sur des opérateurs économiques ou sur les consommateurs finaux.

§ 2 - Les mesures d'effet équivalant à des restrictions quantitatives

L'article 34 FUE comporte, outre l'interdiction des restrictions quantitatives à l'importation, celle des mesures d'effet équivalent. L'article 35 comporte une interdiction identique à l'exportation. L'Union s'efforce de les réduire en procédant au rapprochement des dispositions législatives, réglementaires et administratives par voie de directives, par secteurs et produits, prises sur la base des articles 114 et 115 FUE. *Cf. infra* p. 262.

Cependant, la Cour a jugé que **le rapprochement des législations n'est pas un préalable à la libre circulation** des marchandises (9 déc. 1981, *Comm. c/Italie*). Par ailleurs, la Cour a construit une théorie jurisprudentielle de l'article 34 FUE (ex-28 CE) dans une affaire célèbre (*Cassis de Dijon*, 20 févr. 1979) et indiqué la portée exacte des dérogations autorisées par l'article 36 FUE (ex-30 CE). Depuis l'Acte unique, la Communauté, puis l'Union, applique une « nouvelle approche ».

A. La notion de mesure d'effet équivalent

1. Le traité ne donne pas une définition des mesures d'effet équivalent. Selon la **Commission** (directive du 22 déc. 1969), ce sont des dispositions législatives, réglementaires ou des actes publics (y compris de simples pratiques) qui :

– d'une part, du fait qu'elles ne sont **pas indistinctement applicables** aux produits nationaux et aux produits importés, *font obstacle aux importations* ou les rendent plus difficiles ou coûteuses que l'écoulement de la production nationale ;

– d'autre part, lorsqu'elles sont **indistinctement applicables** aux produits nationaux et aux produits importés, ont des *effets restrictifs sur la libre circulation.* Tel est le cas notamment des mesures visant la commercialisation des produits.

Il s'agit de mesures étatiques ou émanant d'une collectivité publique, voire d'un organisme privé disposant de prérogatives de puissance publique.

2. Après la Commission, la **Cour de justice** a donné une définition générale des mesures d'effet équivalant à l'importation : **« toute réglementation commerciale… susceptible d'entraver directement ou indirectement, actuellement ou potentiellement, le commerce intracommunautaire »**, 11 juillet 1974, *Dassonville.*

Les entraves techniques aux échanges constituent une variété de mesures d'effet équivalent, elles résultent de la diversité des réglementations techniques ou industrielles en présence ; depuis l'arrêt **« Cassis de Dijon »** (*Rewe, 20 févr. 1979*) elles tombent sous le coup de la prohibition de l'article 34 FUE sans qu'il soit nécessaire d'attendre une harmonisation.

Il n'existe pas une typologie des mesures d'effet équivalent mais la Cour de justice a constamment étendu les cas d'application :

• mesures applicables lors **de l'accès des produits sur le marché national :** exigence d'une caution bancaire, fixation de quotas ou imposition de contrôles sanitaires ou phytosanitaires susceptibles de rendre plus difficiles ou onéreuses les importations (sauf dérogation justifiée par l'article 36 FUE) (*cf. infra*). À l'occasion du contrôle un comportement administratif peut constituer une mesure d'effet équivalent. Ex. : contrôle systématique exercé par la France sur les importations de vin italien, CJCE, 22 mars 1983, *Comm. c/France* ;

• mesures applicables lors de la **mise en circulation et de la vente des produits** : exigences de forme ou présentation des produits ; marquage incitatif des produits (« buy Irish » CJCE, 24 nov. 1982, *Comm. c/Irlande*) ; limitation de la publicité pour les alcools de grain importés, CJCE, 10 juill. 1980, *Comm. c/France* ; monopole de vente à certains opérateurs ;

• **réglementations de prix** lorsqu'elles défavorisent les produits importés en réduisant leur position concurrentielle (CJCE, 24 janv. 1978, *Van Tiggele*) ; la fixation du prix des carburants en France a été jugée contraire à l'interdiction des mesures d'effet équivalent (CJCE, 29 janv. 1985, *Cullet c/Centres Leclerc*) ; *idem* le prix imposé aux livres réimportés, CJCE, 10 janv. 1985, *Assoc. centres distributeurs Édouard Leclerc* ; la fixation des prix des tabacs en liaison avec l'existence d'un monopole (CJCE, 21 juin 1983, *Comm. c/France*)…

3. La Cour de justice a posé certaines **limites au champ d'application de l'interdiction**. Ne sont pas qualifiées « mesures d'effet équivalent », celles qui n'ont pas un effet restrictif significatif sur le commerce entre États ou qui n'ont qu'un effet aléatoire. Ainsi :
– une réglementation des horaires de travail ;
– une réglementation de l'offre et de la consommation de produits alcooliques ;
– une réglementation de la publicité pour des produits pharmaceutiques effectuée en dehors des officines (CJCE, 15 déc. 1993, *Hünermund*).
Dans un arrêt du 24 novembre 1993, *Keck* et *Mithouard*, la Cour, à propos d'une interdiction de revente à perte (mesure indistinctement applicable qu'elle a validée) avait opéré une distinction entre les règles relatives aux produits, soumises à l'interdiction, et certaines **modalités de vente** lesquelles n'affectent pas, en l'espèce et pour l'essentiel, le commerce entre États. Il s'agit sans doute moins d'un revirement de jurisprudence que d'une inflexion visant à préserver les compétences nationales dans le secteur commercial. Mais l'arrêt, très discuté par la doctrine, a été d'abord confirmé en jurisprudence. Par la suite, la Cour a été conduite, à travers une jurisprudence tourmentée (publicité, notamment des alcools) à reconnaître que les règles nationales de publicité peuvent entrer dans la catégorie des mesures d'effet équivalent affectant le commerce entre les États membres.
Des solutions identiques ont été données en ce qui concerne l'ouverture des magasins le dimanche.

B. L'affaire dite « Cassis de Dijon »

La Cour dans l'arrêt *Rewe-Zentral* du 20 février 1979 a condamné, sur la base de l'ancien article 28 CE (34 FUE), la réglementation allemande interdisant la commercialisation des liqueurs de fruits dont la teneur alcoolique est inférieure à 25 %. S'agissant d'une entrave technique aux échanges, même en l'absence d'une harmonisation des législations qui était invoquée par le gouvernement allemand, le principe est que **tout produit légalement fabriqué et vendu dans un État doit être admis dans tout autre État membre** ; cependant, l'exception posée par la Cour est que chaque État peut appliquer une réglementation même si elle limite le commerce entre États dès lors qu'elle est justifiée par certaines « **exigences impératives d'intérêt général** » : il en est ainsi des nécessités du contrôle fiscal, de la protection de la santé publique, de la loyauté des transactions ou de la défense des consommateurs. Ces raisons justificatives ne sont pas limitatives.
Elles ont d'ailleurs été étendues à la protection des travailleurs, des consommateurs ou de l'environnement (CJCE, 20 sept. 1988, *Commission c/Danemark*), à la lutte contre la criminalité, à la défense du cinéma (CJCE, 11 juillet 1985, *Cinéthèque*).
Encore faut-il que certaines conditions soient remplies :

– la réglementation doit être applicable aussi bien aux produits nationaux qu'aux produits importés. C'est l'application du **principe de non-discrimination** (affaire dite des « *souvenirs irlandais* » 17 juin 1981, *Comm. c/Irlande*) ;

– la réglementation doit être juste nécessaire au regard de l'objectif poursuivi. C'est l'application du **principe de proportionnalité**, principe général du droit de l'Union européenne.

Cette jurisprudence était motivée par la constatation faite par la Cour que l'harmonisation des législations nationales était trop lente ; les « exigences impératives d'intérêt général » ne sont plus invocables après l'adoption d'une mesure d'harmonisation des règles nationales.

C. Les dérogations de l'article 36 FUE (ex 30 CE)

L'article 36 précité institue des cas de dérogation à l'interdiction des mesures d'effet équivalent à condition que ces mesures dérogatoires ne constituent ni un moyen de discrimination arbitraire entre produits importés et produits nationaux, ni une restriction déguisée dans le commerce entre les États membres et qu'elles demeurent soumises à une appréciation de nécessité et de proportionnalité. La Cour a jugé que ces conditions étaient transgressées à propos de la publicité des boissons alcooliques en France, du contrôle sanitaire des « dindes de Noël » au Royaume-Uni (15 juill. 1982, *Comm. c/Royaume-Uni*), de l'obligation imposée par le Royaume-Uni de traiter une seconde fois le lait UHT importé (8 févr. 1983, *Comm. c/Royaume-Uni*), de l'interdiction allemande d'additifs dans la bière (12 mars 1987, *Comm. c/RFA*).

Sous réserve de ces conditions, les cas de dérogation limitativement énumérés par le traité et strictement interprétés par la Cour concernent :

– la **moralité publique**, par exemple une interdiction d'importer des articles pornographiques, CJCE, 14 déc. 1979, *Régina c/Henn et Darby* ;

– **l'ordre public et la sécurité publique** ;

– la **protection de la santé et de la vie** des personnes et des animaux (il s'agissait surtout de contrôles sanitaires nationaux avant qu'ils n'aient été harmonisés) ou la préservation des végétaux ;

– la **protection des trésors nationaux**, essentiellement à l'exportation ;

– ou celle de la **propriété industrielle et commerciale**. Dans ce cas, la restriction est justifiée par le droit exclusif découlant de la propriété intellectuelle mais elle ne survit pas à sa commercialisation dès lors qu'elle est consentie par le titulaire du droit (CJCE, 31 oct. 1974, *Centrafarm*). Il en est de même pour les brevets et les marques dans certaines limites. Il s'agit donc de **motifs non économiques.**

Note : en dehors de tout processus d'harmonisation, une réglementation litigieuse doit être analysée en fonction du **critère des exigences impératives** afin, s'il y a lieu, de ne pas être considérée comme une mesure d'effet équivalent et, si ce critère ne lui est pas applicable, à la lumière des dérogations admises par le traité aux mesures d'effet équivalent.

D. Les articles 34 et 36 FUE et l'harmonisation (art. 114 et 115 FUE)

L'interprétation de l'article 34 FUE donnée par la Cour dans l'affaire « *Cassis de Dijon* » avec la référence aux « exigences impératives d'intérêt général » et les dérogations ouvertes par le traité ont paru obscurcir le tableau des exceptions à l'interdiction des mesures d'effet équivalent. La distinction a semblé s'établir de la manière suivante.

Les **« exigences impératives d'intérêt général »** auxquelles se réfère la Cour n'interviennent que pour préciser le champ d'application de l'article 34 en l'absence d'une harmonisation complète des législations nationales ; celle-ci a pour effet de les rendre non invocables. Les **dérogations** de l'article 36 FUE sont limitatives et d'interprétation stricte, elles ne peuvent avoir un caractère économique, à la différence des exigences impératives, et ne doivent pas subsister après une mesure d'harmonisation complète. Telle était la solution généralement admise avant l'Acte unique puisque la mesure d'harmonisation était toujours adoptée à l'unanimité.

C'est **l'Acte unique européen** qui a établi sur le plan textuel une nouvelle distinction puisque l'article 114 FUE autorise les États, après adoption d'une mesure d'harmonisation prise à la majorité qualifiée, donc selon la procédure législative ordinaire depuis le traité de Lisbonne, à appliquer des mesures dérogatoires sur la base des motifs non économiques énumérés à l'article 36, étendus à la « protection du milieu de travail et de l'environnement », à condition qu'elles ne constituent pas une discrimination arbitraire ou une restriction déguisée du commerce intracommunautaire. La rédaction de l'Acte unique a fait en son temps l'objet de critiques du juge **Pescatore** qui rappelle que l'usage de l'article 36 (30 CE) est exclu une fois que l'harmonisation est réalisée, en se fondant sur diverses décisions de la Cour (par exemple, 8 nov. 1979, *Ratti*). En pratique il s'agissait d'une exigence politique des gouvernements qui ont accepté en contrepartie le vote à la majorité.

Comme nous le verrons plus loin, le traité d'Amsterdam avait pris acte de la jurisprudence de la Cour pour renforcer le contrôle de la Commission et encadrer strictement le recours à des mesures dérogatoires après harmonisation. *Cf. infra* chap. 3.

E. La nouvelle approche depuis l'Acte unique

Le marché intérieur impliquait du point de vue matériel une simplification des opérations douanières : tel fut le cas avec l'application du document administratif unique (DAU) à titre transitoire, la réforme du transit, ainsi que le développement coordonné des procédures administratives informatisées. Pour réduire les obstacles non tarifaires, des méthodes nouvelles ont été développées.

1. Le traitement individualisé par la voie de **l'infraction** à l'article 34 FUE subsiste mais il s'agit d'une procédure *a posteriori*.

2. Dès l'origine, la Communauté a recouru à plusieurs **méthodes d'harmonisation** : complète, partielle, optionnelle ou encore harmonisation par étapes.

3. Le principe, induit de l'arrêt *« Cassis de Dijon »*, est bien celui de la **reconnaissance mutuelle des législations nationales**, mais il se heurte à des obstacles relevant du noyau dur de la compétence nationale, notamment les justifications tirées de l'article 36 FUE (surtout santé ou sécurité publique, protection de l'environnement). Il en découle que **l'harmonisation** a été poursuivie par directives dans de grands secteurs prioritaires (industriels, alimentaires, pharmacie) ; celles-ci se bornent à fixer des exigences essentielles en matière de santé et de sécurité ou de protection des consommateurs. On peut y voir une illustration particulière de la subsidiarité (les règles européennes se limitent à l'essentiel), d'autant que dans le traité de Lisbonne, le marché intérieur est classé dans les compétences partagées.

4. L'harmonisation technique (fabrication ou présentation des produits) concerne les règles (qui sont obligatoires) et les normes (qui émanent d'un organisme reconnu), les unes et les autres constituant des entraves potentielles au commerce entre États membres. Depuis 1985, l'Union après la Communauté arrête des **directives « nouvelle approche »** sur les « exigences essentielles », les spécifications plus poussées étant arrêtées par des organismes européens de normalisation (d'où certains produits affichant le marquage UE).

5. La prévention des nouvelles entraves repose sur un mécanisme de communication à la Commission (pour les règles et les normes techniques), et aux organismes européens et nationaux de normalisation (pour les normes techniques). La Commission informe les autres États ; elle peut imposer un moratoire des projets de règles et proposer une directive d'harmonisation ou émettre un avis négatif à leur sujet qui ouvre la voie à une procédure en manquement.

Note : La crise financière de 2008 a conduit l'Union à prendre certaines mesures au titre du marché intérieur, relatives notamment aux agences de notation et aux fonds d'investissement.

Section 2 › LA LIBRE CIRCULATION DES PERSONNES ET DES SERVICES

L'article 18 FUE pose le principe général de **non-discrimination** à raison de la nationalité. Ce principe, qui postule l'égalité de traitement, a des conséquences dans les domaines de la libre circulation des travailleurs (art. 45 à 48), de la liberté d'établissement (art. 49 et suivants) et des services (art. 56 à 62). Progressivement, les dispositions du droit écrit et la jurisprudence de la Cour ont créé une catégorie générale, celle des ressortissants de l'Union (§ 1) qui disposent de droits communs à la catégorie des travailleurs salariés (§ 2) et à celle des personnes exerçant des activités autres que salariales (§ 3). L'exception d'ordre public autorise des limites à la libre circulation (§ 4). Mais l'achèvement du marché intérieur imposait une approche nouvelle désormais consacrée par l'intégration de l'acquis Schengen dans le droit de l'Union européenne et par les développements de la citoyenneté européenne (§ 5).

§ 1 - La libre circulation des ressortissants de l'Union

A. Le principe de libre circulation

Il est posé par l'article 45 en ce qui concerne les travailleurs, par les articles 49 et 56 en ce qui concerne l'établissement et les services.

1. *Ratione personnae*, le principe de la libre circulation s'applique aux ressortissants des États membres, y compris les citoyens du Commonwealth et les ressortissants des DOM français. Les dispositions précitées du traité étant dotées de l'effet direct, les particuliers peuvent les invoquer devant le juge national (4 déc. 1974 *Van Duyn*, en ce qui concerne les salariés ; 21 juin 1974 *Reyners* en ce qui concerne le droit d'établissement ; 3 déc. 1974 *Van Binsbergen* en ce qui concerne la prestation de services). Une question s'est posée : les ressortissants d'un État peuvent-ils les invoquer à l'encontre de leur propre État ? C'est le problème de la « *discrimination à rebours* ». La Cour de justice a jugé qu'elle ne pouvait s'exercer à l'encontre d'un ressortissant national dès lors que celui-ci s'était placé sous l'emprise d'une disposition de l'Union applicable *erga omnes,* notamment après avoir acquis à l'étranger une qualification professionnelle : professions artisanales (7 févr. 1979, *Knoors*), médicales (6 oct. 1981, *Broekmeulen*).

Après l'arrêt *Zambrano,* 8 mars 2011, la question a été posée de savoir si la libre circulation et le libre séjour bénéficiaient à un ressortissant sans qu'il ait procédé à un déplacement en dehors de son État national. La Cour a précisé rapidement que ces libertés impliquaient l'usage préalable du droit de libre circulation au-delà des frontières nationales, 5 mai 2011 *Mme MacCarthy.* C'est une confirmation de la jurisprudence précitée : la Cour inscrit ainsi la citoyenneté européenne dans sa jurisprudence traditionnelle. *Cf. infra* § 5. C'est aussi un rappel du champ d'application du droit de l'Union.

2. *Ratione materiae*, le principe de la libre circulation s'applique aux activités professionnelles, à temps plein ou à temps partiel, salariales ou non salariales, dès lors qu'un ressortissant les conduit dans un autre État membre (ou dans son propre État s'il est fondé à invoquer la discrimination à rebours), voire même à partir d'un État tiers mais sur la base d'un rattachement à une entreprise située dans l'Union, ou sur la base d'un accord international.

B. Le déplacement et le séjour

1. La liberté de déplacement postule l'interdiction de tout visa d'entrée ou de sortie. Le droit au séjour permet au **ressortissant d'un État membre** d'exercer une activité salariée ou non salariée. Certaines dispositions textuelles (directive du 15 oct. 1968 pour les travailleurs salariés) et la Cour de justice ont étendu ce droit dans l'hypothèse de la recherche d'une activité (8 avr. 1976, *Royer*) ainsi que dans celle du maintien de la résidence après l'expiration définitive de cette activité (règlement Commission 29 juin 1970). La délivrance de la carte de séjour a un caractère automatique sur la base d'une déclaration d'engagement d'un employeur ou d'une attestation de travail (ainsi que du passeport ou carte d'identité). Il ne s'agit donc pas d'une autorisation de séjour mais d'un droit de caractère administratif constaté (CJCE, 14 juill. 1977, *Sagulo*) ; les sanctions qui s'attachent à la non-possession des documents précités excluent l'expulsion ou l'emprisonnement (7 juill. 1976, *Watson*).

Une directive du 28 juin 1990 accorda le droit de séjour aux ressortissants ayant cessé leur activité professionnelle, une directive de 1993 aux étudiants. Texte actuel : la directive du 29 avril 2004. Toutefois le ressortissant inactif doit disposer de ressources suffisantes pour ne pas obérer l'assistance sociale de l'État d'accueil à l'occasion d'un séjour supérieur à 3 mois. Au terme de 5 ans de résidence, le ressortissant dispose d'un droit de séjour permanent.

2. Les membres proches de la famille du ressortissant bénéficient également de la libre circulation et du séjour ; le conjoint et les enfants ont le droit d'accéder à une activité salariée (règlement 1 612/68) ou non salariée (directive du 21 mai 1973), ces derniers ont accès au système d'enseignement. La Cour en étend le bénéfice dans le cas où le conjoint, quelle que soit sa nationalité, exerce une profession indépendante (7 mai 1986, *Emir Gül*). *La notion de famille a été élargie aux « partenaires », leurs* *ascendants et descendants par la directive 2004/38 du 29 avril 2004, à condition que ce partenariat soit reconnue par l'État d'accueil.*

C. Le régime de sécurité sociale

L'article 48 FUE appelle des mesures permettant aux travailleurs de totaliser les droits acquis à travers les législations de plusieurs États et de percevoir des prestations quel que soit leur État de résidence. L'objectif est donc de globaliser et déterritorialiser les prestations de sécurité sociale, comme corollaire de la libre circulation. Selon les termes du règlement du 14 juin 1971 modifié, le ressortissant est, sauf quelques rares exceptions, affilié au régime de sécurité sociale du lieu de travail.

1. *Ratione personnae,* la réglementation a été appliquée d'abord aux travailleurs salariés puis aux professions indépendantes, ainsi qu'aux membres de leurs familles. Le règlement du 2 juin 1983 – qui constitue une codification – comporte une définition des catégories de bénéficiaires indépendante des législations nationales. À la suite de l'arrêt *Unger* (CJCE, 19 mars 1964), le champ d'application a été étendu aux travailleurs se déplaçant à l'intérieur de la Communauté, même pour des raisons autres que professionnelles, par exemple touristiques.

2. *Ratione materiae,* la réglementation couvre toutes les branches de la sécurité sociale sur la base du principe de l'égalité de traitement. Les prestations qui sont soumises à une condition de durée (vieillesse ou invalidité) sont versées, en application du principe de totalisation, selon la législation du lieu d'assujettissement comme si l'ensemble des périodes prises en compte avait été accompli dans cet État, à charge pour les organismes nationaux de sécurité sociale d'opérer entre eux une répartition. Les prestations de services par l'État de résidence sont remboursées par l'État où le bénéficiaire est assujetti.
La réglementation exclut « l'assistance sociale et médicale » réservée aux nationaux. Mais la Cour de justice a donné une interprétation restrictive de cette notion, étendant d'autant le champ d'application de la non-discrimination.
Au total, la réglementation ne vise ni à une substitution ni à une harmonisation mais à une coordination des législations nationales. Sur ce point, *cf.* le règlement du 29 avril 2004.

§ 2 - La libre circulation des travailleurs salariés

Selon le traité originel, la libre circulation des travailleurs devait être assurée au plus tard à la fin de la période de transition et toute discrimination abolie en ce qui concerne l'emploi, la rémunération et les autres conditions de travail. *La notion européenne de travailleur est autonome* au regard des définitions qu'en donnent les droits nationaux.

A. L'égalité de traitement

Se fondant sur l'article 46, le Conseil a institué l'égalité de traitement par étapes, la priorité accordée aux nationaux étant remplacée par l'organisation d'un marché égalitaire. Le texte de base était le règlement 1 612/68 du 15 octobre 1968. L'égalité de traitement a été étendue, outre les conditions d'emploi et de travail (CJCE, 4 avr. 1974, *Comm. c/France* à propos de l'embauche du personnel maritime), aux avantages sociaux et fiscaux (CJCE, 30 sept. 1975, *Cristini* : réduction accordée aux familles nombreuses par la SNCF), à l'exercice des activités syndicales, à l'accès à la formation professionnelle sans discrimination (CJCE, 13 févr. 1985, *Gravier c/Ville de Liège*). La Cour de justice a jugé que la décision refusant à un ressortissant communautaire l'équivalence d'un diplôme étranger doit être motivée et susceptible d'un recours de nature juridictionnelle (15 oct. 1987, *Union des entraîneurs de football*). La directive du 29 avril 2004 a étendu la catégorie des bénéficiaires aux membres de la famille et aux « partenaires ».

B. La réserve des emplois dans l'administration publique

Le paragraphe 4 de l'article 45 FUE exclut de la libre circulation les emplois dans l'administration publique. Quels emplois ? Après quelques hésitations, **la Cour de justice a jugé que l'exception** concerne les emplois qui comportent « ***une participation, directe ou indirecte, à l'exercice de la puissance publique et aux fonctions qui ont pour objet la sauvegarde des intérêts généraux de l'État et des collectivités publiques*** » (arrêts du 17 déc. 1980 et 26 mai 1982, *Comm. c/Belgique*). Le critère de distinction demeure délicat compte tenu de la diversité des conceptions nationales de l'administration publique. La Cour a jugé que les fonctions de « conseil » de l'État pouvaient être réservées aux nationaux (12 févr. 1987, *Comm. c/Belgique*).
En application de cette jurisprudence, **la loi française du 26 juillet 1991** a ouvert aux ressortissants de l'Union, sous certaines conditions, les emplois dont les attributions sont « soit séparables de l'exercice de la souveraineté, soit ne comportent aucune participation directe ou indirecte à l'exercice de prérogatives de puissance publique… ». Le *Conseil constitutionnel* l'a jugée conforme à la Constitution dans sa décision du 23 juillet 1991. Une *loi française de 2005* a supprimé l'exigence d'un décret particulier pour chaque corps.
Par ailleurs la Cour européenne des droits de l'homme a fait sienne la définition communautaire de l'administration publique ; *cf. supra* p. 53.

§ 3 - La liberté d'établissement et la libre prestation des services

Dans le traité originel, il était stipulé qu'à la fin de la période de transition, toute restriction à la liberté d'établissement et à la libre prestation des services aurait disparu à l'égard des ressortissants des États membres.

A. Définitions

1. La liberté d'établissement s'entend de l'**installation professionnelle** durable dans un pays membre afin d'y exercer une activité autre que salariée, qu'il s'agisse d'une activité indépendante (professions libérales) ou de la constitution et de la gestion d'entreprises (individuelles ou sous forme de sociétés). L'établissement peut être réalisé à titre principal ou à titre secondaire, dans ce cas par la création d'une filiale ou d'une succursale. Toutefois, l'établissement secondaire implique que les ressortissants d'un État membre soient déjà établis sur le territoire de l'Union. En pratique, il est admis qu'un ressortissant qui a un établissement principal dans un État tiers et un établissement secondaire dans un État membre bénéficie du droit à l'établissement dans tout autre État membre.

2. La libre prestation des services se distingue de l'établissement dans la mesure où il n'y a pas installation mais simplement **fourniture d'un service** autre que salarial moyennant rémunération : activités libérales, industrielles, commerciales ou artisanales. La liste énoncée à l'article 57 FUE n'est pas limitative. En principe, le prestataire et le bénéficiaire ne résident pas dans le même pays, mais la prestation de services peut intervenir sans déplacement de personnes. Ex. : l'émission de messages télévisés, CJCE, 30 avr. 1974, *Sacchi*.

B. Champ d'application

1. Le champ d'application de la libération couvre **l'accès et l'exercice des activités non salariées** à l'exception de celles couvertes par les dispositions relatives à la libre circulation des marchandises, des capitaux ou aux transports. La Cour dans un arrêt du 31 janvier 1984, *Luisi* et *Carbone*, a lié le libre paiement à la libre prestation des services (interdiction des restrictions sur les cartes de paiement par exemple) dans le cas où le bénéficiaire se rend au lieu du prestataire (soins de santé, tourisme, voyage d'affaires…). De même, si la prestation de services peut être soumise à certaines conditions (octroi d'une licence, interdiction de publicité ou création d'un centre d'activité professionnel), elle doit l'être à l'égal des nationaux (*égalité de traitement et non-discrimination*) et sous réserve d'une appréciation de la nécessité de ces conditions ; ainsi les législations nationales des États peuvent être jugées équivalentes lorsque les professions sont soumises à autorisation dans chaque État (CJCE, 17 déc. 1981, *Webb*). Le refus de l'avoir fiscal à des sociétés filiales d'assurances a été jugé contraire au droit communautaire (28 janv. 1986, *Comm. c/Rép. fçse*).

L'exercice par une société portugaise d'une prestation de services en France l'autorise à déplacer son personnel avant la date fixée par l'acte d'adhésion au titre de la libre circulation des travailleurs (CJCE, 27 mars 1990, *Sté Rush Portuguesa*).

2. L'article 51 (combiné avec l'article 62) exclut de ces deux libertés les activités qui participent, même à titre occasionnel, à **l'exercice de l'autorité publique**. Dans l'arrêt *Reyners* du 21 juin 1974, la Cour a fait une application strictement limitée de cette disposition ; ainsi l'avocat étranger bénéficie de la liberté d'établissement mais il ne peut compléter la formation d'un tribunal ; un médecin étranger ne peut délivrer un permis d'inhumer ; certains professionnels peuvent s'inscrire à un ordre professionnel mais ne peuvent exercer des fonctions disciplinaires ou administratives. Plusieurs directives ont défini les activités qui participent à l'exercice de l'autorité publique (solutions parfois différentes selon les États).

3. Les bénéficiaires des deux libertés sont des **personnes physiques ou des personnes morales**. L'article 54 FUE assimile aux nationaux les sociétés, quelle que soit leur forme juridique, poursuivant un but lucratif, constituées en conformité à la législation d'un État membre et ayant leur siège statutaire ou leur principal établissement à l'intérieur de l'Union.

4. La situation des sociétés a conduit à certains développements.

En premier lieu, les États fondateurs ont conclu la **convention de Bruxelles du 29 février 1968** sur la « reconnaissance mutuelle des sociétés », ouverte aux États, et complétée par un protocole du 3 juin 1971 (compétence préjudicielle de la Cour de justice) ; sont reconnues les sociétés disposant d'une capacité juridique et rattachées à un État signataire (critère de l'incorporation, sauf exceptions). La convention n'est pas entrée en vigueur.

En second lieu, se fondant sur l'article 50 FUE (ex 44 CE) qui vise à une harmonisation du droit des sociétés en ce qui concerne les garanties qu'elles offrent, le Conseil a pris une **série de directives** relatives aux comptes, au contrôle, à la constitution ou fusion de sociétés, aux fusions transfrontalières et aux OPA.

En troisième lieu, l'article 308 CE, désormais 352 FUE, a servi de fondement au règlement du 25 juillet 1985 sur le **groupement européen d'intérêt économique**. Le projet de **société** (anonyme) **européenne** a abouti après le Conseil européen de Nice en décembre 2000 à un règlement du 8 octobre 2001 : la participation des travailleurs pourra s'effectuer selon la cogestion (modèle allemand), le comité d'entreprise (modèle français) ou l'accord entre la direction et les salariés (modèle anglais).

C. Mise en œuvre

1. Le traité avait posé une règle *standstill* (interdiction de nouvelles restrictions) afin d'aboutir à la non-discrimination. Il renvoyait à des actes d'application.

2. Les programmes généraux, décidés par le Conseil du 18 décembre 1961, contenaient des restrictions ou discriminations à supprimer selon un calendrier propre à la période transitoire de la CEE. Les programmes renvoyaient à leur tour à des directives du Conseil.

3. La Cour de justice a jugé qu'à partir de la fin de la période transitoire, les dispositions du traité étaient d'**effet direct** : 21 juin 1974, *Reyners c/État belge* (pour le libre établissement), 3 décembre 1974, *Van Binsbergen* (pour la libre prestation de services).

La Cour de justice a admis que des « **raisons impérieuses d'intérêt général** » (par analogie avec les « exigences impératives d'intérêt général » pour la libre circulation des marchandises) pouvaient justifier des restrictions à la libre prestation de services et au libre établissement afin par exemple de limiter les fraudes ou l'utilisation abusive de titres et diplômes et promouvoir la protection des consommateurs ou destinataires de services (exemple : une publicité excessive) : 31 mars 1993, *Kraus*.

4. La **proposition de directive dite « Bolkestein »**, qui a été au cœur de la campagne référendaire en France, couvrait à la fois l'établissement d'entreprises de services et la prestation de services (au sens du traité) à l'exception des secteurs déjà couverts par une directive sectorielle (les services financiers, les services électroniques et les services de transports). Elle comportait le **principe du pays d'origine**, transposition de la reconnaissance mutuelle en matière de marchandises, en ce que l'État du prestataire assure le contrôle à titre principal sauf dans des secteurs dérogatoires.

Après débats au Parlement européen, une directive 2006/123 du 12 décembre 2006 a été élaborée qui **écarte le principe du pays d'origine** et exclut, outre les secteurs précités, les services d'intérêt général et les services sociaux de sécurité et de santé ainsi que les jeux de hasard. La *nouvelle directive* constitue une *codification de la* *jurisprudence*. Elle ne satisfait pas certains des nouveaux États membres qui se veulent exportateurs de services.

D. Les mesures complémentaires

Toutefois, la complète liberté **postulait la reconnaissance mutuelle des diplômes** (art. 53 § 1 FUE) d'une part, et d'autre part **la coordination des dispositions** législatives, réglementaires et administratives **concernant l'accès et l'exercice des activités non salariées** (art. 53, § 2) qui sont un aspect particulier du rapprochement des législations. À l'origine les directives qui y correspondent pouvaient être arrêtées à la majorité qualifiée, mais à l'unanimité dans les matières qui relèvent de dispositions législatives (dans un État au moins) et pour les mesures relatives aux secteurs financiers et aux professions médicales. Avec l'Acte unique, *l'unanimité* avait été déclarée *nécessaire pour les seules directives dont l'exécution touche aux principes législatifs existants* du régime des professions (formation et accès des personnes physiques). Le traité de Lisbonne a supprimé cette restriction en étendant la procédure législative ordinaire.

1. De nombreuses **directives** ont été arrêtées concernant les professions médicales et paramédicales, les avocats (la libre prestation de services en 1977, puis l'établissement… en 1998 seulement), les assurances (liberté d'établissement pour certaines opérations), la banque, les architectes (diplômes), les ingénieurs, les agents commerciaux, etc.

2. Certaines lenteurs dans la production de directives n'ont pas empêché la Cour de justice de poser quelques **arrêts de principe**. 28 avril 1977, *Thieffry* : nonobstant l'absence de directive pour l'établissement des avocats, un diplôme belge complété par le CAPA délivré en France permet à son titulaire de s'installer en France. 12 juill. 1984, *Klopp* : un avocat allemand peut s'inscrire également au barreau de Paris bien que la législation française impose l'unicité du domicile professionnel. 30 avril 1986, *Comm. c/Rép. fçse* : le Code français de la santé publique ne saurait interdire le double cabinet médical (France et État de la Communauté). Dans un arrêt du 25 février 1988, *Comm. c/RFA*, elle a interprété restrictivement l'obligation de concertation avec un avocat local instituée par la directive sur la libre prestation de services des avocats.

3. Se fondant sur le principe de la confiance mutuelle, la directive du 21 déc. 1988 institue un **système général de reconnaissance des diplômes pour les professions réglementées**, c'est-à-dire celles dont l'exercice est subordonné à la possession d'un diplôme au niveau « bac + 3 ». La directive s'applique aux professions qui n'ont pas fait l'objet d'une directive spécifique. La directive s'applique aussi aux salariés non fonctionnaires. L'État d'accueil peut imposer un stage d'adaptation ou une épreuve d'aptitude au choix du demandeur (sauf dans les professions juridiques où l'État effectue ce choix). L'examen de la demande doit être rapide (quatre mois), il est garanti par un recours juridictionnel de droit interne.
La directive du 6 juin 2005 institue en complément un **système général de reconnaissance des formations professionnelles.** L'ensemble du système de reconnaissance a été refondu par la directive du 7 septembre 2005 qui s'ajoute aux directives sectorielles en ce qui concerne les formations et l'expérience professionnelle.

§ 4 - L'exception d'ordre public, sécurité publique et santé publique

Les limitations à la libre circulation des ressortissants de l'Union sont instituées, à peu près dans les mêmes termes, à l'article 45 FUE pour les travailleurs salariés et à l'article 52 pour l'établissement (art. 62 pour la prestation de services). À cette fin, fut adoptée la directive 64/221 du 25 février 1964 « portant coordination des mesures spéciales en matière de déplacement et de séjour justifiées par des raisons d'ordre public, de sécurité publique et de santé publique ». Les dispositions du traité et la directive ont été considérées comme d'effet direct par la Cour de justice (4 déc. 1974, *Van Duyn c/Home Office*). Dès lors qu'il existe un pouvoir de police sur les ressortissants européens distinct de celui exercé sur les nationaux, la Cour de justice a développé, dans un souci de compensation, une interprétation largement marquée par la théorie des **droits fondamentaux individuels**. *La directive 2004/38 du 29 avril 2004 opère une fusion de la directive de 1964 et de la jurisprudence* de la Cour citée ci-après.

A. Les conditions de fond

1. La réserve de santé publique est claire : elle permet d'interdire l'accès et le séjour à ceux atteints de maladies épidémiques ou contagieuses. Par contre, il n'existe pas une notion commune de l'ordre public, chaque État demeurant libre de se référer à une notion qui est, par essence, contingente. La Cour indique que la **réserve d'ordre public** ne peut être mise en jeu que lorsqu'il existe une « menace réelle et suffisamment grave affectant un intérêt fondamental de la société » (27 oct. 1977, *Bouchereau*).

2. *Les* **restrictions** à la libre circulation (accès, séjour, voire expulsion) sont fondées sur le comportement personnel de l'individu, mais non sur des fins dissuasives (*Bonsignore*, arrêt du 27 févr. 1975 à propos d'un port d'armes) ou sur le seul fait que l'individu ait déjà commis une infraction (*Bouchereau* précité). Après avoir admis l'interdiction faite à une néerlandaise de se livrer à des activités de scientologie, pourtant non interdites aux nationaux britanniques (*Van Duyn* précité), la Cour a admis qu'un État membre ne peut sanctionner un ressortissant communautaire alors qu'il ne sanctionne pas ses propres nationaux (18 mai 1982, *Adoui* et *Cornouaille*, à propos de la prostitution). La mesure restrictive doit être proportionnée à la menace et le non-accomplissement de certaines formalités ne justifie pas une expulsion (8 avr. 1976, *Royer* ; 11 juill. 1977, *Sagulo*). Les interdictions de séjour partielles ne peuvent être prononcées que si elles sont aussi applicables aux nationaux de l'État (28 oct. 1975, *Rutili*).

B. Les garanties de forme et de procédure

Les mesures d'ordre public doivent être **motivées** et les motifs communiqués (CJCE, 28 oct. 1975, *Rutili*). Par ailleurs, tous les **recours administratifs et juridictionnels** doivent être ouverts aux ressortissants de l'Union. L'introduction du recours ne peut avoir pour incidence de lui donner un effet suspensif lorsque celui-ci n'est pas institué par la législation nationale (5 mars 1980, *Pecastaing*).

§ 5 - L'élargissement de la libre circulation des personnes : la citoyenneté européenne

L'Acte unique, visait à parachever la libre circulation des personnes. Son application impliquait une extension de la notion de ressortissant communautaire à tous ceux qui n'entrent pas dans le champ fonctionnel du traité : ressortissant au sens de la citoyenneté et non plus au sens fonctionnel. Les moyens pour y parvenir relevaient donc soit de la Communauté, soit de la coopération intergouvernementale.

1. La libre circulation des personnes impliquait la suppression des contrôles aux frontières intérieures pour les ressortissants communautaires et pour les ressortissants des États tiers sauf à maintenir des contrôles incompatibles avec la libre circulation. Ce fut l'objet premier des **accords de Schengen**, complétés par diverses conventions, dont la convention sur le franchissement des frontières extérieures (longtemps retardée par le différend anglo-espagnol sur Gibraltar). Les acquis de Schengen ont été intégrés dans le droit de l'Union européenne. *Cf.* p. 86 et s.

2. Dans la ligne du comité dit « Europe des citoyens », des directives du 28 juin 1990 et la directive du 29 octobre 1993 avaient étendu, sous condition de ressources suffisantes, le droit de séjour aux non-actifs, dans le sens du droit de séjour généralisé.

3. L'établissement de la **citoyenneté européenne** fut un des enjeux de la conférence intergouvernementale sur l'Union politique.

Le **traité fondateur de l'Union européenne** inscrivit le droit de libre circulation et de libre séjour de tout citoyen de l'Union dans les nouvelles dispositions sur la **citoyenneté**, mais il renvoyait aux dispositions du droit originaire et dérivé d'une part, à la coopération intergouvernementale sur la coopération en matière de justice et affaires intérieures, d'autre part. La Cour de justice a admis l'effet direct de l'article 21 FUE, ex-18 CE, dans un arrêt *Baumbast* le 17 septembre 2002 et a dans cette affaire fondé directement sur cet article le droit de séjour au Royaume-Uni d'un ressortissant allemand sans qu'il ait à se prévaloir d'un élément économique ni d'aucune disposition de l'ordre juridique communautaire. Ainsi élargie, ***la citoyenneté européenne opère un dépassement de la notion traditionnelle de ressortissant communautaire***. La directive 2004/38 du 29 avril 2004 tire certaines conséquences de la citoyenneté européenne (étendues aux familles). Le droit à un séjour de moins de trois mois est reconnu sans conditions à tout citoyen. Un séjour régulier de cinq ans entraîne *ipso jure* un droit de séjour permanent. Le droit à un séjour supérieur à trois mois bénéficie aux travailleurs, salariés ou non, ainsi qu'aux étudiants et aux inactifs, à condition qu'ils disposent de ressources suffisantes et d'une protection sociale.

La citoyenneté européenne, outre sa valeur symbolique et politique (*cf. supra* p. 90 et s.), consacre les principes de non-discrimination et d'égalité au sein de l'Union qui se traduisent par une jurisprudence extensive, par exemple :

- droit à certaines allocations (études ou minimum légal, attente d'un emploi)…
- droit au nom patronymique selon le droit de l'État d'accueil, sauf certaines limites.

Section 3 › LA LIBRE CIRCULATION DES CAPITAUX

La libre circulation des capitaux prolonge la libre circulation des marchandises et la liberté d'établissement. Mais elle va au-delà : elle touche aux mécanismes fondamentaux de la monnaie, du crédit et de la fiscalité, elle influe sur les investissements à l'étranger. Pour ces raisons, il convient de distinguer la libération des paiements courants et celle des mouvements de capitaux.

§ 1 - La libération des paiements courants

Le traité originel posait la règle de la libération immédiate des paiements courants ; dans un arrêt du 31 janvier 1984, Luisi et Carbone la Cour établit un lien entre la libre prestation des services et la libre circulation des marchandises d'un côté, et la libération des paiements de l'autre.

§ 2 - La libération des mouvements de capitaux

A. Libération partielle

Le traité prévoyait la suppression progressive des restrictions sur la base de directives du Conseil. Des directives prises en 1960, 1962, 1985 et 1986 opèrent une distinction entre la libération « inconditionnelle » et la libération « conditionnelle » des émissions de titres, prêts et crédits.

B. Libération complète

Prise en application de l'Acte unique, la directive du 24 juin 1988 instaurait à compter du 1er juillet 1990 la libération complète et inconditionnelle des mouvements de capitaux, sauf deux limites :

– des régimes transitoires pour certains pays ;

– des mesures de sauvegarde ayant pour but d'empêcher des perturbations sur le marché des capitaux et sur la balance des paiements.

Le traité sur l'Union européenne pose le principe de la libération de tous les mouvements de capitaux sauf dérogations destinées à assurer le respect des droits des États dans certaines hypothèses (contrôles fiscal, statistique ou prudentiel). Ces mesures ne doivent constituer ni un moyen de discrimination arbitraire ni une restriction déguisée à la libre circulation des capitaux. À ces dérogations textuelles, la Cour a ajouté que des *raisons impérieuses d'intérêt général* peuvent justifier des restrictions, telles la sécurité énergétique (4 juin 2002, *Comm. c/Belgique*) ou la fourniture par une entreprise d'un service public (12 mai 2003, *Comm. c/Espagne*).

La libre circulation des capitaux avec les pays tiers reste encadrée par le Conseil, qui, sur proposition de la Commission, après consultation de la BCE, peut arrêter des mesures de sauvegarde pour une période de six mois. Le traité de Lisbonne renforce le contrôle du Conseil sur les mesures fiscales restrictives que peuvent prendre les États.

§ 3 - Libre circulation des capitaux et marché intérieur des services financiers

Ces mesures impliquaient l'accomplissement parallèle du marché intérieur des services financiers (banques, assurances, bourses) sur la base d'une harmonisation minimum et du principe de la reconnaissance mutuelle.

En ce qui concerne les **banques**, une directive d'harmonisation était intervenue en 1989, puis reprise en 2000 et 2006, concernant la gestion des établissements de crédit, la reconnaissance mutuelle des agréments, les comptes annuels, les fonds propres, la garantie des dépôts, les ratios de solvabilité) ; les filiales demeurent soumises en principe au contrôle du pays d'origine.

En 1996, les activités bancaires ont été libéralisées (directive sur les « services d'investissement »).

En ce qui concerne les **assurances**, à la suite des arrêts rendus par la CJCE en 1986, alors que la liberté d'établissement était acquise et autorisait l'ouverture d'établissements secondaires (filiales soumises au droit local ou simples agences soumises au droit du pays d'origine) la libre prestation des services est intervenue sur la base d'un agrément délivré par l'État d'origine (sauf exceptions).

En ce qui concerne les marchés des **valeurs mobilières**, les organismes de placement (OPCVM) et les services d'investissement ont fait l'objet de directives spécifiques.

La libre circulation des capitaux appelle logiquement une harmonisation de la fiscalité sur l'épargne.

Note : à la suite de la crise financière (2008), le Parlement et la Commission s'orientent vers une surveillance accrue des fonds spéculatifs et une révision des règles en matière de fonds propres. Des règlements du 24 novembre 2010 ont créé des autorités européennes de surveillance (banques, assurances, marchés financiers).

POUR ALLER PLUS LOIN

BIBLIOGRAPHIE :

- L. Dubouis et C. Blumann, *Droit matériel de l'Union européenne*, 5e éd. Montchrestien, 2009.
- J. Molinier et N. De Grove-Valdeyron, *Droit du marché intérieur européen*, 3e éd., LGDJ, 2011.
- J. Pertek, *Droit matériel de l'Union européenne*, PUF, 2005.

Chapitre 2 › LA CONCURRENCE

> **› L'essentiel**
>
> *Le droit de la concurrence occupe une place majeure en droit de l'Union. Pour des raisons de commodité, à la concurrence stricto sensu sont ajoutées des indications relatives aux monopoles commerciaux nationaux et aux marchés publics.*
>
> *À la demande de la France, suite aux remous de la campagne référendaire, la concurrence ne figure pas dans l'article 3 UE parmi les buts de l'Union. Elle est mentionnée dans le Protocole 27 sur le marché intérieur et la concurrence selon lequel elle doit être « libre et non faussée ».*

Section 1 › LA NOTION DE CONCURRENCE EN DROIT DE L'UNION

1. L'unité du marché impose une réglementation de la concurrence afin que la libre circulation des produits, des personnes, des services et des capitaux ne soit pas faussée. Si le traité fixe directement les règles générales relatives aux interventions publiques, il pose les principes et appelle une mise en œuvre complémentaire des règles relatives aux entreprises. En ce sens, il s'agit à la fois d'une **réglementation** et d'une **politique** de la concurrence. Le texte de base le plus important en matière de pratiques anti-concurrentielles fut le règlement n° 17 du 6 février 1962. Il est depuis le 1er mai 2004 remplacé par le règlement n° 1/2003 du 16 déc. 2002.

2. La notion de concurrence, au sens européen, est limitée aux actions des États et comportements des entreprises susceptibles d'affecter le commerce entre États membres. Deux conséquences :

- la notion de concurrence CE était plus étroite que celle de la CECA qui visait l'ensemble des attitudes des États et entreprises même si elles n'affectaient pas le commerce entre États membres ;

- le droit européen de la concurrence laisse subsister des droits nationaux de la concurrence qui s'appliquent aux actions et comportements n'ayant pas d'effet sur le commerce entre États, c'est-à-dire limités aux seuls marchés nationaux. Dans les autres cas, les législations nationales sont subordonnées aux règles de l'Union (CJCE, 15 févr. 1969, *Walt Wilhem*). En cas de conflit, le droit de l'Union prévaut (13 févr. 1969, *Bayer AG*).

3. Une telle notion détermine le **champ d'application** des règles de la concurrence.
La Commission et la Cour de justice considèrent que les conditions d'applicabilité des règles sur la concurrence sont essentiellement au nombre de deux :
a) il faut que les actions publiques ou privées **affectent le commerce entre États membres, quels que soient leurs effets sur l'unité du marché, ou aient une incidence directe ou indirecte sur les courants d'échanges entre États**, quel que soit l'ordre de grandeur de l'affectation ainsi provoquée. Il en est ainsi d'accords ou pratiques intéressant deux ou plusieurs États, ou même d'accords entre des entreprises situées dans un seul État ;

b) il faut que les effets de ces actions se fassent sentir sur le territoire de l'Union, et non à l'extérieur. Mais les règles de la concurrence s'appliquent aux actions de certaines entreprises, qui sont elles-mêmes en dehors de l'Union et dont les comportements ou les effets se font sentir à l'intérieur – *cf.* à propos des ententes *Ahlström* (aff. dite « *Pâtes de bois* », arrêt du 27 sept. 1988).

c) La Cour avait indiqué que « la fonction de la concurrence en matière de prix est de (les) maintenir au niveau le plus bas… et de favoriser la circulation des produits entre les États en vue de permettre une répartition optimale des activités en fonction de la productivité et de la capacité d'adaptation des entreprises » (14 juill. 1972, *Imperial Chemical Industries*), bien que la concurrence par les prix ne soit pas la seule forme de concurrence. Cette définition a le mérite d'établir une **balance entre les intérêts du consommateur, l'optimum de libre circulation et la structure de production.**

In concreto, les paramètres que la Commission et la Cour prennent en compte sont la **structure géographique du marché** (il doit dépasser le cadre d'un seul État, mais une entente ou un abus de position dominante ayant pour effet de cloisonner l'un des marchés nationaux est soumis aux règles du traité) et **l'objet du marché**, à savoir la nature du produit en cause (d'où l'appréciation parfois difficile de la substituabilité du produit).

Section 2 > LES RÈGLES APPLICABLES AUX ENTREPRISES

Le traité réglemente les ententes et l'abus de position dominante (droit des pratiques anti-concurrentielles) ; si l'article 101 FUE vise les atteintes à la concurrence du fait des ententes et l'article 102 FUE l'abus de position dominante, ils concourent au même objet et sont, le cas échéant, applicables cumulativement. Ex. : décision de la Commission, 26 février 1992, *British Midland c/Aer Lingus*.

Le droit de la concurrence se rapporte exclusivement aux **entreprises** dont la jurisprudence a donné une **définition** fonctionnelle et extensive, mais circonscrite. Est considérée comme entreprise « **toute entité exerçant une activité économique, indépendamment du statut juridique de cette entité et de son mode de financement** » (CJCE, 23 avr. 1991, *Höffner*). La qualification d'entreprise est liée à l'activité. En revanche, la qualification d'entreprise est écartée pour un organe chargé de la gestion de certains régimes obligatoires de sécurité sociale (CJCE, 17 février 1993, *Poucet* et *Pistre*) ou statuant en matière d'accidents du travail (CJCE, 5 mars 2009, *Kattner*). De même, lorsque l'activité se rattache à l'exercice de prérogatives de puissance publique, le droit de la concurrence ne s'applique pas (CJCE, 19 janv. 1994, *Eurocontrol*). La conception de la prérogative de puissance publique n'est ni trop restrictive (CJCE, 19 mars 1997, *Diego Cali*) ni trop lâche (CJCE, 26 mars 2009, *Selex*).

Les entreprises publiques obéissent aux principes de la neutralité (art. 345 FUE : le traité « ne préjuge en rien le régime de la propriété dans les États membres », ce qui n'interdit pas les nationalisations) et de l'assimilation aux entreprises privées au regard du droit de la concurrence (art. 106 FUE). L'entreprise publique a été définie dans une directive du 25 juin 1980 modifiée, afin d'assurer la transparence des relations financières avec l'État, comme celle sur laquelle « *les pouvoirs publics exercent une influence dominante du fait de la propriété, de la participation financière ou des règles qui la régissent* ». *Cf.* la directive 2005/81 du 28 novembre 2005.

§ 1 - Les ententes (art. 101 FUE, ex-81 CE)

1. Le principe est celui de l'**interdiction des ententes**, quelles que soient leurs formes (**accords, décisions d'association d'entreprises ou pratiques concertées**), dès lors qu'elles ont pour objet ou pour effet d'empêcher, de restreindre ou de fausser le jeu de la concurrence à l'intérieur du marché commun. Le Tribunal de première instance, le 14 mai 1998, dans l'affaire du « cartel des cartons » confirme la notion d'infraction complexe et de longue durée qui doit être considérée comme une infraction unique sans qu'il soit nécessaire de distinguer entre ce qui relève d'un accord et ce qui relève d'une pratique concertée. En tout état de cause, il convient de distinguer entre la collusion qui relève de l'article 101 et le simple comportement parallèle en l'absence de tout élément de concertation.

Les formes les plus courantes d'ententes interdites (ententes horizontales ou cartels) comportent le partage du marché ou des sources d'approvisionnement, la fixation de quotas de production, la fixation des prix de vente ou d'achat, certains accords sur les prix ou sur la vente en commun, l'application de conditions inégales à des prestations équivalentes, certains accords d'exclusivité ou ententes verticales (contrats de distribution exclusive, arrêt *Grundig,* 13 juill. 1966). Constitue une entente illicite la fixation des prix minimum du cognac dans le cadre d'un organisme public tel le BNIC (CJCE, 30 janv. 1985, *BNIC c/Guy Clair*). *La distribution sélective* a provoqué une jurisprudence nuancée ; si la sélection quantitative est interdite, la sélection qualitative peut être admise : affaire des parfumeurs (*Lancôme*, 10 juill. 1980), sous réserve de la nécessité qu'appelle la nature des produits (TPI, 12 déc. 1996, *Groupement d'achat Édouard Leclerc c/Comm.*). Ces affaires montrent que *la règle de raison* s'est imposée en droit communautaire de la concurrence. Certaines situations ne peuvent être complètement ou totalement concurrentielles. L'entente, bien qu'engendrant une altération de la concurrence peut se maintenir sous réserve qu'elle soit nécessaire, non-discriminatoire et proportionnée. La règle en question a prospéré au-delà de la franchise et de la distribution sélective (CJCE, 19 févr. 2002, *Wouters*).

2. Il existe des **exemptions au principe** de l'interdiction des ententes (art. 101, § 3), sous les conditions suivantes :

- *deux conditions positives : sont autorisées les ententes qui améliorent le secteur tout en profitant, au moins pour partie, aux utilisateurs ;*
- *en outre, deux conditions négatives : elles n'éliminent pas la concurrence et ne la restreignent que dans la mesure nécessaire à la réalisation des deux conditions positives (proportionnalité).*

Sur la base d'une habilitation du Conseil, la Commission avait fixé réglementairement les **catégories d'accords** qui bénéficient *a priori* de l'exemption prévue au paragraphe 3 (certains accords de transports ou d'assurances, accords de coopération entre petites et moyennes entreprises, certains accords de spécialisation, accords de distribution ou d'achat exclusifs s'ils améliorent la distribution, véhicules automobiles, recherche et développement, les brevets et la franchise, certains accords concernant la propriété industrielle ou des licences de brevet…).

Le cadre réglementaire des ***exemptions par catégorie*** *a été redéfini.* L'approche traditionnelle, consistant à définir les clauses devant ou pouvant figurer dans l'accord, les clauses interdites, les clauses auxquelles la Commission pouvait s'opposer,

était devenue trop formaliste. C'est pourquoi, l'interprétation comme l'application de l'article 101 (ex-81 CE) ont été rénovées. Sa mise en œuvre repose sur une *conception plus économique* qui met en exergue le pouvoir de marché. En droit, les limites apportées à la liberté contractuelle sont moins nombreuses. Enfin, si certains accords continuent de relever d'un règlement d'exemption, beaucoup entrent dans le champ des lignes directrices fixées par la Commission dans des communications appropriées qui font figure d'exemption catégorielle implicite.
En conséquence, le cadre législatif a été redéfini sur la base d'une distinction entre les accords verticaux et les accords horizontaux pour lesquels les réformes ont été arrêtées respectivement en 1999 et 2000. Les nouveaux textes sont plus clairs et plus faciles à utiliser et mettent fin à une situation juridique peu lisible car reposant sur des assises fragmentées. *Cf.* notamment R. 330/2010 du 20 avril 2010.

§ 2 - L'abus de position dominante (art. 102 FUE, ex-82 CE)

L'article 82 du traité CE interdisait non pas la position dominante mais l'exploitation abusive d'une position dominante par une ou plusieurs entreprises sur le marché commun ou une partie substantielle de celui-ci. Comme l'article 81, § 1, l'article 82 a été déclaré doté de l'effet direct et la procédure d'infraction était analogue à celle instituée par l'article 81, sauf qu'il n'existe ni procédure de notification, ni exemption de l'interdiction (différence avec l'article 81, § 3).

1. L'article 102 FUE ne comporte aucune définition de la position dominante. Selon la Cour, il s'agit du *« pouvoir de l'entreprise de faire obstacle au maintien d'une concurrence effective »* en ayant la capacité de se comporter de façon indépendante « vis-à-vis de ses concurrents, clients et des consommateurs » (14 févr. 1978, *United Brands,* 13 févr. 1979, *Hoffmann-Laroche*). La position dominante est distincte d'une position monopolistique ou oligopolistique. Les **indicateurs d'une position dominante** sont multiples et peuvent être combinés : part du marché, puissance du réseau commercial, avance technologique, difficultés des entreprises concurrentes… Dans l'affaire *United Brands*, 14 févr. 1978, à propos de la banane, la Cour prend en considération la structure géographique du marché (une part substantielle) et la nature du produit (un produit spécifique… donc peu substituable !).

2. L'article 102 donne une liste non limitative des **pratiques abusives**, donc interdites : imposer des prix d'achat ou de vente, limiter le développement technique ou commercial du secteur considéré au détriment des consommateurs, imposer des conditions inégales à des prestations équivalentes, imposer par contrat des prestations sans rapport avec l'objet du contrat… La Cour de justice a développé une définition synthétique de la pratique abusive : « **comportement de nature à réduire encore le degré de concurrence existant** » (*Hoffmann-Laroche* précité). *Cf.* la communication de la Commission (24 fev. 2009) sur les abus d'éviction.
Autre intérêt de l'article 102 : il est applicable à un ensemble « société mère-filiale » qui échapperait à l'application de l'article 101 (la définition de l'entente n'englobant pas un tel ensemble).
L'application dudit article a évolué.

• En premier lieu, l'octroi par les pouvoirs publics de droits exclusifs à des entreprises a été condamné car créant une situation d'abus automatique (CJCE, 23 avr. 1991,

Höffner) : théories du *monopole défaillant* ou du *conflit d'intérêts* (12 févr. 1998, *Silvano Raso*).

• En second lieu, la mise en œuvre de l'article 82 CE (102 FUE) a permis de dégager la théorie des *facilités essentielles* en condamnant les monopoles sur certains facteurs de production parce qu'ils éliminent la concurrence sur les marchés dérivés et que l'ouverture est indispensable à l'exercice alternatif des activités en cause (CJCE, 26 nov. 1998, *Brönner*).

• En troisième lieu, il devient un outil de régulation des pratiques liées à l'émergence de nouvelles technologies de la société de l'information : s'ébauche aussi l'idée de « super dominance » des marchés (TPI, 17 sept. 2007, Microsoft).

§ 3 - L'application des articles 101 et 102 FUE

A. Le cadre règlementaire

Le règlement 17 du 6 février 1962 accordait à la **Commission des pouvoirs étendus quant à l'application individualisée** des dispositions précitées. Cette perspective a été modifiée par le Règlement 1/2003 lui-même complété par un règlement et plusieurs communications (30 mars 2004). Cette réforme valorise parallèlement la mise en œuvre des articles 101 et 102 par les autorités nationales de concurrence. Leur application devient décentralisée.

1. Les exemptions individuelles : de l'autorisation préalable à l'exception légale

Le pouvoir d'exemption individuelle s'exerçait de **manière centralisée**. La notification des ententes n'était pas obligatoire. Mais sans cette dernière, l'exemption n'était pas possible. Une entente mise à jour comme anticoncurrentielle était donc inévitablement interdite. Il en découlait que les entreprises désireuses de se mettre en situation de sécurité juridique notifiaient préalablement leur projet : c'est ce que l'on appelait l'autorisation préalable. L'article 81 § 3 n'étant pas d'effet direct, seule la Commission européenne exerçait ce pouvoir. Il en découlait une mise en œuvre centralisée de l'article 81 § 1 qui comportait l'inconvénient de noyer la Commission dans des procédures répétitives.
Désormais, le système « d'immunité antitrust » européen repose sur l'**exception légale**. Il est aligné de ce point de vue sur le droit français et sur la manière dont l'article 81 § 3 fut appliqué au transport. Les entreprises n'ont plus la possibilité d'obtenir l'autorisation administrative européenne, décision constitutive d'un droit opposable aux tiers. Elles doivent auto-évaluer leurs ententes. De ce point de vue le **droit de la concurrence devient plus libéral**. Il est aussi plus **décentralisé** car l'article 101 § 3 peut désormais être invoqué devant une autorité nationale comme fondement de la justification d'une entente anticoncurrentielle. Il en découle un effacement de la Commission européenne qui sera compensé par un *nombre plus élevé de règlements d'exemption catégorielle lesquels s'imposent aux autorités nationales.*

2. La Commission, saisie par un État ou une personne intéressée, ou se saisissant elle-même, peut mettre en œuvre les articles 101 et 102

Elle peut prendre une décision explicite de rejet de la plainte.

Elle peut également engager des poursuites à l'issue d'une **enquête préalable**. En ce cas, elle dispose de pouvoirs étendus (demande de renseignements, vérifications sur pièces et sur place) assortis de sanctions (amendes ou astreintes). Un recours en annulation devant le Tribunal peut être formé par les opérateurs concernés contre les demandes ou vérifications, et un recours de pleine juridiction contre les sanctions. La procédure de mise en œuvre des articles 101 et 102 étant qualifiée quasi-répressive, le respect des impératifs de la CEDH, et notamment de ses articles 6 et 8, a suscité un contentieux important. La Commission procède à des inspections auprès d'entreprises dans les conditions requises par le droit national sous le contrôle du juge de l'Union (CJCE, 21 sept. 1989, *Hoechst*, 28 nov. 2000, *Roquette*).

La Commission doit mener une **procédure contradictoire**, incluant le **respect des droits des entreprises,** qui s'ouvre par la communication des griefs, le respect d'un délai raisonnable et se poursuit par un accès au dossier (sous réserve d'éléments confidentiels), la présentation d'observations écrites et orales, l'audition de témoins à décharge. Cette procédure est menée en collaboration avec les États membres. Les plaignants disposent de certains droits (communication préalable), ils peuvent requérir dans certains cas en carence contre la Commission devant le Tribunal, *cf.* 18 septembre 1992, *Asia-Motor France c/Comm.*

À ce stade de la procédure peut intervenir (comme lors de l'enquête préalable) une **négociation informelle** susceptible de conduire à des redressements de comportement (et le cas échéant, à une lettre de classement). La Commission peut ordonner des mesures provisoires.

Les ententes interdites étant nulles de plein droit (art. 101 § 2 du traité), la Commission peut prendre une décision de constatation d'une infraction et/ou des décisions infligeant des astreintes ou des amendes. Le problème de l'application de l'article 6 de la CEDH se pose immanquablement.

B. Un partage complexe de compétences entre institutions de l'Union et organes nationaux

Quels organes nationaux ?

La Cour de justice (30 janv. 1974, *BRT c/SABAM*) a établi une distinction entre les « *autorités des États membres* », à savoir les organes administratifs ou juridictionnels spécialement chargés d'appliquer le droit de la concurrence, et *les juridictions ordinaires,* que le règlement n° 01/2003 confirme. En France, sont « autorités » : le Conseil et la direction générale de la concurrence, la Cour d'appel de Paris, voire la Cour de cassation (à la suite). Désormais, si les autorités nationales appliquent le droit national de la concurrence à des pratiques anticoncurrentielles susceptibles d'affecter le commerce entre États membres, elles appliquent également le droit de l'Union (art. 101 ou 102). C'est l'échec du guichet unique qui aurait supposé l'exclusion du droit national.

1. La Commission et les « autorités des États membres » sont également compétentes pour mettre en œuvre les articles 101 et 102. Elles appliquent les règles européennes de concurrence en **étroite collaboration**. La Commission et les autorités nationales de concurrence désignées par les États membres (ANC) constituent ensemble un réseau : ECN (*European Competition Network*). Piloté et non commandé par la Commission, le réseau se fonde sur le principe de *reconnaissance* *mutuelle*. Les affaires les plus sensibles peuvent être préemptées par la Commission européenne. Les autres sont traitées dans le lieu le plus opportun et font l'objet d'une information au sein du réseau.

De cette collaboration émerge une sorte de modèle européen du droit de la concurrence. Exemple : l'immunité est accordée aux entreprises dénonçant une infraction grave et secrète.

2. En revanche, lorsque l'article 101 (ou l'article 102) est invoqué devant une **juridiction civile ordinaire**, cet article ayant un effet direct, la juridiction reste compétente pour constater la nullité de l'entente interdite sur la base de l'article 101 § 2 : « les accords ou décisions interdits en vertu du présent article sont nuls de plein droit ». Cette constatation devra être faite dans le respect du droit de l'Union et donc des décisions de la Commission lorsqu'elles sont intervenues ; le juge interne a la faculté, mais non l'obligation, de surseoir à statuer tant que la Commission n'a pas pris une décision ; si la Commission a pris une décision, elle s'impose au juge civil qui doit en tirer les conséquences de droit privé (CJCE, 22 févr. 1991, *Delimitis*). En cas de contradiction de décision entre la Commission et le juge national, la décision de la Commission prime (CJCE, 14 déc. 2000, *Masterfoods*). Le règlement n° 01/2003 détaille les conditions de la *coopération entre la Commission et les juridictions nationales*.

Agissant d'office, la Commission peut formuler des observations écrites. Mais elle entend que le juge national joue un rôle plus important.

On a assisté au développement des actions en dommage et intérêts pour infraction aux règles de l'Union.

3. Dans ses décisions de poursuivre ou non une affaire dont elle est saisie à partir d'une plainte, la **Commission se fonde sur l'intérêt de l'Union** et fait jouer le **principe d'opportunité des poursuites**. Elle peut prendre acte d'une procédure en cours devant une juridiction nationale ou de l'existence de voies de droit utiles dans l'ordre interne. *cf.* CJCE, *Delimitis* précité et TPI, 18 sept. 1992, *Automec c/Comm.*

Cette jurisprudence s'inscrit dans le droit fil de l'obligation de coopération loyale de l'article 4 du traité UE et conforte l'idée de **décentralisation dans l'application du droit de la concurrence**.

C. La Cour de justice et le Tribunal jouent un rôle régulateur

– par la voie de questions préjudicielles soulevées devant la Cour par les tribunaux nationaux ;

– par la voie du recours en annulation contre les décisions de la Commission, ou du recours en carence, ou du recours de pleine juridiction contre celles qui infligent des sanctions (amendes, astreintes). Le juge de l'Union peut supprimer, réduire ou majorer l'amende ou l'astreinte infligée. L'essentiel est qu'il ne s'agisse pas d'actes purement préparatoires (bien que certains actes d'instruction soient susceptibles de recours s'ils attentent à la confidentialité notamment). Les recours sont ouverts, de manière différente, aux entreprises concernées, aux plaignants, aux tiers intéressés.

§ 4 - Les concentrations

Le traité CE ne comportait aucune mention sur les concentrations d'entreprises à la différence du traité CECA. Pouvaient-elles tomber sous le coup des dispositions relatives aux ententes et abus de position dominante ?

1. La Commission a d'abord écarté l'application de l'ex article 81 afin de **ne pas interdire de façon générale les concentrations d'entreprises**, se fondant sur le fait que celui-ci vise les comportements (ententes) et non les structures des entreprises (concentrations), et compte tenu des dispositions selon lesquelles « le présent traité ne préjuge en rien le régime de la propriété dans les États membres ».

2. La Cour de justice a jugé, avec une certaine hardiesse, **qu'une concentration pouvait renforcer une position économique dominante** et donc constituer un abus de position dominante 2 (décision de la Commission du 9 déc. 1971, arrêt de la Cour du 21 févr. 1973, *Continental Can*) ; puis, que, dans certains cas, une prise de participation dans une entreprise concurrente pouvait tomber sous le coup de l'ex article 81 sur les ententes, CJCE, 17 nov. 1987, *British American Tobacco.*

3. Dès 1973, la Commission avait commencé à préparer une proposition de **règlement relatif au contrôle des concentrations** qui n'aboutit que le 31 décembre 1989. Ce règlement de base s'ajoute aux articles sur les ententes et les abus de position dominante qui demeurent distinctement applicables. Il est finalement remplacé par le *règlement 139/2004 en application à partir du 1er mai 2004*. Ce dernier ne marque pas une rupture avec le système existant depuis 1989.

Il s'applique à des **opérations de concentrations** (fusions ou acquisitions, constitutions d'une entreprise commune, prises de contrôle) ayant une **dimension communautaire** telle que révélée par des seuils ; à savoir : chiffre d'affaires mondial (5 milliards d'euros au total), chiffre d'affaires intraeuropéens (250 millions d'euros pour chaque entreprise – au moins deux –, dont moins des 2/3 dans un seul État), dès lors qu'elles ont un effet sur la structure de la concurrence. Si plusieurs États sont concernés, la Commission peut déclarer la dimension communautaire en deçà des seuils précités. Depuis le 30 juin 1997, des seuils alternatifs (« petits seuils ») ont été adjoints de manière à permettre un contrôle unique là où il y avait une pluralité de contrôles nationaux. Ils se sont révélés peu efficaces.

Dans ce cadre, le règlement « concentration » s'applique à l'exclusion du droit national, par l'entremise de la seule Commission européenne ; c'est pourquoi on parle de ***« guichet unique »***. L'appréciation de la compatibilité avec le marché commun doit être effectuée en fonction de la structure des marchés (et leur degré de concurrence), également d'une série de facteurs qui portent sur la puissance des entreprises et l'évolution du progrès technique ; elle aurait pu comporter des appréciations plus politiques induites de la « cohésion économique et sociale ». Mais cette approche politique n'a pas été retenue.

Du point de vue **procédural**, sur la base d'une notification obligatoire et entraînant un effet suspensif – ou à défaut d'une saisine d'office – la Commission procède à un contrôle préalable de l'opération de concentration. Elle peut :

– prendre une **décision d'inapplicabilité du règlement** ;

– constater la **compatibilité de la concentration avec ledit règlement**, le cas échéant provisoire ;

– **engager une procédure**, dotée d'un effet suspensif en cas de doute sérieux, qui peut conduire, dans certains cas, à une autorisation conditionnelle ou à une interdiction préventive (délais brefs).

Il s'agit donc d'un **contrôle *a priori*** enfermé dans des délais courts (un mois, quatre mois pour la procédure). Un État peut demander le renvoi à ses propres autorités nationales si l'opération de concentration menace d'affecter la concurrence sur son marché intérieur. La Commission apprécie s'il y a lieu de procéder au renvoi.

Le Tribunal a une compétence de pleine juridiction (recours des intéressés ou d'un tiers intéressé) ou la Cour de justice (recours d'un État). Les délais de procédure étant inadéquats, le nombre de recours est très faible.

Le règlement sur les concentrations comportait une **quasi-révision du traité**.

Section 3 › LES RÈGLES APPLICABLES AUX ÉTATS

§ 1 - Réglementations nationales et comportements d'entreprises

1. Il est de jurisprudence ancienne que, dans certaines conditions, des **mesures publiques de réglementation des prix** peuvent constituer une « mesure d'effet équivalant à des restrictions quantitatives » (art. 34 FUE) lorsqu'elles ont un caractère discriminatoire à l'égard des produits importés ou lorsque, tout en étant applicables indistinctement à tous les produits, elles ont pour effet de rendre plus difficile l'écoulement des produits importés au regard des produits nationaux (*cf. supra*). *A contrario*, lorsque les prix sont fixés par des **opérateurs privés**, les articles 101 et 102 peuvent être appliqués dans les conditions indiquées plus haut. *Cf.* section précédente.

2. Le développement de **pratiques mixtes** (décisions privées approuvées ou homologuées par la puissance publique) a conduit la Cour de justice à confirmer pleinement la portée de l'actuel article 101 FUE, combiné avec l'article 4 UE qui impose aux États de ne pas faire obstacle aux règles du droit de l'Union : affaires du cognac (30 janv. 1985, *BNIC*), des tarifs aériens (30 avr. 1986, *Asjes*... dit « *Nouvelles Frontières* »), du prix du livre (10 janv. 1985, *Assoc. centres Leclerc c/Blé Vert*).

Les arrêts *Meng/Orha/Reiff* (CJCE, 17 nov. 1993) fixent cette jurisprudence en indiquant qu'une réglementation nationale ne doit pas conduire à la conclusion d'une entente contraire à l'article 101 § 1 FUE ou en renforcer les effets et en expliquant en quoi les délégations de compétences au profit des entreprises sont proscrites. Dans cette deuxième hypothèse, l'article 101 est écarté si la poursuite de l'intérêt public est satisfaite et si les pouvoirs publics n'abandonnent pas leurs prérogatives aux opérateurs économiques privés (CJCE, 1er oct. 1998, *Autotrasporti*).

§ 2 - Les aides d'État (art. 107 à 109 FUE)

1. Les aides publiques nationales sont celles qui émanent de l'État ou d'une collectivité ou organisme publics, quelle qu'en soit la forme : subventions, prêts à taux préférentiel, exonérations fiscales, aides à l'exportation, gratuité des biens ou services ainsi que certaines prises de participation dans le capital des entreprises ou des compensations publiques. Il s'agit de **tout avantage accordé au moyen de ressources d'État et dont il est établi qu'il n'aurait pas été accordé aux conditions du marché**. Il en est ainsi lorsque l'État n'agit pas en tant que puissance publique (TPI, 17 dec. 2008, *Ryanair*). *Idem* l'allocation de solidarité aux agriculteurs français financée par la Caisse nationale de Crédit agricole, CJCE, 30 janv. 1985, *Comm.*

c/Rép. fçse ou une souscription de capital par un organisme de droit privé dépendant de la Caisse des dépôts et consignations (TPI, 12 déc. 1996, *Cie Air France*). Soit tout avantage financier public qui bénéficie à certaines entreprises ou productions (sélectivité), qui affecte les échanges entre États et fausse la concurrence. Il peut s'apprécier au niveau d'une collectivité *infra*-étatique (CJCE, 11 sept. 2008, *+UGT-Rioja*).

La *recapitalisation des entreprises publiques* tombe, outre les aides de type classique, sous le coup de la définition de l'aide dès lors qu'elle excède ce qui est attendu d'un opérateur économique sur le marché : c'est le « **test de l'investisseur privé** » (CJCE, 14 nov. 1984, *Intermills*).

Lorsqu'il est démontré que le soutien apporté à une entreprise vient en ***compensation de la mission de service public*** qui lui a été confiée, la qualification d'aide d'État n'est pas retenue. La notion de compensation a été précisée par la Cour de Justice (24 juill. 2003, *Altmark*) sur la base des principes classiques : nécessité, proportionnalité, transparence. Une décision de la Commission du 28 novembre 2005 précise les conditions selon lesquelles les compensations accordées à certaines entreprises chargées d'un service public sont compatibles avec les règles relatives aux aides d'État.

2. Le traité opère une distinction entre **deux catégories d'aides** :

– les **aides compatibles** avec le marché commun : aides sociales ou provoquées par des calamités naturelles ; ce sont les dérogations dites automatiques de l'article 107 § 2 FUE ;

– les **aides qui peuvent être déclarées compatibles** (art. 107 § 3) : aides aux régions en difficulté ou sectorielles, aides liées par exemple à des projets de développement, aides destinées à promouvoir la culture et la conservation du patrimoine ; ce sont les dérogations dites facultatives.

La Commission publie périodiquement des lignes directrices sur ces dérogations. S'agissant d'entreprises en difficulté, elle opère une distinction entre les aides au sauvetage et les aides à la restructuration fortement conditionnées (ex : Air France ou Crédit Lyonnais).

Encore faut-il que les aides s'inscrivent dans une perspective d'intérêt général de l'Union ou d'intérêt commun : elles doivent être motivées par le développement, nécessaires et proportionnées (compte tenu du jeu insuffisant du marché), elles ne doivent pas être l'instrument d'un dirigisme industriel. *Cf.* CJCE, 17 sept. 1980, *Philip Morris*.

Sur la base du règlement d'habilitation du Conseil du 7 mai 1998, la Commission a adopté le 12 janvier 2001 les ***premiers règlements d'exemption en matière d'aides*** : aides à la formation, aides *de minimis*, aides en faveur des petites et moyennes entreprises. Cette initiative marque un tournant dans le droit des aides d'État rompant avec la démarche au cas par cas jusqu'alors prévalente. La méthode a été systématisée avec le règlement de la Commission du 6 août 2008 qui permet aux États d'octroyer des aides en faveur de l'emploi, de la compétitivité et de l'environnement, sans aucune intervention de la Commission. C'est le règlement général d'exemption par catégories.

La Commission intervient aussi par voie de communications. Ex : communication du 17 déc. 2008 en vue de permettre aux États de lutter contre les effets du resserrement du crédit sur l'économie réelle.

3. Le cadre institutionnel du régime de contrôle des aides d'État est le suivant : En vertu de l'article 109 FUE, il revient au Conseil de prendre les règlements d'application.
La **Commission** dispose d'un pouvoir d'information permanent concernant les régimes d'aides existants et les projets des États en matière d'aides.

a) En ce qui concerne les **aides existantes** (art. 108 § 2), la Commission les examine en liaison avec les États et leur propose des mesures utiles.
S'il y a lieu, elle opère une **mise en demeure** adressée à l'État et organise une **procédure contradictoire** (respect des droits de la défense) ouverte à l'État concerné, aux autres États et aux entreprises intéressées (entreprises bénéficiaires ou entreprises concurrentes). Au terme de cet examen, la Commission peut constater qu'il n'y a plus lieu de statuer ou prendre toutes mesures utiles. Si l'État ne s'y conforme pas, la Commission ou tout État peuvent saisir la Cour : il s'agit d'une variété du recours en manquement.
Toutefois, sur demande d'un État, le Conseil à l'unanimité peut accorder une dérogation aux dispositions de l'article 107 ou aux règlements pris en application, à condition que des circonstances exceptionnelles la justifient. Il dispose d'un délai de trois mois pendant lequel la procédure devant la Commission est suspendue.

b) En ce qui concerne les **projets en matière d'aides**, les États sont tenus de les notifier à la Commission (art. 108 § 3). Le traitement a été simplifié pour les aides les plus courantes. L'absence de notification constitue un motif d'illicéité de l'aide (CJCE, 11 juill. 1996, *Synd. fçs de l'Express international c/La Poste*), sanctionné par le juge national qui détermine les conséquences de l'illicéité en termes de remboursement. *Cf.* CJCE, 12 février 2008, *CELF*.
La Commission doit intervenir « sans délai » selon l'article 108 § 3, dans un délai de deux mois selon la Cour (11 déc. 1973, *Lorenz*). Si elle estime l'aide incompatible, elle engage la procédure prévue au titre des aides existantes

• **mise en demeure** de l'État de présenter ses observations suivie, le cas échéant, d'une constatation d'incompatibilité du projet ;

• si l'État en cause ne s'y conforme pas, la Commission ou un État intéressé peuvent **saisir directement la Cour de justice**. Le projet d'aide doit être suspendu.
Les dispositions de l'article 108 § 3 sont invocables devant les juridictions nationales (effet direct) et l'État est tenu de suspendre son projet d'aide. Un tel effet direct conduit le juge interne à se prononcer sur la qualification d'aide (d'où nécessité d'une coopération avec la Commission).

c) La décision de la Commission peut faire l'objet d'un **recours en annulation** par l'État concerné, par l'entreprise bénéficiaire, par une entreprise plaignante ou par une entreprise intéressée qui aurait présenté des observations. La décision de la Commission refusant d'ouvrir la procédure prévue peut faire l'objet d'un recours également.

d) Le 22 mars 1999, le Conseil a arrêté le *règlement portant modalités d'application* de l'article 108 du traité FUE actuel. Il codifie largement la pratique en matière de contrôle, mais cependant porte un coup d'arrêt à l'évolution des pouvoirs de la Commission précédemment consacrée par la jurisprudence.

4. La crise économique, puis les exigences du grand marché, ont conduit les institutions de l'Union à adopter une **politique de concurrence** évolutive, qui distingue plusieurs catégories d'aides :

a) les aides nationales à portée générale sont en principe interdites. La Commission examine cependant si ces aides se rattachent à des programmes régionaux ou sectoriels et, dans le cas contraire, procède à un examen des cas individuels au-delà d'un certain seuil de financement public dans les conditions précitées ; un règlement du Conseil du 7 mai 1988 habilite la Commission à arrêter des règlements catégoriels (PME, emploi, recherche/développement...) ;

b) les aides sectorielles (construction navale, textile, cinéma...) se sont accrues après la crise de 1973. Le Conseil a donc adopté des directives pour, au-delà de la transparence et de la dégressivité des aides, permettre un encadrement de ces aides par la Commission ;

c) les aides régionales des États membres s'inscrivent dans l'ensemble de la politique de cohésion économique et sociale. *Cf. infra,* p. 278 et s. ;

d) les aides à la recherche-développement s'inscrivent dans les programmes européens de recherche ; *cf. infra,* p. 288.

5. La Cour de justice a jugé que la Commission avait le pouvoir d'ordonner **la restitution des aides indûment versées** lorsqu'il s'agit d'aides illégales, incompatibles (12 juill. 1973, *Comm. c/RFA*) : il revient aux États membres d'appliquer la décision de la Commission sur la restitution et les tribunaux nationaux sont compétents pour les litiges relatifs aux remboursements. Ils peuvent prendre des mesures conservatoires ou ordonner la restitution d'une aide qui n'aurait pas été notifiée. La communication du 25 octobre 2007 concerne la récupération des aides d'État incompatibles.

6. Le 7 juin 2005, la Commission a rendu public un plan d'action dans le domaine des aides d'État. Ce plan a conduit à décentraliser le contrôle du fait de l'augmentation du nombre de règlements d'exemption par catégories et de l'adoption d'un règlement général, au bénéfice des juridictions nationales.

7. La crise financière internationale a conduit la Commission à adopter une communication le 13 octobre 2008 autorisant des **aides d'État aux institutions financières** sur le fondement de l'article 107 § 3 b) à condition qu'elles ne faussent pas de manière disproportionnée la concurrence. En pratique ces aides revêtent la forme de garanties d'État (dépôt des clients ou prêts interbancaires) ou de recapitalisation. Elles s'inscrivent dans des plans d'aide (que les États notifient à la Commission) ou constituent des aides individuelles.

§ 3 - Les services d'intérêt économique général

La Cour de justice a été amenée à préciser la notion et le régime applicable aux entreprises chargées d'un « service d'intérêt économique général », procédant ainsi à **la reconnaissance du service public dans l'ordre juridique communautaire, aujourd'hui de l'Union**.

L'article 106 FUE (ex-86 CE) après avoir posé le principe de la soumission des entreprises publiques aux règles de concurrence, indique que « *les entreprises chargées* *de la gestion de services d'intérêt économique général… sont soumises aux… règles de concurrence, dans les limites où l'application de ces règles ne fait pas échec à l'accomplissement en droit ou en fait de la mission particulière qui leur a été impartie* ».

1. La **qualification** de « service d'intérêt économique général » peut s'attacher à une entreprise publique, *stricto sensu*, mais également à un office (*Höffner*, précité), un établissement public ou à une partie de l'administration publique (CJCE, 16 juin 1987, *Comm. c/Italie*) dès lors qu'il s'agit d'une activité productive, commerciale ou de prestation de services.

Encore faut-il que l'organisme chargé de la gestion du service d'intérêt économique général ait été habilité par un acte d'une autorité publique de manière expresse (CJCE, 14 juill. 1971, *Port de Mertet* ; *BRT c/Sabam*, 30 janv. 1974) ou, dans certains cas, de manière moins directe et, en quelque sorte, induite.

2. De l'approche de la Commission et de la jurisprudence de la Cour s'est dégagée une distinction entre :

a) le service universel (télécommunication, poste) ou les **services de base**, tels la distribution universelle du courrier (CJCE, 19 mai 1993, *Corbeau*) ou la fourniture générale d'électricité (CJCE, 27 avr. 1994, *Cne d'Almelo*), où l'on retrouve la notion de service public et plusieurs de ses caractéristiques propres : universalité, continuité, équilibre géographique, égalité, prix abordables ; le service universel est modulable selon les États ;

b) les services à valeur ajoutée qui ont un caractère spécifique et comportent des prestations plus affinées (par exemple le courrier rapide). Ils sont intégralement soumis aux règles de concurrence.

Encore cette soumission de principe doit-elle être appréciée de manière globale par rapport aux impératifs de la mission conférée aux entreprises et de leur nécessaire équilibre économique (*Corbeau*, précité). Il faut que la restriction de la concurrence soit justifiée au regard de la mission d'intérêt général de l'entreprise et, pour s'en assurer, il faut établir une **balance « charges/avantages » de l'entreprise** afin de savoir si elle pourra satisfaire à la fois la continuité et l'équilibre du service d'intérêt économique général qui lui échoit. Appréciations délicates mais essentielles pour le service public : « … *l'obligation… d'assurer (ses) services dans des conditions d'équilibre économique présuppose… (une) compensation entre les secteurs rentables et les secteurs non rentables et justifie, dès lors, une limitation de la concurrence… au niveau des secteurs économiquement rentables* » (*Corbeau*, précité).

3. Le droit de l'Union, comme un certain nombre de droits nationaux, ne reconnaît pas *a priori* la notion (française) de services publics. Les entreprises chargées de la gestion d'un service d'intérêt économique général doivent s'inscrire dans un cadre concurrentiel dont les tendances principales sont :

– **la séparation organique des fonctions de régulation et des activités** d'exploitation (CJCE, 20 mars 1985, *British Telecom*) ;

– **la séparation**, au moins comptable, **de la gestion de l'infrastructure et de la fourniture de services** (transports ferroviaires), favorisant la pluralité des opérateurs (télécommunications, électricité, transports ferroviaires) ;

– **l'individualisation de l'entreprise**, qui peut conduire à sa privatisation bien que les États n'y soient pas tenus.

Mais, l'article 106 § 2 ne s'oppose pas à ce que les entreprises visées, en contrepartie des charges qui pèsent sur elles (obligations de service public) bénéficient d'avantages : droits exclusifs, subventions, secteurs réservés, redevances d'accès à la charge des opérateurs, tous avantages mesurés à l'aune de la proportionnalité et sujets à révision (TPI, 27 févr. 1997, *FFSA c/Comm.* et CJCE, 22 nov. 2001, *Ferring*, 24 juill. 2003, *Altmark*).

4. Si le secteur des télécommunications a été le premier sollicité (par la jurisprudence et par voie de directives) puis la poste, les transports, l'électricité et le gaz, la question a provoqué de fortes oppositions dans certains pays, notamment en France. La Commission a publié deux communications le 11 septembre 1996 et le 20 septembre 2000, un livre vert en 2003 puis un livre blanc le 12 mai 2004 dans une perspective de clarification : *les services d'intérêt général (et donc soumis à des obligations de service public) constituent une catégorie plus large que les services d'intérêt économique général (exclusivement marchands), lesquels relèvent de la compétence nationale sous réserve des implications de l'article 106 FUE*. La Commission se réfère par-là au principe de subsidiarité dans un but d'apaisement. Un grand nombre d'activités purement locales ou de nature sociale sont expressément exclues du champ d'application du traité.

L'article 106 est invocable quelle que soit la base juridique des directives (ainsi les directives sur la libre prestation des services en matière postale, de l'électricité et du gaz…).

5. Le **traité d'Amsterdam** comportait un article nouveau qui reconnaît le rôle des services d'intérêt économique général dans la *cohésion sociale et territoriale de l'Union,* sans bouleverser les équilibres découlant des aides liées aux obligations de service public des transports, de l'économie générale de l'ex article 86, des dispositions du traité relatives aux aides. La France n'a pu obtenir une modification du traité. Mais le nouvel article renforçait la dérogation de l'article 86 § 2 ; cela d'autant plus que la *déclaration n° 13 du traité d'Amsterdam* énonçait que les dispositions relatives au service public sont mises en œuvre dans le respect de la jurisprudence de la Cour de justice en ce qui concerne les principes d'égalité, de continuité, de qualité.

Cet infléchissement du traité allait engendrer une jurisprudence plus conciliante entre concurrence et service public comme l'illustre l'arrêt de la Cour de justice du 24 juillet 2003, *Altmark*.

Au traité fut joint un protocole sur le financement des missions de service public des télévisions publiques et aussi une déclaration relative aux établissements publics de crédit en Allemagne qui assurent des obligations de financement des collectivités territoriales et disposent en contrepartie d'avantages concurrentiels.

6. Le traité de Nice marque un pas supplémentaire dans la prise en considération des services d'intérêt général. La **Charte des droits fondamentaux** énonce que l'Union reconnaît et respecte l'accès aux services d'intérêt économique général tels que prévus par les législations nationales conformément au traité de l'Union.

Dans ses conclusions, le Conseil européen demande à la Commission un surcroît de sécurité juridique dans l'application du droit de la concurrence aux services d'intérêt général.

Cette résolution est en correspondance avec le souci récurrent d'éviter une application incontrôlée et/ou incohérente du droit de la concurrence.

7. L'article 14 FUE **(traité de Lisbonne)** énonce que des règlements du Parlement et du Conseil devront définir les principes et les conditions, notamment économiques et financières, sous lesquelles doivent fonctionner les services d'intérêt économique général. Un protocole rappelle la place des services d'intérêt économique général dans les « valeurs » de l'Union et la compétence exclusive des États pour les services non économiques d'intérêt général.

§ 4 - Les monopoles nationaux à caractère commercial (art. 37 FUE)

1. L'ex article 31 du traité CE – inséré dans le titre relatif à la libre circulation des marchandises – visait à l'aménagement des monopoles nationaux dans la mesure où les États contrôlent à travers eux les importations ou les exportations. L'aménagement visait la commercialisation des produits (à l'exclusion des services, CJCE, 30 avr. 1974, *Sacchi*) et tendait à exclure toute discrimination entre les ressortissants des États membres. Or ces monopoles sont souvent constitués en entreprises publiques ou entreprises ayant le caractère d'un monopole fiscal. Les États pouvaient conserver un droit exclusif de production (la SEITA en France pour le tabac dans une période depuis longtemps révolue).

2. La Cour de justice a jugé que l'article 31 CE imposait la **suppression des droits exclusifs d'importation, de commercialisation et de vente** ainsi que des taxes compensatoires sur les produits importés à partir de la fin de la période transitoire ; qu'en outre, ses dispositions étaient directement applicables à compter de cette date, *Manghera*, 3 février 1976. Cette jurisprudence a permis de régler en partie le cas difficile des monopoles allemand et français de l'alcool, du monopole italien des tabacs ou du monopole pétrolier français, après que la Commission a utilisé la procédure d'infraction en quelques cas.
En ce qui concerne la France, alors que la Cour a jugé que l'insémination artificielle des animaux ne constituait pas un monopole commercial, mais la fourniture d'un service, elle a censuré deux fois le mécanisme de fixation des prix des cigarettes parce qu'il s'appliquait aux produits importés.

3. Un monopole peut subsister lorsqu'il constitue un service d'intérêt économique général dont le maintien s'avère nécessaire.

NB : l'article 31 CE a été repris par l'article 37 FUE.

§ 5 - L'ouverture des marchés publics

Bien que le traité soit muet sur les marchés publics, leur ouverture, exigence de la libre circulation des marchandises et des services, a été relancée par l'achèvement du marché intérieur.

1. Les objectifs de la législation européenne sont d'assurer la **transparence**, la **concurrence** et la **non-discrimination** dans les règles relatives à la **passation des marchés**. Les moyens pour y parvenir reposent sur une pluralité de paramètres : définition des marchés, personne des destinataires, seuils financiers d'applicabilité du droit de l'Union, hiérarchisation des modes de passation, délais, publicité, spécifications techniques, contrôle et sanctions, voies de recours. L'instrument : des directives de coordination des procédures de passation des marchés.

2. Les marchés publics de fournitures sont ceux, entendus extensivement (achat, crédit-bail, location), conclus par les États, les collectivités territoriales et les organismes de droit public (ou entités équivalentes) ainsi que les associations qu'elles constituent, à partir d'un seuil de 200 000 euros (abaissé à 130 000 pour les États en application d'un accord GATT). Ils doivent l'être selon des *procédures « ouvertes »*, « restreintes » dans des cas limités, « négociées » (gré à gré) dans des cas exceptionnels. Les directives comportent des règles relatives aux spécifications techniques et à la publicité (avis de marché au *JOUE*) complétées par une exigence d'information *ex ante*, pour certains marchés importants proposés par les organismes centraux, et *ex post* ; elles établissent des critères de sélection des soumissionnaires et des critères d'attribution des marchés.

3. Les marchés publics de travaux sont ceux passés par l'État, les collectivités territoriales et les organismes de droit public ainsi que les associations qu'elles constituent, à partir d'un seuil de plus de 5 millions d'euros. Ils incluent les contrats de réalisation d'un ouvrage public par une entité privée. Le régime des marchés publics de travaux a subi l'influence de celui applicable aux fournitures (procédures de conclusion, règles de publicité, spécifications techniques…). Il comporte certaines spécificités tenant à la reconnaissance mutuelle des listes d'agrément entre États et au particularisme des contrats dits « concessions de travaux » qui comportent en contrepartie un droit d'exploitation du concessionnaire (ex. : autoroutes).

4. Les marchés publics de services sont soumis à un régime analogue sous réserve de certaines particularités. La directive n'est pas applicable aux concessions de services publics.

5. Diverses directives ont été adoptées dans les **secteurs dits « exclus »** : eau, énergie, transports, télécommunications… À l'origine, l'incertitude sur la nature juridique (de droit public ou de droit privé) de l'organisme adjudicateur a justifié certaines exclusions. L'arrêt de la Cour de justice *British Telecom* du 20 mars 1985 comportait une application des règles de la concurrence à un monopole public.
Le terme « secteurs exclus » est désormais impropre puisque l'exclusion a cessé. Il s'agit plutôt de secteurs spécifiques.

6. Progressivement, les directives initiales ont été refondues et rapprochées notamment par *deux directives du 31 mars 2004*. Elles sont complétées par des directives instituant des **recours en droit interne**. Les juridictions internes peuvent prendre des mesures, provisoires ou définitives, avant la dévolution des marchés. Pour la France, *cf.* l'instauration du référé contractuel et la loi du 28 janvier 1993. La France a été condamnée par la Cour pour transposition incorrecte de la directive « secteurs exclus ».
Une directive du 11 décembre 2007 a révisé les directives « recours » dans les hypothèses de non-respect des procédures de passation (référé précontractuel et recours postcontractuel).

Chapitre 3 › L'HARMONISATION DES LÉGISLATIONS NATIONALES

› L'essentiel

Au titre des objectifs généraux, l'article 3 du traité CE prévoyait « le rapprochement des législations dans la mesure nécessaire au fonctionnement du marché commun ». Les articles originels avaient institué des mécanismes de rapprochement des dispositions législatives, réglementaires et administratives qui complétaient les exigences précises contenues dans divers articles du traité. En outre, le traité, au titre des dispositions fiscales, orientait l'action de la Communauté vers une harmonisation des impôts indirects, sans préjudice des dispositions sur le rapprochement des législations.

Section 1 › LE RAPPROCHEMENT DES LÉGISLATIONS

§ 1 - Les mécanismes initiaux du rapprochement

1. L'article 94 CE (aujourd'hui 115 FUE) donnait au Conseil le pouvoir de prendre des **directives**, **à l'unanimité**, après consultation du Parlement, pour rapprocher celles des dispositions qui ont une incidence directe sur l'établissement ou le fonctionnement du marché commun. En pratique, le Conseil recourt, distinctement ou cumulativement, aux énonciations contenues dans divers articles du traité ainsi qu'à l'article 115. Citons : la libre circulation, la reconnaissance des diplômes, les régimes douaniers…

2. Les articles 116 et 117 FUE visent à l'élimination des disparités qui faussent la concurrence, soit par une directive du Conseil lorsque cette distorsion existe, soit par une recommandation de la Commission lorsqu'il existe un risque de distorsion du fait d'un projet envisagé par un État membre.

§ 2 - Les adjonctions de l'Acte unique et du traité d'Amsterdam

A. Le mécanisme général (art. 114 FUE)

L'article 114 FUE reproduit le texte de l'article 95 CE.

L'Acte unique européen introduisit un nouveau dispositif dérogatoire au précédent. En vue de la réalisation permanente des objectifs du marché intérieur le Conseil pouvait arrêter **à la majorité qualifiée** des mesures de rapprochement (pas nécessairement des directives, encore que dans une déclaration annexe à l'Acte, la Commission ait déclaré recourir à la directive), à l'**exception des domaines touchant à la fiscalité, à la libre circulation des personnes et aux droits et intérêts des travailleurs salariés,** auxquels continuera à s'appliquer la règle de l'unanimité. Par ailleurs, les dispositions spécifiques du traité, lorsqu'elles existent, doivent être appliquées.

Pour éviter toute régression, la Commission doit prendre pour base de ses propositions un niveau de protection élevé, en matière de santé, sécurité, protection de l'environnement et protection des consommateurs et tenir compte de toute évolution fondée sur des faits scientifiques. Mais ce progrès institutionnel est assorti de deux limites sérieuses.

a) En premier lieu, après adoption d'une mesure d'harmonisation prise à la majorité qualifiée, un État, quand bien même il aurait voté pour la mesure d'harmonisation, pourra appliquer des **dispositions nationales justifiées** par les exigences énumérées à l'article 36 FUE à condition qu'elles ne constituent pas une discrimination arbitraire ou une restriction commerciale déguisée ; dans l'article 95 CE, avaient été ajoutées à cette liste de nouvelles justifications tirées de la *protection du milieu de travail et de l'environnement*.

Compte tenu de la pratique suivie et de la jurisprudence de la Cour (18 mai 1994, *Comm. c/Luxembourg*), l'ex article 95 a été modifié par le traité d'Amsterdam. Observons que le texte modifié a substitué au terme « appliquer » le terme « maintenir ». *Le maintien, après harmonisation,* des dispositions nationales précitées *implique une notification à la Commission* qui dispose d'un délai de 6 mois pour se prononcer. *L'introduction* de mesures nouvelles est circonscrite à la protection de l'environnement, au milieu de travail ou à une cause spécifique à l'État ; elle implique également notification à la Commission qui se prononce dans le même délai.

Afin de réduire ou prévenir les positions dérogatoires, la Commission doit examiner s'il n'y a pas lieu d'adapter la mesure d'harmonisation, notamment dans le domaine de la santé.

En cas d'abus par un État, la Commission ou un État peuvent saisir directement la Cour de justice (par dérogation à la procédure ordinaire du recours en manquement).

b) En second lieu, les mesures peuvent comporter, ce qui n'est pas nouveau, des **mesures de sauvegarde**. Il s'agit de mesures provisoires soumises à une procédure communautaire de contrôle.

Le traité sur l'Union avait placé l'article 95 CE sous l'empire de la procédure de « décision conjointe » et le traité de Lisbonne place l'article 114 FUE sous l'empire de la procédure législative ordinaire. On peut dire que, hormis cette mise à jour institutionnelle, l'article 95 CE a été repris intégralement dans l'article 114 FUE.

B. Les mécanismes particuliers

L'harmonisation des législations nationales est instituée à :

- l'article 52 FUE pour la coordination des dispositions spéciales pour les ressortissants étrangers, justifiées par des raisons d'ordre public ou de sécurité publique ;
- l'article 53 FUE pour celles régissant l'accès et l'exercice des professions ;
- l'article 153 FUE sur la politique sociale ;
- et parfois impliquée dans le recours à l'article 352 FUE (la clause de flexibilité).

Section 2 › L'HARMONISATION FISCALE

Prévue par l'article 113 FUE (ex-93 CE) pour les impôts indirects, elle constitue une implication logique de l'union douanière (élimination des discriminations, neutralité fiscale dans les échanges) et du marché intérieur (pas de distorsions de concurrence, libre circulation des facteurs de production). C'est une constante que l'harmonisation des législations relatives aux impôts indirects doit être assurée par le Conseil à **l'unanimité**. Cette disposition a été maintenue dans le traité de Lisbonne.

§ 1 - La TVA

Par une série de directives fiscales (une vingtaine), dont la 6e en date du 17 mai 1977 refondue en 2006 portait sur « l'assiette uniforme », la Communauté a généralisé le système de la taxe à la valeur ajoutée :
– afin d'assurer la plus grande neutralité fiscale dans les échanges entre États et éliminer les discriminations à l'importation et à l'exportation entre les produits nationaux et étrangers ;
– afin de donner une base objective aux ressources propres de l'Union (partie de la TVA perçue dans chaque État) ;
– afin d'orienter les fiscalités européennes vers une plus grande homogénéité.

1. À la suite de l'Acte unique, la Commission a proposé, vu la suppression des contrôles aux frontières, de rapprocher la TVA sur les transactions communautaires de celle applicable aux transactions internes par les moyens suivants :
– suppression des dérogations admises à l'assiette uniforme (directive du Conseil du 18 juill. 1989) ;
– ramener les taux à deux : un taux normal (de 14 % à 20 %) et un taux réduit (de 4 % à 9 %) ;
– établissement d'un système de compensation afin que la TVA puisse être perçue dans le pays d'origine mais remboursée au pays de consommation.

2. Ces propositions, même amendées par la Commission, ont soulevé des objections (contraintes de politique budgétaire, problème du taux « zéro » pratiqué par certains pays, lourdeur du système de compensation). Des régimes particuliers ont été instaurés pour les véhicules neufs (TVA dans les pays d'immatriculation), les ventes par correspondance (TVA dans le pays d'achat), les non-assujettis. Un régime transitoire (à compter de 1993) a été mis en place : le fait générateur n'est plus le passage à la frontière mais l'acquisition du bien, c'est-à-dire une opération commerciale ; **les taux minima (15 % ou 5 %)** sont assortis de dérogations (y compris le taux « zéro ») ; un système déclaratif et d'échanges d'information a été mis en place.

3. Le régime définitif devrait logiquement reposer sur la taxation dans le pays d'origine : il postule un rapprochement accru des taux.

Note : si les États sont libres d'augmenter leurs taux de TVA, la baisse doit être acceptée à l'unanimité du Conseil. C'est un effet du marché unique, accessoirement de l'affectation d'une part du produit de la TVA au budget.

§ 2 - Les autres impôts

1. Les **accises** sont des taxes à la consommation sur certains produits : alcools, vins, bière, tabac, carburants. Les différences par pays et par produits provoquent des distorsions de concurrence. Les accises sur les alcools expriment les politiques nationales en matière fiscale, de santé publique ou de politique économique ; la Cour de justice a condamné cinq États le 27 février 1980 (France, Italie, RU, Danemark, Irlande). L'harmonisation s'effectue progressivement à partir de taux minima vers des taux objectifs.

2. La **fiscalité directe sur les entreprises** repose, à la date actuelle, sur deux directives du 23 juillet 1990 sur la distribution des bénéfices dans les rapports sociétés mères-filiales et sur les fusions, scissions et apports d'actifs entre sociétés d'États membres différents, ainsi qu'une convention sur l'élimination des doubles impositions par une procédure arbitrale. Un code de conduite sur la fiscalité des entreprises vise à recenser les mesures fiscales préjudiciables à l'intérêt communautaire. Pour l'heure une coopération renforcée semble envisagée.

3. *En corollaire de la libre circulation des capitaux, la Commission avait proposé une harmonisation de la* **fiscalité sur l'épargne** des résidents et des non-résidents sous la forme d'une retenue à la source minimale de 20 % (moyenne entre des taux qui varient de 0 % à 35 %), assortie d'un mécanisme d'assistance administrative mutuelle. Le projet n'ayant pas abouti, une solution progressive a été arrêtée par le Conseil européen de juin 2000, afin d'établir une directive sur l'épargne.

L'élimination des frontières fiscales, du fait de l'exigence d'unanimité, n'a été achevée ni au 1er janvier 1993 (fin de la période transitoire de l'Acte unique) ni à la date actuelle. Elle aurait dû être relancée par les implications de l'Euro.

Titre 2

LES POLITIQUES INTERNES

Pendant longtemps, la politique agricole commune a été la principale, voire la seule, politique interne (chap. 3). Ce n'est que progressivement que d'autres politiques ont pris leur essor (chap. 4). Les politiques économique et monétaire (chap. 5) sont aujourd'hui liées (mais insuffisamment liées entre elles) à l'euro. Le traité de Lisbonne, dans la ligne du projet de Constitution, fait apparaître une nouvelle politique, l'espace de liberté, de sécurité et de justice (chap. 2).

Chapitre 1 › NOTIONS GÉNÉRALES SUR LES POLITIQUES

> **› L'essentiel**
>
> *Les politiques englobent les actions conduites directement par les institutions de l'Union ainsi que les actions des États membres dont l'Union assure la cohérence et l'harmonisation. Il existe donc des degrés dans les politiques de l'Union selon l'étendue et l'appréciation de ses compétences.*

Section 1 › LES DISPOSITIONS DU TRAITÉ SUR LE FONCTIONNEMENT DE L'UNION EUROPÉENNE

Le traité comporte une 3e partie – « Les politiques et actions internes de l'Union », une reprise très large du traité CE.

1. Les bases juridiques des politiques reposent en premier lieu sur les dispositions contenues dans les traités puis sur les actes dérivés pris pour leur application. Avec le développement du traité, le choix de la base juridique est devenu délicat et a provoqué le développement d'un contentieux ; ***lex generali*** ou ***lex speciali*** ? ; *cf. supra,* p. 169. En cas d'insuffisance des dispositions textuelles, les institutions recourent à l'article 352 FUE, le plus souvent à titre complémentaire.

2. L'Acte unique avait codifié certaines pratiques communautaires, assigné de nouveaux objectifs aux politiques déjà existantes et introduit de nouveaux titres de compétence : la politique sociale, la recherche et le développement technologique, l'environnement. **Le traité originel sur l'Union européenne** ajouta de nouveaux titres de compétence (*cf. supra,* p. 83) et procéda à un reclassement des politiques à travers une vingtaine de titres incluant la libre circulation, la concurrence, l'agriculture, la politique économique et monétaire, les politiques sectorielles…

Après le projet de Constitution, le traité de Lisbonne procède à un reclassement des politiques internes selon l'ordre suivant :
– marché intérieur, *Cf. supra*, p. 228.
– libre circulation des marchandises, *Cf. supra*, p. 229.
– agriculture et pêche
– libre circulation des personnes, services et capitaux, *Cf. supra*, p. 235 et s.
– espace de liberté, sécurité et justice
– transports
– concurrence, fiscalité et rapprochement des législations, *Cf. supra*, p. 246 et s., 262.
– politique économique et monétaire
– emploi
– politique sociale
– domaines spécifiques : éducation, culture, santé, protection des consommateurs, réseaux transeuropéens, industrie, cohésion économique et sociale, recherche et développement technologique, environnement, énergie, tourisme, protection civile, coopération administrative.

Section 2 › CLASSIFICATION DES POLITIQUES

Il existe plusieurs critères de classification. Aucun n'est totalement satisfaisant.

1. La *classification administrative* originelle reposait sur la distinction des politiques sectorielles et des politiques globales. Depuis 1975, la Commission a adopté dans son Rapport général annuel une classification analytique qui comporte une vingtaine de rubriques.

2. Selon leur *degré d'avancement,* on peut distinguer les politiques principales – telles la politique agricole, la politique commerciale commune, la politique de concurrence, la cohésion économique et sociale, l'environnement, et aujourd'hui la politique monétaire – et les politiques secondaires ou même embryonnaires. La classification varie dans le temps : montée en puissance de la cohésion ou de l'environnement, déclin de la politique agricole.

3. La **classification des compétences** dans le traité de Lisbonne est accompagnée par un **classement formel des politiques** :
– **compétences exclusives** : l'union douanière, les règles de concurrence, la politique commerciale commune, les ressources de la pêche, la politique monétaire (pour les pays de la zone Euro) ;
– **compétences partagées** : le marché intérieur, l'espace de liberté, sécurité et justice, agriculture et pêche, transports, énergie, politique sociale (certains aspects), cohésion économique et sociale, environnement, consommateurs, les enjeux communs de sécurité en matière de santé publique ;
– **compétences d'appui ou de complément** : industrie, santé, éducation, jeunesse et sport, culture, protection civile…

Section 3 › CARACTÈRES SPÉCIFIQUES DES POLITIQUES

1. L'élaboration des politiques varie en fonction de l'application du traité et des problèmes posés à l'Union ; elle dépend de plusieurs variables dont les préférences subjectives exprimées par les États membres et le degré d'hétérogénéité de leurs structures internes, principal obstacle en la matière.

2. Si les politiques sont formulées et arrêtées par les institutions selon les schémas institutionnels prévus par les traités, on observe que la Commission ou le Conseil élaborent parfois des projections pour l'avenir : certaines politiques ont un **caractère programmatoire**.

3. À leur tour, les politiques ont des incidences sur le **jeu des institutions** : historiquement la politique agricole a joué un rôle déterminant.
Les politiques sont fonctionnellement interdépendantes à plusieurs égards :
– interaction initiale entre les trois Communautés : ce fut le cas pour la « politique » de l'énergie ;
– interaction entre politique interne et politique extérieure telles la politique agricole et la politique commerciale commune ;
– interaction entre politiques sectorielles : ainsi la politique des transports n'est pas séparable de la concurrence ou de la politique fiscale ;

– interaction entre segments d'une même politique : la politique régionale est née initialement d'une pluralité d'interventions comportant un volet régional.

Le traité sur l'Union européenne a eu pour effet d'accroître **l'interdépendance des politiques** de manière explicite. D'où les difficultés qui s'attachent au choix de la base juridique des actes de l'Union. Plusieurs politiques ont un **caractère horizontal** : les éléments qui les composent entrent dans l'élaboration de toutes les autres politiques. Ainsi, l'environnement, la protection des consommateurs ; la politique sociale dans le traité de Lisbonne.

Chapitre 2 › L'ESPACE DE LIBERTÉ, DE SÉCURITÉ ET DE JUSTICE (ART. 67 À 89 FUE)

Son insertion dans les politiques de l'Union européenne traduit le triomphe posthume de la « communautarisation » puisque désormais l'ex pilier « coopération policière et judiciaire pénale » est rapproché des règles relatives aux « visas, asile, immigration » qui formaient le titre IV du traité CE : le droit commun de l'Union est désormais applicable. En ce sens, le traité de Lisbonne marque l'achèvement du traité de Maastricht et *met fin à la dualité de l'espace de liberté, de sécurité et de justice.* Cette **réunification** est l'un des apports les plus importants du traité de Lisbonne.
Cf. supra p. 85 et 86 et p. 102 et s.

Section 1 › UNE NORMALISATION

L'ensemble du titre relatif à l'espace de liberté, de sécurité et de justice est désormais soumis au droit de l'Union : actes du droit dérivé, vote selon la procédure législative ordinaire au Conseil et au Parlement, pouvoir de proposition de la Commission, contrôle juridictionnel de la Cour de Justice. C'est un des rares domaines où le traité de Lisbonne va plus loin que le projet de Constitution. L'un des progrès significatifs s'attache à la compétence pénale puisque l'Union peut établir des règles minimales afin de faciliter la reconnaissance mutuelle des jugements et la coopération policière et judiciaire pénale dans les matières ayant une dimension transfrontière ainsi que dans les domaines relevant de la grande criminalité (art. 82 et 83 § 1 FUE). Il en est de même pour assurer le rapprochement des dispositions nationales en matière pénale impliqué par une politique de l'Union (art. 83 § 2 FUE). Sur ce point *cf. supra* p. 103 et p. 125.

Section 2 › QUELQUES PARTICULARITÉS

Elles s'expliquent par le caractère sensible des questions que recouvre l'espace de liberté, de sécurité et de justice.

- Le *Conseil européen* fixe les orientations stratégiques de la législation de l'Union.
- Le *Conseil* vote à l'unanimité dans certains domaines : les mesures de coopération judiciaire civile ayant une incidence sur le droit de la famille ; le parquet européen ; la coopération policière opérationnelle…
- Le Conseil européen peut être saisi lorsqu'un État estime qu'un projet de directive porte atteinte à l'essentiel de son système de justice pénale.
- Les États conservent un droit d'initiative (le quart des États), concurremment à celui de la Commission, en matière de coopération judiciaire pénale et de coopération policière.
- Les Parlements nationaux disposent d'un pouvoir de contrôle sur Europol et Eurojust et d'un pouvoir accru pour veiller au respect de la subsidiarité. *Cf. supra* p. 92.
- Par ailleurs les dérogations anglaise, irlandaise et danoise sont réactualisées avec le traité de Lisbonne par la voie de Protocoles annexés au traité. *Cf. supra* p. 111.

Chapitre 3› LA POLITIQUE AGRICOLE COMMUNE (PAC)

> **› L'essentiel**
> *La PAC a été le vecteur de la construction communautaire et l'enjeu de plusieurs de ses crises.*
> *Elle a provoqué des effets ascendants sur d'autres politiques (régionale, environnement, monétaire) et sur l'évolution institutionnelle et financière des Communautés. Elle influe sur les relations extérieures de l'Union : négociations agricoles, élargissements, pays en développement. Son bilan, initialement positif, a suscité des critiques croissantes qui ont entraîné des réformes continues à partir de 1992. Certaines réformes ont été imposées par les nouvelles négociations au sein de l'OMC et les incidences de l'élargissement.*

Section 1 › LES BASES ET LE CADRE JURIDIQUE DE LA PAC

Le marché commun a été étendu à la production et au commerce agricoles mais, compte tenu des particularités du secteur, il appelait une politique commune.

§ 1 - Les dispositions du traité

L'article 39 FUE énonce les objectifs de la politique agricole commune : assurer un niveau de vie équitable à la population agricole et des prix raisonnables aux consommateurs, accroître la productivité de l'agriculture et stabiliser les marchés, garantir la sécurité des approvisionnements. Ces objectifs doivent être conciliés (CJCE, 24 oct. 1973, *Balkan-Import-Export*). **Il existe deux définitions des produits agricoles** :

– une définition synthétique : produits du sol, de l'élevage, de la pêche et produits de première transformation qui en sont issus ;

– et une définition énumérative contenue dans une annexe du traité, qui ne concordent pas totalement.

§ 2 - Le régime de la concurrence

L'article 42 FUE indique que les règles de concurrence ne sont applicables à la production et au commerce agricole que dans la mesure déterminée par le Conseil et le Parlement. Le règlement 26 du 4 avril 1962 avait dès le début replacé l'agriculture sous le régime général de la concurrence, sauf quelques exceptions : les accords pour réaliser la PAC, les coopératives, les organisations professionnelles.

§ 3 - La mise en œuvre de la PAC

a) La libre circulation des produits agricoles et agroalimentaires, outre la suppression des droits de douane et taxes d'effet équivalent, appelait une harmonisation des législations nationales (vétérinaire, alimentaire, phytosanitaire) par voie de directives.

La Cour de justice a indiqué que le principe de la libre circulation s'applique également aux produits qui n'ont pas été placés sous une organisation commune de marché (10 déc. 1974, *Charmasson* ; 29 mars 1979, *Comm. c/Royaume-Uni* ; 25 sept. 1979, *Comm. c/France*).

b) La Cour de justice a dégagé le principe de la « préférence communautaire » : le produit intérieur doit être privilégié par rapport au produit d'un pays tiers. Ce principe n'est plus invoqué aujourd'hui par la Cour, compte tenu de l'évolution générale des relations extérieures en matière agricole.

c) Le principe général de non-discrimination à raison de la nationalité s'applique en matière agricole dans les cas de situations comparables, ce qui pose le problème classique de l'appréciation des produits substituables.

§ 4 - Les mécanismes institutionnels

La PAC s'est glissée dans le jeu institutionnel ; elle a contribué à l'infléchir et à lui donner un dynamisme ascendant : appel aux ressources propres, élargissement des pouvoirs du Parlement et de la Commission. Si la Cour avait relevé la compétence exclusive de la Communauté (en vue de conclure l'accord OMC sur l'agriculture), le traité de Lisbonne place la PAC parmi les compétences partagées.

1. Le Conseil et le Parlement avec l'aide du Comité spécial d'agriculture (équivalent spécialisé du COREPER) exerce le pouvoir de décision par voie de règlements, directives ou décisions.

2. La Commission a acquis en pratique une compétence de gestion, compte tenu de l'importance du suivi en matière agricole :

• par le jeu des habilitations générales ou spéciales du Conseil, elle fixe la plupart des mesures d'exécution avec le concours des comités de gestion des marchés agricoles ;

• la politique des structures lui a valu certaines prérogatives : elle coordonne les divers Fonds engagés dans des actions régionales.

3. Les États membres ont une compétence d'exécution pour mettre en œuvre les actes de la politique agricole commune. Ils déterminent les organes internes compétents, choisissent les mesures de contrôle et les sanctions encourues par les opérateurs économiques.

Ils ont une compétence résiduelle pour fixer les prix (ou les marges bénéficiaires) au stade du commerce de détail (CJCE, 23 janv. 1975, *Galli*).

§ 5 - Les organisations communes de marché

Les principaux produits agricoles ont été couverts par une organisation commune de marché. Initialement, les OCM comportaient trois éléments (avec des variations selon les produits) :

– des prix communs **(unité de prix)** ;
– des mécanismes d'intervention sur le marché **(solidarité financière)** ;
– une protection aux frontières **(préférence communautaire)**.

A. Typologies

1. Les prix visaient à assurer des fonctions économiques et sociales :

– **l'orientation de la production** était attendue de la fixation de prix souhaités : prix indicatifs (céréales, produits laitiers), prix d'orientation (vin, viande bovine), prix de base (fruits et légumes) ;

– **la garantie des revenus** découlait des seuils à partir desquels sont déclenchés les mécanismes d'intervention : prix d'intervention (dans la plupart des OCM), prix d'achat (fruits et légumes), prix de seuil de déclenchement (vin) ;

– **la préférence communautaire** était assurée vis-à-vis des produits étrangers par des prix de seuil ou de référence ou d'écluse : il s'agissait de prix au-dessous desquels les produits ne pouvaient entrer dans la Communauté.

Les prix communs fixés en euros au stade du commerce de gros ne sont pas les prix réels du marché, ceux-ci se forment librement.

2. S'ajoutaient divers mécanismes :

– aides directes au revenu des producteurs (complémentaires ou non des prix garantis), aides compensatrices au revenu des exploitations fragiles ;

– stockage ou distillation (vin) afin de réduire l'offre sur le marché, parfois dénaturation des produits, primes à l'arrachage ou à l'abattage ;

– gel des terres ou jachères ;

– fixation des normes de qualité afin d'augmenter la demande (ou réduire l'offre).

3. La **garantie maximale** était accordée lorsque les producteurs étaient assurés d'écouler une quantité illimitée de produits à un prix d'intervention prédéterminé, l'intervention étant opérée sous la forme d'achats obligatoires ou d'aides au stockage privé. La garantie maximale a conduit à des *productions excédentaires, d'où l'introduction de correctifs.*

a) Garantie modulée :

– instauration de *quotas* A, B, C, sur le sucre pour chaque État : seul le sucre A bénéficie de l'obligation d'achat à l'exclusion du sucre C ; quant au sucre B, il est racheté mais les producteurs acquittent une cotisation à la production plus importante que celle applicable au sucre A ;

– instauration en 1977 d'un *prélèvement de coresponsabilité* sur le lait ; le taux de ce prélèvement était faible (de 1 % à 3 % du prix indicatif) et modulé selon les types d'exploitation. À compter de 1984 des **quotas** ont été fixés par États, à charge pour eux d'opérer une répartition entre les exploitations ou les opérateurs économiques ;

– à compter de 1982 des *seuils de garantie* ont été fixés pour réduire des excédents structurels (céréales, blé dur, colza…) ;

– autre correctif : les « **stabilisateurs** » ; leur dépassement entraîne la diminution des prix garantis. Après 1988, leur application a été étendue : céréales, oléagineux, viandes ovine et bovine, tabac, coton, fruits et légumes, huile d'olive…

b) Garantie minimale : l'OCM ne comporte alors ni prix communs, ni achats obligatoires ou facultatifs.

NB : en 2007, les différents régimes ont été regroupés en une **OCM unique**.

B. Le régime des échanges internes

Les fluctuations monétaires ont conduit à partir de 1971 à recourir aux **montants compensatoires monétaires** (MCM) afin de maintenir le principe de l'unité des prix communs. Les MCM s'appliquaient aux prix d'intervention et la Cour de justice en avait admis la légalité (24 oct. 1973, *Balkan Import-Export*).

Les MCM représentaient l'écart entre les taux du marché – ou les taux-pivot pour les monnaies qui font partie du SME – et les « taux verts », taux représentatifs en usage dans les échanges agricoles. Ils étaient :

– fixes pour les États membres du SME, mobiles pour les autres ;

– **négatifs** (taxes à l'exportation, subventions à l'importation) pour les pays dont la monnaie se dévalue, **positifs** (subventions à l'exportation, taxes à l'importation) pour les pays dont la monnaie se réévalue.

Les MCM présentaient des inconvénients : distorsions de concurrence, avantages aux agriculteurs des pays à monnaie forte (RFA, Pays-Bas). Leur **démantèlement** a été rendu possible grâce à la discipline du SME. En 1992, les taux-verts et les MCM ont été supprimés pour les monnaies participant au SME (bande étroite du SME) et aujourd'hui pour les pays participant à l'Euro ou au SME bis.

C. Le régime des échanges externes

L'Europe reste le premier importateur mondial de produits agricoles.

1. Le prélèvement consistait à appliquer au produit importé aux frontières extérieures, une perception qui faisait monter son prix à un niveau supérieur aux prix du produit intérieur ; cette différence assurait la préférence communautaire. Le prélèvement a été défini par la Cour comme « une redevance régulatrice des échanges extérieurs ». Pour l'essentiel, **les prélèvements à l'importation ont été supprimés et transformés en droits de douane** à la suite des accords de Marrakech (1994).

2. À l'inverse, la **restitution** est une somme affectée aux exportateurs afin que leurs produits puissent être vendus au cours mondial : on peut l'assimiler à une subvention à l'exportation. Les restitutions sont réduites suite aux négociations OMC.

3. Des **clauses et mesures de sauvegarde** peuvent être mises en œuvre afin de protéger le marché intérieur par le jeu de la non-délivrance des certificats d'importation ou d'exportation.

§ 6 - Le financement de la PAC

La politique agricole représente aujourd'hui environ 35 % du budget de l'Union (90 % à ses débuts).

Le *Fonds européen d'orientation* et de *garantie agricole* était un chapitre du budget ; il était divisé en deux sections – Garantie et Orientation – et géré par la Commission, assistée par le Comité du Fonds et le Comité permanent des structures agricoles.

1. La section « Garantie » finançait en principe les dépenses de marché que la Communauté s'efforce de maîtriser depuis 1980. La Commission fournit des avances mensuelles aux organismes-payeurs nationaux et impute, après régularisation, leurs paiements au budget de l'Union.

2. La section « Orientation » finançait une large partie des dépenses structurelles. La politique des structures engagée en 1972 en vue de restructurer l'exploitation agricole s'inscrit aujourd'hui dans l'objectif de cohésion économique et sociale (*cf. infra*).

En 2003, le FEOGA a été remplacé par **deux fonds budgétaires** distincts, l'un pour la **garantie**, le second pour le **développement rural**.

3. Les contrôles financiers ont été améliorés : contrôles sur les organismes-payeurs, sur pièces et sur place, et contrôles sur les bénéficiaires afin de lutter contre les fraudes. La Cour de justice a souligné à plusieurs reprises l'autonomie dont jouissent les organismes nationaux dans l'exécution de la politique agricole (7 mars 1980, *Sucrimex*, 10 juin 1982, *Interagra*), l'action en réparation devant donc être poursuivie devant les juridictions internes.

Section 2 › LES RÉORIENTATIONS DE LA PAC

Déjà engagée par la réforme des OCM (*cf. supra*), la révision de la PAC comporte deux volets principaux.

§ 1 - Environnement et développement rural

1. L'article 11 FUE appelle une intégration de la **protection de l'environnement** dans les politiques de la Communauté (dont la politique agricole commune), afin de « promouvoir le développement durable ». Cette intégration a suivi un cours ascendant :

- en premier lieu, à travers des textes sectoriels relatifs à l'agriculture de montagne ou à la protection des forêts ;
- en second lieu, par l'instauration d'aides incitatives (agriculture biologique, pratiques alternatives au développement agricole intensif, méthodes moins polluantes telle la réduction des engrais et pesticides, boisement), *cf.* le règlement du 30 juin 1992 : les États doivent élaborer des programmes par zones pour une durée minimale de 5 ans ;
- en outre, le règlement du Conseil du 17 mai 1999 impose que les aides européennes soient soumises (donc, le cas échéant, réduites) au respect des contraintes environnementales.

Les exigences de l'environnement doivent s'appliquer non seulement à la politique des structures agricoles mais également à la politique des marchés, les paiements directs y étant soumis. En 2003 ont été instituées des sanctions.

2. Le **développement rural** est soutenu par un règlement de 1999 et par les objectifs prioritaires des Fonds structurels pour la période 2007-2013. La réforme du 26 juin 2003 a ajouté aux financements existants le principe de la modulation des aides aux grandes exploitations afin de financer des mesures de développement rural. Le développement rural s'inscrit aujourd'hui dans le cadre financier pluriannuel de l'Union pour environ 10 %. À cette fin le *Fonds européen agricole pour le développement rural* a remplacé le FEOGA – Orientation. C'est le « deuxième pilier » de la PAC.

§ 2 - La réforme permanente de la politique des marchés

A. Le contexte de la réforme

1. À compter de 1980, des ***bilans critiques*** de la PAC ont mis en évidence certains de ses aspects négatifs : excédents de production et augmentation des coûts budgétaires ; les *prix* européens restent trop élevés au regard des prix du marché mondial ; l'écart de revenus s'est établi au bénéfice des grandes exploitations ; la PAC a provoqué des déséquilibres sociaux dans l'aménagement du territoire.

2. Le volet agricole des négociations de l'Uruguay Round (GATT) achoppait alors sur les questions suivantes : l'accès au marché européen (préférence communautaire), les subventions aux exportations et leur limitation, l'évolution comparée (Communauté/États-Unis) des soutiens à la production. Elles sont poursuivies dans le cadre de l'OMC (négociations commerciales multilatérales).

B. Les caractéristiques générales de la réforme

Les axes de la réforme visent à réduire l'écart entre les prix européens et les prix mondiaux et parvenir à une maîtrise quantitative de l'offre. Trois étapes principales de la réforme : 1992, 1999, 2003.

1. Les principes traditionnels de la PAC ont été infléchis

– l'unité de prix est maintenue et leur fixation à la baisse est compensée par des *aides directes* aux producteurs ;
– la préférence communautaire est réduite dans la mesure où elle dépend désormais de l'issue des négociations internationales.

2. La réforme des organisations communes de marché

En 2007, l'**OCM unique** est substituée aux OCM par produits.
Dans le secteur céréalier, les prix garantis sont abaissés afin d'encourager l'écoulement sur le marché intérieur et décourager l'importation de produits de substitution par les éleveurs. Le gel des terres comporte une dérogation au profit des petites exploitations. Des paiements compensatoires partiels sont institués afin de compenser la perte de revenus découlant de la baisse des prix garantis et du gel, en fonction des superficies. Pour les **oléagineux-protéagineux,** le règlement du 30 juin 1992 écarte le mécanisme des prix garantis et institue, sur le modèle « céréales », un gel des terres et des paiements compensatoires. Le gel des terres a été transformé en « paiement unique » et les quotas laitiers progressivement supprimés.

3. Le découplage et le paiement unique

Ce sont les points forts de la réforme.
En 2003, en dépit des réticences françaises, est posé le principe d'un « **découplage** » entre le volume de la production et l'octroi des aides. Deux objectifs : réduire les productions excédentaires et ne pas continuer à favoriser les grandes exploitations. Un **paiement unique** est institué à la place des aides directes, primes ou compensations existantes. Son montant fait l'objet d'une modulation selon les exploitations : il est établi en fonction des droits historiques de chaque exploitation (période 2000 à 2002). Il est lié à des clauses d'éco-conditionnalité et de sécurité alimentaire. Le

découplage est total pour les grandes cultures, partiel pour d'autres si l'État membre entend conserver un lien entre les aides et la production.

Note : les pays de l'élargissement (nouveaux membres) ne bénéficieront que progressivement (jusqu'en 2013) du soutien de l'Union. **Le rendez-vous majeur à propos de la PAC doit être tenu en 2013**.

Chapitre 4 › LES AUTRES POLITIQUES INTERNES

> **› L'essentiel**
> *Elles sont diverses et ne peuvent être approfondies de manière analytique dans le cadre de cet ouvrage. Doivent être privilégiées : la cohésion économique et sociale (les actions structurelles), la politique des transports, la politique de l'environnement.*

Section 1 › LA COHÉSION ÉCONOMIQUE, SOCIALE ET TERRITORIALE

Elle s'est développée sur la base de la politique régionale qui fut mise en place progressivement. L'Acte unique (puis le traité sur l'Union) a fixé l'objectif de cohésion économique et sociale et introduit à cet effet un titre nouveau. Le traité de Lisbonne se réfère à la cohésion économique, sociale et territoriale (art. 174 à 178 FUE).

§ 1 - L'essor de la politique régionale

1. Le Préambule du traité originel prévoyait de réduire « … l'écart entre les différentes régions et le retard des moins favorisées ». L'approche régionale du traité originel était limitée à la possibilité de valider des aides nationales à finalité de développement régional, et celle de recourir, pendant la période transitoire, à des mesures de sauvegarde motivées par la situation économique de certaines régions.

2. Les Communautés ont eu une approche régionale à travers une **diversité de mécanismes** : les interventions de la CECA, les actions structurelles du FEOGA, les concours financiers de la Banque européenne d'investissement.

3. L'aggravation des disparités régionales et les successifs élargissements ont conduit, à partir de 1975, à une politique régionale communautaire dont l'instrument financier était **le Fonds européen de développement régional** (FEDER) qui disposait initialement d'une dotation annuelle.

4. Les programmes intégrés méditerranéens (PIM) visaient à aider les régions méridionales des trois pays de la Communauté directement concurrencés par les producteurs ibériques, sur la base d'un contrat de programme liant la Commission, l'État membre et les autorités régionales concernées. Les instruments de financement étaient les fonds structurels (FEDER, FEOGA, FSE) et la BEI. Les PIM ont été le laboratoire de la cohésion économique et sociale.

§ 2 - La mise en œuvre de la cohésion économique et sociale

1. L'Acte unique appelait l'établissement d'une véritable cohésion économique et sociale entre les diverses parties de la Communauté par une action ambitieuse menée grâce aux fonds structurels.

a) Les instruments initiaux pour y parvenir ont été fixés par le règlement du 24 juin 1988 : coordination et doublement des crédits des fonds structurels pour 1993. Sur la base des plans régionaux pluriannuels élaborés par les États, la Communauté adopte des cadres communautaires d'appui pour les zones éligibles aux concours des trois fonds : FEOGA, FSE, FEDER, auxquels s'ajoutent des prêts de la BEI. Le système repose sur une forte concentration géographique, au profit de : Irlande, Grèce, Portugal, Espagne, Italie, Royaume-Uni (Irlande du Nord), la Corse et les DOM français, les *Länder* d'Allemagne orientale.
Les règlements révisés le 20 juillet 1993 comportaient un doublement des crédits pour 1994-1999 et une diversification des actions spécifiques sous la forme de « programmes d'initiative communautaire ».

b) Les objectifs sont hiérarchisés et concentrés, surtout en ce qui concerne le FEDER (80 % des crédits) soit 5 puis 6 objectifs :

• le développement des régions, surtout agricoles, en retard (PNB régional inférieur à 75 % de la moyenne communautaire) ;

• la conversion des régions industrielles en déclin (FEDER, FSE) ;

• la lutte contre le chômage de longue durée et l'insertion professionnelle (FSE) ;

• l'insertion professionnelle des jeunes (FSE) ;

• l'adaptation des structures agricoles et le développement des zones rurales (FEDER, FSE, FEOGA Orientation) ;

• *un objectif 6* a été ajouté pour les besoins de l'agriculture scandinave.

Les principes qui gouvernent les fonds structurels sont au nombre de cinq : *la concentration, l'additionnalité, le partenariat, la programmation, le respect du droit communautaire*.

2. Le traité sur l'Union a instauré un instrument nouveau, le **Fonds de cohésion** destiné aux pays qui auront adopté un programme en vue de répondre aux critères de la convergence économique et dont le *PNB* par tête d'habitant est inférieur à 90 % de la moyenne communautaire. Il s'agit du PNB national – et non plus régional – ce qui réduit la liste des bénéficiaires à l'Espagne, au Portugal, à la Grèce, à l'Irlande et à la Finlande. Le Fonds finance des projets relatifs à l'environnement et aux réseaux transeuropéens de transports.
Au total, la cohésion économique et sociale engage près de 40 % du budget de l'Union.

§ 3 - La réforme de la cohésion économique, sociale et territoriale

À la suite de négociations marquées par la perspective de l'élargissement de l'Union et la volonté de contenir les ressources de l'Union à un peu plus de 1 % du PNB, par les divergences entre États membres selon qu'ils sont contributeurs ou bénéficiaires nets, la réforme est intervenue par les règlements du 21 juin 1999 pour la période 2000-2006 et le règlement du 11 juillet 2006 pour 2007-2013.

1. Les objectifs sont réduits à trois :
– *objectif 1* : la convergence au bénéfice des régions en retard de développement ;

– *objectif 2* : la compétitivité régionale et l'emploi au niveau régional ou national ;
– *objectif 3* : la coopération territoriale européenne.
Par ailleurs, les initiatives communautaires, sous la forme de programmes spécifiques, sont réduites. INTERREG (actions transfrontalières) et URBAN (quartiers défavorisés) entrent dans l'objectif de coopération territoriale européenne. L'enveloppe globale s'élève à 308 milliards d'euros ; ce montant ne comprend pas les aides aux États candidats à l'élargissement au titre de la préadhésion.

2. La concentration de la politique structurelle est accrue sur le plan géographique : 51 % des crédits vont aux nouveaux États, 23 % aux États anciens bénéficiaires (Espagne, Portugal, Grèce, Irlande), 26 % aux autres États.

3. Le partenariat a été remanié, qui associe :
– la Commission (rôle stratégique et de contrôle)
– les États (rôle de gestion), eux-mêmes associés aux collectivités *infra*-étatiques dans l'exercice de programmation.

Section 2 › LA POLITIQUE DES TRANSPORTS

Il s'agit de secteurs dominés par des oppositions d'intérêts entre États, la diversité des modes de gestion et des politiques publiques de soutien, les impératifs de service public qui leur sont appliqués, la force des professions.

§ 1 - L'applicabilité du traité aux transports (art. 90 à 100 FUE)

1. Le traité CE comportait un titre V sur les transports. L'article 70 CE prévoyait l'instauration d'une politique commune des transports, à la charge du Conseil. L'article 80 CE précisait que les dispositions du titre V s'appliquent aux transports de surface (fer, route, fleuves). Si le Conseil, initialement à l'unanimité, pouvait prendre des dispositions appropriées pour la navigation maritime et aérienne, il intervient ultérieurement à la majorité qualifiée en co-décision.
Ces dispositions ont été reprises dans les articles 90 à 100 FUE : ils impliquent la procédure législative ordinaire.

2. Le 4 avril 1974, dans un arrêt *Comm. c/Rép. fçse*, la Cour de justice a jugé, à propos de la libre circulation des travailleurs que, même en l'absence des dispositions appropriées (du Conseil) qui pourraient être prises au titre de l'article 80 CE, les transports maritimes (et aériens) étaient soumis aux règles générales du traité.

3. Saisie à titre préjudiciel, la Cour a rendu le 30 avril 1986 (affaire dite « *Nouvelles frontières* ») un arrêt qui fonde l'application des règles générales de concurrence au transport aérien et précise les modalités de leur mise en œuvre en l'attente d'un règlement sectoriel de concurrence. Cette décision, conforme à l'arrêt de 1974, a déclenché, d'une part, des procédures d'infraction par la Commission à l'encontre des compagnies nationales aériennes, d'autre part, une négociation inter-États en vue de l'adoption d'une réglementation anti-trust en 1987. Le règlement 1/2003 s'applique désormais au domaine des transports en tous ses aspects procéduraux.

§ 2 - Les aspects internes de la politique des transports

La politique des transports a été recouverte par les objectifs du marché unique. Le livre blanc (mars 2011) maintient l'ouverture à la concurrence et décline le principe de « mobilité durable ».

1. Pour ce qui relève du **transport ferroviaire**, la directive du 29 juillet 1991 a posé le principe de la **séparation entre l'infrastructure** ferroviaire gérée par l'État et **l'exploitation ferroviaire**, séparation comptable *a minima,* ainsi que l'indépendance de la gestion des entreprises qu'elles soient publiques ou privées. L'espace ferroviaire européen fut établi par des règlements en 2001, 2004 et 2007.
Les orientations adoptées portent sur :
– la répartition des capacités, l'interopérabilité des systèmes ;
– la sécurité (Agence ferroviaire européenne) ;
– une ouverture à la concurrence pour le marché de transport des voyageurs hormis le cabotage « passagers ».
La politique ferroviaire s'inscrit dans une politique plus générale en termes de **réseaux pour les infrastructures de transport** (art. 170 à 172 FUE).
2. En ce qui concerne les **transports maritimes** quatre règlements du 22 décembre 1986 ont organisé la libre prestation de services (pour le trafic entre États et le trafic avec des pays tiers), fixé le régime de la concurrence applicable aux ententes et positions dominantes (exemptions pour certaines ententes), défini les pratiques tarifaires déloyales, ouvert le libre accès au trafic transocéanique. La liberté de cabotage (transport intérieur dans un État par une compagnie extérieure) a été instituée par étapes à compter de 1992.
Au cours des dernières années, la négociation a porté principalement sur les problèmes de sécurité (notamment les risques écologiques) ; le règlement du 27 juin 2002 a créé une **Agence européenne pour la sécurité maritime.** La politique de sécurité s'oriente vers la tolérance « zéro » en réformant la chaîne maritime : sociétés de classification, armateurs, propriétaires, administrations nationales.

3. Le **transport aérien** a fait l'objet de plusieurs « paquets » de mesures (1987, 1990, 1992) avant de parvenir à l'ouverture du marché à la concurrence. Par la suite, la Commission a pris de nombreuses décisions individuelles, décisions qui, dans les hypothèses où elles autorisent des concentrations ou des aides d'État, comportent des prescriptions pour l'État de respecter la concurrence ouverte en contrepartie.
La législation européenne a été consolidée par le règlement 1008/2008. Tout titulaire d'une licence européenne de transporteur aérien accède librement à n'importe quelle liaison y compris de cabotage. Cette législation est complétée par des textes relatifs aux aéroports (ouverture des créneaux aéroportuaires, assistance aéroportuaire, redevances) et au contrôle aérien qui se situe à l'interface de la police du transport aérien et du marché (paquet « ciel unique », 10 mars 2004).
La politique aérienne commune a pris en considération les services publics. Elle s'est orientée vers de nouveaux objectifs : les droits du passager, la sécurité (mise en place de l'**Agence européenne de sécurité aérienne**), la sûreté (après le 11 septembre 2001), la protection de l'environnement (nuisances sonores), soit une *évolution de l'aviation commerciale vers l'aviation civile.*

§ 3 - Les aspects externes de la politique des transports

L'Union participe, directement ou indirectement, à certains accords internationaux : transports routiers, Eurocontrol, navigation fluviale, code de conduite des conférences maritimes.

La libéralisation du transport aérien a posé le problème de la compatibilité de la législation européenne avec les accords bilatéraux ou multilatéraux aériens et celui d'une **compétence commune externe de l'Union**.

La Commission ayant engagé une procédure d'infraction à l'encontre des États qui avaient conclu des **accords « open skies »** avec les États-Unis, la Cour de justice a rendu 8 arrêts le 5 novembre 2002 qui *condamnent la clause de nationalité mais maintiennent la compétence des États quant aux droits de trafic*. En conséquence, en dépit de cette rémanence, la Commission a obtenu à partir de 2003 des mandats pour négocier avec les États tiers.

Deux types d'accords ont été conclus :

• des *accords globaux* couvrant l'ensemble des relations aériennes (États-Unis, Canada, Maroc, Brésil)

• des *accords horizontaux* qui ne concernent que l'élimination des clauses de nationalité et qui s'ajoutent aux accords bilatéraux existants. Dans les autres situations les États membres ont l'obligation de renégocier les clauses de nationalité pour se mettre en conformité avec le droit de l'Union.

Section 3 › L'EMPLOI ET LA POLITIQUE SOCIALE

Le traité d'Amsterdam a introduit un titre nouveau sur l'emploi et l'a placé symboliquement après le titre relatif à la politique économique et monétaire. Il comporte aussi l'incorporation au texte du traité des dispositions de l'accord sur la politique sociale qui avait été conclu initialement sans le Royaume-Uni.

§ 1 - L'emploi (art. 145 à 150 FUE)

La recherche d'un niveau d'emploi élevé et la coordination des politiques nationales de l'emploi entrent dans les objectifs de l'Union. Cependant, il est clair que l'emploi n'est pas une politique commune. Le traité de Lisbonne ne range d'ailleurs l'emploi dans aucune des catégories générales de compétences.

1. La procédure de coordination s'ouvre par l'adoption chaque année de conclusions par le Conseil européen. Le Conseil, après consultations (Parlement, Comité économique et social, Comité des régions, Comité de l'emploi) arrête des *lignes directrices* en conformité avec les grandes orientations de politique économique (*cf. infra* p. 297). Chaque État élabore un rapport annuel sur sa politique de l'emploi en fonction des lignes directrices. Le Conseil pourra lui adresser des recommandations. Il s'agit d'une procédure mixte (États-institutions de l'Union), codification du processus engagé par le Conseil européen d'Essen.

2. Le Conseil et le Parlement peuvent décider de certaines « **actions d'encouragement** » (informations, approches nouvelles, projets pilotes) qui excluent toute harmonisation législative et n'entraînent pas des dépenses importantes.

3. Un organe consultatif a été créé, le **Comité de l'emploi**, il est composé de deux représentants de chaque État et de la Commission.

§ 2 - La politique sociale (art. 151 à 164 FUE)

A. Les fondements de la politique sociale

1. Le traité initial juxtaposait **deux conceptions** différentes de la politique sociale : la première, étroite, était le prolongement des dispositions relatives à la libre circulation des travailleurs ; la seconde, plus large, visait à rapprocher et harmoniser les législations des États membres en vue du progrès social. L'Acte unique s'appuie sur la seconde pour reconnaître au Conseil le pouvoir de prendre des directives à la majorité qualifiée dans des domaines limités (sécurité et santé des travailleurs). L'Acte unique préconise aussi un dialogue social européen susceptible de conduire à des conventions à l'échelle européenne.

2. Le Conseil européen de Strasbourg, en décembre 1989, avait adopté, sans la participation du Royaume-Uni, la **charte des droits sociaux fondamentaux**, dont la mise en œuvre revient aux États, subsidiairement à la Communauté et aux partenaires sociaux. Le texte, qui n'est pas juridiquement contraignant, a exercé une influence sur le contenu de la Charte des droits fondamentaux de l'Union.

3. À la suite de l'adoption de **l'accord à onze** (sans le Royaume-Uni) annexé au *traité de Maastricht*, les matières de la politique sociale ont été réparties en trois groupes, dans le strict respect du principe de subsidiarité.

– **1er groupe** : matières qui relèvent de **directives adoptées à la majorité qualifiée** : santé et sécurité des travailleurs, conditions de travail, information et consultation des travailleurs, égalité entre hommes et femmes (au-delà de l'égalité des rémunérations) ;

– **2e groupe** : matières qui relèvent de **directives adoptées à l'unanimité** : protection sociale, protection des travailleurs en cas de résiliation du contrat de travail, représentation et défense collective des intérêts des travailleurs et des employeurs (incluant la cogestion mais excluant les matières du 3e groupe), conditions d'emploi des ressortissants des pays tiers ;

– **3e groupe : *matières exclues*** : les rémunérations, le droit d'association, le droit de grève et le lock-out.

4. Le traité d'Amsterdam réintègre l'ensemble du dispositif dans le traité lui-même à la suite du changement de gouvernement au Royaume-Uni.

Les objectifs de la politique sociale sont étendus à la promotion de l'emploi, l'amélioration des conditions de vie et de travail, une protection sociale adéquate, le développement des ressources humaines.

Cependant, les directives du 1er groupe, si elles étaient désormais adoptées selon la procédure de codécision, ne peuvent toujours contenir que des **prescriptions minimales** applicables progressivement et compte tenu des réglementations nationales. La Cour de justice a jugé que la directive du 23 novembre 1993 fixant la durée maximale du travail à quarante-huit heures par semaine concernait bien la santé et la sécurité des travailleurs et ne contenait que des prescriptions minimales, 12 novembre 1996, *Royaume-Uni c/Conseil*.

Un article du traité CE, aujourd'hui article 157 FUE, reprend le principe général du droit à l'égalité des rémunérations entre hommes et femmes et y ajoute la possibilité pour le Conseil et de Parlement de prendre des mesures d'application, tout en laissant aux États la liberté d'arrêter des mesures discriminatoires positives.

5. Le traité de Nice comportait certains remaniements de la politique sociale. Deux domaines nouveaux étaient soumis à la majorité qualifiée : la lutte contre l'exclusion sociale et la modernisation des systèmes de protection sociale. Toutefois, la sécurité sociale et la protection sociale des travailleurs, en cas de résiliation du contrat de travail, la défense collective des intérêts des travailleurs et employeurs, les conditions d'emploi des ressortissants des pays tiers en séjour régulier, relevaient du Conseil à l'unanimité, donc désormais selon le traité de Lisbonne d'une procédure législative spéciale (unanimité du Conseil après consultation du Parlement).

6. Le traité de Lisbonne, à la suite du projet de Constitution, maintient l'essentiel de la politique sociale dans les compétences nationales en recourant, s'il y a lieu, aux procédures d'appui et de coordination et place les aspects définis dans le traité parmi les *compétences partagées* (Union – États). Cette présentation souligne les **limites de la politique sociale de l'Union**.

B. Quelques aspects de la politique sociale

1. Le Fonds social européen a pour mission de promouvoir l'emploi, la mobilité géographique et professionnelle des travailleurs ; il peut aussi contribuer à des actions spécifiques liées à des programmes de l'Union. Ses missions entrent désormais dans les objectifs de la cohésion économique et sociale.

2. En déclarant directement applicable l'article relatif à l'égalité des rémunérations entre les hommes et les femmes (CJCE, 8 avr. 1976, *Dlle Defrenne*) et en confirmant cette jurisprudence dans des arrêts en manquement (*Comm. c/Royaume-Uni*, 6 juill. 1982…), la Cour de justice a accompagné et précédé une série de directives sur **l'égalité des sexes** dans les relations de travail et dans les secteurs de sécurité sociale ou les régimes professionnels. Dans un arrêt du 23 juillet 1991 (*Stoeckel*), elle a autorisé le *travail de nuit des femmes*, en application de la non-discrimination.

3. Afin d'assurer la **protection des travailleurs en matière d'emploi**, des directives ont été adoptées en ce qui concerne les licenciements collectifs (D. du 20 juillet 1998), les transferts d'entreprises (D. du 14 févr. 1977), la protection des salariés en cas d'insolvabilité de l'employeur (D. du 23 sept. 2002), la sécurité et la santé des travailleurs (Directive-cadre du 12 juin 1989).

4. *La proposition de « directive Vredling »* avait soulevé des objections : elle visait à instituer une procédure d'information et de consultation des travailleurs des entreprises filiales les plus importantes à la charge des entreprises mères, quelle que soit leur localisation, afin de faire connaître les activités et les stratégies d'emploi de ces dernières. Une directive du 22 septembre 1994 instaure une négociation sociale en vue de créer au sein de tels groupes un *comité d'entreprise européen*. La directive dite « Vilvorde » sur l'information et la consultation des salariés au sujet de l'emploi (en temps réel et en temps anticipé) a été arrêtée en mars 2002.

5. Le projet de **société européenne** s'est heurté longtemps à la diversité des modes de représentation du personnel salarié ; les textes (règlement et directive du 8 oct. 2001) qui comportent des options relatives à la participation des salariés (conseil, organe distinct ou modèle négocié) ont été arrêtés de ce fait tardivement.

Section 4 > LA POLITIQUE DE L'ENVIRONNEMENT (Art. 191 à 193 FUE)

1. Le traité de Rome ne comportant pas de disposition sur l'environnement, les institutions communautaires avaient choisi de recourir à l'harmonisation des dispositions susceptibles de fausser la concurrence ainsi qu'à la clause de flexibilité. Des *programmes d'action quadriennaux* furent adoptés visant à améliorer la qualité et le cadre de vie sur la base de quelques principes : priorité donnée à la prévention, application du principe du « pollueur-payeur », caractère subsidiaire par rapport aux actions des États. **L'Acte unique européen** intègre ces principes, il donne une base juridique à cette politique, il fait de la **politique de l'environnement une composante de toutes les autres politiques communautaires**. De plus, il fixe les objectifs : qualité de l'environnement, santé des personnes, utilisation rationnelle des ressources naturelles, prise en compte d'une écologie mondiale (art. 191 FUE).

2. Le **traité sur l'Union européenne** a introduit le vote du Conseil à la *majorité qualifiée* pour la définition des « programmes d'action à caractère général » et surtout des « actions » correspondant aux objectifs inscrits dans le traité sauf en ce qui concerne les **mesures fiscales, l'aménagement du territoire et l'affectation des sols, les questions énergétiques qui sont soumises au vote à l'unanimité**, la gestion quantitative des ressources hydrauliques.
Le traité d'Amsterdam a étendu la *codécision* à la politique de l'environnement, sauf en ce qui concerne les mesures soumises au vote à l'unanimité (procédure consultative). Hormis ces exceptions, le **traité de Lisbonne** applique à l'environnement la **procédure législative ordinaire**.

3. La politique communautaire était donc **subsidiaire** au regard de la politique des États et **intégrée** dans les autres politiques communautaires. Ces deux principes ont influé sur le système de l'Union dans son ensemble : généralisation de la subsidiarité et reconnaissance du caractère horizontal de nombreuses politiques. Il découle que des conflits sur les bases juridiques des actions de la Communauté ont surgi. Sur le plan interne, la Cour a tantôt fait prévaloir l'harmonisation des législations nationales sur l'article relatif à l'environnement dans la perspective d'une égalisation du marché (aff. « *Dioxyde* », 11 juin 1991) et tantôt ce dernier article, à propos de la directive « élimination des déchets » (CJCE, *Comm. c/Conseil* 17 mars 1993), compte tenu de l'objectif essentiel en matière d'environnement. En effet, la jurisprudence considère que le fondement extra-environnemental doit être retenu dès lors que l'action engagée ne recouvre pas un objectif purement environnemental. Sur le plan externe, l'Union dispose d'une compétence expresse et partagée avec les États, au titre de l'article 191 § 4 FUE, ou de compétences implicites par le jeu de la jurisprudence AETR (1971) ; en outre, elle a inscrit l'environnement dans le cadre des accords d'association ou de certains accords spéciaux (recherche et technologie, coopération au développement) dès lors qu'ils comportent un volet « environnemental ».
Le **concept de « développement durable »** occupe aujourd'hui une place majeure dans les actions de l'Union.

Section 5 › LA SANTÉ PUBLIQUE (Art. 168 FUE)

Inclassable mais importante fut l'action originelle de la Communauté en matière de santé, au carrefour des politiques sociales, de l'environnement, des consommateurs. Outre les dispositions sectorielles des traités CECA et CEEA, les bases juridiques de cette action reposaient sur les principes de libre établissement des professions médicales et de libre circulation des produits pharmaceutiques, une interprétation restrictive de la réserve de santé publique et le recours à l'harmonisation des législations nationales. Les implications du marché unique ont favorisé l'émergence d'un droit communautaire de la santé sous l'angle d'un marché unique des soins.

Le **traité sur l'Union européenne** a introduit un article sur la **santé publique**, plutôt orienté vers la prévention des grandes maladies, qui autorisait le Conseil à adopter des mesures incitatives mais sans harmonisation des législations.

Cette disposition a été remaniée dans le traité d'Amsterdam, notamment à la suite de la **crise de la « vache folle »**. Compte tenu des incertitudes sur les bases juridiques de la protection de la santé, puisque les directives alimentaires et vétérinaires pouvaient relever soit de l'harmonisation des législations nationales, soit de la politique agricole, la Cour de Justice ayant validé le recours à cette dernière base dans un arrêt *Royaume-Uni c/Conseil* du 23 février 1988, le traité autorisait des mesures – donc des règlements ou des directives – ayant pour objectif la protection de la santé dans les domaines vétérinaires et phytosanitaires en dérogation aux dispositions de politique agricole. Ces mesures étaient arrêtées selon la procédure de décision conjointe. Le traité de Lisbonne appelle la *procédure législative* ordinaire.

Des mesures analogues peuvent fixer des normes de qualité et sécurité des organes ou substances d'origine humaine et du sang ; c'est un **écho des affaires du « sang contaminé »**. Le tabac a provoqué la prise de directives dissuasives. Mais une directive interdisant la publicité a été annulée pour défaut de base juridique (CJCE, 5 oct. 2000, *RFA c/Parlement et Conseil*).

La santé, comme la protection des consommateurs, a un caractère **horizontal** : *elle est une composante des politiques et actions de l'Union.* Dans le *traité de Lisbonne*, il est prévu qu'elle relève des domaines d'action complémentaire de l'Union alors que les « enjeux communs » de sécurité en matière de santé publique relèvent eux des compétences partagées.

Section 6 › LA PROTECTION DES CONSOMMATEURS

1. Comme la santé, elle ne constituait pas initialement une véritable politique bien que cette protection fût également visée par les propositions en matière d'harmonisation et par **la jurisprudence de la Cour** (dérogations de l'article 36 FUE, « exigences impératives d'intérêt général »). Plus largement, la Cour se réfère souvent aux droits des consommateurs dans les litiges relatifs aux aspects économiques des traités.

Quelques cas d'application :

Delattre, 21 mars 1991 : des produits étaient considérés comme cosmétiques en Belgique, et médicaments en France (d'où vente en monopole) ; la Cour a justifié la position française au nom de la protection et de la vie des personnes.

Van Tiggele, 24 janvier 1978 : un prix administré fixé à un niveau trop élevé porte atteinte aux intérêts des consommateurs, alors que par ailleurs s'il est fixé à un niveau trop bas, il peut constituer une mesure d'effet équivalant à une restriction quantitative. La protection de l'assuré, partie intégrante de la jurisprudence de la Cour dans ses arrêts de 1986, a été reprise dans les directives de coordination pour la libre prestation des services de l'assurance.

L'article 169 FUE permet au Conseil et au Parlement de prendre, outre les mesures d'harmonisation dans le marché intérieur, des mesures spécifiques, en complément des politiques des États (**subsidiarité**) en vue d'assurer la santé, la sécurité, l'information et les intérêts économiques des consommateurs et de prendre en considération ces exigences dans toutes les politiques européennes (**horizontalité**).

2. Des **directives générales**, assurant la protection des consommateurs, ont été prises sur des bases juridiques diverses :
– directive du 12 décembre 2006 sur la publicité trompeuse et sur la publicité comparative ;
– directive du 5 avril 1993 sur les clauses abusives dans les contrats (d'où modification en 1995 du Code français de la consommation) ;
– directive du 3 décembre 2001 sur l'obligation de ne mettre sur le marché que des produits sûrs ;
– directive du 23 avril 2008 sur le crédit à la consommation ;
– la *directive du 25 juill*et *1985 sur la* **responsabilité du fait des produits défectueux,** en créant une responsabilité objective du producteur (sauf cas limités d'exonération) a conduit à l'adjonction dans le Code civil français de nouveaux articles : c'est un exemple de l'influence du droit européen sur le droit privé national.

Section 7 › L'INDUSTRIE

La politique industrielle, très difficile à identifier dans le traité initial, n'apparaît plus, en tant que telle, dans la classification des politiques adoptée par la Commission : elle est immergée dans la recherche et le développement technologique, la cohésion économique et sociale, les réseaux transeuropéens… Le traité de Lisbonne lui consacre cependant un titre : l'article 173 FUE.

Il existe à ce sujet une controverse entre « **libéraux** » et « **interventionnistes** » : pour les premiers la politique de concurrence suffit, pour les seconds il convient de la corriger. Après débats, les rédacteurs du traité de Maastricht avaient inscrit un article sur « l'industrie », assez vague, comportant d'ailleurs plusieurs références à la concurrence. Le traité de Nice autorise des mesures d'appui aux États membres.

• La Commission proposa un « statut de la **société anonyme européenne** » : la société serait régie par un droit unique et non rattachée à l'un des États membres ; pourraient y accéder des sociétés anonymes constituées selon un droit national (quel que soit le titulaire réel du pouvoir de contrôle), à condition que deux de ces sociétés relèvent de législations nationales différentes. Ce projet a finalement abouti dans le contexte du marché intérieur et d'un « espace social » européen (droits des salariés), mais assorti de plusieurs options et de certaines dérogations.

• Un règlement du 25 juillet 1985 a créé le « groupement européen d'intérêt économique ». Le projet de **brevet**, bloqué par des divergences entre les États favorables à un brevet unitaire (Allemagne) et ceux favorables à un brevet classique (France) a conduit à une proposition de règlement en 2000 assortie d'un projet de juridiction spécialisée. Cette proposition n'a toujours pas abouti à la différence du droit des marques puisqu'il existe une marque communautaire.

Section 8 › LA POLITIQUE DE RECHERCHE, DE DÉVELOPPEMENT TECHNOLOGIQUE ET DE L'ESPACE

1. Le foisonnement de projets communs à divers États européens a posé le problème du rôle et de la place de la Communauté dans **une coopération « à géométrie variable »**.

• Certaines réalisations ou initiatives se situent en dehors de la Communauté mais avec la participation d'États membres. Tel a été le cas en matière aéronautique (Airbus) et spatial (Ariane, Hermès). Le projet français Eureka avait reçu le soutien de la Communauté sans qu'aient été définies les modalités de sa participation technique et financière à un projet qui concernait surtout des opérateurs privés.

• D'autres programmes ont été inscrits dans le cadre communautaire, tels ESPRIT et RACE dans le domaine des technologies de l'information, BRITE-EURAM pour les technologies industrielles ; il s'agit de programmes sectoriels.

• Il existe un Centre commun de recherches.

2. L'Acte unique européen introduisit dans le traité un titre nouveau sur la recherche et le développement technologique. Aujourd'hui le Conseil et le Parlement arrêtent selon la procédure législative ordinaire un **programme-cadre pluriannuel** dont la mise en œuvre s'effectue sous la forme de **programmes spécifiques** (les anciens programmes sectoriels). Des **programmes complémentaires** peuvent également être définis avec le concours d'une partie des États membres et des accords peuvent être conclus par l'Union avec des organisations ou des États tiers ; enfin, des entreprises communes peuvent être créées par le Conseil.

3. Le traité de Lisbonne permet à l'Union d'élaborer une *politique spatiale européenne.*

Section 9 › LA POLITIQUE DE LA PÊCHE

En 1970 fut instituée une première organisation commune de marché sur le modèle de la PAC. L'organisation fut révisée et complétée par des mesures structurelles. Le principe général est celui de l'**égal accès, sans discrimination**, **mais non la liberté d'accès** car il convient d'assurer la gestion des ressources. Un objectif structurel : la réduction des capacités de pêche.

1. La compétence de la Communauté pour la conservation des ressources était incluse dans l'acte d'adhésion de 1972. La Cour de justice a confirmé cette compétence, avant et après l'extension des zones économiques à 200 milles, à l'encontre des prétentions irlandaises (*Comm. c/Irlande,* 16 févr. 1978) ou britanniques. Tant que le Conseil n'avait pas fait usage de son pouvoir, les États pouvaient prendre des mesures de conservation (*Regina c/Kirk,* 10 juill. 1984). En fait, sur la base de l'arrêt *Kramer,* 14 juill. 1976, la Communauté a exercé d'abord sa compétence externe par voie d'accords avec des pays tiers. La réglementation interne a été arrêtée plus tard en janvier 1983 à l'approche de l'adhésion de l'Espagne.

2. Le principe de l'égal accès des flottes des États membres dans la zone commune de pêche (200 milles) est fondamental, en application des principes du marché commun et de la non-discrimination selon la nationalité. Ce principe connaît diverses limites selon les zones et les espèces.

3. La **conservation et la gestion des ressources** sont assurées par des mesures quantitatives ou qualitatives :
– fixation annuelle des **taux autorisés de capture** (TAC) et répartition après négociation entre États membres (quotas) ; les **quotas** sont gérés par les États ;
– régulation des capacités globales de pêche et délivrance par l'État du pavillon des licences conformément aux règles européennes ;
– les contrôles sont exercés par les États encadrés par une réglementation européenne (documents, système de déclaration des captures…).

4. Une organisation commune des marchés dans les secteurs de la pêche et de l'aquaculture régit les normes de commercialisation et les interventions sur les marchés, notamment les prix de retrait. Elle est complétée par des actions structurelles en vue de limiter les capacités de pêche sur la base d'un instrument spécifique, l'*Instrument financier d'orientation de la pêche* créé en 1988 et désormais classé comme fonds structurel.

5. Après la Communauté, l'Union conclut des **accords de pêche** avec des États tiers : ce sont des accords commerciaux (assortis de contreparties pour les pays de moindre développement) ou des accords de coopération. Elle a adhéré à diverses conventions et organisations internationales de pêcheries. La Cour de justice a, par ailleurs, replacé des règlements communautaires en matière de pêcheries dans le cadre de l'évolution du droit international, coutumier ou conventionnel, par exemple *Attorney général c/Burgoa,* 14 oct. 1980.

Note : *dans le traité de Lisbonne la* ***pêche*** *relève, comme l'agriculture, des* ***compétences partagées*** *alors que la* ***conservation des ressources biologiques*** *de la mer relève de la* ***compétence exclusive*** *de la Communauté.*

Section 10 › LES « POLITIQUES » AJOUTÉES DEPUIS LE TRAITÉ SUR L'UNION

Elles ne sont pas entièrement nouvelles puisque, comme la santé, la protection des consommateurs ou l'industrie, elles avaient eu des précédents sous la forme d'actions communautaires.

1. Éducation, formation professionnelle et jeunesse (art. 165 et 166 FUE)
L'Union se voit reconnaître un rôle incitatif en matière d'éducation, dans le respect de la diversité des États et de la subsidiarité (donc sans harmonisation) ; en matière de formation professionnelle, les rédacteurs du traité ont voulu tirer les leçons de l'expérience

acquise et établir un titre de compétence du Conseil pour arrêter des mesures dans les domaines énumérés : formation et reconversion, insertion et réinsertion, mobilité des jeunes et des formateurs, coopération et échanges d'informations.

Par ailleurs, la formation professionnelle entre dans les objectifs de la cohésion économique et sociale. Une directive du 7 septembre 2005 opère la reconnaissance générale des qualifications professionnelles.

Dans le traité de Lisbonne, **le sport** a été ajouté.

2. La culture ne constitue pas non plus une véritable politique. L'article 167 FUE vise à stimuler la création, sauvegarder le patrimoine culturel, également à placer l'audiovisuel sous ce signe.

Par ailleurs, sont autorisées des aides à la culture et au patrimoine lorsqu'elles n'altèrent pas la concurrence.

3. Les réseaux transeuropéens sont à la charnière du marché intérieur, de la cohésion économique et sociale, du développement technologique, de l'industrie, de l'aménagement du territoire. *Cf.* art. 170 à 172 FUE.

Les secteurs concernés sont les **infrastructures de transport, télécommunications et énergie**. Il s'agit de les rendre compatibles, de les connecter. L'Union exerce une fonction d'orientation et de coordination des actions des États ; elle peut contribuer financièrement à la mise en place de ces réseaux. Le Fonds de cohésion intervient en matière d'infrastructure des transports au profit des pays bénéficiaires.

4. La **protection civile** est introduite dans le traité de Lisbonne ainsi que le *tourisme*.

Section 11 › LA POLITIQUE DE L'ÉNERGIE

La politique énergétique était impliquée par les trois traités communautaires : CEE, CECA et CEEA. Dans le traité CE, elle ne reposait pas sur des bases juridiques spécifiques. Référence est faite aux infrastructures dans le titre relatif aux réseaux transeuropéens (traité de Maastricht). La crise pétrolière a provoqué une relance et les institutions se sont orientées vers une coordination des politiques nationales plus que vers une politique commune : niveau des stocks de sécurité, circulation du pétrole en cas de crise, information sur les prix, économies d'énergie. En pratique, l'énergie est l'objet du droit de l'Union :

– à travers la politique de l'environnement ;

– par le jeu de l'ouverture du marché (gaz, électricité) à la concurrence, les États membres disposant d'une compétence (encadrée) pour effectuer un choix parmi les modalités ouvertes par les directives.

Le *projet de Constitution* comportait un article sur l'*énergie* qui laissait une grande liberté aux États. La CIG de juin 2004 a précisé que la fiscalité de l'énergie relèverait du Conseil à l'unanimité. Le **traité de Lisbonne** (art. 194 FUE) renvoie à la procédure législative ordinaire (sauf les mesures fiscales). Par ailleurs la dépendance énergétique de l'Europe (pétrole, gaz) relance les débats sur sa politique extérieure.

POUR ALLER PLUS LOIN

BIBLIOGRAPHIE :

- G. Druesne, *Droit et politiques de la Communauté et de l'Union européenne*, 8e éd., PUF, 2006.
- L. Dubouis et C. Blumann, *Droit matériel de l'Union européenne*, 5e éd., Montchrestien, 2009.
- J. Pertek, *Droit matériel de l'Union européenne*, PUF, 2005.

Chapitre 5 › LA POLITIQUE ÉCONOMIQUE ET MONÉTAIRE

> **› L'essentiel**
> *Les insuffisances textuelles du traité de Rome avaient conduit à élaborer une construction-programme, l'Union économique et monétaire, mais les résultats obtenus étaient restés en deçà du projet, vu le dérèglement monétaire, la crise pétrolière, la récession économique et les divergences politiques et structurelles entre les États membres.* **Le traité sur l'Union européenne** *a introduit des changements radicaux en prévoyant l'instauration d'une* **monnaie unique, l'euro**. *Toutefois les articulations entre la monnaie (compétence exclusive) et l'économie (compétences largement réservées aux États) sont insuffisantes.*

Section 1 › LE DÉVELOPPEMENT DE LA POLITIQUE ÉCONOMIQUE ET MONÉTAIRE

§ 1 - Les dispositions du traité originel

Il faisait de la politique de conjoncture une question d'intérêt commun. Les articles relatifs à la balance des paiements instauraient des mécanismes de coopération et de soutien mutuel entre États. *L'article 202 CE* donnait au Conseil la tâche de coordonner les politiques économiques des États.

§ 2 - Les projets d'union économique et monétaire

À compter de la fin des années 1960, plusieurs rapports de la Commission orientent la réflexion vers une union économique et monétaire approfondie visant à parachever le marché intérieur et créer une zone de stabilité monétaire et de croissance économique. La Conférence des chefs d'État et de gouvernement en 1972 adopte le principe d'une réalisation de l'union par étapes ; faute de modifier le traité, les décideurs s'appuient sur la clause de flexibilité.

L'Acte unique introduit un chapitre « Union économique et monétaire ». Il comporte une référence textuelle aux acquis : système monétaire européen et Ecu (*cf. infra*) ; il précise que les développements institutionnels devront passer par une révision formelle du traité.

Section 2 › LES IMPLICATIONS MONÉTAIRES DU MARCHÉ COMMUN

À l'indifférence initiale, produit de la confiance dans la stabilité des taux de change et la convertibilité externe des monnaies, a succédé une prise en compte des implications monétaires du marché commun.

§ 1 - Les origines

1. La politique monétaire est, sur le plan interne, une **implication logique du marché commun et des politiques communes** : elle permet la circulation des capitaux, elle est une condition de la stabilité des prix uniques agricoles, elle doit favoriser la convergence des politiques économiques. À ces fins, elle implique des consultations obligatoires, des procédés de concours mutuel (à court ou moyen terme) et surtout une réduction des fluctuations monétaires.

2. Sur le plan externe, elle pouvait orienter la Communauté vers **une zone de stabilité monétaire** face aux libres fluctuations des monnaies extérieures et en faire un acteur cohérent, capable d'imposer sa politique et sa doctrine au sein d'un système monétaire international qui a cessé de reposer sur les accords de Bretton Woods depuis la crise de 1971-1973 et les accords de la Jamaïque (1976).

§ 2 - Les premières étapes de la politique monétaire

1. Elle a consisté d'abord en consultations et en l'octroi de concours mutuels.

2. Le marché commun agricole a conduit à des mécanismes agri-monétaires : la conversion en monnaie nationale des prix communs était faite selon des taux représentatifs dénommés « taux verts », la différence entre ces taux et les taux de change des monnaies étant compensée par des montants compensatoires monétaires, fixes pour les monnaies qui sont dans un rapport stable, mobiles pour les monnaies qui fluctuent entre elles.

3. Au cours d'une période troublée, de 1972 à 1978, la Communauté a mis en œuvre le mécanisme dit **« serpent monétaire »** qui visait à réduire les marges de fluctuation des monnaies à 2,25 % de part et d'autre de leurs parités. Mais, à partir de 1973, cet accord s'efface du fait de la libre fluctuation du dollar. À la fin, « le serpent » ne couvrait plus que cinq monnaies européennes autour du mark, les autres États n'y participant plus afin de ménager leurs réserves de change. L'expérience fut reprise et élargie avec le SME.

§ 3 - Le système monétaire européen

Mis en vigueur le 13 mars 1979, il comportait deux éléments.

1. L'Ecu (*European Currency Unit*) était une unité de compte indépendante du dollar, calculée sur la base d'un « panier » des monnaies européennes ; chaque monnaie était liée à l'Ecu par un cours pivot et participait à sa composition pour un certain pourcentage en fonction du poids économique de chaque pays. Unité de compte, l'Ecu était appelé à devenir un actif de réserve et un moyen de règlement entre les banques centrales.
En fait, compte tenu de sa stabilité, l'Ecu est surtout devenu une monnaie d'emprunt auprès des opérateurs économiques privés ainsi qu'auprès des institutions communautaires, de plusieurs États et organismes publics.

2. La stabilité des taux de change était assurée par le respect des parités bilatérales entre les monnaies ; l'écart maximum demeurait fixé à 2,25 % au-dessus ou

au-dessous des taux pivot, sauf dérogation. Les interventions pour assurer le maintien relèvent des banques centrales ; elles peuvent s'accorder un soutien mutuel et disposent de facilités de crédits à court terme qui transitent par le Fonds européen de coopération monétaire. Celui-ci devait s'orienter vers un soutien monétaire à court et moyen termes et devenir un véritable fonds monétaire européen.
Les taux d'intérêt jouent dans les gestions monétaires un rôle essentiel.

Note : le 1er août 1993, les marges de fluctuation ont été élargies à 15 % au-dessus et au-dessous de la parité : la crise du SME, dont les origines se trouvent dans la politique allemande des taux d'intérêt élevés (suite à l'unification allemande), le contexte de récession et les manipulations dites spéculatives, aurait pu peser sur la mise en œuvre du traité de Maastricht qui prévoyait, à moyen terme, la création d'une monnaie unique.

Section 3 › L'UNION ÉCONOMIQUE ET MONÉTAIRE

La monnaie unique est le prolongement du marché intérieur. Elle s'inspire du triangle d'incompatibilité : des politiques monétaires autonomes ne sont pas compatibles avec la fixité (relative ou totale) des changes et la libre circulation des capitaux. Elle inscrit la monnaie allemande dans une monnaie unique.

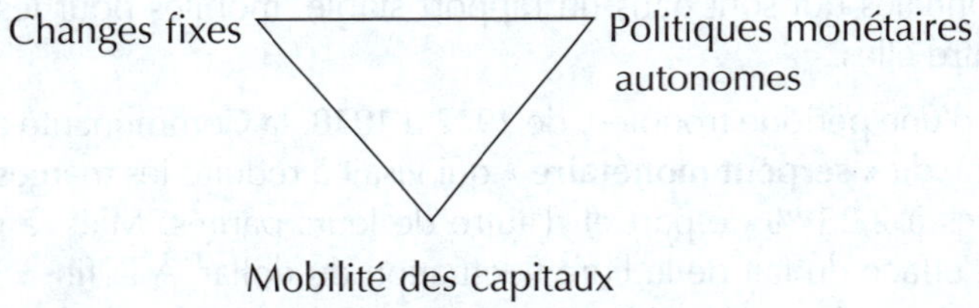

Triangle d'incompatibilité (rapport Padoa-Schioppa 1987)

Le traité sur l'Union européenne entend parvenir en trois phases à une union économique et monétaire et à la monnaie unique, l'euro.

§ 1 - Les phases de l'Union économique et monétaire

La troisième phase, celle de la monnaie unique, sera examinée dans le paragraphe suivant.

A. La première phase

Ouverte en 1990 avec la libre circulation des capitaux, elle vise à une convergence accrue des politiques et des performances économiques.

B. La phase dite de transition

Elle a été ouverte le 1er janvier 1994 (après la mise en vigueur du traité). Les politiques économiques et monétaires restent sous compétence nationale. Les objectifs de la 2e phase sont : accentuer la coordination des politiques économiques des États et organiser une surveillance multilatérale, assurer la stabilité des prix et éviter des déficits excessifs des finances publiques. À cet effet, sont interdits le financement monétaire des finances publiques et l'accès privilégié des pouvoirs publics aux marchés financiers.

L'**Institut monétaire européen** a pour fonction de renforcer la coopération entre les banques centrales et la coordination des politiques monétaires. Il examine la position des États au regard de la convergence économique.

C. Le passage à la troisième phase

Il repose sur une appréciation des conditions d'éligibilité des États à la monnaie unique.

1. Les critères de convergence économique

Pour être admis à la phase 3, l'État doit respecter cinq critères de convergence :
– une inflation n'excédant pas 1,5 % par rapport à la moyenne des trois États ayant les meilleurs résultats (stabilité des prix) ;
– un maximum de 3 % de PIB en termes de déficits publics ;
– une dette publique n'excédant pas 60 % du PIB ;
– des taux d'intérêt à long terme n'excédant pas 2 % du taux moyen des trois États les plus performants ;
– une appartenance depuis au moins deux ans à la bande étroite du SME.
Dans certains cas, les critères sont appréciés « en tendance » c'est-à-dire avec souplesse.

2. Les modalités du passage à l'euro

Le traité imposait la date du 1er janvier 1999, quel que soit le nombre des États satisfaisant aux conditions de convergence, et pour ces seuls États. En 1998, le Conseil a désigné les États membres qui remplissent les conditions pour adopter la monnaie unique, soit 11 États. Les États ne pouvant (Grèce) ou ne voulant (Royaume-Uni, Danemark, Suède) participer à la monnaie unique ont été placés en situation d'exemption (en fonction des dispositions du traité) ou de dérogation (raisons de fait). L'Eurogroupe s'est élargi à 17 États. Pour les nouveaux adhérents, l'euro fait partie de l'acquis de l'Union mais ils doivent satisfaire aux critères d'éligibilité. En l'attente ils sont placés en situation de dérogation.

§ 2 - La gestion de la politique économique et monétaire (art. 119 à 144 FUE)

Du point de vue institutionnel, elle pose trois questions liées.

En premier lieu, les rédacteurs du traité sur l'Union ont mis en place un sous-système institutionnel autonome qui échappe au droit commun (A). En deuxième lieu, tous les États de l'Union ne participant pas à la monnaie unique, il a fallu prévoir et développer des règles applicables aux États participants et aux États non participants : il s'agit donc d'une géométrie variable (B). En troisième lieu, le découplage voulu par les auteurs du traité, entre la politique monétaire (rôle essentiel de la Banque centrale européenne) et les politiques budgétaires et économiques, théoriquement coordonnées par le Conseil mais placées sous juridiction nationale, appelait des ajustements difficiles ; c'est l'un des facteurs essentiels de la crise financière.

A. Les organes de gestion : un sous-système institutionnel

1. Les institutions de l'Union ont des fonctions précises mais limitées

– **le Conseil** européen débat des « grandes orientations » économiques ; il nomme le président et le directoire de la Banque centrale européenne ;
– **le Conseil** (des ministres) adopte les « grandes orientations », adresse des recommandations aux États (voire des sanctions en cas déficit excessif), fixe les cours centraux de la monnaie ;
– **la Commission** a une mission de surveillance multilatérale ; elle émet à l'adresse du Conseil des « recommandations » qui ne se confondent pas avec les « propositions » de type classique et donc ne pèsent pas sur le mode de votation au Conseil ; le traité de Lisbonne maintient le droit de recommandation et non de proposition (déficit excessif) et aussi d'avertissement aux États (grandes orientations des politiques économiques) ;
– **le Parlement** est informé ou consulté, sauf exceptions limitées (ex. : procédure législative ordinaire pour les statuts du SEBC et les missions de la BCE ou les modalités de la surveillance multilatérale).

2. La Banque centrale européenne

À l'issue de la 2e phase, l'Institut monétaire européen a été remplacé par la **Banque centrale européenne**, organisme indépendant des États. La BCE constitue avec les banques centrales nationales, également indépendantes, le **Système européen de banques centrales** (SEBC). Elle ne peut recevoir aucune instruction des États ou des institutions de l'Union.

À la suite d'un arrêt de la Cour du 10 juillet 2003, dans le projet de Constitution la BCE était qualifiée « institution dotée de la personnalité juridique ». Dans le traité de Lisbonne elle est classée parmi les « institutions » de l'Union.

La Banque centrale européenne est administrée par un *Conseil des gouverneurs* composé des six membres du *directoire* de la BCE (nommés d'un commun accord par les gouvernements) et des gouverneurs des banques centrales participantes. Il définit les grands axes de la politique monétaire tandis que le directoire assure le fonctionnement quotidien. Un troisième organe, le Conseil général, regroupe un directoire restreint (président et vice-président) et les gouverneurs de toutes les banques centrales (États participant ou non à l'euro).

Elle participe aux missions du SEBC : **maintenir la stabilité des prix**, mettre en œuvre la politique monétaire de l'Union, gérer les réserves de change. Elle est consultée sur tout acte de l'Union ou projet national dans les domaines de sa compétence.

La Banque centrale européenne est seule habilitée à autoriser l'émission de billets de banque dans la Communauté, elle doit approuver l'émission des pièces.

La BCE prend des *règlements* et des *décisions*, émet des *recommandations* et des *avis*. Les règlements et les décisions sont soumis au contrôle de la Cour de justice par la voie du recours en annulation, du recours en carence ou du renvoi préjudiciel.

La BCE peut requérir à l'encontre d'une banque centrale nationale en cas de manquement. Elle peut agir en annulation et en carence pour défendre ses prérogatives institutionnelles propres.

B. Une géométrie variable

Le traité place les États non participant à l'Euro sous certaines disciplines, notamment les disciplines relatives à la coordination des politiques économiques. La question liée au point C (*cf. infra*) est de savoir comment fixer les grandes orientations des politiques économiques qui soient communes aux États participants et aux États exclus ? Mais il fallait compléter le traité sur un point essentiel : les relations monétaires entre les participants et les autres. Or, les dispositions de l'article 219 FUE instituent une politique de change vis-à-vis des pays tiers. Cette politique revêt deux formes :

- soit la conclusion d'accords formels de change avec des pays tiers ;
- soit la formulation d'orientations générales de change vis-à-vis des pays tiers.

En ce qui concerne les **pays de l'Union ne participant pas à l'euro**, le Conseil européen d'Amsterdam a adopté une résolution instituant un **MCE II** c'est-à-dire un mécanisme de change fixé par voie d'accord entre la BCE et les banques centrales nationales des pays non participants. La participation au mécanisme est **facultative** mais les pays concernés, une fois ce choix opéré, sont soumis aux disciplines de la convergence économique. Ce choix doit être effectué pour que l'État soit admis à bénéficier de la situation de dérogation. Les marges de fluctuation inspirées du MCE peuvent être individualisées au cas par cas et donc constituer un test de leur rapprochement avec la monnaie unique. La plupart des États ayant adhéré à l'Union à partir de 2004 en font partie.

Cette deuxième question a des effets d'entraînement sur la troisième : le découplage entre la politique monétaire et la politique économique.

C. Le découplage des politiques économiques et de la politique monétaire (et la crise actuelle de la zone euro)

Le traité sur l'Union conduit à une politique monétaire unique et maintient les politiques économiques sous la juridiction des États.

Ce découplage a provoqué des débats (traité « monétariste »), des craintes (stabilité de la monnaie ?) des propositions (un gouvernement économique face à la Banque centrale ?). Il a aussi provoqué des crises graves à compter de 2008.

1. La politique économique

Le Conseil élabore un projet pour les **grandes orientations des politiques économiques** et fait rapport au Conseil européen. Le Conseil européen débat de ces grandes orientations que le Conseil adopte. *Cf.* p. 296.

En cas d'infraction aux grandes orientations, la Commission peut adresser des avertissements et des **recommandations** à l'État concerné et décider de les rendre publiques. Certaines dispositions contraignantes sont aménagées qui réduisent d'autant le champ de l'autonomie des États :

- interdiction est faite à la BCE et aux Banques centrales d'accorder des découverts aux institutions publiques ; celles-ci ne peuvent avoir un accès privilégié au crédit ;

• **le contrôle des déficits publics excessifs** est effectué par la Commission ; le Conseil peut émettre des recommandations, les rendre publiques voire imposer des sanctions. La notion de déficit public recouvre les déficits des administrations centrales, des autorités locales et des systèmes de sécurité sociale.

2. La politique monétaire

La **Banque centrale européenne** arrête la politique monétaire, elle se voit confier par le Conseil des missions en matière de contrôle prudentiel des établissements de crédit, lequel relève *a priori* de la compétence des États ; elle est consultée par le Conseil et par les autorités nationales dans tous les domaines monétaires, y compris en ce qui concerne la politique extérieure du taux de change de l'euro (modifications unilatérales ou accords extérieurs) qui relève du Conseil (pour la marge d'appréciation qui n'est pas commandée par le jeu des marchés).

3. Des ajustements ont été introduits au Conseil européen de Dublin en 1996 avec le **pacte dit « de stabilité et de croissance »**.

Le système prévu consiste à adopter des règles strictes en matière de discipline budgétaire. Le « pacte de stabilité et de croissance » adopté à Amsterdam en juin 1997 est complété par deux règlements, l'un sur la surveillance des situations budgétaires et le second sur la procédure concernant les déficits excessifs. En premier lieu, les **États membres s'engagent à prendre les mesures budgétaires correctrices** lorsqu'ils reçoivent une recommandation qu'ils doivent d'eux-mêmes rendre publique. En second lieu, la **Commission s'engage à élaborer un rapport lorsqu'il y a un risque de déficit excessif** et à formuler une recommandation. En troisième lieu, le **Conseil est invité à infliger des sanctions** lorsqu'un État ne prend pas, après mise en demeure, les mesures nécessaires pour mettre fin à une situation de déficit excessif. Le 13 juillet 2004, la Cour de justice, saisie par la Commission du refus du Conseil de ne pas suivre sa recommandation à l'encontre de la France et de l'Allemagne, a validé ce refus tout en confirmant le pouvoir de recommandation de la Commission et en censurant toute autre procédure initiée par le Conseil, *Commission c/Conseil*. **L'arrêt entérine, *de facto*, une suspension du pacte de stabilité intervenue à l'initiative de la France et de la RFA.**

En effet, les pays de l'euro peuvent se voir imposer des **sanctions** en cas de **déficits excessifs** (dépôts sans intérêts puis amendes). Un déficit public n'est pas excessif tant qu'il est inférieur à 3 % du PIB ; ce seuil peut être relevé en cas d'événement imprévisible, soit une récession grave c'est-à-dire une régression supérieure à 0,75 % du PIB. Le plafond de 3 % aurait dû être abaissé progressivement.

Il s'agit donc d'ajustements comptables. La question qui subsiste est celle des ajustements macroéconomiques par les politiques budgétaires et fiscales. Or, le budget de l'Union (1,24 % du PIB de l'Union maximum) est insuffisant pour assurer une régulation centrale, à la différence des budgets fédéraux. Par ailleurs, il n'existe pas de politique fiscale commune.

4. Une autre question a porté sur la **composition du conseil ECOFIN**. Après une longue résistance du Royaume-Uni, il a été admis que le Conseil ECOFIN se réunirait de manière informelle en présence des ministres représentant les États participant à l'euro (Eurogroupe). Un protocole annexé au *traité de Lisbonne* reconnaît l'Eurogroupe sans lui délivrer une compétence spécifique : il demeure informel. Dans la pratique, c'est le Conseil européen qui intervient dans un contexte de crise.

5. La crise financière à compter de 2008 a provoqué des bouleversements structurels. Ce fut d'abord une crise des emprunts privés puis la crise des dettes souveraines (endettements publics).

• *La crise financière mondiale* a fait que les États ont adopté des plans d'aide massifs au profit de leurs secteurs bancaires. La Commission a admis un élargissement des critères des traités (déficits et endettements) et des délais de retour dans les normes au cas par cas. En pratique le pacte de stabilité a été suspendu bien que, *de jure*, la Commission conserve ses pouvoirs d'investigation et le droit d'utiliser la procédure de déficits excessifs.

• *La crise de la zone euro* a été engendrée par les déficits des finances publiques des États membres (Grèce, Irlande, Portugal, Italie). L'Union européenne s'oriente dans des conditions difficiles – compte tenu de l'inégal accès des États au crédit sur les marchés – vers :
– un **Mécanisme européen de stabilité** qui accordera des prêts aux États à compter de 2013 et succèdera à l'actuel **Fonds européen de stabilité financière.** Le futur Mécanisme implique une réforme des traités tandis que l'actuel Fonds européen de stabilité financière implique un vote par certains Parlements nationaux ;
– une réforme du Pacte de stabilité visant à durcir les sanctions contre les États :
– un pacte pour l'euro qui devrait accroître les convergences économiques, notamment dans les domaines budgétaire et fiscal (exigence allemande).

• À la fin de l'année 2010, des propositions de règlement et directives ont été présentées en vue de réformer la **gouvernance économique** : il s'agit d'accroître la surveillance des politiques budgétaires des États en leur fixant des exigences minimales et prévenir et corriger par la procédure des « déficits excessifs » les dérives macro-économiques des États. Au total, le fédéralisme monétaire (monnaie unique) appelle une hausse du niveau d'intégration économique et politique.

Note : L'octroi de prêts à la Grèce a tendu les relations entre États de la zone euro en 2011. La BCE a commencé à racheter des titres de dettes souveraines. La question posée est celle du degré de solidarité face à des déficits publics qui mettent la zone euro en péril. Si la France est favorable à des interventions élargies de la BCE, l'Allemagne y met des conditions préalables, notamment un contrôle des budgets nationaux *a priori* par la Commission et, le cas échéant, *a posteriori* par la Cour de Justice. Ces solutions impliquant une révision des traités donc un processus lent.

§ 3 - Les relations internationales de l'UEM

Les accords monétaires et de change sont conclus par le Conseil à l'unanimité, après consultation de la BCE. *Cf.* art. 219 FUE.
C'est également le Conseil qui fixe sur proposition de la Commission et après consultation de la BCE, les positions internationales de l'Union.
Quant à la représentation, elle est fixée par le Conseil. Mais elle se heurte, notamment au FMI, à la dispersion des compétences internes (BCE, Eurogroupe, Commission) et aux réticences des États tiers, auxquelles s'ajoute la délicate dualité compétence monétaire/compétence économique.

Titre 3

LES RELATIONS EXTÉRIEURES

Dans le projet de Constitution il était prévu un titre qui regroupe toutes les questions qui leur sont relatives y compris les dispositions opérationnelles relatives à la PESC. Dans le traité de Lisbonne ce regroupement n'a pas été maintenu. La politique étrangère et de sécurité figure donc dans le traité sur l'Union européenne (UE) alors que l'action extérieure de l'Union forme la 5e partie du traité sur le fonctionnement de l'Union européenne (TFUE). Cette dissociation est révélatrice de la persistance d'une conception intergouvernementale issue de la PESC. Toutefois le traité sur l'Union (UE) comporte quelques dispositions de portée générale (principes, objectifs, valeurs) relatives à l'action extérieure de l'Union dans son ensemble.

Chapitre 1 › LA POLITIQUE ÉTRANGÈRE ET DE SÉCURITÉ COMMUNE (ARTS. 23 À 41 UE)

> **› L'essentiel**
> *À la suite de l'échec du projet de Constitution, elle prend place dans le TUE, comme un prolongement de sa physionomie ancienne, celle d'un pilier de coopération intergouvernementale. Elle en conserve d'ailleurs plusieurs caractéristiques.* *Cf. supra p. 99.*

Section 1 › UNE POLITIQUE SPÉCIFIQUE

La PESC à la différence de l'espace de liberté, de sécurité et de justice, n'entre pas dans les catégories de compétences fixées dans les premiers articles du traité sur le fonctionnement de l'Union européenne. D'ailleurs à l'exception de la clause de solidarité – qui concerne surtout la défense – elle est pratiquement absente du TFUE. Pourquoi ?
Les auteurs du traité de Lisbonne ont repris des dispositions anciennes afin de la distinguer nettement des autres politiques externes :

• … « une politique étrangère et de sécurité commune… y compris une politique de défense commune qui peut conduire à une défense commune » (art. 24 UE, art. 2 FUE) ;

• le Conseil européen et le Conseil statuent à l'unanimité et ne prennent pas d'actes législatifs, mais des décisions ;

• le Conseil européen définit des orientations générales ; le Conseil prend les décisions pour leur mise en œuvre ;

• les exceptions à la règle de l'unanimité au Conseil ne sont pas nouvelles ; elles jouent :

– lorsque le Conseil applique une décision stratégique du Conseil européen ;
– lorsqu'il vote à partir d'une proposition du Haut représentant sollicitée par le Conseil européen ;
– lorsqu'il nomme un représentant spécial ;
– lorsqu'il adopte une décision qui définit une action ou position.

Il existe aussi la possibilité d'une abstention constructive dans la limite du tiers des États et de la population.
La Cour de Justice n'est pas compétente sauf pour contrôler les frontières entre la PESC et les compétences reconnues à l'Union ou la légalité des mesures restrictives prises à l'encontre de personnes physiques ou morales.

Section 2 › LES AJOUTS DU TRAITÉ DE LISBONNE

Ils découlent du projet de Constitution non abouti. Faute d'un ministre des affaires étrangères, le **Haut représentant de l'Union pour les affaires étrangères et de sécurité** récupère les prérogatives qui étaient destinées au ministre. Désigné par le Conseil européen à la majorité qualifiée avec l'accord du président de la Commission, il préside le Conseil des affaires étrangères ; il est, de droit, vice-président de la Commission chargé des relations extérieures. Il dispose d'un **service européen pour l'action extérieure** composé de fonctionnaire nationaux et de fonctionnaires de l'Union. En théorie son rôle s'étend de l'initiative jusqu'à la mise en œuvre des décisions. Seule la pratique fixera son rôle réel.

NB : En ce qui concerne la PESDC (défense), *cf. supra* p. 24.

Chapitre 2 › LES BASES JURIDIQUES DES RELATIONS EXTÉRIEURES

> **› L'essentiel**
> *La question majeure est celle des compétences externes de l'Union. Leurs particularités imposent de les traiter de manière autonome au regard de la théorie générale des compétences (p. 123 et s.).*

Section 1 › LA GESTION DU TARIF DOUANIER COMMUN (Art. 28 et s. FUE)

1. La méthode d'établissement du tarif consista initialement à arrêter la moyenne arithmétique des droits nationaux, afin de ne pas accroître le protectionnisme de la Communauté au regard du GATT.

2. À l'expiration de la période transitoire, le tarif relève de la **compétence exclusive** de la Communauté. Cette compétence tarifaire s'exerce de façon **autonome c'est-à-dire unilatérale (par des actes unilatéraux)** ou de façon **conventionnelle par des accords externes**. À compter de l'Acte unique européen, les modifications des droits du tarif commun interviennent à la majorité qualifiée.

3. Les instruments complémentaires dont dispose l'Union vis-à-vis des tiers sont multiples : suspensions, contingents ou plafonds tarifaires ; droits compensateurs ou restrictions quantitatives ; préférences tarifaires ou concessions. Parmi les instruments, on notera l'existence de mesures de sauvegarde arrêtées de manière autonome ou conventionnelle. La politique tarifaire n'est pas dissociable de la politique commerciale commune.

4. L'harmonisation des législations douanières s'est traduite par une réduction du nombre des positions tarifaires, une définition commune de l'origine des produits, une réglementation de la valeur en douane et du transit communautaire. En outre, il a fallu réglementer l'admission en libre pratique des marchandises importées des pays tiers ainsi que le tarif de perfectionnement, c'est-à-dire le régime douanier applicable à des produits qui subissent des transformations successives dans divers pays (pays membres et pays tiers) autres que celui de la consommation finale. L'Union procède par voie de directives et de règlements en tenant compte des conventions existantes (convention de Bruxelles de 1985, négociations commerciales multilatérales…) et des conventions particulières qu'elle conclut (accords commerciaux, d'association, de coopération…).

SECTION 2 › LES COMPÉTENCES EXTERNES DE L'UNION

L'Union dispose de la **personnalité juridique internationale** (art. 47 UE et arrêt de la Cour dans l'affaire AETR) avec ses corollaires : droit de légation (actif – au bénéfice de la Commission – ou passif), représentation, coopération et participation aux conférences et organisations internationales, capacité de conclure des traités. Avant le traité de Lisbonne seule la Communauté européenne – et non l'Union – en disposait.

§ 1 - Les compétences explicites

Des compétences explicites de conclure des accords sont reconnues par le traité sur le fonctionnement de l'Union européenne :
– accords tarifaires et commerciaux (art. 207 FUE), *cf. supra* chap. 3 ;
– accords d'association (art. 217 FUE) ;
– accords de liaison avec des organisations internationales, universelles et régionales (art. 220 FUE) ;
– accords sur la recherche et la technologie (art. 186 FUE) ;
– accords dans les domaines de l'environnement (art. 191 FUE) ;
– accords pour la coopération au développement (art. 209 FUE) ;
– accords pour la coopération économique, financière et technique (art. 212 FUE) ;
– accords en matière monétaire (art. 219 FUE)
– accords en matière d'aide humanitaire (art. 214 FUE)

§ 2 - Les compétences implicites

Dans l'affaire AETR (*Comm. c/Conseil,* 31 mars 1971) à propos de la conclusion d'un accord sur le traitement social des équipages routiers, la Cour de justice, prenant en considération « le système du traité », a jugé que la Communauté disposait d'une compétence externe (bien que non prévue explicitement par le traité) dès lors qu'elle avait déjà arrêté des règles communes internes. C'est le modèle dit **« parallélisme des compétences internes et externes »**. La Cour a étendu son raisonnement dans le cas où la Communauté n'avait pas encore exercé sa compétence interne :
Kramer, 14 juillet 1976, à propos d'une convention sur la protection de certaines espèces en Atlantique Nord (alors que la réglementation interne de la pêche n'était pas encore arrêtée) ;
Avis 1/76 du 26 avril 1977 (Fonds européen de batellerie) : « Chaque fois que le droit communautaire… a établi des compétences sur le plan interne en vue de réaliser un objectif déterminé, la Communauté est investie pour prendre les engagements nécessaires à la réalisation de cet objectif, même en l'absence d'une disposition expresse à cet égard. »
Plus récemment, la Cour est revenue partiellement sur l'avis 1/76 en déclarant, en matière de politique commerciale commune, que la compétence externe de la Communauté n'est substituée à celle des États, donc ne devient exclusive, qu'après que des règles communes aient été établies sur le plan interne qui pourraient être affectées par des accords internationaux : **Avis 1/94** du 15 novembre 1994, sur les accords de Marrakech.
On se reportera sur ce point au chapitre suivant pour constater qu'il existe, à côté du système général des compétences externes, un système en partie autonome applicable à la politique commerciale commune.

§ 3 - Les compétences subsidiaires

La Cour a admis le recours à l'article 308 du traité CE, désormais **352 FUE**, dans le champ des actions internationales de la Communauté ; elle a posé les mêmes limites que dans l'avis 1/94 ; la clause de flexibilité ne peut créer un titre de compétence exclusive en l'absence de l'intervention d'un acte interne comportant une clause attribuant des pouvoirs externes à l'Union.

§ 4 - Compétences exclusives et compétences partagées

Dans de nombreuses hypothèses, les compétences externes étant partagées entre l'Union (qu'elles découlent d'une attribution expresse par le traité ou d'un titre de compétence implicite) et les États, un **accord mixte** doit être conclu. Exemples : la convention de Lomé ou l'accord international sur le caoutchouc naturel, car leur financement est assuré par les États ; les accords instituant un dialogue politique (accords d'association européens ou méditerranéens). Si le développement des compétences implicites a eu pour effet de réduire les cas de compétences partagées, l'avis 1/94 a placé les accords de Marrakech dans la catégorie des accords mixtes en application du partage des compétences. *Cf.* chapitre suivant.

Dans une espèce particulière, après avoir indiqué que la convention n° 170 de l'OIT sur la sécurité du travail dans les industries chimiques relevait des compétences partagées entre la Communauté et les États, observant que le droit de l'OIT interdit l'accession de la Communauté, la Cour indique que les États sont tenus de prendre les mesures nécessaires au nom de la Communauté. **Avis 2/91 du 19 mars 1993.**

Avis de la Cour 2/00 du 6 décembre 2001 : le protocole de Cartagena a une portée environnementale et relève des compétences partagées dès lors que l'harmonisation interne n'est que partielle.

Remarque : dans le *traité de Lisbonne*, la compétence conventionnelle figure parmi les compétences exclusives de l'Union sous conditions :

– que l'accord soit prévu dans les traités ;
– que la conclusion de l'accord ait été prévue dans un acte législatif de l'Union ;
– ou qu'elle s'avère nécessaire pour lui permettre d'atteindre ses objectifs ;
– ou qu'elle affecte des règles communes.

C'est *l'article 216 FUE* : il codifie la jurisprudence existante.

Section 3 › LES MODES DE CONCLUSION DES ACCORDS INTERNATIONAUX

La procédure de droit commun est fixée par l'**article 218 FUE**.

1. Le Conseil prend la **décision de négocier**, parfois sur « recommandation » de la Commission et adresse à celle-ci des directives de négociation. La **Commission a une fonction générale de négociation** et un comité spécial désigné par le Conseil suit les travaux de la Commission. La Commission appose sa signature sur le texte de l'accord mais sous réserve d'une décision du Conseil ; il en est de même en ce qui concerne l'application provisoire de l'accord.

2. La **consultation du Parlement** est désormais de droit commun. Avec le traité de Lisbonne, le Parlement doit donner son **approbation** sur les **accords d'association**, sur les **accords qui créent un cadre institutionnel spécifique** de coopération, ceux qui **modifient des actes soumis à la procédure législative ordinaire** ou qui ont des

implications budgétaires notables. Le Parlement est seulement informé de la décision du Conseil de suspendre un accord ou d'établir la position de l'Union dans une instance créée par un accord.

3. La **Cour de justice** peut être consultée sur la validité formelle ou substantielle du projet d'accord (art. 218 FUE § 11) : un avis négatif impose une procédure de révision des traités ou la modification du projet d'accord. **L'avis** peut être demandé par un État, la Commission ou le Conseil ; le traité de Nice avait étendu cette possibilité au Parlement.

Le 8 mars 2011, *Avis 1/09*, la Cour a rendu un avis négatif sur le projet de création d'une juridiction des brevets en se fondant sur l'autonomie de l'ordre juridique de l'Union.

4. La décision finale appartient au Conseil sous la forme d'une décision spécifique : il s'agit non d'une conclusion (au sens international) mais d'une approbation (équivalente à une ratification). Le **Conseil statue à la majorité qualifiée, mais à l'unanimité pour les accords d'association et d'adhésion ainsi que l'accord d'adhésion à la CEDH et les accords portant sur des domaines internes eux-mêmes soumis au vote à l'unanimité**. La décision de conclure peut être annulée par la Cour, en tant qu'acte détachable de l'accord, au risque d'engager la responsabilité internationale de la Communauté (CJCE, 10 mars 1998, *RFA c/Conseil*).

Section 4 › L'UNION ET LES ORGANISATIONS INTERNATIONALES (Art. 220 FUE)

1. L'Union peut conclure des **accords** avec des organisations internationales, des accords administratifs ou des accords de liaison (parfois explicitement prévus dans les traités). Elle dispose en général d'un statut d'observateur auprès de leurs organes (voire d'un statut consultatif) sur la base des statuts de l'organisation (OCDE) ou d'une décision unilatérale (organes des Nations unies, institutions spécialisées) ou d'un accord particulier (Conseil de l'Europe) ; dans quelques cas elle peut participer aux travaux et présenter des contributions (CNUCED).

2. La **qualité de membre** d'une organisation internationale est encore exceptionnelle. Elle suppose la réunion de **deux conditions** :
• que l'Union dispose de la **compétence** l'autorisant à adhérer, ainsi les commissions de pêcheries (CJCE, 14 juill. 1976, *Kramer*) ou les organes de gestion des accords sur les produits de base, en application de la politique commerciale commune ;

• que le **droit statutaire de l'organisation l'autorise** à acquérir la qualité de membre ; si la FAO a procédé à une modification de son acte constitutif en vue d'admettre des « organisations d'intégration économique régionale », la Communauté avait indiqué les questions relevant de sa compétence exclusive ; lorsqu'il convient de procéder à un vote, elle dispose d'un nombre de voix égal à celui de ses États membres.
La question n'a pu être réglée identiquement avec l'OIT.

3. En ce qui concerne le GATT et l'OMC, *cf.* chapitre suiv.

Chapitre 3 › LA POLITIQUE EXTÉRIEURE DE L'UNION EUROPÉENNE

> **› L'essentiel**
> *Il ne sera pas question ici de la politique étrangère et de sécurité commune bien que l'adoption par les membres de l'Union d'attitudes communes face aux problèmes internationaux n'est pas indépendante des relations extérieures de l'Union en tant que telles. Sur ce point, cf. supra, chapitre 1.*
> *C'est à partir de la politique commerciale commune que s'est développé le système de relations extérieures de l'Union.*

Section 1 › LA POLITIQUE COMMERCIALE COMMUNE

§ 1 - Une mise en place progressive

1. Pendant la période transitoire, la CEE était compétente pour conclure des **accords tarifaires** en liaison avec la mise en place du tarif douanier commun. Les États membres étaient tenus de coordonner leurs relations commerciales avec les pays tiers ; à cette fin, la Communauté avait décidé d'insérer une « clause CEE » dans les accords commerciaux et d'instaurer une procédure de consultation préalable.

2. À l'issue de la période transitoire la Communauté est devenue compétente pour conclure des **accords tarifaires et commerciaux** avec les pays tiers. Selon l'article 133 § 1 CE, la politique commerciale commune est fondée sur des « principes uniformes », notamment en ce qui concerne les modifications tarifaires, les accords tarifaires et commerciaux, l'uniformisation des mesures de libération, la politique d'exportation et les mesures de défense commerciale. La politique commerciale revêt deux formes :

– **autonome** : mesures unilatérales décidées par la Communauté. Exemple : règlements relatifs aux importations ou à la lutte antidumping ; système des préférences généralisées (CJCE, 26 mars 1987, *Comm. c/Conseil*) ;

– **conventionnelle** : accords et arrangements conclus par elle avec des pays tiers. La doctrine, et surtout les États membres se sont ralliés tantôt à une conception stricte de la politique commerciale commune, se fondant sur les termes de l'article 133, tantôt à une conception moderne et englobante.

3. Les accords de l'article 133 ont recouvert une grande variété de contenu : accords bilatéraux ou multilatéraux, accords commerciaux ou de libre échange, de coopération commerciale ou d'aide alimentaire, accords sur les produits de base… Ils étaient conclus par le Conseil à la majorité qualifiée. Le Parlement européen n'était pas obligatoirement consulté, mais la pratique institutionnelle a comblé cette anomalie. Dans le traité de Lisbonne la consultation du Parlement est prescrite.

§ 2 - Un contenu évolutif

1. Si la Communauté disposait d'une compétence générale en matière de politique commerciale commune, la Cour de justice a donné une **interprétation extensive de cette compétence : avis 1/75**, 11 novembre 1975, à propos des aides à l'exportation ; *cf.* également **avis 1/78**, 4 octobre 1979, à propos de la conclusion de l'accord international sur le caoutchouc naturel, selon lequel les accords sur les produits de base entrent dans la politique commerciale.

2. La pratique communautaire, à travers les accords bilatéraux, la participation aux organisations internationales à caractère économique, la participation ou l'adhésion à des conventions multilatérales, a étendu le domaine d'application de la politique commerciale :
– aux instruments relatifs à l'échange international : paiements et services, obstacles non tarifaires ou paratarifaires, aides à l'exportation ; en ce qui concerne ces crédits, la Communauté appliquait l'arrangement OCDE sur les crédits mixtes ;
– aux relations économiques lorsqu'elles sont connexes des relations commerciales.

3. L'avis 1/94 traduisit en même temps qu'*une limitation des compétences exclusives de la Communauté*, **une restriction du champ d'application de la politique commerciale commune** ; la Cour de justice considère que les droits de propriété intellectuelle entrent pour très peu dans le commerce international des marchandises (TRIPS) et que l'article 133 CE ne s'applique pas aux fournitures de services impliquant franchissement des frontières (GATS). Quant aux accords externes en matière de transports, ils relèvent du titre sur les transports et non de l'article précité. De plus, la Cour considère que, sans renier l'arrêt AETR, le parallélisme des compétences interne et externe implique que la **Communauté ait d'abord exercé de manière aussi complète que possible ses compétences internes**.

4. Compte tenu des inconvénients qui en découlaient quant à la capacité internationale de la Communauté, **le traité de Nice a indirectement étendu la compétence commerciale** aux accords dans le domaine du commerce des services et des aspects commerciaux de la propriété intellectuelle par le jeu de la procédure générale instituée à l'article 133 CE, à savoir le vote à la majorité qualifiée. La formule du § 5 a permis de faire, de manière byzantine, l'économie d'une révision du § 1 qui aurait ouvertement étendu à ces domaines le champ de la politique commerciale. Toutefois, *cet élargissement ne s'étendait pas aux accords portant sur le commerce des services culturels, audiovisuels, d'éducation, sociaux et de santé*, lesquels sont déclarés relever des compétences partagées entre États et Communauté : dans ces cas, l'accord a un caractère mixte et l'unanimité s'impose tant au Conseil (quant à la compétence de la Communauté) qu'aux États (quant à leurs compétences propres). Il en est de même pour les accords « horizontaux » au sens du GATS, *Avis 1/08* du 30 nov. 2009. C'est l'application de la théorie (notamment française) de l'exception culturelle, sociale, éducative…
Par ailleurs, le paragraphe 5, al. 2, restait dans la ligne de l'avis 1/94 sur deux points :
• l'unanimité est requise pour tout accord dans les domaines précités comportant des dispositions qui requièrent l'adoption de règles internes à l'unanimité (soit l'application du régime général prescrit pour les accords externes en général) ;

• elle est requise également lorsque l'accord porte sur un des domaines précités dans lequel la Communauté n'a pas encore exercé ses compétences internes. Quel qu'en soit le domaine, *a fortiori*, un accord commercial ne saurait être conclu (même à l'unanimité) s'il excède les compétences internes de la Communauté en entraînant une harmonisation des législations internes que le traité ne prévoit pas.

5. Le **traité de Lisbonne** comporte cette fois une **définition englobante de la politique commerciale commune**, c'est-à-dire incluant les accords relatifs aux échanges tant de marchandises que de services et les aspects commerciaux de la propriété intellectuelle. *L'unanimité du Conseil* sera requise en ce qui concerne les accords pour le *commerce des services* et les *aspects commerciaux de la propriété intellectuelle* et des investissements étrangers directs qui impliquent l'unanimité pour l'adoption de règles internes. L'unanimité s'impose également dans les domaines des services culturels et audiovisuels lorsque ceux-ci pourraient porter **atteinte à la diversité culturelle et linguistique de l'Union** et dans ceux du commerce des **services sociaux, éducation et santé** sous certaines conditions.

Ainsi **l'article 207 FUE** marque, par rapport à l'art. 133 CE, un *réel progrès* et une **clarification** incontestable.

Section 2 › LES RELATIONS PRIVILÉGIÉES

Elles concernent surtout des pays en développement ou des pays en transition. L'accord d'association (art. 217 FUE) est l'instrument privilégié de ces relations. Le traité de Lisbonne mentionne des « relations privilégiées » de l'Union avec son environnement proche (art. 8 TUE) mais en recourant à des instruments classiques.

§ 1 - Les accords européens d'association

(pour mémoire *cf.* p. 66)

§ 2 - L'espace économique européen

(pour mémoire *cf.* p. 58)

§ 3 - L'association de la Turquie, de Malte et Chypre

Si la Grèce, longtemps associée à la Communauté, en est devenue le dixième membre à partir de 1981, la Turquie est liée à celle-ci par l'accord d'association de 1963 qui prévoyait la réalisation, à terme, d'une union douanière entre la CE et la Turquie. Si l'adhésion pure et simple, selon le modèle grec, n'est pas exclue, la Turquie a pour l'heure conclu en 1995 un accord d'union douanière avec la Communauté : libre circulation des marchandises, dialogue politique et aide financière sur cinq ans. Les négociations d'adhésion ont été ouvertes avec la Turquie à la fin de l'année 2005. Elles devraient être longues compte tenu des spécificités politiques, géographiques et culturelles du pays et surtout de l'hostilité de certaines opinions publiques et de certains gouvernements à l'adhésion d'un pays de religion musulmane. Les accords d'association avec Malte et Chypre (1970) ont conduit à des négociations et à leur adhésion en dépit de la situation internationale de Chypre.

§ 4 - Les accords d'association euro-méditerranéens

1. À partir de 1975, la CEE, appliquant une « approche globale », a conclu des accords de coopération commerciale avec les pays du bassin méditerranéen. Cette approche fut rénovée en 1989.

2. La politique méditerranéenne de la CEE, qui s'exprima un moment par le dialogue euro-arabe a été d'abord dominée par les incidences de l'élargissement de la Communauté au sud.

Compte tenu du développement intense des relations avec les pays d'Europe centrale et orientale, sur la demande des pays méditerranéens de la Communauté, la conférence de Barcelone (nov. 1995) a adopté un projet de **partenariat euro-méditerranéen** pour une vaste zone de libre-échange, la stabilité politique et la sécurité, un développement de la coopération sociale et culturelle. La déclaration de *Barcelone* organise, sur le modèle de la CSCE, des suites institutionnalisées et s'appuie sur un règlement financier unique, MEDA, aujourd'hui remplacé par l'Instrument de voisinage et de partenariat. Le nouveau cours de la politique méditerranéenne se traduisit par la conclusion d'un faisceau **d'accords d'association** avec la Tunisie, le Maroc, Israël, l'Égypte, la Jordanie, le Liban, l'Algérie… Un accord intérimaire a été conclu avec l'OLP (pour le compte de l'Autorité palestinienne de Cisjordanie et Gaza) et dénommé accord d'association. Les accords comportent un désarmement tarifaire progressif, des clauses de conditionnalité politique, un dialogue social (coopération et immigration), des concessions agricoles de la Communauté (souvent jugées insuffisantes), une rénovation des programmes de coopération. Son bilan établi en novembre 2005 a été jugé mince, surtout par les partenaires de l'Union.

3. La politique méditerranéenne sera-t-elle relancée par la création, sur initiative française, de l'**Union pour la Méditerranée**, laquelle, contrairement au projet français initial, se coule dans le cadre de l'Union européenne ? La question reste ouverte surtout au lendemain des changements politiques dans les pays arabes.

4. En 2011 une partie des activités de la BERD a été orientée vers les pays arabes à la suite des évènements politiques qui y ont surgi.

§ 5 - De la convention de Lomé à la convention de Cotonou

A. L'origine et la nature de la convention de Lomé

1. Le traité CEE avait institué un régime unilatéral d'association pour les territoires d'outre-mer qui fut remplacé par un régime conventionnel : en 1963 et 1969, deux conventions furent conclues à Yaoundé avec les dix-huit États africains et malgache, qui comportaient un régime commercial de libre-échange, fondé sur le système des préférences inverses, et une aide multilatérale communautaire par le jeu du Fonds européen de développement (FED).

L'élargissement de la Communauté au Royaume-Uni amena la conclusion à partir de 1975 de la **convention de Lomé avec les pays ACP** (Afrique-Caraïbes, Pacifique). Lomé IV a été conclue par 71 États le 15 décembre 1989.

2. C'était un accord renouvelé périodiquement, **progressivement étendu** à tous les domaines de coopération commerciale, technique et financière.

3. C'était un **accord mixte**, conclu du côté européen par la Communauté et par les États membres puisque son financement était « débudgétisé » et fondé sur une clef spécifique de contributions des États.

4. C'était un **accord institutionnalisé** qui instaurait des organes paritaires de gestion.

5. Lors de la révision de Lomé IV, intervenue du fait de l'accord du 4 novembre 1995, les clauses de **conditionnalité politique** ont été élargies. L'article 5 de la convention fait référence aux principes fondamentaux (démocratie, droits de l'homme, État de droit).

B. Économie générale et mécanismes particuliers de la convention

1. Le régime des échanges

Il instaurait un faisceau de zones de libre-échange entre la Communauté et chaque pays ACP.
Il reposait sur le principe des *préférences non réciproques*. La Communauté octroyait aux États ACP une exemption des droits de douane pour la presque totalité de leurs exportations vers l'Europe (avec une exception pour les produits agricoles soumis en Europe à une organisation commune de marché). Les États ACP s'engageaient à accorder aux produits européens un traitement au moins égal à celui de « la nation la plus favorisée ». En fait ces préférences spéciales ont subi une **érosion** constante.

2. La coopération financière et technique

Elle s'est traduite par une diversité de concours financiers émanant du FED ou de la BEI : subventions, prêts, capitaux à risque etc. Les États ACP élaboraient des programmes pour la durée de la convention et des décisions de financement étaient arrêtées avant la signature des conventions de financement.

3. Un traitement plus favorable pour les pays défavorisés

La convention de Lomé accordait à de très nombreux États « moins développés, enclavés ou insulaires » des avantages particuliers : abaissement de certains seuils de déclenchement des mécanismes d'aide ou des taux d'intérêt consentis.

4. La stabilisation des recettes d'exportation (STABEX)

La convention visait à corriger la baisse enregistrée des recettes d'exportation des produits agricoles du fait des variations des marchés ou des aléas de la production. Le système fut constamment amélioré : élargissement des produits couverts, abaissement du seuil de dépendance, abandon de l'exigence de restitution des transferts à partir de Lomé IV.

5. La coopération dans le domaine minier (SYSMIN)

Faute d'avoir fait accepter l'inclusion des produits miniers dans le STABEX, les États ACP ont obtenu un système d'aide pour une dizaine de produits miniers ; ce système comportait une participation sous forme de financements spéciaux de la Communauté à des programmes visant à restaurer la capacité de production et d'exportation des États ACP à condition que la production soit « économiquement viable ».

Vu l'endettement des pays ACP, les prêts spéciaux, les transferts STABEX et les financements SYSMIN ont été transformés en **subventions** par la convention de Lomé IV qui comportait une aide aux politiques d'ajustement structurel.

C. La convention de Cotonou

1. La modification des règles du commerce international (avec l'OMC) et les changements de la politique européenne du développement (désormais plus mondialiste) ainsi que l'effritement du système Lomé imposaient une rénovation des relations avec les ACP. Trois solutions ont été envisagées :
– le *statu quo* mais, déjà placé en situation de dérogation, le régime commercial UE-ACP aurait été soumis à un examen annuel (précarité) ;
– l'application du *système des préférences généralisées* aurait banalisé les relations entre l'Europe et les ACP et détruit des liens historiquement forgés avec les ACP ;
– l'élaboration d'un **nouveau partenariat** qui conserverait une partie de l'esprit de Lomé : dans les faits la convention de Cotonou a été signée le 23 juin 2000 par la partie européenne avec 77 États ACP, dans cet esprit.

2. La nouvelle convention conclue pour une durée de 20 ans conserve, sous le contrôle de l'OMC, le régime préférentiel actuel jusqu'au 1er janvier 2008. Au cours de cette période doivent être négociés des **accords de partenariat économique bilatéraux** ou régionalisés si possible (APER), qui postulent la réciprocité dans les échanges ; en même temps, les ACP devraient consolider ou établir des unions économiques régionales (UEMOA, CEDEAO, CARICOM…). Toutefois, la réciprocité pourra être différenciée selon les niveaux de développement. Ainsi les PMA bénéficieront-ils de la solution dite « tout sauf les armes » (l'Union lève tous les obstacles aux échanges). Les États ACP pourront faire le choix du système des préférences généralisées.

3. La convention de Cotonou reprend pour partie et améliore certains mécanismes de l'aide. Celle-ci sera définie à partir des *programmes indicatifs pluriannuels* présentés par chaque pays ACP ; des soutiens additionnels sont instaurés en cas de fluctuation des recettes d'exportation, sur la base de critères différenciés (– 10 % et – 2 % pour les PMA) en contrepartie de la suppression du Stabex et du Sysmin.
La convention élargit le *dialogue politique* et fait de la **bonne gestion des affaires publiques** un élément « fondamental » de l'accord, différent cependant des « éléments essentiels », au sens du droit international, dont la violation peut justifier la suspension de l'accord ; si les États ACP ont tenu à cette distinction, l'hypothèse de « corruption grave » est bien proche de la clause « élément essentiel ». Par ailleurs, la convention est ouverte aux acteurs non étatiques (entreprises, collectivités locales, sociétés civiles…). Le protocole financier fixe à 13,5 milliards d'euros la contribution du FED et à 1,7 milliard celle de la BEI, pour une période de sept ans.
La conclusion des APE, en dépit du recours à des accords intérimaires, est pour l'heure retardée par les craintes des ACP face à la perte de leurs ressources douanières et aux critiques du libre échangisme économique.

§ 6 - L'association des pays et territoires d'outre-mer (PTOM)

Elle est fondée sur les articles 198 et ss. FUE. Association unilatérale, elle ne concerne plus que les pays et territoires non indépendants et découle donc d'actes internes. Elle forme une zone de libre échange bien que les pays et territoires aient le droit de maintenir des droits de douane vis-à-vis des États de l'Union sur une base non-discriminatoire. En outre, elle a subi des adaptations directement inspirées des conventions de Yaoundé et de Lomé : enveloppes du FED, accès au STABEX et aux SYSMIN, même régime des échanges.

La survenance de l'indépendance d'un pays ou territoire entraîne avec son accord son classement dans la catégorie ACP.

§ 7 - La politique « de voisinage »

Elle est issue de la coopération économique, financière et technique avec des pays tiers. Elle a été d'abord orientée vers les pays de l'Est (Ukraine, Moldavie, Géorgie…) ; la politique méditerranéenne s'y rattache par définition. Elle est stimulée par les pays frontaliers de l'Union. En pratique elle peut être conçue comme un substitut à l'adhésion : plus que l'association, moins que l'adhésion. *Cf.* la Turquie, l'Ukraine, le Maroc…

Elle est désormais régie par l'article 8 UE.

L'Union élabore des plans d'action et entend mettre en œuvre l'***Instrument financier de voisinage et de partenariat*** *qui remplace les programmes TACIS et MEDA*. La politique de voisinage comporte un volet économique et une dimension « sécurité et gestion des crises ». Elle est assez proche du concept de « partenariat privilégié ». La question en recouvre une autre, celle des **frontières de l'Union**.

Section 3 › LES RELATIONS NON PRIVILÉGIÉES

§ 1 - Les relations bilatérales

L'Union conclut des accords commerciaux, de libre échange (pour les produits industriels), des accords de coopération ; elle a souscrit à des arrangements avec les pays de l'OCDE. Certaines orientations visent au contrôle des échanges et à des techniques d'autolimitation. Faute d'accord, l'Union recourt aux procédés unilatéraux de la politique autonome.

§ 2 - Les relations multilatérales, le GATT et l'OMC

Formant une union douanière, la Communauté a participé aux négociations tarifaires dans le cadre du GATT en tant que membre *de facto* mais les États, membres de droit du GATT, conservaient leur droit de vote qu'ils devaient exercer conformément à la position commune élaborée en concertation.

1. Les négociations originelles (mais qui se renouvellent lors de chaque élargissement) visaient à fixer le tarif extérieur par produits, conformément à l'article XXIV, § 6 du GATT.

Le Kennedy Round a conduit en 1967, sur la base d'une négociation linéaire (et non par produits), à une réduction tarifaire d'environ 40 % sur les produits industriels.

Les négociations commerciales, multilatérales ont conduit aux accords du 12 avril 1979 (**Tokyo-Round**). Les accords instituaient une réduction de 30 % de la protection tarifaire, ainsi que des mesures non tarifaires relatives aux marchés publics, licences d'importation, subventions et droits compensateurs. Ces objectifs ont été imparfaitement réalisés du fait du regain des tentations protectionnistes.

Un autre cycle de négociations – « **l'Uruguay Round** » – fut ouvert en 1986, comportant une négociation sur les services. L'aboutissement de ce cycle a été retardé par les désaccords sur le volet agricole (*cf. supra* p. 274). Les accords finaux ont été signés à Marrakech le 14 avril 1994.

Un nouveau cycle de négociations a été engagé à **Doha** en 1999 qui bute notamment sur le volet agricole et sur l'extension aux services souhaitée par l'Union européenne. La crise financière incite à le relancer afin d'éviter le protectionnisme.

2. L'accord instituant l'OMC reconnaît à la Communauté, donc à l'Union, la qualité de membre à côté des États qui la constituent ; elle participe aux organes de l'OMC en droit comme elle le faisait en fait auprès du GATT. Dans les cas où l'Union exerce son droit de vote, elle dispose d'un nombre de voix égal au nombre de ses États membres. L'accord renvoie pour son exercice à la répartition interne des compétences. Le vote dans les domaines de *compétence exclusive* de l'Union ne doit pas poser un problème majeur. Plus difficile est son exercice dans les domaines de *compétences partagées* en l'absence d'une position commune des États.

L'OMC a été conduite à arbitrer des contentieux importants (les affaires des bananes ou des organismes génétiquement modifiés) qui ne sont pas encore taris.

Section 4 › LES PAYS EN DÉVELOPPEMENT ET LES PAYS ÉMERGENTS

1. La Communauté a pratiqué une aide alimentaire depuis 1967, aides normales et aides d'urgence. Elle a mis en place un *Office de l'aide humanitaire d'urgence* en 1991, ECHO. Elle a mis en œuvre, dès 1971, un **système de préférences généralisées**, pour les produits industriels et les produits agricoles transformés, dans la limite de plafonds et de contingents ; il est assorti d'une règle de butoir qui visait à éviter l'accaparement par les mêmes pays. Le SPG a été révisé en application des négociations commerciales multilatérales : ses avantages ont un caractère dégressif en fonction du niveau de développement des États bénéficiaires. Les PMA sont bien sûr les plus favorisés. Le SPG opère une distinction entre les produits qui bénéficient du traitement maximal et les produits sensibles (agriculture, pêche).

2. Elle a souscrit plusieurs **accords mondiaux sur les produits de base** (cacao, café, blé, caoutchouc, fonds communs, etc.).

3. L'Union entretient des relations spéciales avec les pays « émergents » (souvent issus de la catégorie « pays en développement ») ; parmi ces pays citons les pays du Sud-Est asiatique et les pays d'Amérique latine. Elle a conclu des accords bilatéraux ou interrégionaux (ASEAN, Mercosur…) qui comportent ou non, selon le niveau de développement de l'État partenaire, un traitement préférentiel.

4. Les articles 208 à 211 FUE comportent des dispositions sur **la coopération au développement** qui codifient les pratiques acquises (programmes pluriannuels, rapports avec les organisations internationales, exigence de progrès démocratiques) sans modifier le système institutionnel propre à l'accord de Cotonou. Cependant l'article 207 FUE sur la politique commerciale commune constitue toujours une base juridique utile, puisque, selon la Cour, « un lien avec les problèmes du développement ne fait pas échapper un acte du domaine de la politique commerciale » ; à propos du SPG, *Comm. c/Conseil,* 26 mars 1987.

Section 5 > L'UNION EUROPÉENNE ET LA LUTTE CONTRE LE TERRORISME INTERNATIONAL

L'Union a adopté une décision-cadre le 13 juin 2002 sur la lutte contre le terrorisme ainsi qu'une série de mesures en matière de coopération policière ou judiciaire. Certaines dispositions réglementaires ont été arrêtées aux fins de mettre en œuvre les résolutions du Conseil de sécurité de l'ONU. Il en a découlé un contentieux original.

Alors que le TPI avait jugé que les résolutions du Conseil de sécurité bénéficient dans l'ensemble d'une immunité juridictionnelle (21 sept. 2005, *Yusuf et Al Barakaat*), la Cour, statuant sur les pourvois qui lui étaient soumis, a choisi d'établir un meilleur équilibre entre les impératifs de la lutte anti-terroriste et la nécessaire protection des droits fondamentaux. Elle a annulé un règlement européen relatif au gel de fonds pris pour l'exécution des décisions du Conseil de sécurité au motif de la violation des droits fondamentaux (non-communication des motifs, non-audition des intéressés, absence de protection juridictionnelle) : CJCE, *Yassin Kadi et Al Barakaat,* 3 septembre 2008. Dans le même sens, le TPI a annulé des sanctions adoptées par le Conseil à l'encontre de l'Organisation des Modjahedins du peuple iranien dès lors que la décision de l'inscrire sur la liste des organisations terroristes a été prise – et réitérée – en violation des droits de la défense : TPI, 4 déc. 2008, *People's Mojahedin Organisation of Iran c/Conseil.*

Le Parlement a obtenu l'annulation d'un accord entre la Communauté et les États-Unis organisant le transfert des données détenues par les Cies aériennes, *Parlement c/Conseil et Commission,* 30 mai 2006.

> POUR ALLER PLUS LOIN

BIBLIOGRAPHIE :

Sur les compétences externes et les accords :

> Ch. Kaddous, *Le droit des relations extérieures dans la jurisprudence de la CJCE,* Bâle-Bruxelles, Dossiers de droit européen, 1998.

> E. Neframi, *L'action extérieure de l'Union européenne. Fondements, moyens, principes,* LGDJ, 2010.

> J. Rideau, « Accords internationaux », *in Répertoire de Droit Communautaire,* Dalloz, 2000.

Sur le droit international et le droit communautaire :

> SFDI, *Droit international et droit communautaire, perspectives actuelles,* colloque de Bordeaux, Pédone, 2000.

INDEX ALPHABÉTIQUE

K – L

M – N

O

P

Q – R

S

T – U

V – Z

INDEX ALPHABÉTIQUE

des arrêts, ordonnances de la CJCE, de la Cour de justice de l'Union européenne et Avis de la Cour

D

H

I – J

K

L

M

N

O – P

R

S

T

U

V

W – Y – Z

TABLE DES MATIÈRES

MÉMENTOS DALLOZ

Série droit public – science politique

Administration de l'État, F. Chauvin

Administration régionale, départementale et municipale, J. Moreau

Contentieux administratif, G. Peiser

Droit administratif des biens, G. Peiser

Droit administratif général, G. Peiser

Droit constitutionnel et institutions politiques, J. P. Jacqué

Droit des contrats publics, F. Lichère

Droit européen, J.-C. Gautron

Droit fiscal, C. de Lauzainghein, M.-H. Stauble-de Lauzainghein

Droit de la fonction publique, G. Peiser

Droit international public, D. Ruzié, G. Teboul

Droit public, L. Dubouis, G. Peiser

Droit public économique, D. Linotte, A. Graboy-Grobesco

Droit de la santé publique, D. Truchet

Droit de l'Union européenne, L. Coutron

Droit de l'urbanisme, J. Morand-Deviller

Finances locales, R. Muzellec, M. Conan

Finances publiques, J. Buisson

Histoire du droit, J. Hilaire

Histoire des idées politiques de l'Antiquité à la fin du XVIIIe siècle, D. G. Lavroff

Histoire des idées politiques depuis le XIXe siècle, D. G. Lavroff

Histoire des institutions publiques de la France, P. Villard

Institutions internationales, J. Charpentier

Introduction à la science politique, J. Baudouin

Libertés publiques et droits de l'homme, A. Pouille

Relations internationales, M. Gounelle

Série droit privé

Criminologie et science pénitentiaire, J. Larguier

Droit des assurances, H. Groutel

Droit bancaire, F. Dekeuwer-Défossez, S. Moreil

Droit civil général, P. Bihr

Droit civil. Les biens, P. Courbe, M. Latina

Droit civil. Les contrats spéciaux, B. Bourdelois

Droit civil. Les obligations, G. Légier, L. Tranchant

Droit civil. Les personnes, la famille, les incapacités, P. Courbe

Droit civil. Régimes matrimoniaux, libéralités, successions, F. Lucet, B. Vareille

Droit civil. Sûretés, publicité foncière, V. Brémond, M.-N. Jobard-Bachellier

Droit commercial. Notions générales, J.-P. Le Gall, C. Ruellan

Droit du commerce international, H. Kenfack

Droit de la construction, R. Saint-Alary, C. Saint-Alary-Houin

Droit des entreprises en difficulté, P.-M. Le Corre

Droit fiscal des entreprises commerciales, J.-P. Le Gall

Droit international privé, J. Derruppé, J.-P. Laborde

Droit pénal des affaires, G. Giudicelli-Delage

Droit pénal général, J. Larguier, P. Conte, P. Maistre du Chambon

Droit pénal spécial, J. Larguier, P. Conte, A.-M. Larguier

Droit de la propriété industrielle, J. Schmidt-Szalewski

Droit rural, J. Audier

Droit de la sécurité sociale, X. Prétot

Droit des sociétés, A. Constantin

Droit du travail. Volume I. Rapports collectifs, J.-M. Verdier, A. Cœuret, M.-A. Souriac

Droit du travail. Volume II. Rapports individuels, J.-M. Verdier, A. Cœuret, M.-A. Souriac

Grands systèmes de droit étrangers, M. Fromont

Institutions juridictionnelles, J.-J. Taisne

Introduction générale au droit, P. Courbe, J.-S. Bergé

Procédure civile. Droit judiciaire privé, J. Larguier, P. Conte, C. Blanchard

Procédure pénale, J. Larguier, P. Conte

Propriété littéraire et artistique, P. Sirinelli

Photocomposition : Nord Compo

711370 - (I) - (3,3) - OSB-Pr 60g - NC - EDO

Achevé d'imprimer sur les presses de
Snel
Z.I. des Hauts-Sarts - Zone 3
Rue Fond des Fourches 21 – B-4041 Vottem (Herstal)
Tél +32(0)4 344 65 60 - Fax +32(0)4 286 99 61
décembre 2011 – 56367

Dépôt légal : janvier 2012

Imprimé en Belgique